高等政法院校法学系列教材

逻 辑 学

（第三版）

主　编：魏凤琴

撰稿人：（以撰写章节先后为序）

魏凤琴　曹广婷　薛梦霞

赵全金　周　毅　王龙海

中国政法大学出版社

2017·北京

图书在版编目（ＣＩＰ）数据

逻辑学/魏凤琴主编. —3版. —北京：中国政法大学出版社，2017.6（2022.8重印）
ISBN 978-7-5620-6573-9

Ⅰ. ①逻…　Ⅱ. ①魏…　Ⅲ. ①逻辑学　Ⅳ. ①B81

中国版本图书馆CIP数据核字(2017)第160909号

出 版 者	中国政法大学出版社
地　　址	北京市海淀区西土城路 25 号
邮寄地址	北京 100088 信箱 8034 分箱　邮编 100088
网　　址	http://www.cuplpress.com (网络实名：中国政法大学出版社)
电　　话	010-58908435(第一编辑部) 58908334(邮购部)
承　　印	固安华明印业有限公司
开　　本	720mm×960mm　1/16
印　　张	22
字　　数	383 千字
版　　次	2017 年 6 月第 3 版
印　　次	2022 年 8 月第 2 次印刷
印　　数	4001～5500 册
定　　价	49.00 元

作者简介

魏凤琴　西北政法大学哲学与社会发展学院教授。

曹广婷　西北政法大学哲学与社会发展学院副教授。

薛梦霞　西北政法大学哲学与社会发展学院副教授。

赵全金　西北政法大学哲学与社会发展学院讲师。

周　毅　西北政法大学哲学与社会发展学院讲师（博士，逻辑学教研室主任）。

王龙海　西北政法大学哲学与社会发展学院讲师（博士）。

第三版说明

　　《逻辑学》初版于 2003 年，2011 年作过一次修订。经过这些年的使用，我们发现第二版仍有疏漏，故作了第三次修订。

　　参加第三版修订工作的老师有：魏凤琴：第一章、第四章、第六章；曹广婷：第二章、第五章、第九章；薛梦霞：第三章、第八章、第十二章；赵全金：第七章、第十章、第十一章；周 毅、王龙海：附录。魏凤琴承担了全书统稿工作。

　　本次修订，未动本书框架体系，订正了不妥的表述，弥补了一些疏漏，更新了部分例题、习题和附录。

　　本教材自出版以来，受到不少同行专家和读者的好评，在本书的写作和再版中，参考了诸多同行的著述，得到了中国政法大学出版社编辑老师的大力支持，在此我们一并表示谢忱！

魏凤琴

2017 年 1 月

第二版说明

　　中国政法大学出版社出版的《逻辑学》教材（2003 年版），被许多高校选为同门课程教学的主讲教材，受到不少同行专家和读者的肯定与好评。在教材使用过程中，我们和同行专家也发现了《逻辑学》初版中存在的不足与疏漏，并据此进行了相应的修订，完成了呈现在读者面前的这个《逻辑学》修订本。

　　《逻辑学》修订本，保留了初版的框架体系，坚持了初版把传统逻辑与现代逻辑、逻辑理论与逻辑方法、逻辑知识与公务员考试中逻辑测试相结合的特色，更改了不够贴切与周全的表述，增补了与公务员考试相关的逻辑学内容，更新了部分例题和练习题，进一步提高了这部教材对逻辑学课程教学的适应性。

　　有 6 位老师参加了本次修订工作，他们分别承担的任务是：

　　魏凤琴：第一章、第四章、第六章，并承担修订本统稿任务；

　　曹广婷：第二章、第五章、第九章；

　　薛梦霞：第三章、第八章、第十二章；

　　赵全金：第七章、第十章、第十一章；

　　周　毅、王龙海：撰写附录——公务员考试逻辑试题分析。

　　在这次修订中，参考了诸多学者的优秀研究成果，得到了中国政法大学出版社的大力支持，责任编辑刘彩虹老师在本书的修订过程中付出了艰辛的劳动，对此我们一并表示由衷的感谢！

魏凤琴

2011 年 3 月

编写说明

　　《逻辑学》是西北政法学院重点课程建设的立项教材。它的特点是突出了三个结合：把传统逻辑与现代逻辑的基本内容结合起来，着重阐释现代逻辑的理论和方法；把逻辑学的理论与方法结合起来，着力培养和提高学生的逻辑思维能力；把逻辑学知识与 MBA、MPA 和公务员考试中逻辑测试的特点结合起来，注意训练学生的综合应试能力，为他们考研、就业提供必要的帮助。

　　本书是集体劳动的成果，全书写作提纲由魏凤琴教授拟出，后经集体讨论确定。各章撰稿人（以章次为序）是：

　　魏凤琴：第一章、第四章、第六章；

　　曹广婷：第二章、第五章、第九章；

　　薛梦霞：第三章、第八章、第十二章；

　　赵全金：第七章、第十章、第十一章。

　　全书由主编魏凤琴同志统改定稿。

　　在本书编写过程中，参考了许多学者的逻辑学论著，吸取了他们的优秀研究成果。在本书的写作和出版过程中，得到了西北政法学院教材委员会、教务处、政治与公共管理系和中国政法大学出版社的大力支持。在此深表谢意！

　　由于我们水平有限，难免出现疏漏和缺点，不足之处，敬请读者批评指正。

作　者

2003 年 6 月

| 目 录 |

第一章

绪　论

第一节　逻辑与逻辑学

一、"逻辑"一词的由来和含义

"逻辑"一词由英文"Logic"音译而来，它源于希腊文"λoyos"（逻各斯），意为思想、言辞、理性、秩序、规律，也用来指称研究推理论证的学问。我国古代和近代学者曾将这种学问称之为"名学""辩学""论理学""理则学"，到 20 世纪才普遍采用了"逻辑"的译名。

在现代汉语里，"逻辑"一词在不同的语境中具有不同的含义，主要含义有以下四种：

1. 指客观事物发展的规律。如"历史的逻辑决定了人类社会将一直向前发展""适者生存，优胜劣汰，这是自然界的逻辑，也是市场竞争的逻辑"。这里所说的"逻辑"，是指客观事物发展的规律。

2. 指某种特殊的理论观点和看法。如"'头发长一定见识短'，这真是奇怪的逻辑"，"'强权就是公理'，这是霸权主义者的逻辑"。这里的"逻辑"是指一种特殊的观点和看法。

3. 指思维的规律和规则。如"考虑问题、说话、写文章应当合乎逻辑"，"某个推理不合逻辑"。这里的"逻辑"是指人们思维的规律和规则。

4. 指逻辑学。如"要在青少年中普及逻辑知识"，"文科学生要学点逻辑"。这里的"逻辑"是指逻辑学。

逻辑学是一个学科群，本书只讨论其中的形式逻辑。

二、逻辑学的发展简况

逻辑学是一门古老的科学，源于公元前 4 世纪的古代中国、印度和希腊。

我国春秋战国时期，由于百家争鸣和学术辩论的需要，促使一大批著名学者研究辩论中的逻辑问题，于是就产生了早期逻辑思想和逻辑学说。这种逻辑学说史称"名辩之学"。其主要内容记述在惠施（约公元前 370～前 310 年）、公孙龙（约公元前 325～前 250 年）、墨翟（约公元前 480～前 420 年）、荀况（约公元前 313～前 238 年）、韩非（约公元前 280～前 233 年）等人的著作之中。其中最具代表性的著作是墨家的《墨经》。在《墨经》中，作者提出了"以名举实，以辞抒意，以说出故"的逻辑思想，其中"名"相当于概念，用来反映事物；"辞"相当于命题，用来表达思想认识；"说"相当于推理，用来推导事物之间的因果联系。这是对概念、命题、推理的本质和作用的精辟说明。《墨经》中的逻辑思想非常丰富，它是我国古代逻辑学的"百科全书"。

在古代印度，佛教各个教派争论激烈，各派出于论证其宗教主张的需要，促使很多学者研究逻辑，产生和形成了古印度的逻辑学说。古印度逻辑称为"因明"，"因"为推理的依据，"明"是通常所说的"学说"，所以"因明"就是古印度关于推理的学说。因明分为古因明和新因明。古因明的代表人物是乔答摩（约 250～350 年），《正理经》是古因明的代表著作。古因明的特点是"五支作法"，认为推理由宗（论题）、因（理由）、喻（例证）、合（应用）、结（结论）五个部分组成。新因明将"五支作法"简化为"三支作法"，其代表著作有陈那的（约 400～480 年）《因明正理门论》，商羯罗主（约 5 世纪）的《因明入正理论》等。在这些著作中，作者研究了推理和论证的方法，论述了"宗（相当于三段论推理的结论）、因（相当于三段论的小前提）、喻（相当于三段论的大前提）"的"三支作法"，形成了古印度特有的逻辑理论。

古希腊是逻辑学的主要发源地。著名哲学家和逻辑学家亚里士多德（公元前 384～前 322 年）是逻辑学的创始人，被誉为"逻辑之父"。亚里士多德在总结前人研究成果的基础上，全面系统地研究了人类思维中的逻辑问题，在历史上第一次建构了以三段论为核心的演绎逻辑系统。他的主要逻辑著作有《形而上学》《范畴篇》《解释篇》《前分析篇》《后分析篇》《论辩篇》《辩谬篇》。其弟子把后 6 篇汇集成册，称之为《工具论》。在这些著作中，亚氏系统地研究了范畴、概念、命题、推理、证明、论辩艺术和反驳诡辩的方法，论述了逻辑基本规律，特别是矛盾律和排中律，奠定了西方逻辑学的基础。尔后，斯多葛学派发展了演绎理论，区分了假言命题、选言命题、联言命题以及由它们组成的推理形式，建立了命题逻辑。

古代逻辑产生以后，只有在西方得到了长足的发展。中世纪逻辑学作为论证上帝存在的有用工具，得到了发展。基督教会创办的教会学校普及了逻辑知识；许多学者倾心于逻辑研究，产生了《逻辑大全》（西班牙的彼德著）等有影响的逻辑著作，发展了斯多葛派的命题逻辑，研究了语义悖论及解决方法，也不乏相当精彩的符号逻辑思想。

到了近代，随着生产技术和实验科学的发展，英国哲学家弗兰西斯·培根（1561～1626年）系统研究了归纳方法。他在《新工具》等著作中，提出了科学研究的"三表法"和"排除法"，运用"存在和具有表"、"差异表"、"程度表"，通过"排除"可以找到事物之间的因果联系，发现事物的规律。培根的研究奠定了归纳逻辑的基础，拓宽了逻辑学的领域，丰富了逻辑学的理论。1662年，法国的亚诺德（1612～1694年）和尼柯尔（1625～1695年）合著了《波尔—罗亚尔逻辑》（《逻辑学或思维术》）一书，讨论了概念、命题、推理和方法问题，使传统逻辑体系基本定型。尔后，德国古典哲学家康德（1724～1804年）首次使用"形式逻辑"的概念，来称呼传统逻辑体系；英国哲学家约翰·穆勒（1806～1873年）在其《归纳及演绎的逻辑体系》的著作中，阐释了探求因果联系的五种方法：契合法、差异法、契合差异并用法、共变法和剩余法，进一步丰富了传统逻辑学的内容。

17世纪末，德国哲学家、数学家莱布尼茨（1646～1716年）提出了用数学方法处理逻辑推理的宏伟设想，并尝试用数学方法建立精密的逻辑演算系统。他的尝试虽未成功，但其设想符合逻辑发展的趋向，从而使他成为数理逻辑（现代逻辑）的先驱者。一百多年后，英国数学家布尔（1815～1863年）按照莱布尼茨的设想，成功地把代数方法应用于逻辑之中，建立了逻辑代数（即布尔代数），开创了数理逻辑的早期形式。以后，罗素（1872～1970年）和怀特海（1861～1947年）等人在弗雷格（1848～1925年）初步建立的逻辑演算和量词理论的基础上，全面建立了命题演算、谓词演算和抽象的类演算与关系演算，使数理逻辑逐渐完善起来，形成了一门新兴科学。1930年，著名的德国数学家和逻辑学家哥德尔（1906～1978年）证明了一阶逻辑的完全性，标志着数理逻辑的全面确定。

20世纪40年代以来，现代逻辑得到了迅速的发展。在演绎逻辑方面：①在理论逻辑中，模型论、集合论、递归论和证明论等标准逻辑分支应运而生并发展起来；多值逻辑、模态逻辑、模糊逻辑、直觉主义逻辑、相干逻辑等非标准逻辑分支相继出现。②在元逻辑中，逻辑语法学、逻辑语义学和逻辑语用学等学科的研究不断深化，迅速发展起来。③在应用逻辑方面，出现了认识逻辑、问题逻辑、时态逻辑、义务逻辑、物理逻辑等分支。

在归纳逻辑方面：①归纳方法与概率统计方法相结合，出现了不少重要研究成果。1921 年，凯恩斯（1883 ~ 1946 年）构造了一个归纳概率的公理系统；20 世纪 30 年代，赖兴巴赫（1891 ~ 1953 年）又构造了一个新的归纳逻辑体系；20 世纪 40 年代以后，卡尔纳普（1891 ~ 1970 年）等人对概率逻辑做出了重要贡献。②归纳逻辑还从科学方法论的角度研究归纳在科学发现中的模式和作用，从而兴起了科学逻辑等新的分支学科。

从现代逻辑的发展面貌看，它显现了三个基本特点：①逻辑越来越形式化，并进而促使逻辑呈现出更加严格、精确和抽象的特点；②现代逻辑同现代科学结合得越来越紧密，运用越来越广泛，在数学、语言学、哲学、计算机科学等领域中成功地发挥出巨大的作用，并取得了许多重要的成就；③现代逻辑研究的领域不断拓宽，理论内容也不断丰富，新的分支学科不断出现，呈现出了多元发展的繁荣景象。

第二节　逻辑学的对象和体系

一、逻辑学的研究对象

逻辑学是研究思维形式结构及其规律和一些逻辑方法的科学。把握这一定义，必须明确"思维""思维形式""思维形式结构""逻辑规律"和"逻辑方法"这几个概念。

（一）思维及其特点

思维属于理性认识，是在感性材料的基础上对客观事物的本质和规律的反映。思维反映事物的过程，是人们在头脑中形成概念（即词项），提出命题，进行推理的过程，具有间接性、概括性和与语言的不可分割性三大特点。

思维的间接性，一是指思维只有通过加工感性材料这个"中介"环节，才能透过现象认识事物的本质与规律；二是指思维能从已有的认识推导出新的认识。例如，已知"如果被告人已经死亡，那么不再追究刑事责任"，又知"某被告人已经死亡"，就可以得到"不再追究某被告人刑事责任"这个新认识。这种获取新知的认识过程正是通过推理，以间接的方式在我们头脑中完成的。

思维的概括性，是指思维是从许多个别事物的属性中，舍去表面的、非本质的属性，把握一类事物内在的、本质的属性，使这些个别事物归为一类，从而形成一般性认识的。例如，根据盗窃、抢劫、强奸等犯罪行为有社会危害性的个别认识，我们可以得到"所有犯罪行为都有社会危害性"这个一般性的认识。这是借助推理对所有犯罪行为共有属性的概括。

思维与语言的不可分割性在于：一方面，思维离不开语言，思维生成、存在和表达都得通过语言来完成。人们对一类对象的本质有所认识，就会在头脑中形成概念，概念是用语词表达的，概念联系起来生成命题，命题是用语句来表达的，命题又可以构成推理，推理是由句群来表达的。没有语言，思维就不能生成；不通过语言，思想成果就不能存留，不借助语言，人们之间就无法交流沟通。可见语言是思维的物质形式。另一方面，语言也离不开思维，语言之所以有意义是因为它表达了一定的思想，离开了思想的语言，就是没有意义的声音和笔画。可见思维是语言的思想内容。正因为思维与语言的关系是内容和形式的关系，思维和语言是不可分的，所以逻辑学必然要透过语言形式来研究思维形式。

综上所述，思维是借助语言对对象间接的概括的认识。

（二）思维形式与思维形式结构

思维是通过概念、命题、推理来进行的，因此，概念、命题和推理就成为基本的思维形式。各种各样的概念、命题和推理包含着千差万别的不同内容，这些不同的内容按照某种共同的结构组合起来，而这种共同的结构就是思维形式结构。它包括由概念构成的命题的形式结构，由命题构成的推理的形式结构。例如：

（1）所有法律都是有强制性的。

（2）所有商品都是有价值的。

（3）所有老虎都是食肉动物。

这三个命题的内容显然是不同的，但都用"所有……都是……"这种共同形式结构组合起来。如果用 S 表示"所有"后面的内容，用 P 表示"都是"后面的内容，那么这三个命题共有的形式结构就可以写成如下公式：

所有 S 都是 P

又如：

（1）如果过度砍伐森林，那么会破坏生态平衡。

（2）如果某甲作案，那么他有作案时间。

（3）如果谁拥有不受监控的权力，那么谁容易导致腐败。

这三个命题的内容也是不同的，但是当用 p 表示"如果"后面的内容，用 q 表示"那么"后面的内容时，这三个命题的共同形式结构就是：

如果 p，那么 q

再如：

  （1）所有法律都是有强制性的，

    所有刑法都是法律，

    所以，所有刑法都是有强制性的。

  （2）所有老虎都是食肉动物，

    所有东北虎都是老虎，

    所以，所有东北虎都是食肉动物。

这两个推理的具体内容是不同的，但有着共同的形式结构。如果我们分别用 M、P、S 表示推理中依次出现的三个不同概念，那么它们的共有形式结构就可表示为：

  所有 M 都是 P

  所有 S 都是 M

  所以，所有 S 都是 P

思维形式结构由逻辑常项和逻辑变项构成。其中常项是思维形式结构中不变的部分，它决定思维形式结构的类型，变项是思维形式结构中可变的部分，它容纳思维的具体内容。如在"所有 S 都是 P"中，"所有……都是……"是逻辑常项，"S"、"P"是逻辑变项。这种变项叫词项变项，可以用不同词项（概念）去替换。再如，在"如果 p，那么 q"中，"如果……那么……"是逻辑常项，"p""q"是逻辑变项。这种变项叫命题变项，可以用不同命题去替换。

逻辑学在研究思维形式时，并不研究它的具体内容，而只研究思维形式结构。因为思维形式的内容是多变的，异常丰富的，逻辑学无力解决思维形式的内容问题。而思维形式结构是相对稳定的，它显示了人类思维的共性。逻辑学正是把思维形式结构这种思维的共性作为自己特定的研究对象。

这里有两点需要指出：①思维的内容和思维形式结构，在实际思维过程中是不可分割的，逻辑学只是出于研究的需要，暂时撇开思维的具体内容而研究思维形式的结构。②在逻辑学研究的思维形式结构中，推理形式是它的主体。离开了对推理形式的研究，对命题形式的研究就失去了意义。命题是构成推理的要素，研究命题形式是为分析推理形式提供依据的。词项是构成命题的要素，研究词项是为了准确地分析命题形式，归根到底，也是为分析推理形式服务的。

（三）逻辑规律和逻辑方法

逻辑学研究的思维形式结构，有许多自身固有的规律。其中适用于各种思维形式的基本规律有三条，这就是同一律、矛盾律和排中律。同一律决定思维的确定性，要求人们不能把不同的思想混为一谈；矛盾律决定思维的无矛盾性，要求人们不能同时肯定互相否定的思想；排中律决定思维的明确性，要求人们不能同时否定互相矛盾的思想。遵守这些规律是人们正确思维的基本保证。因此逻辑学不能不把这些规律作为重要的对象来研究。

逻辑学在研究思维形式结构及其规律的同时，还要研究有关的逻辑方法。其中主要有真值表方法，明确词项（概念）的方法，求因果联系的方法，概率与统计方法等。这些方法，也是逻辑学的重要内容。

综上所述，逻辑学研究的内容包括：撇开思维内容的思维形式结构，制约思维形式结构的思维基本规律，运用形式结构和基本规律时所涉及的逻辑方法。这些"形式结构""基本规律""逻辑方法"的统一，构成了逻辑学的对象，所以，逻辑学就成为研究思维形式结构及其规律和一些逻辑方法的科学。

二、逻辑学的体系

逻辑学是分支众多的一门学科，就其理论体系而言，它是一个多层次、多分支的庞大系统。它的对象可分为不同的层面，因而再现对象的体系可分为不同的逻辑学科体系。任何一门逻辑学科，都有其理论的科学体系和教学体系，科学体系追求完善，而教学体系讲求实用，不像科学体系要求的那么严格和精密。本书讨论的形式逻辑，是作为教材使用的，自然它的体系就是形式逻辑的教学体系了。

逻辑学有传统形式逻辑和现代形式逻辑之分。前者是指以亚里士多德的古典逻辑为主延续到近代这一阶段的逻辑理论；后者是指从布尔开始至今以数理逻辑为主的逻辑理论。传统形式逻辑与现代形式逻辑相比，其理论虽然显得陈旧，但由于它处理、讨论的推理形式是人们日常思维广泛使用的推理类型，更贴近人们的思维实际，适用性强，有其生命力。所以，形式逻辑的教学体系不能没有传统逻辑的内容。现代形式逻辑无论其形式的精确性和严密性，还是其内容的丰富性和深刻性，都已大大超过了传统逻辑，更适用于现代思维和科学技术研究的需要。所以，形式逻辑教学体系的主体内容应当是现代形式逻辑。

基于以上考虑，本书兼容并蓄，一方面以现代形式逻辑的基础理论为主体内容，另一方面又纳入传统逻辑的精华部分，并立足于现代逻辑理论的高度审视传统逻辑的内容，使二者在形式逻辑的教学体系中有机结合起来。本书的具体编排为：第二章至第四章介绍了复合命题及其推理的基本理论。第五章介绍传统谓词逻辑，即有关词项和传统性质命题及其推理的理论。第六章采用现代谓词演算方法，分析了性质命题和关系命题推理。第七章讨论了模态和道义命题及推理的基本内容。第八章对归纳逻辑作了介绍，主要讨论了归纳、概率和类比推理方面的内容。为了突出逻辑在司法实践中的运用，第九章对假说和侦查假设进行了专门讨论。第十章主要介绍了论证，说明了各种推理形式及其规律在证明、反驳及假说中的应用。第十一章介绍谬误，主要讨论了几种常见的谬误和识别与避免谬误的对策，揭示思维规律是逻辑学的基本任务，因此本书最后一章讨论了逻辑基本规律，作为全书的总结。

第三节　逻辑学的性质和作用

一、逻辑学的性质

逻辑学是一门没有阶级性的工具性质的科学。它是人们正确思维的工具、表达和交流思想的工具，也是学习和研究其他科学的工具。

逻辑学研究的思维形式结构及其规律，是人类思维共有的，对人们的正常思维具有普遍的规范和制约作用。因而人人需要逻辑，人人都在应用逻辑，遵守逻辑是我们正确思维必不可少的条件。

逻辑学撇开了思维的具体内容，只研究思维形式结构及其规律，因而它不能直接为人们提供各种具体的科学知识，而只能间接地为人们获取知识和真理服务，为人们认识真理提供工具。

逻辑学自产生之日起，它的创始人亚里士多德就已把它作为工具科学来看待了，后人曾把他的逻辑著作汇编成册，定名为《工具论》。英国哲学家、逻辑学家培根也把自己的逻辑学著作命名为《新工具》。现在，逻辑学的工具性质已得到大家公认。

逻辑学的工具性决定了它的无阶级性。逻辑学研究人类思维的共有现象和普遍规律，它不专属于社会上的某个阶级，它能为所有的阶级服务。所以它具有全人类性而没有阶级性。科学的阶级性是针对它的具体内容而言的，逻辑学已撇开了思维的具体内容，只独立研究思维形式结构及其规律，当然是没有什么阶级性而言的。如果逻辑学有阶级性的话，就是说每个阶级都有自己的思维形式结构，并按照各自特殊的逻辑形式进行思维，那么各个阶级之间的思想就无法沟通，人们也就难于参与和组织正常的社会活动了。

二、逻辑学的作用

逻辑学的根本功能在于培养和训练人们自觉地按照正确的思维形式和规律去进行理性思维，提高人们逻辑思维的素质和能力。基于逻辑学的这种功能，联合国教科文组织在 20 世纪 80 年代将逻辑列为与数、理、化、天、地、生同等重要的基础科学。学习和掌握逻辑学，对于人们开发智力，提高理论思维水平，增强创新能力，乃至提高民族思维水平都有重要意义。逻辑学的主要作用表现在以下几个方面：

1. 有助于人们由已知推出未知，探求新知识。逻辑学所以具有这种作用，是因为人们认识的任务是把握事物的本质与规律，事物的本质和规律无法直接感知，必须依靠思维推理来把握，而逻辑学所揭示的思维形式结构，恰恰是人们进行正确推理的有效工具。

在科学史上，通过推理手段发现真理，创立科学理论的事例屡见不鲜。欧几里得运用演绎推理的公理化方法，从已知的少数几条公理推演出许多定理，建构了几何学科体系。门捷列夫在已知的63种物质元素的基础上，发现了元素周期率，推演出了元素周期表，如此等等。在司法实践中，常常要借助逻辑提供的知识和方法，由已知推出未知。在侦查活动中，侦破人员运用有关逻辑知识，由已知的案发事实和专门调查中所获得的证据材料以及以往的侦查经验，推出关于案件真相的结论，就说明了逻辑学具有帮助人们由已知推出未知，探求新知识的作用。

2. 有助于人们准确表达和论证思想。人们生活在世界上，总要通过口语或文字等手段，把自己的思想表达出来，以达到相互间的思想交流。为了能使别人理解、接受自己的观点，表达就必须做到清楚准确，论证合乎逻辑。而做到这些，就要求人们不但要做到概念明确、判断恰当、推理有逻辑性，而且还要恰当地运用一定的论证方法，遵守论证方面的逻辑规则。不言而喻，这些都涉及逻辑知识。因此，掌握逻辑知识对于准确表达思想来说，具有重要的作用。

司法工作是十分严肃的工作，思想表达必须清楚准确，否则就难以维护法律的尊严，甚至影响法律法令的贯彻执行。例如，某判决书写道："×××在这次事故中不负责任"。对此，有人把它理解为"×××在这次事故中，工作马马虎虎"；有人把它理解为"×××与这次事故不相干"；还有人把它理解为"×××不负刑事责任"。很明显，判决书中"不负责任"的概念不明确，人们是难以执行的。还有一份判决书写道："由于被告×××长期与流氓鬼混，经常旷工，致使该厂连续3个多月没有完成生产任务。"这更使人难以理解，被告一个人旷工怎么能使一个工厂3个月完不成任务呢？像这样的论证，不能使人信服。

3. 有助于人们识别谬误和揭露诡辩。在实际生活中，人们对事物的认识不一定正确或全面，也有人故意违反逻辑进行诡辩。如果我们很好地掌握逻辑知识，就能够及时快速地发现这些谬误，识破这些诡辩伎俩，从而对它们进行有力的反驳或揭露。例如，有人说："杀人、抢劫是犯法的，我又没有杀人抢劫，犯什么法?"还有人说："资本家是讲利润的，我们也讲利润，岂不是也成了资本家?"诸如此类的论证，对于具有逻辑知识的人来说，其错误一目了然，反驳它也就容易击中要害。但是，对于缺乏逻辑知识的人来说，即使知道它错，也难以弄清错在哪里，反驳也就难以做到准确有力。因此，掌握逻辑知识对于提高识别逻辑错误和揭露诡辩的能力也是大有裨益的。

逻辑学是法学和法律工作者不可缺少的工具。上面所说的逻辑学在几个方面的作用，对于法学和法律工作者来说显得尤为突出。无论立法还是司法都得应用逻辑，都要合乎逻辑的要求。因此，逻辑学是法学专业和其他文科专业学生的必修课程，应当认真学好。

思考题

1. 逻辑学的研究对象是什么?
2. 如何认识逻辑学的性质和作用?

练习题

一、选择题

1. 逻辑学的研究对象是（　　）。

A. 语言形式及其规律　　　　　B. 思维形式及其规律

C. 思维内容　　　　　　　　　D. 思维形式结构及其规律

2. 逻辑学既可以为正确的主张服务，也可以为错误的主张服务，这说明逻辑学的学科性质是（　　）。

A. 实用性　　　B. 工具性　　　C. 阶级性　　　D. 独立性

3. 决定思维形式结构类型的根据是（　　）。

A. 逻辑常项　　　　　　　　　B. 逻辑变项

C. 思维内容　　　　　　　　　D. 逻辑常项与逻辑变项共同决定

4. 在"并非（p 或者 q）"这一思维形式结构中，逻辑常项是（　　）。

A. 或者　　　B. 并非　　　C. p、q　　　D. 并非、或者

5. 古希腊是逻辑学的主要发源地，被誉为"逻辑之父"的是（　　）。

A. 亚里士多德　　　　　　　　B. 培根

C. 莱布尼茨　　　　　　　　　D. 哥德尔

6. 在西方逻辑的近代发展史上，英国哲学家弗兰西斯·培根系统研究了归

纳方法。他的研究奠定了归纳逻辑的基础，拓宽了逻辑学的领域。其代表著作是（　　）。

  A.《逻辑大全》   B.《新工具》

  C.《工具论》   D.《归纳及演绎的逻辑体系》

  7. 提出现代逻辑宏伟设想的思想先驱是（　　）。

  A. 亚里士多德   B. 莱布尼茨

  C. 培根   D. 弗雷格

  8. 1930 年，德国著名的逻辑学家证明了一阶逻辑的完全性，这一成果标志着数理逻辑的全面确定。完成这一成果的逻辑学家是（　　）。

  A. 莱布尼茨   B. 布尔

  C. 罗素   D. 哥德尔

二、指出下列各题中"逻辑"一词的含义

1. 历史发展的逻辑证明，新事物必然代替旧事物。

2. 语法、逻辑、修辞都没有阶级性。

3. 把侵略说成友谊，这是地地道道的强盗逻辑。

4. 说话、写文章要讲究逻辑，否则，思维必然混乱。

5. 跨过战争的艰难路程之后，胜利的坦途就到来了，这是战争的自然逻辑。

6. 从中学时期就训练好一种逻辑头脑，以后无论学什么、做什么，都将受益无穷。

7. "只许官家放火，不许百姓点灯"，这是哪一家的逻辑！

8. 在一般人的印象中，逻辑很难学。

三、下列命题或推理中，哪些具有共同的形式结构（用公式表示）？

1. 所有鸟都是有脊椎骨的。

2. 中国是文明古国并且埃及是文明古国。

3. 张明或者是三好学生，或者是班干部。

4. 所有交通事故都是违章造成的。

5. 西安是历史名城并且是陕西的省会。

6. 如果被告已死亡，就不再追究刑事责任，现知某被告已死亡，所以不再追究其刑事责任。

7. 胜者或因其强，或因其指挥无误。

8. 如果实行科学管理，就能提高劳动生产率，某企业实行了科学管理，所以它能提高劳动生产率。

第二章

命题的逻辑分析

命题逻辑是现代逻辑的重要组成部分，它是其他各种逻辑分支的理论前提和基础。命题逻辑的研究对象是复合命题及其推理的形式结构和有效性的判定方法。命题是命题逻辑的基石，要研究命题逻辑，首先必须研究命题。本章我们将对命题、复合命题进行逻辑分析，得到有关命题形式、命题公式以及命题真值函项的有关知识。

第一节　命题的概述

一、什么是命题

命题是对思维对象有所陈述并且有真假值的语句。

思维对象是认识的主体所思考的一切对象，包括现实世界的对象和可能世界的对象两种。现实世界的对象是客观的情况或事件。如"这棵仙人掌开花了"，该命题的思维对象"这棵仙人掌"不依赖于人的思想而客观地存在着，这种情况之所以在语言中出现，是人们感知并认识到了它且企图交流关于它的思想认识。自然科学中命题的对象即为现实世界的对象；可能世界的对象是人类主观思想或者幻想的产物，道德命题、宗教命题等的思维对象则是可能世界的对象。

"陈述"就是解释、谓述。思维对象具有丰富多彩的属性，属性是对象的属性，对象是具有属性的对象。属性包括状态、关系、特点、性质等。所有对思维对象状态、关系、特点、性质等的解释或谓述后形成的语句，就是命题。例如：

（1）所有糖类食物都能引起龋齿。

（2）有的违法行为不是犯罪行为。

（3）中国在印度洋以南。

（4）上帝是全善全能的。

以上语句都是命题。因为它们都对某一特定的思维对象某一方面的属性进行了陈述，表达了该语句的思想内容和思想意义。陈述不是思维对象本身具有的，而是认识主体断定、思考的结果。所以，陈述可以是真的，也可以是假的，这种或真或假的值叫命题的真假值或逻辑值。对现实世界的对象来说，如果一个命题所陈述的情况与客观事物情况相吻合，则该命题是真的，我们叫它真命题；一个命题所陈述的情况和客观事物情况不相吻合，则该命题是假的，我们叫它假命题。对可能世界的对象而言，先必须预设一个可能世界 W，命题所陈述的情况与可能世界的情景相符合，则为真命题，反之，则为可能世界的假命题。可能世界命题的真假问题是一个相当复杂的问题，专门属于模态逻辑、规范逻辑研究的问题，我们不再赘述。命题逻辑中命题的真假其对应模型均是现实世界。所以，上例中（1）、（3）、（4）命题都是假的，（2）是真的。

任何一个命题都是有真假值的。有真假值并非确认某个命题的真值或者假值，而是指在通常情况下，逻辑只要求命题在真和假两个值的可能中，必须取一个作自己的值，不存在亦真亦假和非真非假的命题。事实上，由于主客观条件的限制，人类认识局限性等原因，人们不能、也不可能确认所有命题的真假值。

综上所述，我们归纳出命题具有如下两个特征：

1. 任何一个命题都对思维对象有所陈述，不论正确与否。

2. 任何一个命题都有真假值，一个命题是真还是假，必须根据客观事实来判定。

这两个特征，是我们区分命题和非命题的标准，具有这两个特征的语句是命题，否则，就不是命题。

二、命题和语句

命题和语句的关系仍然遵从思维与语言关系的一般理论。具体讲，命题是语句所表达的思想内容，语句是命题的物质承担者，它们紧密联系，不可分割。下面，我们着重讨论命题和语句的区别，通过讨论区别，进一步认识什么是命题。

1. 所有命题都用语句表达，但并非所有语句都是命题。一般地说，陈述句都直接表达命题，而疑问句、祈使句、感叹句则不直接表达命题。例如：

（1）谁是本案的主犯？

（2）请不要在这里抽烟！

（3）啊，长城！

例（1）是疑问句，提出了一个问题；例（2）是祈使句，提出一种请求；例（3）是感叹句，抒发一种感情。这三个句子都没有对某种思维对象作出陈述，也没有真假值，所以都不是命题。

疑问句中的反诘疑问句是一种特殊的疑问句，它无疑而问，事实上表达了命题。例如：

（1）难道有事物不包含矛盾？

（2）难道会有不追求利润的企业家吗？

以上句子都是反诘疑问句。例（2）表达了"所有企业家都是追求利润的"这一命题。例（1）类同。

感叹句在特定情况下也可以表达命题。例如"被告人的行为是多么可憎啊！"实际上表达了"被告人的行为是可憎的"这样一个命题。所以语句是否是命题，要根据命题特征来判别，而不是根据语句类型而判定。

2. 同一命题可用不同语句来表达。因为在思维过程中，不同语句表达的思想内容可以是相同的。例如：

"马逸，有犬死于其下"。（穆修）

"适有奔马践死一犬"。（沈括）

"逸马杀犬于道"。（欧阳修）

不同的语句，反映了同一事物情况，表达了同一命题。

3. 同一语句，可以表达不同命题。由于自然语言的不准确性和人们使用上的习惯，语句可以分为歧义句和无歧义句，歧义句在不同的语言环境中可以表达不同命题。例如：

（1）这个姑娘的嘴不好。

（2）父在母先死。

以上两个语句在不同的语言环境下可作不同的理解和解释。这就是同一语句表达不同命题的情况。

值得注意的是，在实际思维过程中，一个语句只能表达一个命题而不能同时表达几个命题。遇到歧义句时，要确认其到底表达哪种思想，必须根据具体的语言环境和上下文的关系来确定。

第二节 命题的分类和命题形式

一、命题的分类

思维中命题的数量是数不胜数的，下面，我们根据命题的逻辑结构，将所有的命题分为两种，一种是简单命题，另一种是复合命题。

（一）简单命题

简单命题由概念（词项）组成，是自身不包含其他命题的命题。简单命题中，一种陈述思维对象具有或者不具有某种性质，逻辑上叫性质命题。例如：

（1）民法是法律体系中最为重要的法律之一。

（2）有些人不具有完全民事行为能力。

还有一种简单命题陈述两个或两类对象具有或者不具有某种关系，逻辑上称之为关系命题。例如：

（1）西安在兰州和郑州之间。

（2）所有选民拥护一个候选人。

（3）任何一个大象都重于任何一只蚂蚁。

性质命题和关系命题并称为简单命题。以上命题都由概念组成，其自身不包含任何其他命题。在整个命题逻辑体系中，简单命题是命题逻辑的最基本成分和最小单位，所以，简单命题又被称为原子命题。简单命题是谓词逻辑的研究对象，本书将在第五章和第六章进行详细讨论。

（二）复合命题

复合命题由命题组成，是自身包含其他命题的命题。一个复合命题可以由一个或者多个简单命题组成，复合命题也可以组合构成更加复杂的复合命题，逻辑上把构成复合命题的命题，不论是简单的还是复合的，都统一称为复合命题的支命题。而将若干支命题联结起来构成复合命题的词项叫命题联结词。所有的复合命题都是由支命题和命题联结词两部分组成的。例如：

（1）人身关系既不可以转让，也不可以放弃。

（2）当且仅当在不损害公共利益的情况下，当事人才有权自由地交换财产、使用财产并且处分财产。

（3）并非所有的鸟都会飞。

很显然，这是三个不同于简单命题的复合命题。例（1）中，"人身关系不可转让"和"人身关系不可放弃"是该复合命题的支命题，两个支命题借助于联结词"既……也……"联结而成。例（2）是一个复杂的复合命题。其支命题共有四个。由"并且"联结的复合命题充当由"当且仅当……才……"联结的复合命题的支命题。

命题联结词是复合命题不同的根本原因，相同的支命题使用不同的命题联结词联结后，可以形成不同的复合命题。命题逻辑中研究的命题联结词只有五种，根据联结词的不同，复合命题分为以下几种：

1. 合取命题。由联结词"并且"联结两个以上的支命题所形成的复合命题。例如：

（1）中国是文明古国并且埃及是文明古国。

（2）我们既不能冤枉好人，也不能放纵坏人。

合取命题的联结词除了典型的"并且"外，还有"既……又……""不但……而且……""虽然……但是……"等。一般情况下，自然语言中的并列关系、转折关系和递进关系语句在逻辑上都可以看成合取命题。

2. 析取命题。由联结词"或者……或者……"联结两个以上的支命题所形成的复合命题。例如：

（1）张平或者会英语，或者会德语。

（2）未被 A 校录取的考生，或者其选填专业不对口，或者其考试成绩不合格，或者其身体条件不合要求。

析取命题的联结词除了"或者……或者……"之外，还有"也许……也许……"等。

在析取命题中，还有一种用联结词"要么……要么……"联结的析取命题，例如：

（1）被告李××要么是有罪的，要么是无罪的。

（2）东渡日本，要么坐船，要么坐飞机。

逻辑上称这种析取为不相容析取。而由联结词"或者……或者……"形成的复合命题叫作相容析取。

3. 蕴涵命题。由联结词"如果……那么……"联结两个支命题所形成的复合命题。例如：

（1）如果行为人对行为的性质没有认识，那么法律上就完全排除了犯罪故意的可能性。

（2）如果天下雨，那么地就湿。

蕴涵命题的联结词在自然语言中还有"只要……就……""倘若……

则……"等。

4. 等值命题。由联结词"当且仅当……则……"联结两个支命题所形成的复合命题。例如：

(1) 当且仅当二条线段平行，则内错角相等。

(2) 当且仅当被告人犯罪证据充分确实，则可以认定被告人有罪。

自然语言中，"只要且只有……才……"也表达等值命题。

5. 负命题。由联结词"并非"联结一个支命题所形成的复合命题。例如：

(1) 并非所有精神病人不负刑事责任。

(2) 并不是人之初、性本善。

"并非"只联结一个支命题，因此又叫单项联结词，但这一个支命题可以是简单的，也可以是复合的。除了"并非"外，在自然语言中，"……是不对的"，"……是错误的"都可以是负命题的联结词。

二、命题形式和命题公式

命题逻辑以复合命题作为自己的研究对象。命题逻辑在研究复合命题时，同样只研究复合命题的形式结构，不研究复合命题的内容。对于复合命题，我们保留其反映逻辑共性的常项，抛开简单命题所包含的各种各样的具体内容而用变项表示其特殊内容，所得到的公式就称为命题形式。简单点讲，命题形式就是复合命题的形式结构。命题形式由真值联结词（常项）和命题元变项两部分组成。

（一）真值联结词

真值联结词是一些特制的人工表意符号，用它们来表示或表意命题联结词。它们分别是：

1. "¬"称作否定，该符号与命题联结词"并非"相当。

2. "∨"称作析取，该符号与命题联结词"或者……或者……"相当。

3. "∧"称作合取，该符号与命题联结词"并且"相当。

4. "→"称作蕴涵，该符号与命题联结词"如果……那么……"相当。

5. "↔"，称作等值或互蕴，该符号与命题联结词"当且仅当……则……"相当。

真值联结词是对命题联结词更单义、更抽象的表达。由于这种联结词只对命题之间真假关系作逻辑考察，因此，称其为真值联结词。

（二）命题元变项

命题逻辑中，用 p、q、r…… p_1、q_1、r_1……等来表示命题元变项。

命题元变项是表示任意命题的符号，或者说，命题元变项是一个任意的、抽象化了的命题。虽然命题元变项不是具体命题，但它代表或者表示着命题。在大多数情况下，命题元变项表示任意简单命题，但有时也表示任意复合命题。

（三）基本命题形式和命题公式

基于已知命题形式由真值联结词和命题元变项两部分组成，通过组合构成以下五种最基本的命题形式：

1. ¬ p，由真值联结词"¬"和命题元变项 p 组成，称为否定式。"¬ p"是一切负命题的形式结构，其中，p 是否定式的支命题。

2. p∨q，由真值联结词"∨"和命题元变项 p、q 组成，被称为析取式。"p∨q"是一切析取命题（相容析取命题）的形式结构，p 和 q 被称为析取支。

3. p∧q，由真值联结词"∧"与命题元变项 p、q 组成，被称为合取式。"p∧q"是一切合取命题的形式结构，在合取式中，p、q 被称为合取支。

4. p→q，由真值联结词"→"和命题元变项 p、q 组成，被称为蕴涵式。"p→q"是一切蕴涵命题的形式结构，在蕴涵式中，p 被称为蕴涵式的前件，q 被称为蕴涵式的后件。

5. p↔q，由"↔"与 p、q 组成，被称为等值式。"p↔q"是一切等值命题的形式结构。其中，p 被称为等值式前件，q 被称为等值式后件。

在命题逻辑中，五种命题形式经过合理组合，就能构成各种各样、数目繁多的命题公式。

例如：

$$(p \land q) \to r, (p \lor q) \to (p \lor r),$$
$$(\neg p \land q) \leftrightarrow (p \to q)。$$

命题形式组成命题公式时，还要用到括号，括号用来表明公式中的结构关系，括号内的公式是公式中的一个独立单位。在命题逻辑中，为避免过多括号带来的不便，常常约定真值联结词结合力的强弱。五个真值联结词结合力依以下顺序递弱：¬ 、∨、∧、→、↔，很显然，在一个有若干联结词的公式中，由结合力强的联结词构成的公式是作为一个独立单位或者整体与公式的其他部分发生关系的。这样一来，下列公式中的括号可省略：

$$p \to p \lor q, p \lor q \land r, p \lor q \to p \land q$$

值得注意的是，单独一个命题元变项符号亦称为公式。

其实，命题形式和命题公式才是逻辑学的真正研究对象。它们表意简单命题，或者表意复合命题和推理，其数目不可胜数。所以说，常项、变项和命题形式概念的引入，为我们研究命题逻辑提供了有力工具。

三、命题逻辑中真假概念的不同界说

在命题逻辑的基础知识中，真假概念不仅重要，而且特别容易混淆。真假值是命题的特征，也是命题的指称。逻辑要求命题在真假两个值的可能中，必须取一个作自己的值，这就是二值逻辑。但真假概念在命题逻辑的基本理论中，又包含着四种不同的含义：

1. 事实真假。事实真假又叫内容真假，仅对简单命题而言，来源于亚里士多德"符合论"思想。以现实世界作为对应模型，一个简单命题陈述的思想内容跟事实相符合，那么这个简单命题就是真命题；否则是假命题。简单命题的真假取决于简单命题的内容是否完全描绘了客观事实。

2. 逻辑真假。逻辑真假又叫形式真假，仅对复合命题及其形式结构而言。由于复合命题是由简单命题作为最小成分构成的，因此，包含在复合命题中简单命题的真假值必然决定着复合命题的真假值。例如：

（1）$\sqrt{2}$是一无理数并且 π 是一无理数。

（2）$\sqrt{2}$是一有理数并且 π 是一无理数。

（3）如果地球长了翅膀，那么地球就会飞起来。

以上三个复合命题都含有两个简单命题作其支命题。首先，我们根据事实（已有知识）就可判定其中每一个支命题的真假情况。由于例（1）中合取命题的两个支命题都真，符合"并且"这个联结词的逻辑性质，所以，合取命题整体是真的。例（2）中两个支命题一个为真（后一个），一个为假（前一个），不符合"并且"这个联结词的性质，所以，例（2）这个合取命题为假。由于例（3）中尽管蕴涵命题前件和后件都是假的，但符合"如果……那么……"联结词的逻辑性质，所以，蕴涵命题是真的。可见，依附于支命题的真假值而建立起来的要求遵守或符合联结词逻辑性质的真假，我们称其为逻辑真假。

3. 确定真假。所有命题不管是简单命题还是复合命题，只要是包含思维内容的具体命题，它们的真假值都是确定的。要么是确定的真，要么是确定的假。例如：

（1）《孙子兵法》是中国古代的兵书。

（2）梅西或者是德国队球员或者是西班牙队球员。

例（1）是一个简单命题，根据事实判定为真。例（2）是析取命题，其中两个支命题均假，不符合"或者……或者……"的逻辑性质。所以例（2）为假。

4. 可能真假。在命题逻辑中，由于逻辑学不研究内容只研究形式结构，因此，简单命题被抽象成命题元变项 p、q 等，复合命题被抽象成了命题形式或命题公式。命题元变项和命题形式的值都是可能的值。由于命题元变项不是具体命题，不能有确定的真或确定的假，因而，每一个变项的值是可能的值。当我们说 p 真时，是我们把它看成一个真命题，当我们说 p 假时，我们把 p 看成一个假命题。可见，命题元变项的真假值只是一种可能取值，所以叫作可能真假。

命题形式和命题公式由变项组成，因此，其真假一方面受制于变项的各种取值可能，另一方面还要受制于真值联结词的逻辑性质（又叫命题形式的逻辑性质）。

第三节　命题形式的逻辑性质和真值表

命题形式的不同关键在于真值联结词的不同，本节讨论命题形式的逻辑性质客观上即是讨论真值联结词的逻辑性质。

一、"p∧q" 的逻辑性质

在二值逻辑中，设 p、q 代表命题元变项，则命题形式 "p∧q" 的逻辑性质为：当且仅当 p 真 q 真时，"p∧q" 为真，在其他情况下 "p∧q" 为假。该性质可以通过下面的表体现出来，这种体现命题形式和变项之间真假关系的图表叫作真值表，如下表：

p	q	p∧q
T	T	T
T	F	F
F	T	F
F	F	F

表中 "T" 表示真，"F" 表示假（下同）。一个变项有真和假两种可能的值，两个变项所有可能的真假组合情况便为四种：p 真 q 真；p 真 q 假；p 假 q 真；p 假 q 假。含义中的其他情形就是指这四种组合中的后三种情形。表中，合取式的真假值，完全取决于 p、q 的真假组合情况，而与内容没有关系。如果一个命题形式有两个以上的命题元变项，则其真假组合情况可按照公式 2^n 计算，其中，n 表示命题元变项的数目。

合取式是真值联结词 "∧" 作主要联结词的公式，所谓主要联结词，是指决定一公式是什么性质公式的联结词。在下面的公式中，合取都作主要联结词。例如：

$$p \wedge (q \vee r), (p \rightarrow q) \wedge r, (p \vee q) \wedge q。$$

它们都是合取式，其性质也如表中所述。

真值表中命题形式和变项之间的真假关系是从现实思维素材中抽象所得。在现实思维中合取命题是陈述几种事物情况同时存在的命题，同时存在即是同时为真。所以说，合取命题所陈述的几种事物情况同时存在，合取命题为真，在其他情况下合取命题均假。例如：

（1）鉴定结论和勘验笔录都是证据。

（2）该犯既犯有杀人罪又犯有抢劫罪。

以例（2）来说，只有客观上他确实犯了杀人罪，也犯了抢劫罪时，该合取命题为真；否则客观上只犯这两种罪行中的一种或者两种罪行均未犯时，合取命题为假。合取命题的这种性质与真值表中合取式的含义是一致的。

二、"$p \vee q$"的逻辑性质

在二值逻辑中，设 p、q 表示命题元变项，则命题形式"$p \vee q$"的逻辑性质是：当且仅当 p 假、q 假时，"$p \vee q$"为假，在其他情况下均真。该性质体现在下面的真值表中：

p	q	p∨q
T	T	T
T	F	T
F	T	T
F	F	F

析取式是以"$\vee$"作为主要联结词的公式。例如：

$$P \vee (q \wedge r), (p \leftrightarrow q) \vee r$$

它们都是析取式，其逻辑性质与析取式相同。

现实思维中，析取命题是陈述在事物的几种可能情况中，至少有一种事物情况存在的命题。至少有一种事物情况存在就是至少选择有一个支命题为真。所以，一个析取命题为真，至少有一个支命题为真即可，当所有的支命题都假时，析取命题才是假的。例如：

（1）爱国影片或者有教育作用或者有娱乐作用。

（2）或者是地理环境，或者是人口因素或者是物质资料的生产方式是社会发展的主要动力。

析取命题分为两种，一种叫相容析取，一种叫不相容析取。数理逻辑中析取专指相容析取。之所以叫相容，关键在于该析取命题陈述的几种事物情况的可能性中，至少有一种是存在的，"至少"的意思是指它并不排斥几种事物情况同时存在（相兼相容）的可能性。例（2）中促进社会发展的动力可能是人口因素，可能是地理因素，也可能是物质资料的因素，但并未除非三者兼而有之。这种析取命题叫相容析取命题。

现实思维中，还存在一种用"要么……要么……"联结支命题形成的复合命题，叫不相容析取命题。之所以叫其不相容，关键在于该析取命题陈述的事物的几种可能情况中，有而且只能选择有一种事物情况存在，也就是说，几种事物情况不能同时存在，即属性不能相容相兼。例如：

（1）要么他是唯物主义要么他是唯心主义。

（2）东渡日本，要么坐船，要么坐飞机。

不相容析取命题的逻辑性质是：当其支命题都真或支命题都假时，不相容析取命题为假；当有并且只有一个支命题为真时，不相容析取命题为真。这种含义可借助于真值联结词"$\land$""$\lor$""$\neg$"表达为："$(p \lor q) \land \neg (p \land q)$"，该公式是不相容析取命题逻辑性质的正确翻译。所以，在现代逻辑中，没有关于不相容析取命题的专门符号。

三、"p→q"的逻辑性质

在二值逻辑中，设 p、q 表示命题元变项，则命题形式"p→q"的逻辑性质是：当且仅当 p 真，q 假时，"p→q"是假的，在其他情况下都是真的。可用真值表表示如下：

p	q	p→q
T	T	T
T	F	F
F	T	T
F	F	T

蕴涵式是以"→"作主要联结词的公式。例如：p→q，$(p \lor q) \to (p \lor r)$，$(p \land q) \to (p \leftrightarrow r)$ 等公式中，"→"作为主要联结词，因此都是蕴涵式。

蕴涵式是对现实思维中蕴涵命题的逻辑抽象。蕴涵命题在思维中大量存在，它陈述的是：前件所指称的事物情况是后件所指称事物情况充分条件的命题。

充分条件是指：存在着甲乙两种事物情况，当甲情况出现时，乙情况一定出现；当甲情况不出现时，乙情况可以出现也可以不出现。这时，甲情况便是乙情况的充分条件。

这种充分条件反映在蕴涵命题中分别成为蕴涵命题的前件和后件。所以，对任何一个蕴涵命题来说，当前件真，后件真；当前件假，后件真；当前件假，后件假时，蕴涵命题都是真的；只有在前件真而后件假时，蕴涵命题才是假的。例如：

（1）如果他是自杀身亡，那么他的背上就不会有致命刀伤。

（2）如果是在校大学生，那么肯定在校上课。

以例（2）来说：是在校大学生，肯定在学校上课；不是在校大学生，可以在校上课；不是在校大学生，不在校上课。在这三种情况时，例（2）是真的。是在校大学生（前件真）但不在校上课时（后件假），例（2）才是假的。

现实思维中，还有用联结词"只有……才"联结两个支命题构成的复合命题。其形式结构是：只有 p 才 q。例如：

（1）只有惩罚犯罪，才能预防犯罪。

（2）只有事实清楚，才能判决正确。

该复合命题是蕴涵命题的逆命题，因为该复合命题陈述的是：前件所指称的事物情况是后件所指称事物情况必要条件的命题。根据数学知识，充分条件与必要条件是互逆关系，即当 p 是 q 的充分条件时，q 就是 p 的必要条件，反之亦然。在"只有 p，才 q"的形式结构中，前件 p 是后件 q 的必要条件。反过来，后件 q 就是前件 p 的充分条件。这样，我们根据蕴涵的性质，可直接将"只有 p，才 q"表示的复合命题符号化成"q→p"。既然我们可以用蕴涵符号表达"只有 p，才 q"这种必要条件的蕴涵命题，所以，现代逻辑没有为其设立新符号。

四、"p↔q"的逻辑性质

在二值逻辑中，设 p、q 表示命题元变项，则命题形式"p↔q"的逻辑性质是：当且仅当 p、q 同真同假时，"p↔q"为真，在其他情况下为假。其真值表如下：

p	q	p↔q
T	T	T
T	F	F
F	T	F
F	F	T

等值联结词和等值式的考察在逻辑中具有重要意义。逻辑中许多重要定理都是用等值式表达的，同时，等值式的运用使定理变形，逻辑推演以及求否定、求对偶成为可能。

由"↔"作主要联结词构成的公式都叫等值式。例如：

　　　　p↔（p∨q），（p→q）↔（¬p∨q）

对等值式的考察，实际就是对等值命题的考察。现实思维中，等值命题陈述的是：前件所指称的事物情况是后件所指称事物情况充分必要条件的命题。充分必要条件是指：有甲、乙两种事物情况，当甲事物情况出现时，乙事物情况也出现；当甲事物情况不出现时，乙事物情况也不出现，这时，甲便是乙的充要条件。充要条件关系反映在等值命题中，等值命题只有在前后件同真同假时，等值命题为真；当前件真而后件假或者前件假而后件真时，等值命题便是假的。例如：

（1）当且仅当两三角形三边对应相等，则两三角形全等。

（2）当且仅当 p 真 q 假时，p→q 为假。

运用等值式的真值表检验，以上两等值命题的真假情况与表中所述是完全一致的。

五、"¬ p"的逻辑性质

在二值逻辑中，设 p 表示命题元变项，则命题形式"¬ p"的逻辑性质是：当 p 为真时，¬ p 为假；当 p 为假时，¬ p 为真。其真值表如下：

p	¬ p
T	F
F	T

否定式是真值联结词"¬"作主要联结词的公式。例如：

　　　　¬（p→q），¬［p→（q∨s）］，¬（p↔q）

负命题是对某命题进行驳斥后产生的复合命题，负命题与其支命题之间是不能同真不能同假的矛盾关系。例如：

（1）并非所有年满 18 岁的人都有选举权。

（2）既想享受权利又不承担义务，那是不行的。

以上两例是负命题。以例（1）来说，"所有年满 18 岁的人有选举权"为真时，对其否定便是假的。反之亦然。

以上，我们讨论了五种命题形式的逻辑性质，也就是讨论了五个真值联结词的逻辑含义。命题形式的逻辑性质是衡量复合命题和支命题真假关系的标准。但这个标准仅仅是形式标准或者叫逻辑标准。在现实思维中，复合命题还要求它的所有支命题在内容上有一定的联系。因为，内容上没有关系而形式上即便为真，这样的复合命题在日常思维中也是无用的，甚至可能造成错误和诡辩。

在整个命题逻辑体系中，命题变项是只可以作真值解释的变项，由这样的变项组成的公式，因其只具有真假值属性，完全不考虑变项代入或解释后的内容情况，这样的命题形式，逻辑上又称为真值形式。

第四节 真 值 函 项

现代逻辑用函数的方法研究命题的真值形式，一个命题形式实质就是一个定义域和值域都是真值集合的真值函数。命题逻辑是二值逻辑，真值集合为 $\{T、F\}$。给定若干个命题变元，由这些命题变元与五个真值联结词可以组成无数个命题形式。但在这些命题形式中，有许多甚至绝大多数是等值的，如"$p \wedge \neg p$"与"$\neg (p \vee \neg p)$"。根据函数的性质，命题变元相同（即定义域相同）并且值域相同的不同命题形式实质上是同一真值函项。由确定数目的命题变元所构造的不同真值函数的个数也是确定的。真值函项的个数是由真值函项所含有的命题变元数 n，指派给每个命题变元的真值（T、F）及在命题变元的每种真值组合下真值函项的真值数（F 或 T）三者决定的。一含有 n 个命题变元的 n 元真值函项，其变项的所有真假组合为 2^n 种，在每种真值组合情况下真值函数都有真假二种值，故应有 2^{2^n} 个真值函项。

先考察只含有一个命题变元 p 的真值函项。根据公式，一元真值函项有 $2^{2^1} = 4$ 个。列表如下：

P	f_1	f_2	f_3	f_4
T	T	T	F	F
F	T	F	T	F

其中，$f_1 \sim f_4$ 表示包含一个变项的命题公式真值函项的数目。

表达 f_1 真值函项的公式有很多，如 $p \rightarrow p$、$\neg (p \wedge \neg p)$、$p \vee \neg p$ 等。这一函项是说，无论 p 取何值，公式总有真的值，是一永真的真值函项。

表达 f_4 的公式有：$p \land \lnot p$、$\lnot (p \lor \lnot p)$、$\lnot (p \to p)$ 等。表达这一函项的公式，不论其中变项的值是真是假，公式总有假的值，因而，是一永假的真值函项。另外，表达 f_2、f_3 函项的公式有哪些，该函项表达什么逻辑意义，读者可自己思考。

当变项为 2（$n = 2$）时，设变项为 p、q，则两个变项所有可能的真假组合情况是 $2^2 = 4$ 种，这时，含有 p、q 两个命题变元的二元真值函项数为 $2^{2^2} = 16$ 个，记作 $f_1 \cdots \cdots f_{16}$ 列表如下：

p	q	f_1	f_2	f_3	f_4	f_5	f_6	f_7	f_8	f_9	f_{10}	f_{11}	f_{12}	f_{13}	f_{14}	f_{15}	f_{16}
T	T	T	T	T	T	T	T	T	T	F	F	F	F	F	F	F	F
T	F	T	T	T	T	F	F	F	F	T	T	T	T	F	F	F	F
F	T	T	T	F	F	T	T	F	F	T	T	F	F	T	T	F	F
F	F	T	F	T	F	T	F	T	F	T	F	T	F	T	F	T	F

其中，f_1 无论 p 和 q 取何值均真，是一永真的真值函项。表达这一函项的公式有很多，如 $p \to (p \lor q)$、$(p \to q) \leftrightarrow (\lnot p \lor q)$ 等。

f_2 是 p 和 q 都取假值时才假的函项。表达这一函项的公式有很多，如 $\lnot (\lnot p \land \lnot q)$、$p \lor q$ 等。析取式是 f_2 表达的命题公式中的一个而已。

f_5 是蕴涵式"$p \to q$"表示的真值函项，表达这一函项的公式还有 $(\lnot p \lor q)$、$\lnot q \to \lnot p$ 等。

f_7 是等值式"$p \leftrightarrow q$"表示的真值函项；f_8 是合取式"$p \land q$"表达的真值函项，表达这一函项的公式还有 $\lnot (\lnot p \lor \lnot q)$ 等。f_{10} 表示与 f_7 相矛盾的函项，也称反等值，如 $(p \land \lnot q) \lor (\lnot p \land q)$、$(p \lor q) \land \lnot (p \land q)$ 等。

f_{16} 是与 f_1 相矛盾的函项，这一函项是说，不论表示这一函项的所有公式中变项取什么值，公式的值永远是假的。

由此可见，真值函项是包含某种确定变项的所有命题形式或公式的取值范围。它是从更全面的角度对命题形式进行总结性、概括性研究。命题形式和公式虽然数目是无穷无尽的，但当变项的数目给定后，真值函项的数目却是确定的，不同的命题形式和公式可以具有相同的真值函项。

对真值函项进行研究有重要意义：

1. 对真值函项的研究，使我们看到了那些千差万别的命题形式之间本质、同一的东西。如 p→q, ¬ p∨q, ¬ （p∧¬ q）这三个公式是不同的命题形式，却表达着相同的真值函项，因而，其逻辑意义是相同的。

2. 对真值函项的研究使我们将纷繁的命题形式归结为若干类别，从而做有价值的研究。实质上，真值函项就是对命题形式进行分类，有多少真值函项，就有多少个命题形式的类，第四章对命题形式种类的划分就是以真值函项为基础的。

第五节　多重复合命题语句符号化

一、什么是多重复合命题

多重复合命题就是以复合命题作为支命题的命题，它的联结词的数目总在两个或两个以上。例如：

我们既反对脱离实际的幻想，也反对一些人一进入社会就因为家庭担子或个人问题而庸庸碌碌。

该复合命题的联结词有两个，是多重复合命题。在多重复合命题中，首先要根据语言环境和上下文的关系分清联结词的主次顺序和层次关系。上例中"即……也……"是主要联结词，决定了这个复合命题的性质。而"或"联结的析取命题处于次要位置，仅是该多重复合命题的支命题而已。

二、为什么要将多重复合命题符号化

多重复合命题是现实思维中最常见的命题之一，所有多重复合命题都毫无例外的是用自然语言表达的。虽然自然语言是一定范围内人们通用的基本的交流工具，也是形成、存贮和传递科学知识的手段，但是，自然语言的缺点也是显而易见的：①它不精确，具有严重歧义。如《现代汉语词典》中列明，"打"字分别可作动、量、介等词性，其中作为动词的"打"就多达 24 个义项。自然语言的这种多义性和歧义性常常成为谬误推理的根源。②自然语言的语法是复杂、非单义的，甚至是比较混乱的。各民族语言的语法系统是在人类社会发展中自发形成的，即使在同一种语言内，也缺乏统一、严格、单义的调节词和词组的规则，甚至存在着许多对已有规则的偏离。所有这些，都导致了在自然语言中，语言的语法结构和思想的逻辑结构不存在普遍且必然的一致，使得语言有可能臆造和歪曲思想。自然语言的这种缺陷，加上思维习惯的影响，多重复合命题本身也具有多义性和不准确性，这和逻辑要求的精确、严密、单义性特征是不相符合的。为了构造严格的命题逻辑推演系统，并运用其理论对自然语言进行逻辑分析，首先就要用人工表意符号对多重复合命题语句进行符号化。

三、符号化的方法

符号化方法分为三步：

1. 寻找多重复合命题语句中的主要联结词，并用相应的真值联结词符号来替代。

2. 逐个检查主要联结词两边的支命题，看它们是简单命题还是复合命题。如果经检查是简单命题，就用简单命题变项替代。简单命题变项是替代自然语言中具体简单语句的符号，用大写的英文字母 A、B、C、D……表示。由于自然语言中，简单命题的内容是确定的，不会有变化，我们纯粹为了书写方便才用符号替代它。所以，简单命题变项不是真正的变项，而仅仅是一种替代符号而已。按照习惯，在命题逻辑中，我们用命题元变项表示一般性命题形式、公式、定理，用简单命题变项表示具体的某一复合命题或者由其构造的推理的结构。

3. 如果主要联结词两边的支命题仍然是复合命题，就按照上面的方法层层分解，直到分解成简单命题后，再用简单命题变项替代。注意相同的简单命题要用相同的符号表示，不同的命题用不同的符号表示。特别要注意的是，现实思维中对同一种逻辑关系常常用不同的联结词表达，因此在符号化时，必须把具有相同逻辑关系的不同命题联结词转化成同一真值联结词符号。还必须详细分析每一个命题语句，弄清楚其中所表达的准确含义，以便准确地写出它们的符号化形式。现举例如下：

（1）如果你读过《儒林外史》，就会同情范进那样受科举制度毒害的人物。并且，只有同情他们，才能痛恨封建的科举制度。

该多重复合命题的主联结词是"并且"，我们用"∧"符号替代"并且"。该主联结词两边的支命题是两个蕴含命题，我们分别用简单命题变项 A、B、C 来替代句中的每一个简单命题，可得该多重复合命题的命题公式：

（A→B）∧（C→B）

因为句中"他们"表示"范进那样受科举制度毒害的人物"，所以，符号化时用相同的符号 B 表示。又因为"并且"的后一个支命题是逆蕴涵，所以我们符号化成 C→B。

（2）如果犯罪行为地与犯罪结果地不易分清，并且犯罪预备地与犯罪行为地不易分清，并且次要行为地与主要行为地不易分清，那么可按"实际控制"或"先理为优"的原则确定管辖权。

该多重复合命题的主要联结词是"如果……那么……"我们用"→"替代之，该主联结词两边的支命题中，前件是合取命题，而后件是析取命题，我们分别用简单命题变项 A、B、C、D、E 替代句中的每一个简单命题，可得该复合命题的命题公式：

$$(\neg A \wedge \neg B \wedge \neg C) \rightarrow (D \vee E)$$

在符号化中，如果支命题中含有"不""不是""并非"等词项，我们一般将其看成负命题。

（3）投敌叛变的，处 3 年以上 10 年以下有期徒刑；情节严重的或者率众投敌叛变的，处 10 年以上有期徒刑或者无期徒刑。

若以 A 替代"投敌叛变"；以 B 替代"情节严重"；以 C 替代"率众投敌叛变"；以 D 替代"处 3 年以上 10 年以下有期徒刑"；以 E 替代"处 10 年以上有期徒刑"；以 F 替代"处无期徒刑"。结合语句含义，上引刑法条文作为多重复合命题其公式为：

$$(A \rightarrow D) \wedge \{[(A \wedge B) \vee C] \rightarrow (E \vee F)\}$$

在很多自然语言表达的多重复合命题中，联结词是省略的，这时，必须根据命题的思想内容增添联结词，并用真值联结词符号替代。

（4）如果宣战是一个正确的战略行动，则或者已有 50 个师做好战斗准备或者已有 20 个远程轰炸联队发动攻击。然而，并没有 50 个师做好战斗准备。所以，如果 20 个远程轰炸队尚未发动攻击，则或者宣战不是一个正确的战略行动或者有新的武器可用。

该多重复合命题表达的是一个推理，其标志就是表达推出关系的联结词"所以"，"所以"之前是推理的前提，之后是推理的结论。第一个前提是以析取命题作后件的蕴含命题，第二个前提是负命题，对其中每一个不同的简单命题，分别用 D、F、T、S 依次替代，则命题公式如下：

① $D \rightarrow (F \vee T)$

② $\neg F \qquad \therefore \neg T \rightarrow (\neg D \vee S)$

以上是命题逻辑中推理形式结构的常规表达。①②是该推理符号化后的两个前提，$\neg T \rightarrow (\neg D \vee S)$ 是该推理符号化后的结论。

思考题

1. 什么是命题？命题与语句有何异同？

2. 复合命题的真假由哪些因素决定？为什么？

3. 命题形式、真值形式与复合命题有何区别与联系？

4. 为什么要对多重复合命题语句符号化？怎样对多重复合命题语句符号化？

5. 研究真值函项有什么意义？

练习题

一、选择题

1. 下列语句中，表达命题的是（　　　）。

A. 请您坐下！

B. 您贵姓？

C. 噢，原来如此

D. 虚心使人进步，骄傲使人落后

2. 下列命题中，不表达复合命题的是（　　　）。

A. 会憎，才会爱

B. 若要人不知，除非己莫为

C. 这个班的同学全到齐了

D. 并非参加民主运动的人全是马克思主义者

3. "不是东风压倒西风，便是西风压倒东风"，对该语句进行符号化后所得到的公式是（　　　）。

A. p∧q

B. p→q

C.（p∨q）∧￢（p∧q）

D. ￢（p→q）

4. "q→p"为假时，必然是（　　　）。

A. p 真，q 假

B. p 假，q 真

C. p、q 均真

D. p、q 均假

5. 当（￢p∨￢q）为假时，（　　　）为真。

A. p∧q

B. p∧￢q

C. ￢p∧q

D. p∨￢q

6. 已知"如果小丁在师大，那么小王在工大"为假，则（　　　）为真。

A. 小丁或小王在师大

B. 小丁在师大且小王在工大

C. 小丁不在师大且小王不在工大

D. 当且仅当小王在工大，则小丁在师大

7. "只有他诚恳向我道歉，我才会原谅他"，这一命题可以转化成这样一个蕴涵命题（　　　）。

A. 只有他不诚恳向我道歉，我才不会原谅他

B. 只有我原谅了他，他才诚恳向我道歉

C. 如果他向我道歉，那么，我原谅他

D. 如果我原谅了他，则他诚恳向我道了歉

8. 如果王晶是学生会成员，她一定是二年级学生。

上述命题是基于以下哪个前提推出的？（　　）

A. 只有王晶才能被选入学生会

B. 只有二年级学生才有资格被选入学生会

C. 入选学生会成员中必须有二年级学生

D. 二年级学生也可能不被选入学生会

9. 中星集团要招聘 20 名直接参加中层管理的职员，最不可能被录用的是学历在大专以下或是完全没有管理工作经验的人；在有可能被录用的人中，懂英语或懂日语将大大增加被录用的可能性。

如果上述断定是真的，那么以下哪项所言及的报名者最有可能被录用？（　　）

A. 张先生现年 40 岁，中专学历，毕业后一直没有放松学习，曾到京某大学进修半年，收获很大，最近，他刚辞去已任职 5 年的华南宾馆前厅副经理职务

B. 王女士是经管学院的副教授，研究生学历，出版过管理学专著，出于经济收入的考虑，她表示如被录用，将立即辞去现职

C. 陈小姐是经贸大学的应届毕业生，在学校学习期间，曾任某商场业务部见习经理

D. 老孙曾是某集团公司老总，曾被誉为无学历、无背景，白手起家的传奇式企业家，公司的倒闭使他不得不从头做起

10. 在评价一个企业管理者的素质时，有人说："只要企业能获得利润，其管理者的素质就是好的"。

以下各项都是对上述看法的质疑，除了（　　）。

A. 有时管理层会用牺牲企业长远利益的办法获得近期利润

B. 有的管理者采用不正当竞争的方法，损害其他企业，获得本企业的利润

C. 某地卷烟厂连年利润可观，但领导层中挖出一个贪污团伙

D. 某电视机厂的领导人任人唯亲，工厂越办越糟，群众意见很大

11. 记者："作为一个政治家所必须具备的才能是什么？"

首相："政治家要有准确预测的才能，如果预测的事不能发生，也必须有巧妙说明的本领。"

如果首相的断定是真的，那么以下哪项不能是真的？（　　）

A. 政治家可能作出错误的预测

B. 政治家可能没有巧妙说明的本领

C. 政治家如果有巧妙说明的能力，那么不一定事事都能作出准确的预测

D. 政治家可能既没有准确预测的才能，又没有巧妙说明的本领

12. 要树立中国足球的雄风，关键是要发扬拼搏精神。如果没有拼搏精神，战术技术的训练发挥的再好，也不可能在超级强手的面前取得突破性成功。

以下除了哪项外，都表达了上述的原意？（　　　　）

A. 除非发扬拼搏精神，否则不能取得突破性成功

B. 如果取得了突破性成功，说明了一定发扬了拼搏精神

C. 不能设想取得了突破性成功，但却没有发扬拼搏精神

D. 只要发扬了拼搏精神，即使战术技术不好，也能取得突破性成功

二、指出下列语句表达何种复合命题，并代入符号写出它们的命题形式

1. 纽约是美国的首都，罗马是法国的首都，这些说法都是不对的。

2. 我们不应该灰心丧气，而应该总结经验，继续干下去。

3. 如果不大力加强社会主义物质基础，我国社会主义制度的巩固就是空的。

4. 当且仅当我们调动一切积极因素，团结一切可以团结的力量，全国人民才能团结一致共同奋斗。

5. 发现人有权申请领取发现证书、奖金或者其他奖励。

6. 除非他真心悔改，才能得到群众的谅解。

7. 只有在某些方面有特殊专长，并且达到一定考分，或者考分达到录取分数线，才能被录取上大学。

8. 逆水行舟不是进，就是退。

9. 被告要么有罪，要么无罪。

10. 既要马儿跑，又要马儿不吃草，没有这种事。

三、设 A 和 B 都是真的，C 是假的，请确定下列复合命题公式的值

1. $A \lor B$

2. $(A \rightarrow B) \land C$

3. $\neg A \land \neg B$

4. $(A \land \neg C) \leftrightarrow B$

5. $B \rightarrow C$

6. $\neg B \land C$

7. $A \leftrightarrow (\neg B \land C)$

8. $(C \rightarrow A) \rightarrow (B \rightarrow C)$

9. $(A \lor C) \leftrightarrow (B \rightarrow \neg C)$

10. $(B \rightarrow \neg A) \rightarrow (A \leftrightarrow C)$

11. （A→B）→（¬A→¬B）

12. ［（A∧B）→C］↔［A→（B→C）］

13. ［（A∨B）→¬C］→（A→C）

14. ［（A→B）→C］∧［C→（B→A）］

四、请将下列日常语言形式化

1. 或者罗马是法国的首都，或者罗马是意大利的首都。并且如果罗马不是法国的首都又不是美国的首都，那么罗马就是意大利的首都。

2. 并非如果刮风就下雨，也并非打雷就下雨。所以刮风不下雨并且打雷不下雨是常有的事情。

3. 并非如果甲作了此案，那么乙和丙至少有一个是同伙。

4. 当且仅当王某是直接作案者或者李某是直接作案者，则除非被害者是被毒杀的，张某才参与了本案。

5. 甲、乙两人只能有一人是本案凶手。

6. 如果被害者与凶手有私仇，那么，如果被害者与凶手之妻子相识，则凶手之妻必是本案知情人。

7. 如果甲看到乙和丙头上戴的都是红帽子，那么甲就会知道自己头上帽子的颜色。但是甲不知道自己头上帽子的颜色。所以，并非甲看到乙和丙头上戴的都是红帽子。

8. 如果我们的法律是健全的，并且它们的每项条文都是极其精确和严密的，那么某些人就不会再钻法律的空子了。如果法律的每项条文都是极其精确和严密的，则使某些人不能再钻法律的空子，那么，社会上的犯罪率就会降低。我们的法律是健全的。所以，社会上的犯罪率得到降低。

9. 如果你发现一本书或一篇论文对亚里士多德的三段论和传统的三段论不加区别，那你可以完全相信该作者对逻辑无知或者没有看过《工具论》希腊文版本。

10. 如果有了正确的前提，并且把思维规律正确地运用于这些前提，那么，结果必定与事实相符。

五、已知下列 A、B、C 三个命题中，有两个是假的。那么能否断定甲村与乙村有些人家没有电脑？为什么？

A. 只有甲村所有人家没有电脑，乙村所有人家才有电脑。

B. 甲村所有人家有电脑，并且乙村所有人家有电脑。

C. 或者甲村所有人家有电脑或者乙村所有人家有电脑。

第三章

命题推理的形式

第一节　推 理 概 述

一、什么是推理

逻辑学研究的中心任务是推理，是推理形式的有效性问题。

推理是一个命题序列，它是由一个或一些已知命题推出新命题的句群。例如：

（1）并非所有的被告都有违法行为；因此，有些被告没有违法行为。

（2）如果你不想成为落伍的人，你就必须学会使用电脑并经常上网；而据我所知，你根本不想成为落伍的人；因此，你必须学会使用电脑并经常上网。

（3）凡科学都能使人得益。读历史可以使人明智；读诗可以使人灵秀；学数学能够使人周密；懂伦理能使人庄重；懂修辞能使人善于辞令；学逻辑能使人善于思考。

这些都是推理，例（1）从一个已知命题推出另一个新命题，例（2）、例（3）则是从一些已知命题推出了新的命题。

推理由前提、结论和推理形式三部分构成。推理所依据的已知命题叫作前提，推出的新命题叫作结论。依据推理种类的不同，前提的数目不等，例（1）有一个前提，例（2）有两个前提，例（3）有六个之多，而结论的命题却只有一个。至于前提和结论的顺序，一般来说，前提的陈述在前，结论的陈述在后，但也不尽然，在日常推理中，为了强调结论，有时是结论在前，前提在后，例（3）就是如此。推理不是任意命题的组合，作为前提的命题和结论的命题之间必须有一定的联接方式，称为推理形式，推理形式是从一类推理中抽掉了它的内容之后保留下来的模式或框架，是从前提到结论的传导链条，它是逻辑学研究的主要内容。

在自然语言表达的推理中，可以根据一些语言标记来识别前提和结论，一般来说，跟在"因为""由于""假设""如果""鉴于"等词之后的句子是前提，而跟在"所以""因此""由此可见""于是""这表明"等词之后的是结论。不过，这也不能绝对化，由于句子构成之间存在着意义关联，有时候人们可以省略这些语言标记，而靠句子之间意义的关联区分前提和结论。例如：

> "法治制度关系国家的命运。法不兴则人情取代；人情泛滥则后门大开；后门愈开愈大，则贪污随之大作；贪污大作则国家危矣"。

这段话并没有出现相关的语言标记，它是由意义关联的结论在前，前提在后的蕴涵联锁推理。在推理中，除了前提和结论的顺序不固定外，逻辑关联词、前提或结论还常常被省略，这些都是我们在识别推理时应予以注意的。

二、推理形式的有效性

依照前提与结论的联系方式不同，逻辑学将推理分为两大类，一类叫作演绎推理，另一类叫作归纳推理。演绎推理的前提和结论的联系是必然的，称作必然性推理；归纳推理前提和结论的联系是或然的，称作或然性推理。由于这两类推理的性质不同，决定了逻辑学评价它们的标准不同。对于演绎推理来说，是推理的有效性问题，对于归纳推理来说，则是前提对结论的支持程度问题，关于归纳推理，本书将在后面的章节作专门的讨论，而在此所说的推理有效性问题，只是针对演绎推理而言的。

在一个演绎推理中，前提和结论既有内容和意义上的联系，又有内在形式结构上的联系，由于逻辑学舍弃推理的内容只研究推理的形式，因此它并不具体探讨推理内容的真假问题，只研究推理形式是否正确，即推理形式的有效性问题。

一个推理形式是有效的，当且仅当具有此推理形式的任一实例都不会出现真前提和假结论，换句话说，有效的推理能够从真前提必然推出真结论；而一个推理形式是无效的，当且仅当具有此推理形式的任一实例都不能保证真前提不出假结论，换句话说，无效的推理从真前提不必然推出真结论。之所以如此，是因为有效的推理形式前提和结论的联系是必然的，具有逻辑的保真性；而无效推理前提和结论之间的联系是或然的，不具有逻辑的保真性。下面分别以有效和无效推理的实例来说明：

$$(1)\quad \frac{p}{\therefore\ p \lor q}$$

$$(2)\quad \frac{\begin{array}{l} p \lor q \\ p \end{array}}{\therefore\ \neg\, q}$$

（1）式为有效的推理形式，（2）式为无效的推理形式，分别给它们输入真前提，得出两个具体的推理实例，即：

（3）<u>地球自西向东转；</u>

　　所以，或者地球自西向东转，或者地球自南向北转。

（4）张艺谋或者是导演，或者是演员；

　　<u>张艺谋是导演；</u>

　　所以，张艺谋不是演员。

例（3）是（1）式的实例，它的前提是真的，据此所推出的结论也是真的，这是因为有效的推理形式具有保真性，能够为其结论真提供形式保证；例（4）是（2）式的实例，它的前提也是真的，结论却是假的，这是因为无效的推理形式不具有保真性，不能为它的结论真提供形式保证。

一个推理形式是有效的，称为有效推理；一个推理形式是无效的，称为无效推理。例（3）是有效推理，例（4）是无效推理。

推理的有效性是有效和无效的统称，它仅仅和推理形式相关，和前提、结论的真假是不相关的。例如：

（5）<u>李白是宋代人；</u>

　　所以，或者李白是宋代人，或者李清照是宋代人。

（6）一个命题或为真，或为假；

　　<u>这个命题是真的；</u>

　　所以，这个命题不是假的。

在这两个推理中，例（5）前提为假，结论为真，可它是（1）式的又一个实例，即和例（3）具有相同的推理形式，是有效推理；例（6）的前提是真的，结论也是真的，可它是（2）式的又一个实例，即和例（4）具有相同的推理形式，是无效推理。由此可见，推理的有效性和前提的真假不相关，和结论的真假更不相关，只和推理形式相关。一个推理形式是有效的，就是有效的；一个推理形式是无效的，就是无效的。推理的有效性纯属形式问题，其前提的真假不会对它施加任何影响。

推理形式具有相对独立性，而推理的结论却既受制于推理形式，又受制于前提的真假，其中任何一个因素的变化，都会影响结论的真假。要保证结论的真实可靠，必须具备两个条件：一是前提真实；二是形式有效。我们把同时具备这两个条件的推理称为正确的推理，而把或者前提虚假，或者形式无效的推理称为不正确的推理。很显然，一个正确的推理，必然是有效的，而一个有效的推理，却未必是正确的；一个不正确的推理，未必是无效的，而一个无效的推理，却一定是不正确的。在上边所举的例子中，例（3）前提真实，形式有效，是正确的推理。例（4）、（5）、（6）都是只具备了其中一个条件，它们都是不正确的推理。

为了使读者对推理的前提、结论和推理形式之间的关系有全面的了解，兹将它们的关系列表如下：

情况	前提	推理形式	结论
1	真	有效	真
2	真	无效	真
3	真	无效	假
4	假	有效	真
5	假	有效	假
6	假	无效	真
7	假	无效	假

上表是对所有推理情况的概括，任何具体的推理都是其中一行的实例。

由表可知，第一行前提真实，形式有效，这是我们所说的正确推理；其余六行，或者前提不真，或者形式无效，皆为不正确的推理。

在不正确的六种情况中：

情况2、3表明，前提为真，形式无效时，结论真假不定。这说明无效的推理形式不具有保真性，当给它输入真前提的时候，它不能必然回报真结论。

情况4、5表明，前提为假，形式有效时，结论亦真假不定，这说明有效的推理形式只能为结论真提供必要条件，而不是充分条件，它不能够左右虚假前提所产生的结果。

情况6、7表明，前提虚假，形式无效时，结论也真假不定，这说明无效的推理形式不仅不具有保真性，而且也无法预期虚假前提所产生的结果，当它面对假前提时，结论不必然为假。掌握这张表，有助于我们迅速准确判定推理的错误所在，同时亦可预防不正确的推理。

三、命题推理及其特征

命题推理是一种演绎推理。它是以复合命题为前提或结论，以命题形式的逻辑性质为根据进行推演的推理。例如：

（1）如果某甲作案，那么他一定有作案动机；

　　　某甲没有作案动机；

　　　所以，某甲没有作案。

（2）中国是发展中国家；

　　　中国人口众多；

　　　所以，中国是发展中国家并且中国人口众多。

在上边两例中，例（1）是以蕴涵命题为大前提，并且根据蕴涵命题的逻辑性质而进行推演的推理。例（2）是以合取命题为结论，并且根据合取命题的逻辑性质而推演得到的，它们都是命题推理。

推理是由命题构成的，对命题不同的逻辑分析会导致不同的推理。命题推理是把简单命题当作不可分割的最小单位，并且根据简单命题和由它构成的复合命题之间的真值关系进行推演的推理。如果把简单命题拆分为不同的词项，并且根据词项之间的逻辑关系进行推演，所得到的推理叫作谓词推理。例如：

（3）所有的犯罪分子都要受到法律制裁；

　　　某甲是犯罪分子；

　　　所以，某甲要受到法律制裁。

例（3）的前提和结论都是简单命题，推理的根据是命题内部词项之间的逻辑关系，它是一个谓词推理，这方面的内容将在本书第五、六章予以介绍。

与谓词推理不同，命题推理的特点是：

1. 命题推理的前提或结论中出现复合命题。

2. 命题推理是根据命题之间的逻辑关系，即复合命题和支命题之间的逻辑关系进行推演。在复合命题推理中，复合命题的支命题被当成最基本的单位，不再分析它的内部结构。

3. 由于命题逻辑不再分析简单命题的内部结构，故其推理形式是只包含命题变项和联接词的真值形式。

每一命题推理的推理形式都可以转化为相应的蕴涵式，即把推理各个前提的合取当作蕴涵命题的前件，推理的结论当作蕴涵命题的后件，设 P 为前提，Q 为结论，其形式是：

$$P_1 \wedge P_2 \wedge P_3 \cdots\cdots \wedge P_n \ (n \geqslant 1) \rightarrow Q$$

由此不难得出结论，一个命题推理是有效的，当且仅当它的真值形式是重言的蕴涵式；而一个推理形式是无效的，则它的真值形式是矛盾或可真的蕴涵式。

下面我们将介绍命题推理的基本形式，包括合取命题推理、析取命题推理、蕴涵命题推理、等值命题推理、负命题推理等。

第二节　命题推理的基本形式及规则

一、合取命题推理

合取命题推理是前提或结论为合取命题，并且根据合取命题的逻辑性质进行推演的推理。

根据合取命题的逻辑性质，一个合取命题当其全部合取支为真时，才是真的。反过来看，当一个合取式为真时，它的各个合取支也必定是真的。因此由各个合取支为真，就可以推出由其构成的合取式真；由一个合取式真，也可以得出它的任意一支必真。据此，我们便得到合取命题推理的两个有效式：合成式和分解式。

合成式是结论为合取命题，前提分别为合取命题支命题的推理形式。

合成式推理的形式是：

$$\begin{array}{c} p \\ \underline{\quad q \quad} \\ \therefore p \wedge q \end{array}$$

与此相应的蕴涵式是：

$$p \wedge q \rightarrow p \wedge q$$

例如：

犯罪是危害社会的行为；

犯罪是触犯刑律的行为；

犯罪是受刑罚处罚的行为；_____

所以，犯罪不仅是危害社会的行为，而且是触犯刑律，并且应受刑罚处罚的行为。

这是结论由其前提的三个支命题构成的合成式推理。

分解式是前提为合取命题，结论为该前提的某个支命题的推理形式。

分解式的推理形式是：

$$p \wedge q$$
$$\therefore p$$

如用蕴涵式表示，则为：

$$p \wedge q \rightarrow p$$

例如：

虽然某人犯了罪，但他不是故意的；

所以，某人不是故意犯罪。

这是合取分解式推理的实例，其结论是根据需要所推出的某个或某些支命题。

根据合取命题的真值表，合取命题推理有两条规则：

1. 肯定若干合取支，就能肯定这些合取支的合取式。

2. 肯定一个合取式，就能肯定其中任意的合取支。

这两条规则的作用在于判定合取命题推理的有效性，凡是遵守规则的，便是有效的合取命题推理，否则便不是。当然，判定命题推理的有效性，还可以通过真值表法等多种方式，这些内容我们将在本书第四章介绍。

合取命题推理的合成式和分解式在人们的日常思维中有不可忽视的意义。当人们掌握了若干个别性知识进行综合归纳时，就需要合成式，比如某些文章的结尾就常常用这种推理总结。而当人们要强调某个具体知识时，则要用到分解式，达到突出重点的效果，比如上述例（1），为了减轻刑罚，律师就要围绕"某人不是故意犯罪"进行辩护。

二、析取命题推理

析取命题推理是前提或结论为析取命题，并且根据析取命题的逻辑性质进行推演的推理。

本书第二章中，介绍了相容析取命题，而将不相容析取命题借助相容析取及一些联结词加以处理和表示。与此对应，我们所讨论的析取命题推理仅限于相容析取命题推理。

根据相容析取命题的真值表，只要有一支为真，不管其余是真是假，整个析取式必然是真的，因此，只要有一支为真，就能推出它与其他任意析取支组成的析取式必然是真的；反过来看，当一个析取式为真时，其析取支至少有一个是真的，而不能都是假的。因此，当我们知道析取式为真并能够确定某些支为假，就能推出剩下的析取支必然是真的。但是，由于析取支可以同真，所以并不能够通过确定某些析取支为真来推断剩下的析取支为假。据此，我们便得出析取命题推理的两个有效式：引入式和销去式。

引入式推理是结论为析取命题，前提为结论的某个支命题的推理形式。

引入式推理的形式是：

$$\frac{p}{\therefore p \lor q}$$

用蕴涵式表示则为：

$$p \rightarrow (p \lor q)$$

例如：

> 某人学习不好是由于方法不当；
>
> 所以，某人学习不好或是方法不当，或是基础不好，或是不认真。

引入式推理由一个简单命题为真，推出一个两支以上的析取命题为真。运用这种推理形式，将会使命题推演变得相当灵活。

销去式推理是大前提为析取命题，小前提否定该命题中至少一个支命题，结论则肯定其余支命题的推理形式，这种形式也叫否定肯定式。

销去式推理的形式为：

$$\frac{\begin{array}{c} p \lor q \\ \neg p \end{array}}{\therefore q}$$

与此相应的蕴涵式是：

$$[(p \lor q) \land \neg p] \rightarrow q$$

例如：

（1）一个推理有错误或者是前提虚假，或者形式无效；

> 这个推理有错误不是前提虚假；
>
> 所以，这个推理有错误是形式无效。

（2）一份统计报表的错误，或是材料不可靠，或是计算有错误，或是打印有错误；

> 这份统计表的错误不是材料不可靠；
>
> 所以，这份统计表的错误或是计算错误，或是打印错误。

例（1）的大前提是两支的析取命题，例（2）为三支，小前提分别否定其中一支，结论则肯定余下的支命题。

运用销去式推理，不能通过肯定一部分支命题而否定其余的支命题，以下的推理形式是无效的：

$$p \lor q$$
$$\underline{\quad p \quad}$$
$$\therefore \neg q$$

处理成蕴涵式是：

$$[(p \lor q) \land p] \to \neg q$$

这种无效的销去式推理也叫肯定否定式，其错误是显而易见的。例如：

（3）小王爱踢足球或者爱打篮球；

　　　　小王爱踢足球；

　　　　所以，小王不爱打篮球。

因为前提是相容析取，它的支命题可以同时为真，这样，"小王爱打篮球"也可能是真的，我们不能通过肯定"小王爱踢足球"而必然否定"小王爱打篮球"这一命题为真的可能性。

根据析取命题的真值表，我们得到析取命题推理的三条规则：

1. 肯定其中一支，就能肯定它与任意析取支的析取式。

2. 否定一部分析取支，就能肯定剩下的析取支。

3. 肯定一部分析取支，不能否定剩下的析取支。

这三条同样是判定析取命题推理有效性的准则，如上述例（3），违背了"肯定一部分析取支不能否定剩下析取支"的规则，是无效推理。

三、蕴涵命题推理

蕴涵命题推理是以蕴涵命题为大前提，并依据蕴涵命题的逻辑性质进行推演的推理。

蕴涵命题有三种，充分条件蕴涵命题、必要条件蕴涵命题、充分必要条件蕴涵命题（等值命题），与此对应的推理亦应有三种。由于本书已将必要条件蕴涵命题处理为逆蕴涵命题，对于等值命题推理下面要作专门讨论。因此，蕴涵命题推理专指充分条件蕴涵命题推理。

根据蕴涵命题的真值表，当蕴涵式为真时，前件为真，后件必真；而后件为真时，前件则真假不定；当后件为假时，前件必假；而前件为假时，后件则真假不定。所以，我们能从前件真推出后件必真；能从后件假推出前件必假；但不能从后件的真推出前件的真假，也不能从前件的假推出后件的真假。据此，得出蕴涵命题推理的两个有效式：肯定前件式和否定后件式。

肯定前件式是小前提肯定蕴涵命题的前件，结论肯定其后件的推理形式。

其结构式为：

$$p{\rightarrow}q$$
$$\underline{p}$$
$$\therefore q$$

处理成蕴涵式是：

$$[（p{\rightarrow}q）\land p]{\rightarrow}q$$

例如：

　　如果大规模地砍伐森林，就会破坏生态平衡；

　　某地区大规模地砍伐森林；

　　所以，某地区的生态平衡遭到破坏。

它是肯定前件从而肯定后件的有效推理。

否定后件式是小前提否定蕴涵命题的后件，结论否定其前件的推理形式，逻辑形式是：

$$p{\rightarrow}q$$
$$\underline{\neg q}$$
$$\therefore \neg p$$

如用蕴涵式表示，则为：

$$[（p{\rightarrow}q）\land\neg q]{\rightarrow}\neg p$$

例如：

　　如果大气层中的臭氧遭到严重破坏，那么太阳、风

　　就会把地球上的水蒸发掉；

　　太阳、风没有把地球上的水蒸发掉；

　　所以，大气层中的臭氧没有受到严重破坏。

显然，这是通过否定后件而否定前件的有效推理。

蕴涵命题推理，还有两个无效式：肯定后件式和否定前件式。其形式结构分别是：

$$p{\rightarrow}q \qquad\qquad p{\rightarrow}q$$
$$\underline{q}\qquad\qquad\qquad \underline{\neg p}$$
$$\therefore p \qquad\qquad\quad \therefore\neg q$$

与此相应的蕴涵式分别是：

$$[（p{\rightarrow}q）\land q]{\rightarrow}p$$
$$[（p{\rightarrow}q）\land\neg p]{\rightarrow}\neg q$$

例如：

（1）如果一个人患了肺炎，那么他就要发高烧；

　　这个人没有患肺炎；

　　所以，他没有发高烧。

（2）如果一个人得了艾滋病，那么他身体的免疫系统遭到破坏；

　　这个人身体的免疫系统遭到破坏；

　　所以，他得了艾滋病。

这两例明显是无效的，因为一个人没有患肺炎，他不一定没发烧；而一个人身体的免疫系统遭到破坏，也不一定是得了艾滋病。它们都是推不出的。

根据蕴涵命题的真值表，蕴涵命题推理必须遵守如下规则：①肯定前件可以肯定后件；②否定后件可以否定前件；③肯定后件不能肯定前件；④否定前件不能否定后件。

四、等值命题推理

等值命题推理是以等值命题为大前提，并且依据等值命题的逻辑性质进行推演的推理。

根据等值命题的真值表，当等值命题为真时，前后件同真同假，不可能是前件真而后件假或者前件假而后件真。因此，我们可以由其前件真推出后件必真；由后件真也可以推出前件真；由前件假可以推出后件假；由后件假也可以推出前件假。据此，等值命题推理有肯定前件式、肯定后件式、否定前件式、否定后件式四个有效式，它们的逻辑结构是：

$$
\text{（1）} \quad
\begin{array}{l}
p \leftrightarrow q \\
p \\
\hline
\therefore q
\end{array}
\qquad
\text{（2）} \quad
\begin{array}{l}
p \leftrightarrow q \\
q \\
\hline
\therefore p
\end{array}
\qquad
\text{（3）} \quad
\begin{array}{l}
p \leftrightarrow q \\
\neg p \\
\hline
\therefore \neg q
\end{array}
\qquad
\text{（4）} \quad
\begin{array}{l}
p \leftrightarrow q \\
\neg q \\
\hline
\therefore \neg p
\end{array}
$$

处理成蕴涵式是：

（1）$[(p \leftrightarrow q) \wedge p] \to q$

（2）$[(p \leftrightarrow q) \wedge q] \to p$

（3）$[(p \leftrightarrow q) \wedge \neg p] \to \neg q$

（4）$[(p \leftrightarrow q) \wedge \neg q] \to \neg p$

例如：

（1）当且仅当一个自然数的各数之和能被9整除，则这个数本身能被9整除；

　　一个自然数各数之和能被9整除；

　　所以，这个数本身能被9整除。

（2）当且仅当按照客观经济规律办事，经济建设才能正常进行；

　　某地区经济建设没有正常进行；

　　所以，某地区没有按照客观经济规律办事。

例（1）为肯定前件式，例（2）为否定后件式，都是有效的等值命题推理。

根据等值命题的真值表，提供四条规则：①肯定前件可以肯定后件；②否定前件可以否定后件；③肯定后件可以肯定前件；④否定后件可以否定前件。

五、负命题推理

负命题推理就是依据负命题及它的等值命题之间的逻辑关系进行的推理。一个负命题，在逻辑形式上总是与其支命题的否定相等值，即同真同假。所以，在负命题推理中，前提为负命题，结论为该负命题支命题的矛盾命题。反过来推亦成立，例如：

（1）并非所有的被告都是罪犯；

　　所以，有些被告不是罪犯。

（2）并不是某商品物美价廉；

　　所以，某商品或者物不美，或者价不廉。

这两个都是负命题推理，例（1）前提中，被否定的命题为简单命题，称为负的简单命题推理，将在谓词逻辑部分予以介绍；例（2）前提中，被否定的命题为复合命题，称为负复合命题推理，它是我们在这里要介绍的内容，因此，命题逻辑中只是研究负复合命题推理。

负复合命题推理的逻辑根据是该复合命题的逻辑性质。负复合命题的真值与被否定的复合命题的真值相反，而后者为假时的情形与该负复合命题的真值相同，即同真同假。

既然负复合命题推理前提和结论真值相等，因此可以互推互换。如例（2）亦可以从"某商品或者物不美或者价不廉"推出"并不是某商品物美价廉"。

负复合命题推理有五种基本形式：

1. 负合取命题推理。它是指否定一个合取命题而得到一个相应的析取命题的推理。

一个合取命题，只有全部支命题为真时，它才是真的。只要有一个支命题为假，它就是假的。也就是说，合取命题的假取决于支命题不同真，因此，否定一个合取命题就等于指出它的支命题至少有一个为假，即否定合取得析取。其逻辑形式为：

$$\neg\ (p \wedge q) \leftrightarrow \neg p \vee \neg q$$

如"并非某生既选修了逻辑课又选修了美学课"等值于"某生或者没有选修逻辑课，或者没有选修美学课"。这个推理是有效的，因为前提和结论具有等值关系。从自然语言的角度上看，它们表述相同的意思，只是说法不同而已。

2. 负析取命题推理。它是指否定一个析取命题而得到一个相应的合取命题的命题推理。

一个析取命题，只要有一支为真，它就是真的；当其支命题全都为假时，它才是假的。就是说，析取命题的假取决于支命题同假。因此，否定一个析取命题就等于指出其支命题全部为假，即否定析取得合取。其逻辑形式是：

$$¬ (p \lor q) \leftrightarrow ¬ p \land ¬ q$$

如"并非某甲为盗窃杀人，或者抢劫杀人"等值于"某甲既不是盗窃杀人，也不是抢劫杀人"。这也是具有逻辑保真性的有效推理。

否定合取得析取，否定析取得合取，也称为德摩根律。它是由英国人德摩根（1806～1876年）在逻辑史上首先提出的。

3. 负蕴涵命题推理。它是指否定一个蕴涵命题得到一个相应的合取命题的推理。

一个蕴涵命题，在前件假或者后件真时都是真的；只有在前件真并且后件假的时候才是假的。就是说，蕴涵命题的假，取决于前件真而后件假。因此，否定一个蕴涵命题，就等于指出它是前件真并且后件假，即否定蕴涵得合取，其逻辑形式是：

$$¬ (p \rightarrow q) \leftrightarrow p \land ¬ q$$

如"并非如果现场发现某人的脚印，那么他就是罪犯"等值于"虽然现场发现某人的脚印，但他并不是罪犯"。这同样是前提和结论之间具有等值关系的有效推理。

4. 负等值命题推理。一个等值命题，其前后件同真、同假时都是真的；而当前件真而后件假，或者前件假而后件真的时候，它都是假的。也就是说，等值命题的假，取决于前后件不同值。因此，否定一个等值命题，就等于指出它前件真而后件假，或者前件假而后件真，即否定等值得析取。其逻辑形式是：

$$¬ (p \leftrightarrow q) \leftrightarrow (p \land ¬ q) \lor (¬ p \land q)$$

如"并非当且仅当认真学习了，就能取得好成绩"等值于"认真学习了但没有取得好成绩，或者没有认真学习，但取得了好成绩"。这个推理的有效性在于前提和结论是等值的。

5. 双重负命题推理。它是对一个命题的否定再次加以否定而得到这个命题的推理。

这种推理形式，实际上就是数学上所说的"负负得正"，设一个命题为 p，则¬p 是对它的否定，对"¬p"的再次否定就是"¬¬p"，显然，"¬¬p"等值于"p"。其逻辑形式是：

　　　　¬¬p↔p

如"并不是不能将好事变成坏事"等值于"好事能变成坏事"，这个推理显然是有效的。

上述五个负复合命题推理，都是等值公式，它们将在后面的命题演算中相互代替使用。

第三节　命题推理的扩展形式

命题推理除了前面介绍的几种基本形式外，还有一些由基本形式派生的推理形式，这些推理形式无论是表达形式还是推理的根据都源自命题推理的基本形式，主要是源自蕴涵命题推理的肯定前件式和否定后件式。因此，它们也要遵守蕴涵命题推理的规则。否则，推理就是无效的。下面我们介绍几种常用的扩展形式：蕴涵析取推理、蕴涵联锁推理、蕴涵易位推理、蕴涵析取等值推理。

一、蕴涵析取推理

蕴涵析取推理是以蕴涵命题和析取命题为前提，以蕴涵命题的逻辑性质为根据而进行的推理。其中蕴涵命题的数量与析取支命题的数量相等。由两个蕴涵命题和一个两支的析取命题构成的蕴涵析取推理称为"二难推理"，由三个蕴涵命题和相应的析取命题构成的推理，称为"三难推理"，以此类推。

本书主要介绍二难推理，之所以称为"二难"，是因为这种推理由两个蕴涵命题提供两种可能的情况，一个析取命题无论是肯定还是否定它们，都会得出十分尴尬的结论，因而常被用于论辩，使对方左难右难，进退维谷。

二难推理有如下四个有效式：

1. 简单构成式。简单构成式是两个蕴涵命题的前件不同，后件相同，析取命题肯定两个蕴涵命题的前件，结论肯定其后件的推理形式。其形式结构为：

$$p \rightarrow r$$
$$q \rightarrow r$$
$$p \vee q$$
$$\therefore r$$

与此相应的蕴涵式是：

$$[(p \rightarrow r) \wedge (q \rightarrow r) \wedge (p \vee q)] \rightarrow r$$

例如：

如果刺激老虎，老虎是要吃人的；

如果不刺激老虎，老虎也是要吃人的；

或者刺激老虎，或者不刺激老虎；

所以，老虎总是要吃人的。

2. 复杂构成式。复杂构成式是两个蕴涵命题的前件和后件均不相同，仍由析取命题肯定两个蕴涵命题的前件，结论肯定蕴涵命题后件的推理形式。其形式结构为：

$$p \rightarrow r$$
$$q \rightarrow s$$
$$p \vee q$$
$$\therefore r \vee s$$

与此相应的蕴涵式是：

$$[(p \rightarrow r) \wedge (q \rightarrow s) \wedge (p \vee q)] \rightarrow (r \vee s)$$

例如：

如果你是唯物主义者，就要承认物质第一性；

如果你是唯心义者，就要承认精神第一性；

你或者是唯物主义者，或者是唯心主义者；

所以，你或者要承认物质第一性，或者要承认精神第一性。

构成式都是根据蕴涵命题推理的肯定前件式扩展而来的，"构成"是"肯定"的意思，是说这两种推理的根据是"肯定前件可以肯定后件"，而"简单"和"复杂"之分是指它们的结论为简单命题和复合命题。

3. 简单破坏式。简单破坏式是指两个蕴涵命题的前件相同，后件不同，由析取命题否定蕴涵命题的后件，结论否定其前件的推理。其形式结构为：

$$p{\rightarrow}q$$
$$p{\rightarrow}r$$
$$\neg q\lor\neg r$$
$$\therefore\neg p$$

与此相应的蕴涵式是:

$$[(p{\rightarrow}q)\land(p{\rightarrow}r)\land(\neg q\lor\neg r)]{\rightarrow}\neg p$$

例如:

> 如果月球上有生物,那么就有空气;
>
> 如果月球上有生物,那么就有水分;
>
> <u>月球上没有空气,或者没有水分;</u>
>
> 所以,月球上没有生物。

4. 复杂破坏式。复杂破坏式是指两个蕴涵命题的前件后件均不相同,由析取命题否定两个蕴涵命题的后件,结论否定其前件的推理。其逻辑形式是:

$$p{\rightarrow}r$$
$$q{\rightarrow}s$$
$$\neg r\lor\neg s$$
$$\therefore\neg p\lor\neg q$$

与此相应的命题公式是:

$$[(p{\rightarrow}r)\land(q{\rightarrow}s)\land(\neg r\lor\neg s)]{\rightarrow}(\neg p\lor\neg q)$$

例如:

> 如果你不是教条主义者,那么你就不会把理论与实际相分裂;
>
> 如果你不是经验主义者,那么就不会忽视理论的指导作用;
>
> <u>你或者把理论与实际分裂开来,或者忽视理论的指导作用;</u>
>
> 所以,你或者是教条主义者,或者是经验主义者。

破坏式都是根据蕴涵命题推理的否定后件式扩展而来的,"破坏"是"否定"的意思,是说这两种推理的根据是"否定后件可以否定前件",而"简单"和"复杂"之分同样是因为结论的命题形式不同。

构成式和破坏式,都要遵守蕴涵命题推理的四条规则。

由蕴涵命题和合取命题构成的蕴涵合取推理与蕴涵析取推理类同。

蕴涵析取推理常用来驳斥荒谬的观点,使其陷入二难的窘境,在辩论中非常有用。然而,利弊相伴,它也常被作为诡辩的手段,存在着推理形式无效,蕴涵前提虚假,析取前提的支命题不穷尽等问题。因此,驳斥一个错误的蕴涵析取推理,除了指出推理形式无效外,还要从如下两方面进行:

1. 指出其前提虚假。即指出蕴涵命题前件不是后件的充分条件，或者两个蕴涵命题的标准不统一，从而摆脱二难困境。

据说古希腊有个叫欧提勒士的人，他向当时的辩者普罗哥拉斯学法律，两人订立的合同是，欧提勒士毕业时付一半学费给普罗哥拉斯，另一半学费等他打赢第一次官司时付清；可是欧提勒士毕业后迟迟不履行律师的职责，普罗哥拉斯也就得不到另一半学费，于是他向法院提出控告，并向欧提勒士提出下面的二难推理：

> 如果你打赢这场官司，则按合同规定，你应付我另一半学费；
>
> 如果你打输这场官司，则按法院判决，你也应付我另一半学费；
>
> 你这次官司或者打赢，或者打输；
> _____
>
> 所以，无论如何，都应付我另一半学费。

针对上边的二难推理，欧提勒士以其人之道还治其人之身，提出一个完全相反的二难推理：

> 如果我打赢这场官司，则按法庭判决，我不应付你另一半学费；
>
> 如果我打输这场官司，则按合同规定，我也不应付你另一半学费；
>
> 我这次官司或者打赢，或者打输；
> _____
>
> 所以，无论如何，都不应该付你另一半学费。

以上两个推理就其推理形式来说都是正确的，但是两者的前提都是错误的，因为他们都采用了不同的标准，即"法庭判决"和"合同规定"，因而都无法得出正确的结论。

2. 指出析取前提的支命题不穷尽，即指出除了给出的析取支外，还存在其他的析取支，从而跳出设置的陷阱。

据说古希腊的哲学家苏格拉底曾劝男人们都要去结婚，他的规劝是这样进行的：

> 如果你娶到一个好妻子，你会得到人生的幸福；
>
> 如果你娶到一个坏妻子，你会成为一个哲学家；
>
> 你或者娶到一个好妻子，或者娶到一个坏妻子；
> _____
>
> 所以，你或者得到人生的幸福，或者成为哲学家。

这里，蕴涵前提的真假暂且不说，就析取前提而言，它的支命题是不穷尽的。因为还有第三种可能，娶到一般的妻子。因此，苏格拉底所描绘的已婚男人们的境况起码是不全面的。

总之，要保证蕴涵析取推理结论的真实可靠，除了要遵守前面所说的蕴涵命题推理的规则外，还要保证蕴涵前提的真实及析取支命题的穷尽。

二、蕴涵联锁推理

蕴涵联锁推理是前提和结论都是蕴涵命题，并且依据蕴涵命题的逻辑性质而进行的推理，它也称为纯蕴涵推理。

蕴涵联锁推理的特点是：前一个蕴涵命题的后件和后一个蕴涵命题的前件相同，而结论是第一个蕴涵命题的前件和最后一个蕴涵命题的后件。这种推理乃是客观现实中一系列因果关系的反映，即甲因引起乙果，乙又为丙之因，引起丙果，所以，甲就是丙之因。

蕴涵联锁推理有两个有效式。

肯定式：即从肯定第一个蕴涵命题的前件推出肯定最后一个蕴涵命题后件的推理。其推理形式是：

$$p \rightarrow q$$
$$\underline{q \rightarrow r}$$
$$\therefore p \rightarrow r$$

与此相应的命题公式是：

$$[(p \rightarrow q) \wedge (q \rightarrow r)] \rightarrow (p \rightarrow r)$$

例如：

> 如果继续下雨，河水就要上涨；
>
> <u>如果河水上涨，桥梁就要冲塌；</u>
>
> 所以，如果继续下雨，桥梁就要冲塌。

否定式：即从否定最后一个前提的后件推出否定第一个前提前件的推理形式。其逻辑公式是：

$$p \rightarrow q$$
$$\underline{q \rightarrow r}$$
$$\therefore \neg r \rightarrow \neg p$$

与此相应的命题公式是：

$$[(p \rightarrow q) \wedge (q \rightarrow r)] \rightarrow (\neg r \rightarrow \neg p)$$

例如：

> 如果没有雄厚的经济实力，就没有强大的国防力量；
>
> <u>如果没有强大的国防力量，国家的安全就没有保障；</u>
>
> 所以，如果国家的安全有了保障，那么就有雄厚的经济实力。

以上是蕴涵联锁推理的基本形式。而在实际使用过程中，常常把多个蕴涵命题联接起来，推出一个蕴涵命题结论。尤其在阐述理论观点和从已有的条件推导逻辑后果时，这种联接环环相扣，酣畅淋漓，论辩性非常强。

例如《论语·子路》篇说：

名不正，则言不顺；

言不顺，则事不成；

事不成，则礼乐不兴；

礼乐不兴，则刑罚不中；

刑罚不中，则民无所措手足；

所以，名不正则民无所措手足。

蕴涵联锁推理也是由蕴涵命题派生的。所以，也要遵守蕴涵命题推理的规则。

三、蕴涵易位推理

蕴涵易位推理是改变蕴涵命题前后件的位置而导出结论的推理。

这种推理的特点是，前提是一个蕴涵命题，结论是前提前后件的否定、易位而得到的另一个蕴涵命题，其推理的逻辑根据是蕴涵命题的逻辑性质：p 真必然 q 真，因而 q 假必然 p 假，所以，从"如果 p，则 q"可推出"如果非 q，则非 p"，反过来也成立。其逻辑结构式是：

$$\frac{p \to q}{\therefore \neg q \to \neg p}$$

与此相应的命题公式是：

$$(p \to q) \leftrightarrow (\neg q \to \neg p)$$

例如：

如果某人说得清楚，则他一定想得清楚；

所以，如果某人想得不清楚，则他一定说得不清楚。

很显然，这个推理的前提和结论是等值的，可以互推，互换。

在实际的运用过程中，蕴涵易位推理与蕴涵命题推理的否定后件式容易混淆，二者的主要区别是：蕴涵易位推理是一个前提推出一个结论，并且结论可以反推前提；而否定后件式则是两个前提推出一个结论，并且结论不可逆推前提。

四、蕴涵析取等值推理

蕴涵析取等值推理是以蕴涵命题为前提，根据蕴涵命题的逻辑性质进行的推理。

根据蕴涵命题的真值表，当前件为假时，不论后件如何，蕴涵命题总是真的；而当后件为真时，不论前件如何，蕴涵命题也是真的。也就是当前件为假或后件为真时，蕴涵命题一定是真的，反过来也成立。即"如果 p，则 q"等值于"非 p，或者 q"其推理形式是：

$$\frac{p \to q}{\therefore \neg p \lor q}$$

与此相应的命题公式是：

$$(p \to q) \leftrightarrow (\neg p \lor q)$$

例如：

如果不是你说错了，就是我听错了；

所以，或者是你说错了，或者是我听错了。

这是蕴涵析取等值推理的实例，显然，从"或者是你说错了，或者是我听错了"，也能推出"如果不是你说错了，就是我听错了"。

第四节 命题推理在实际思维中的应用

前面所介绍的命题推理的基本形式及扩展形式，都是经过提炼和概括的理想化的规范形式，是单一的、抽象的、无人文和无语境的，而在实际运用的过程中，则往往是综合的，并且总是伴随着日常交际、交流展开的，这就必然有交流主体、语境、语用规则等因素的介入，从而使命题推理的表现形态发生了变化，即呈现出非规范性、复杂多样的特点，每每难觅推理形式的真面目。这方面所涉及的内容很多，限于篇幅，我们只从以下两个方面来讨论：

一、命题推理的综合分析及应用

如前所述，我们对各种复合命题推理一一作了分析。复合命题推理是日常思维中的重要推理模式，但在实际思维中，各种复合命题推理通常并不是单一出现，而是综合应用。常常是以对话、辩论、寓言、故事、说明论证等鲜活的方式呈现出来，下面我们举出一些案例，来说明复合命题推理在日常思维中的综合应用。相信读者会举一反三，触类旁通。

例1 1973 年第 9 期的《文物》杂志刊有《马王堆一号汉墓女尸研究的几个问题》一文，其中有这样的一段话：

"女尸年龄约 50 岁左右，皮下脂肪丰满，并无高度衰老的现象，不可能是自然老死的。经仔细的检查，也未见任何暴力致死创伤，故推测当是病死。但女尸营养状况良好，皮肤未见久卧病床后常见褥疮，也未见慢性消耗性病的证据，而且消化道内还见到了甜瓜子。这些情况表明，墓主人当系某种急性病或慢性病的急性发作，在进食甜瓜之后不久死的。"

在这里，科学工作者得出结论"墓主人当系某种急性病或慢性病的急性发作，在进食甜瓜之后不久死的"。这个结论是运用什么推理形式得出来的？是有效的吗？

这个结论是通过两个析取命题推理和一个蕴涵命题推理得出的，整理成规范式如下：

(1) 墓主人或者老死，或者暴力致死，或者病死：

　　墓主人不是老死，也不是暴力致死的；

　　　　所以，墓主人是病死的。

(2) 墓主人或系慢性病而死，或系急性病而死，或系慢性病的急性发作而死；

　　墓主人不是慢性病而死；

　　　　所以，墓主人或者死于急性病，或者死于慢性病的急性发作。

(3) 如果墓主人消化道内见到甜瓜子，则是进食甜瓜之后不久死的；

　　墓主人消化道内见到甜瓜子；

　　　　所以，墓主人是进食甜瓜之后不久死的。

显然，上述三个推理形式都是有效的，而前提是考古发掘的第一手资料，自然是真实的，因而结论是毋庸置疑的。

例2　北宋年间，广东商人赵信雇了张某的货舱运货，二人约定次日五更开船。第二天四更时分，赵信告别妻子孙氏，带着银子去乘船。可是天大亮时，孙氏听到敲门及"孙氏娘子开门！"的喊声，原来是来催促赵信上船的船主张某。张某说："约好五更开船，一直未见他来，所以前来催促。"孙氏见丈夫失踪，便报官府。县官将船主张某抓来审问，张某终于供出了见财起心、谋财害命的事实。

县官之所以怀疑船主张某与赵信失踪有关，是运用蕴涵连锁推理的肯定式和蕴涵命题推理的否定后件式得出的。具体如下：

(1) 如果船主与赵信失踪无关，那么，当赵信未按时赴约，船主就该以为赵信仍待在家中未动身；

　　如果以为赵信仍在家中，那么，船主到赵家叫门时，就应该喊"赵先生开门！"

　　　　所以，如果他跟赵信失踪无关，那么他到赵家叫门时，就应喊

"赵先生开门！"

（2）如果船主与赵信失踪无关，那么他到赵家叫门时，就应喊"赵先生开门！"他没有喊"赵先生开门！"

所以，船主与赵信的失踪有关。

例3　有甲、乙、丙、丁、戊五个人。每个人的头上戴一顶白帽子或者黑帽子，每个人显然只能看到别人头上帽子的颜色，看不见自己头上帽子的颜色。并且，一个人戴白帽子当且仅当他说真话，戴黑帽子当且仅当他说假话。已知：

甲说：我看见三顶白帽子一顶黑帽子。

乙说：我看见四顶黑帽子。

丙说：我看见一顶白帽子三顶黑帽子。

戊说：我看见四顶白帽子。

根据上述题干，这五个人中，谁说真话，戴白帽子？谁说假话，戴黑帽子？

解这道题用假设法和归谬法来分析。先假设甲的话为真，则甲戴白帽子，这样加起来一共有四顶白帽子和一顶黑帽子。于是乙和丙的话就是假的，由乙和丙的话为假，得出他们是戴黑帽子的人，这就和假设甲的话为真的结果——只有一顶黑帽子相矛盾，于是甲不可能说真话，那么甲说假话，并且戴黑帽子。

再假设乙的话为真，于是他自己戴白帽子，这样有一顶白帽子和四顶黑帽子，由于丙看不见自己头上帽子的颜色，他说"我看见一顶白帽子三顶黑帽子"就是真话，而由丙说真话，又推出他戴白帽子，这样共有两顶白帽子，又与乙说真话的结果——只有一顶白帽子相矛盾，所以，乙也是说假话的人，戴黑帽子。

既然我们已经确定甲、乙都说假话，戴黑帽子，那么戊说"我看见四顶白帽子"就是假话，戊也戴黑帽子。

再假设丙的话为真，他所说的"我看见一顶白帽子三顶黑帽子"与上述的推论没有矛盾，于是他是说真话的人，戴白帽子，而他所看到的那一顶白帽子就是没有说话的丁戴的，于是丁也是说真话的人，综上所述，说真话的是丙和丁，戴白帽子；而甲、乙与戊说假话，戴黑帽子。

二、交际语境中，命题推理的分析及应用

上面的分析偏重命题推理的综合运用，而下面则要着重分析在交际语境中命题推理的应用，它实际上已经超出了形式逻辑的范围，是形式逻辑与语用逻辑共同研究的内容。美国逻辑学家莫里斯认为逻辑学研究应在语形、语义、语用三个层面上展开。语形研究的是符号之间的关系，比如推理形式及后面将涉及的命题及谓词演算都是如此；语义研究的是对符号的解释，比如我们对命题、命题形式的真假解释及对推理形式有效性的解释就是如此，只是这些解释没有具体内容，是抽象的；语用学也研究对符号的解释，但它是在具体的语境中，具体的人对符号的真假及含义的理解、解释与运用，它已经进入交际过程，超越了形式范畴，是形式与内容共生体。

日常思维中的命题推理是一种实质性的推理，也称语用推理，因为它涉及日常交际、交流过程中的具体情形，除了要遵守命题推理的形式规则，还要涉及交际语境及交际过程中的人，由于进入了交际过程，就还要受交际规则也就是语用规则的制约。概括地说，日常思维中的命题推理就是根据语形规则，语用规则，结合一定的语境，从语句的字面意义推出实际意义的推理。

命题推理的语形规则我们在前面的各种命题推理中已经做了介绍，下面简单介绍一下语境及语用规则。

语境：就是人们运用自然语言进行言语交际的环境。语境有广义和狭义之分。狭义的语境是指上下文或说话的前言后语及言语交际活动时的具体情境，如特定场合、时间、地点、话题、交际对象、体态表情等。广义的语境指说话人生活于其中的社会文化背景，包括民族文化传统、文化背景，社会规范和习俗，价值观等。日常推理所涉及的语境，既包括狭义的，也包括广义的。

在语境的诸种要素中，言语交际方甲乙（或多方）所知道的情况是不一样的，有的甲方知道，有的乙方知道，有的甲乙双方共知，称为共同知识，共同知识的定义是：

> 甲乙双方知道
>
> 甲乙双方知道对方知道
>
> 甲乙双方知道对方知道自己知道

共同知识在日常推理中常常是被省略的。这就是为什么我们所学的推理常常是规范的，完整的，而所用的推理每每是残缺的，非规范的原因。

语境有很多重要的作用。如为索引词（即那些离开语境便不知其所指的词或句）提供指示对象。排除多义，确定语言表达式的恰当与否等，还有一个重要的作用就是提供隐含前提，日常推理中的前提，实际是由两部分构成的，一部分是显性的，即交际方说出话语，另一部分是隐性的，没有说出来，是由语境提供的。它作为交际方理解彼此话语，顺畅交际的黏合剂，同样不可或缺，例如：

　　甲：今晚我们去哪里？

　　乙：和昨晚一样。

显然，甲乙昨晚的去处，是由语境提供的共同知识，是隐性前提，而甲要理解乙的意思，就要把乙说的话和由语境提供的信息一并考虑才行。

语用规则：指言语交际中所有社会群体或某些社会群体所共同遵守的、普遍的、一般性的准则。1967 年美国逻辑学家格赖斯创立了旨在把握言外之意的会话含义理论及提出言语交际的语用准则——合作原则。格赖斯认为，人们的正常语言交流不是一系列毫无联系的话语的组合，说话人是互相合作的。对话的双方（或各方）有着共同的目的，最起码有着互相接受的方向。为了达此目的，对话的各方就要共同遵守一个原则：使自己的话语符合各方共同目的的需要。格赖斯称这一原则为"合作原则"，合作原则体现为数量准则、质量准则、关系准则和方式准则：

数量准则——提供谈话目的所要求信息量恰如其分，不多不少。

质量准则——说话要真实，要有根据。

关系准则——所说的话语要和谈话目的相关。

方式准则——说话要清楚明白，避免含糊啰唆。

和形式规则一样，交际规则也是我们进行日常推理的重要规则，不管你是否意识到，我们一般都是遵照规则的原则进行交谈的。如果谈话人有意识违反其中的原则，则是要隐含另外的意义。

以上我们扼要介绍了在日常思维中命题推理所涉及的诸种要素，下面，分析一段对话看一下日常生活中的具体推理。

　　例4　学生甲："我们今晚一起去看电影吧！"

　　　　　学生乙："我明天早上要考试"。

通过乙的回答，甲知道自己的建议被拒绝了，但是乙没有说"我不去"。甲是怎样得出这个结论呢？

　　第一步：甲假定乙在对话中是采取合作态度的，从而他的意图表达的东西是与对话主题相关的。（合作原则）

　　第二步：一个相关的回答应是"接受"、"回绝"、"另行建议"、"进一步考虑"四者之一。（共同知识）

　　第三步：但是乙的回答表面上不是这四点之一，而他的回答又一定是与问话相关的，所以他肯定想表达比他说的更多的东西。

　　第四步：甲、乙双方都知道看电影要花费很长时间，而准备考试也要

花费很长时间，两者不可兼得。（共同知识）

第五步：接受建议或者另行建议或其他许诺式的先行条件，就是有能
力去完成所说的事情，而乙准备考试的情况下没有能力完成。
（共同知识）

第六步：所以，乙的回答排除了"接受""另行建议""进一步考虑"
是"回绝"。

综合整个的推导过程 甲所用的推理是析取销去式：

乙或者接受或者另行建议或者进一步考虑或者回绝

并非（乙或者接受或者另行建议或者进一步考虑）

所以，乙拒绝

再分析一个实例看看日常思维中复合命题推理的运用。

例5　2008年，神舟六号飞天之前，央视《面对面》栏目的主持人访
问了两位待飞航天员，有一段对话：

主持人："考虑过风险吗？如果……"

航天员："考虑过了……"

这段对话，似乎没有明确说出什么，但是，它所表达的含义是主持人、航
天员及所有的听众都明白的，是由语境提供的共同知识，之所以如此隐晦和含
蓄，是考虑到民族文化传统和价值观——在重大行动之前，对那些不吉利的话
语是避讳的，实际上，这段对话表达的是这样的复合命题推理：

如果执行神舟六号的飞天任务，就有可能牺牲

两位航天员执行这个任务

所以，他们可能牺牲。

通过以上的分析可以看出，在实际的思维过程中，由于有语境、共同知识、
合作原则这些因素的介入，命题推理的表现形态有了很大的变化。前面所学的
那种前提与结论齐备的规范表达常常难觅踪影，这就提示我们，在日常思维中，
仅有形式逻辑是不够的，必须把它和言语交际过程的其他知识结合起来，才能
看到它的庐山真面目，也才能更好地运用这个工具进行日常的分析与表达。

思考题

1. 什么是推理？什么是有效推理？
2. 什么是合取命题推理？它的种类和规则有哪些？
3. 什么是析取命题推理？它的种类和规则有哪些？

4. 什么是蕴涵命题推理？它的种类和规则有哪些？

5. 什么是负复合命题推理？它有哪些有效式？

6. 什么是二难推理？它有哪些有效式？

练习题

一、选择题

1. 有一种观点认为："只要有足够的钱，就可以买到一切。"从这个观点可以推出下面哪个结论？（　　）

A. 有些东西即使有足够的钱也不能买到，如友谊、健康、爱情等

B. 如果没有足够的钱，那么什么也买不到

C. 有一件我买不到的东西，便说明我没有足够的钱

D. 没有足够钱时，也可以买到一切东西

2. 相传有两座怪城，一座是"真城"，一座是"假城"。真城里的人都说真话，假城里的人都说假话。一位知晓这一情况的旅行者来到其中一座城市，他只需问他遇到的人一个问题，就能知道自己所到的是真城还是假城，他的问题是（　　）。

A. 你是真城的人吗？

B. 你是假城的人吗？

C. 你是这座城市的人吗？

D. 你喜欢这座城市吗？

3. 如果雪是白的，那么冰就是硬的；如果雪不是白的，那么冰就不是硬的。如果上述的论断为真，可推出下面哪个结论？（　　）

A. 雪是白的，冰不是硬的

B. 雪不是白时，冰是硬的

C. 冰是硬时，雪是白的

D. 冰不是硬时，雪是白的

4. 如果"并非小张又高又胖"为真，那么下述哪项断定必定为真？（　　）

A. 小张高但不胖

B. 小张胖但不高

C. 小张既不高，也不胖

D. 如果小张高，那么小张一定不胖

5. 如果风很大，我们就会去放风筝；如果天空不晴朗，我们就不会放风筝；如果天气很暖和，我们就会去放风筝。

假定上边的陈述为真，如果现在我们正在放风筝，则下列哪项必定为真？（　　）

A. 风很大 　　　　　　　　B. 天空晴朗

C. 天气暖和 　　　　　　　D. 天空晴朗并且天气暖和

6. "在空气清新剂中，只有芬芳牌清新剂能提供一次性全天清新的效果，也只有芬芳牌能提供芳草自然的气味"。

如果这则广告词所描述的情况为真，那么以下哪项不可能为真？（　　　）

A. 菊花牌清新剂比芬芳牌更受消费者喜爱

B. 梦妮花露水能提供芳草自然气味

C. 雨虹牌清新剂能提供一次性全天的清新效果

D. 雨虹牌清新剂不能提供一次性全天的清新效果

7. 市场上常有这样一种现象，当一种商品热销后，马上就有同类商品涌向市场，这自然会使这一商品市场竞争程度加剧。

从这一现象能推出下列哪项结论？（　　　）

A. 某一商品市场日趋竞争激烈，所以这种商品正处于热销之中

B. 某一商品并未热销，所以这一商品市场竞争不激烈

C. 某一商品在市场上未遇到竞争，所以它在市场上不热销

D. 某一商品刚进入市场，所以它不会面临竞争

8. 有一位改革人士说，凡是效益好的国有企业，都拥有充足的自有资金；而那些效益不好的国有企业，都是债务负担过重，根本没有自有资金。他建议给每个国有企业补足自有资金，那么就不会再有亏损的国有企业了。

这位改革人士犯了一个逻辑错误，以下的选项中，哪个与该错误相类似？（　　　）

A. 如果患肺炎，那么发烧；张某没有患肺炎，所以他没有发烧

B. 一位律师为被告辩护说："你们看他有如此美丽温柔的妻子和活泼可爱的女儿，他会铤而走险地去抢劫银行吗？"

C. 你的观点已被证明是错误的，那你还有什么资格发言

D. 如果天下雨，那么地面湿；地面湿，所以，天下雨了

9. 如果新产品打开了销路，则本企业今年就能实现扭亏为盈。只有引进新的生产线或者对现有设备进行有效的改造，新产品才能打开销路。而本企业今

年没有实现转亏为盈。

如果上述判断为真，则以下哪项也一定为真？（ ）

A. 新产品没有打开销路　　　B. 新产品打开了销路

C. 没引进新的生产线　　　　D. 对现有的设备实行有效的改造

10. 某岛上的男性公民分骑士和无赖，骑士只讲真话，无赖只讲假话。骑士又分为贫穷的和富有的两部分。有一个姑娘，她只喜欢贫穷的骑士。一个男士，只讲一句话，使得姑娘确信他是贫穷的骑士。

以下哪项可能是该男士讲的话？（ ）

A. 我不是无赖　　　　　　　B. 我是贫穷的骑士

C. 我不是富有的骑士　　　　D. 我很穷但我不说假话

11. 某汽车司机违章驾驶，交警向他宣布处理决定："要么扣留驾驶执照 3 个月，要么罚款 1000 元。"司机说："我不同意。"

如果司机坚持己见，那么，以下哪项实际上是他必须同意的？（ ）

A. 扣照但不罚款

B. 罚款但不扣照

C. 既不罚款也不扣照

D. 如果做不到既不罚款也不扣照，那么就必须接受罚款又扣照

12. 德国诗人歌德有一天在魏玛公园的一条狭窄的小道上散步。迎面碰上了一个曾经对他的作品提出过尖锐批评的文艺批评家。这个批评家傲慢地对他说："我从来不给傻子让路！"歌德回答说："而我恰恰相反！"歌德一边说一边笑着让到一边。这里两个人运用了什么推理形式？（ ）

A. 蕴涵命题推理肯定前件式

B. 蕴涵命题推理肯定后件式

C. 蕴涵命题推理否定后件式

D. 蕴涵命题推理否定前件式

二、写出下列负命题的等值命题

1. 并非或者是我说错了，或者是你听错了。

2. 并非这个商店的物品不但物美，而且价廉。

3. 并非如果风调雨顺，农作物就会丰收。

4. 并非这张画要么是唐代的，要么是宋代的。

5. 并非当且仅当衣食足，才能知荣辱。

三、写出下列命题推理的形式结构，说明其是否有效，并阐明原因

1. 如果寒潮到来，气温就要明显下降；所以，如果气温没有明显下降，就是寒潮没有到来。

2. 航天号飞机的失事或是设备故障，或是人为的破坏；已查明失事的原因确系设备故障；因此，可以排除人为破坏。

3. 如果我有 1000 万，我就能买一座房子。我有 1000 万吗？没有。所以我仍然没有房子。

4. 如果是杀人凶手，则必然进入过犯罪现场；某青年进入过犯罪现场；所以，某青年是杀人凶手。

5. 当且仅当某数是偶数，它才能被 2 整除；这个数能被 2 整除；所以，这个数是偶数。

6. 便宜无好货，所以，好货不便宜。

7. 如果某甲贪污公款，那么某甲的行为构成犯罪；如果某甲的行为构成犯罪，那么某甲就要受到刑罚处罚；所以，如果某甲受到刑罚处罚，那么他贪污了公款。

8. 如果是流氓罪，则具有流氓罪的特征；如果是伤害罪，则有显著危害的后果；某甲的行为既不具有流氓罪的特征，也未造成显著的危害后果；所以，某甲的行为既不构成流氓罪，也不构成伤害罪。

9. 如果不经常锻炼身体，那么身体就不会健康；如果身体不健康，就不会正常工作；所以，如果经常锻炼身体，就会正常工作。

10. 一个人如果骄傲，就会落后；如果虚心，就会进步；这个人或者不骄傲，或者不虚心；所以，这个人或者不落后，或者不进步。

四、请运用命题推理的有关知识及其他知识，回答下列问题

1. 某届"百花奖"评选结束了。甲电影厂拍摄的《黄河，中华民族的摇篮》获得最佳故事片奖，乙电影厂拍摄的《孙悟空和小猴子》获得最佳美术片奖，丙电影厂拍摄的《白娘子》获得最佳戏曲片奖。

授奖大会后，这三部片子的导演聚在一起聊天，甲电影厂的导演说："真是有趣得很，我们三个人的姓分别是片名的第一字，再说，我们每人的姓同自己所拍片子片名的第一个字又不一样。"这时候，另一个姓孙的导演笑起来说："真是这样！"

请问：这三部片子的导演各姓什么？

2. 逻辑老师把李、王两个学生叫到跟前说："我手里有三颗棋子，两颗白的，一颗黑的，现在发给你们每人一颗，我自己留一颗，请你们根据自己手中棋子的颜色，来推断对方棋子的颜色。"

老师让两个学生背对背站着，发给每人一颗棋子。他们接过一看，起先都迟疑了一阵，突然李说道："王手里拿的是白棋子。"

请问：李是如何知道王手里棋子的颜色？用蕴涵命题推理写出李推理的主要过程。

3. 某年，某国的一个大臣在该国首都被刺身亡。案发后，警方逮捕了一个名叫丹尼的青年，并一口咬定他就是凶手。警方是这样推理的：

（1）大臣是乘坐敞车驶近银行大厦遇刺的。据当时在现场的人证明，子弹是从银行大厦 3 楼射出的。这就是说，只有大臣被刺的时刻在银行大厦 3 楼逗留过的人，才能作案；而丹尼被人证明当时正在银行大厦的 3 楼，所以，丹尼是凶手。

（2）据法医报告：凶器是一只 65 毫米口径的意大利卡宾枪，而丹尼前不久曾化名"希南"购买过这种枪。这就是说，如果丹尼是凶手，那么他肯定有一只 65 毫米口径的意大利卡宾枪，现已查明丹尼购买过这种枪，可见他是凶手。

（3）据当时在现场的人说，射击时间发生在下午 1 时 30 分至 31 分之间，其间只有 10 秒钟，凶手一共开了 5 枪。这就是说，如果不是一个卓越的枪手，那么在使用非自动的卡宾枪时，不可能在十秒钟内连开 5 枪，而丹尼恰恰是个卓越的枪手，所以，可以肯定他是凶手。

请问：警方的推论是否正确？为什么？

4. 某地发生了一起重大盗窃案，警察拘留了 A、B、C 三个嫌疑犯。现查明如下事实：

（1）罪犯带着赃物是驾小汽车逃走的。

（2）不伙同 A，C 决不会作案。

（3）B 不会开汽车。

（4）罪犯就是这三人中的一个或一伙。

请问：在这个案子里，A 有罪吗？为什么？

5. 伊索寓言《卜人》中写道：

"卜人坐市场里，聚敛钱财。突然有人走到他那里来，报告说他的家里门已打开，里面的一切东西都被搬走了。他大为惊骇，跳了起来，悲叹着走回家。旁边的人说：'喂，朋友，你宣称能预知别人的事情，却没有预先占卜出自己的事么。'"

请问：旁边的人是如何运用蕴涵命题推理的知识来揭穿"卜人"的骗子面目的？写出推理过程。

6. 在一次全国性的网球比赛中，来自湖北、广东、辽宁、北京和上海的 5 省、市 5 名运动员遇到一起，他们的名字分别是李明、陈虹、林成、赵琪和张辉，已知：

(1) 李明只和其他 2 名运动员比赛过。

(2) 上海运动员和其他 3 名运动员比赛过。

(3) 陈虹没有和广东运动员交过锋，辽宁运动员和林成比赛过。

(4) 广东、辽宁和北京 3 名运动员相互比赛过。

(5) 赵琪只与 1 名运动员比赛过。张辉则相反，除了 1 名运动员外，与其他运动员都比赛过。

根据上述资料，推断每个运动员来自哪个省？

7. 某宿舍住着 4 个留学生，分别来自美国、加拿大、韩国和日本。他们分别在中文、国际金融和法律 3 个系就学，其中：

(1) 日本留学生单独在国际金融系。

(2) 韩国留学生不在中文系。

(3) 美国留学生和另外某个留学生同在某个系。

(4) 加拿大学生不和美国学生同在一个系。

以上条件可推出美国留学生在哪个系？并写出推导过程。

8. 某旅客发现有人正提着他自己刚刚在火车上丢失的旅行袋向出站口走去，便前往索要，那人立即道歉："对不起，我拿错了。"随即将东西还给失主，继续向出站口走。旁边一位警察立上前对那人进行盘查，原来那人竟是惯盗。

请问：警察为什么会怀疑那个人呢？他如何考虑？

9. 有这么一个小岛，岛上的居民有两种，一种是君子，永远说真话，一种是小人，永远说假话，每个人非君子即小人。

一天，A、B、C 3 个岛民一块站在一个花园里。有个陌生人路过，问 A："你是君子还是小人？"A 回答得很模糊，陌生人没听清，就问 B："A 说什么呀？"B 回答道："A 说他是小人。"C 听到之后当即说道："别信 B 的，他在撒谎。"

请问：B、C 是何种人？

第四章
真值表方法与命题演算

前一章我们考察了各种命题推理的形式和规则，并采用规则对相应的推理形式是否有效进行了分析判定。本章我们将介绍一些现代逻辑判定和证明命题推理有效性的方法。

第一节　真值表方法

真值表方法是一种可靠的判定方法，它是在 5 种基本命题形式真值表的基础上建立的。运用真值表方法，可以判定任意命题公式的真值，也可以判定一个命题推理形式是否有效，还可以判定几个命题公式之间的关系。这种方法的判定程序要满足三个要求：①程序的每一步都是由事先给定的规则明确规定好的，该规则规定第一步怎么做，下一步又怎么做；②该程序能够在有穷步内结束；③对于所判定的对象是否具有某种性质，该程序能给出唯一确定的结果。真值表方法分为完全真值表法和简化真值表法两种。

一、完全真值表法

完全真值表，是显示一个命题公式在其命题变项的所有真值组合下所取真值的图表。此表的做法，有三个步骤：

1. 找出已给命题公式中的所有变项，并竖着列出这些变项的所有真值组合。单个命题变项（如¬（p∧¬p））的真值组合，只有真假两种情况；两个命题变项（如（（p∨q）∧¬p）→q）的真值组合，有 4 种情况；三个命题变项（如（p∨q）→（p∧¬r））的真值组合，共有 8 种情况。顺理推之，n 个命题变项的真值组合则有 2^n 种情况。计算出变项的真值组合数后，按照"逐步两分"的方法不重不漏地把每一种真值组合排列出来。例如：在命题公式（（p∨q）∧¬p）→q 中，有 p 和 q 两个变项，其真值组合共有 4 种情况，第一个变项下按两真两假排列，第二个变项下按一真一假排列：

p	q
T	T
T	F
F	T
F	F

2. 根据命题公式的结构，由简到繁地依次横行列出公式的各个组成部分，一次只引进一个联结词符号，循序渐进，直至列出该公式本身。照此程序，上述公式（（p∨q）∧¬p）→q 中共有 4 个联结词符号，应分 4 次引进，在真值表上排列为：

p	q	¬p	p∨q	（p∨q）∧¬p	（（p∨q）∧¬p）→q
T	T				
T	F				
F	T				
F	F				

3. 根据 5 种基本命题形式的真值表，由变项的真值逐步计算出每个组成部分的真值，最后得出整个公式的真值。如上例各组成部分的值及整个公式的值在真值表中就表现为：

p	q	¬p	p∨q	（p∨q）∧¬p	（（p∨q）∧¬p）→q
T	T	F	T	F	T
T	F	F	T	F	T
F	T	T	T	T	T
F	F	T	F	F	T

至此，上述公式的真值表就完成了。

再如，命题公式（p∨q）→（p∧¬r）中，有 p、q、r 3 个变项，其真值组合共有 2^3 =8 种情况，遵循以上三个步骤，可作出这个公式的真值表：

p	q	r	¬ r	p∨q	p∧¬ r	(p∨q) → (p∧¬ r)
T	T	T	F	T	F	F
T	T	F	T	T	T	T
T	F	T	F	T	F	F
T	F	F	T	T	T	T
F	T	T	F	T	F	F
F	T	F	T	T	F	F
F	F	T	F	F	F	T
F	F	F	T	F	F	T

　　利用完全真值表法，可以判定任意有限长的复合命题公式的真值。根据判定的结果，命题公式可分为如下三类：

　　（1）重言式。重言式亦称永真式，是指命题公式中，不论变项取什么值，整个复合命题公式的值总为真的真值形式。上述第一例就是一个重言式。

　　（2）可真式。可真式又称可满足式，是指命题公式中，不论变项取什么值，整个复合命题公式的值有时真有时假的真值形式。上述第二例就是一个可真式。

　　（3）矛盾式。矛盾式也叫永假式，是指命题公式中，不论变项取什么值，整个复合命题公式的值总为假的真值形式。如公式p∧¬（p∨q）就是一个矛盾式。该公式的真值表如下：

p	q	p∨q	¬ (p∨q)	p∧¬ (p∨q)
T	T	T	F	F
T	F	T	F	F
F	T	T	F	F
F	F	F	T	F

　　在这三类公式中，逻辑学特别关心的是重言式，因为它反映了命题逻辑的规律，是逻辑真理的表现形式。现代命题逻辑中一切有效的推理形式都是重言

式。因此，我们要判定一个推理形式是否有效，就需把一个推理形式写成相应的蕴涵式（蕴涵式的前件是该推理所有前提的合取，后件是该推理的结论），再用真值表法判定与该推理形式相应的蕴涵式是不是一个重言式。如果一个推理形式是有效的，那么相应的蕴涵式就是重言式；如果一个推理形式是无效的，那么相应的蕴涵式就不是重言式。

例如，蕴涵命题推理肯定前件式和否定前件式的形式分别是：

（1）　　p→q　　　　　　（2）　　p→q

　　　　　p　　　　　　　　　　　¬ p

　　　∴ q　　　　　　　　　　∴ ¬ q

与这两个推理形式相应的蕴涵式为：

（1）（（p→q）∧p）→q

（2）（（p→q）∧¬ p）→¬ q

判定这两个推理形式是否有效，可以利用下列真值表：

(1)	p	q	p→q	（p→q）∧p	（（p→q）∧p）→q
	T	T	T	T	T
	T	F	F	F	T
	F	T	T	F	T
	F	F	T	F	T

(2)	p	q	¬ p	¬ q	p→q	（p→q）∧¬ p	（（p→q）∧¬ p）→¬ q
	T	T	F	F	T	F	T
	T	F	F	T	F	F	T
	F	T	T	F	T	T	F
	F	F	T	T	T	T	T

以上真值表表明，（1）是重言式，据此可以判定它所代表的推理形式是有效的；（2）不是重言式，由此可以确定该推理形式是无效的。

完全真值表法既可以判定命题公式的真值、命题推理是否有效，也可以判定几个命题公式之间是否具有等值关系。如果几个命题公式在真值表上每一横行的值均相同，那么这几个命题公式之间就具有等值关系；否则，就不具有等值关系。例如，我们要判定命题公式 p→q、¬ p∨q 和 p∧¬ q 是否等值，就可以作出如下真值表：

p	q	¬p	¬q	p→q	¬p∨q	p∧¬q
T	T	F	F	T	T	F
T	F	F	T	F	F	T
F	T	T	F	T	T	F
F	F	T	T	T	T	F

真值表上，p→q 和 ¬p∨q 的每横行真值均相同，它们是互相等值的；p∧¬q 与这两个公式的真值均完全相反，因而它与它们不等值，是互相矛盾的。

二、简化真值表法

从理论上讲，任一复合命题公式都能用完全真值表方法判定。但被判定的公式中命题变项过多时，完全真值表就显得十分烦琐冗长。例如，有 4 个变项时，真值表要罗列 16 行真假组合情况，变项为 5 个时，就须列 32 行。这种方法操作不便，容易出错。于是，人们在完全真值表法的基础上，提出了如下两种简化真值表法：

（一）归谬赋值法

归谬赋值法是一种非常有用的判定方法，它能用于判定蕴涵式，因此也可用于判定推理形式。

归谬赋值法的主要思路是：为了证明一个蕴涵式是否为重言式，必须证明它能不能出现前件真且后件假。先假设所要判定的蕴涵式前件真且后件假；并根据这个假设，给每个命题变项赋值，使之满足前件真且后件假。在这样的赋值中，如果不可避免地出现矛盾，即出现某命题变项的赋值既真又假，或者某些赋值与 5 个基本联结词的真值表相违背，则说明前件真而后件假的假设不成立，因而它是重言式。反之，如果赋值不出现矛盾，它就不是重言式。

下面以判定公式（（p→q）∧¬q）→¬p 为例，来说明归谬赋值法的步骤：

第一步：我们先假设该蕴涵式是假的。这可以表示为：

$$（（p→q）∧¬q）→¬p$$

（1）　　　　　　　　　　　　　　F

第二步：根据假设，要使该蕴涵式为假，则其前件真而后件假。表示如下：

$$（（p→q）∧¬q）→¬p$$

（1）　　　　　　　　　　⋮　　　F　⋮

（2）　　　　　　　　　T　　　　F

第三步：根据联结词的定义，要使该公式的后件¬p为假，则p应该是真的；要使该蕴涵式的前件（p→q）和¬q为真，则p→q和¬q必须都是真的，表示如下：

$$((p \to q) \land \neg q) \to \neg \quad p$$

（1）				F	
（2）		T		F	
（3）	T	T		T	

第四步：由于前件¬q为真，则q应该是假的；而要使p→q真，在已经给出后件q为假的情况下，其前件p不能为真，只能是假的。这可表示如下：

$$((p \to q) \land \neg q) \to \neg \quad p$$

（1）				F	
（2）		T		F	
（3）	T	T		T	
（4）	F	F		F	

至此，所有变项都已赋值。由赋值结果可以看出：在第三步中p取真值，而在第四步中p取假值，这就不可避免地出现了矛盾，在表中用圆点作出标记。所以原假设不成立，该蕴涵式是重言式，推理有效。

运用归谬赋值法，可以直接给整个公式的各部分取值，无须写出赋值过程的步骤。例如：

（1）如果地球围绕太阳公转（A），但并不围绕自己的轴线自转（¬B），那么地球上就没有白天（¬C）和黑夜（¬D）。而事实上地球上有白天和黑夜。所以，或者地球并不公转，或者地球既公转又自转。

这个推理的符号化及归谬赋值如下：

$$(((A \land \neg B) \to (\neg C \land \neg D)) \land (C \land D)) \to (\neg A \lor (A \land B))$$

$$\begin{array}{cccccccccccccccccccc} & T & F & F & T & T & & F & T & F & F & T & & T & & T & T & T & F & & F & T & F & & T & F & F \end{array}$$

赋值结果显示，赋予命题变项B的值有矛盾，所以该蕴涵式是重言式，原推理有效。

（2）如果对某案件继续进行调查（A），就会揭露出新的证据（B）并且使若干领导人受到牵连（C）。如果有若干领导人受到牵连，那么新闻媒体将不再披露案情（¬D）。如果继续调查并且新闻媒体不再披露案情，则揭露新的证据会导致继续调查。调查不再继续进行。所以新的证据不会被揭露出来。

该推理的符号化及归谬赋值为：

$$((A \to (B \wedge C)) \wedge (C \to \neg D) \wedge ((A \wedge \neg D) \to (B \to A)) \wedge \neg A) \to \neg B$$
　　FT　TTT　T　TTTF　T　　FFTF　T　TFF　TTFFFT

按照赋值结果，赋予所有命题变项的值均未出现矛盾，因此原假设成立，该公式不是重言式，它所代表的推理是无效的。

有些蕴涵式的后件为合取式或者等值式，要确定其后件为假，会出现多种可能的赋值情况，这时应对每一种可能的赋值情况进行讨论。若每一种赋值情况都出现矛盾，就可以判定原蕴涵式为重言式；只要有一种可能的赋值情况不出现矛盾，就说明原蕴涵式不是重言式。例如要判定 $((\neg p \to q) \wedge (p \vee \neg q)) \to (\neg p \leftrightarrow q)$ 是否为重言式，须赋值如下：

　　$((\neg p \to q) \wedge (p \vee \neg q)) \to (\neg p \leftrightarrow q)$
(1)　　　　T　　T　　T　　　F　　　F
(2)　FT　F　　T　TF　　　T　F　F　　　矛盾
(3)　FT　T　　T　FT　　　F　T　T　　　不矛盾

根据以上赋值步骤：第一步设待判定的蕴涵式为假，进而推知其前件真后件假。而当后件 $\neg p \leftrightarrow q$ 为假时，$\neg p$ 和 q 有两种可能的取值情况。第二步设 $\neg p$ 真 q 假，赋给命题变项 p 的值出现了矛盾。第三步设 $\neg p$ 假 q 真，赋值没有出现矛盾。由此说明这一蕴涵式不是重言式。

（二）真值树法

真值树法也是一种简化真值表方法，它不仅能判定一个蕴涵式是不是重言式，从而确定相应的推理形式是否有效；而且能判定一个合取式是不是矛盾式，从而检验相应的议论是否自相矛盾。真值树的基本图形（如右图）类似于一棵倒长的树，所以称为"真值树"。图中的线叫真值树的枝杈。构造真值树的规则是：

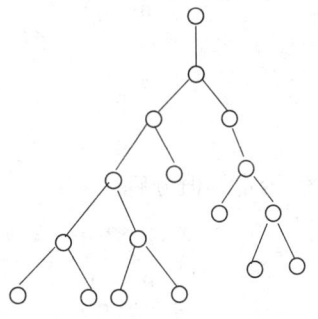

1. 合取分解：

　　　$p \wedge q$
　　　　|
　　　　p
　　　　q

2. 析取分解：

$$p \lor q$$
$$p \qquad q$$

3. 蕴涵分解：

$$p \to q$$
$$\neg p \qquad q$$

4. 等值分解：

$$p \leftrightarrow q$$
$$p \qquad \neg p$$
$$q \qquad \neg q$$

5. 否定合取分解：

$$\neg\,(p \land q)$$
$$\neg p \qquad \neg q$$

6. 否定析取分解：

$$\neg\,(p \lor q)$$
$$|$$
$$\neg p$$
$$\neg q$$

7. 否定蕴涵分解：

$$\neg\,(p \to q)$$
$$|$$
$$p$$
$$\neg q$$

8. 否定等值分解：

$$\neg\,(p \leftrightarrow q)$$
$$p \qquad \neg p$$
$$\neg q \qquad q$$

9. 双重否定分解：

$$\neg\,\neg p$$
$$|$$
$$p$$

运用这些规则，判定一个公式是否为重言式，应按以下步骤来进行：

　　第一步，写出被判定的蕴涵式的前件，如果前件是合取式，应先分行列出其合取支，然后在前件的行下列出后件的否定式。例如要判定（（p→q）∧（r→s）∧（¬q∨¬s））→（¬p∨¬r）是否为重言式，则应把它们分行列为：

　　　　　p→q

　　　　　r→s

　　　　　¬q∨¬s

　　　　　¬（¬p∨¬r）

　　第二步，按规则分解分行列出的公式。为了减少分枝，应先分解写在一个枝杈上的公式，再分解写在两个枝杈上的公式。如果同一枝杈中出现矛盾，即出现某命题变项及其否定，则表明该枝杈是封闭的，在该枝杈下不能再增添新的枝杈，通常用"＊"作为标记。例如对上述分行列出的公式可作如下分解：

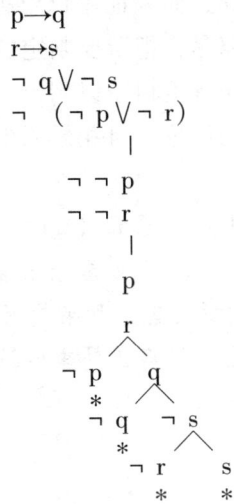

　　第三步，自下而上地检查每一枝杈。如果发现每一枝杈都出现矛盾，该真值树是封闭的，被判定的原公式是重言式，相应的推理形式有效；如果至少有一个枝杈没有出现矛盾，该真值树是开放的，被判定的原公式不是重言式，相应的推理形式无效。上述真值树的每个枝杈都出现了矛盾，是封闭的，因而被判定的公式（（p→q）∧（r→s）∧（¬q∨¬s））→（¬p∨¬r）是重言式，相应的推理形式有效。

　　运用真值树方法，可以直接对公式进行分解，不必写出每一步骤。例如，判定公式（（p→q）∧（q→r））→（¬p→¬r）是否为重言式，可作如下真值树：

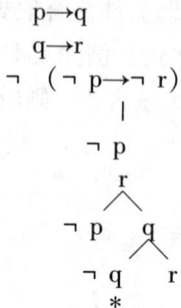

这一真值树有不封闭的枝权，因而被判定的公式（（p→q）∧（q→r））→（¬p→¬r）不是重言式，相应的推理形式无效。

真值树方法既是判定推理是否有效的方法，也是验证逻辑矛盾的可靠方法。判定推理形式是否有效用的是反证法的思路，而验证逻辑矛盾用的是直接证明的思路。运用真值树法验证逻辑矛盾的思路是：把所要判定的议论写为一个合取命题公式，然后把合取支分行列出，再作真值树予以判定。如果真值树是封闭的，则被判定的合取式是矛盾式，相应的议论是自相矛盾的；否则，不是矛盾式。例如：

　　某谋杀案，在张三（A）、李四（B）和王五（C）中至少有一人参与作案；证据表明，或者谋杀在室内发生（D），或者张三参与了谋杀；如果谋杀在室内发生，就可以排除王五作案的可能；如果使用了毒药（E），那么若李四没有作案，则张三也没有作案；但事实是李四没有参与作案；谋杀确实使用了毒药。

这段议论可用如下公式表示：

(A∨B∨C) ∧ (D∨A) ∧ (D→¬C) ∧ (E→(¬B→¬A)) ∧¬B∧E

其真值树为：

A∨B∨C

D∨A

D→¬C

E→(¬B→¬A)

¬B

```
              E
        ┌─────┴─────┐
      ¬E      ¬B→¬A
       *      ┌───┴───┐
              B       ¬A
              *    ┌───┴───┐
                   D        A
                 ┌─┴─┐      *
                ¬D  ¬C
                 *  ┌─┴─┐
                  A  B  C
                  *  *  *
```

该真值树是封闭的，因而被判定的合取式是矛盾式，相应的那段议论是自相矛盾的。

三、真值表方法的局限性和命题演算的规则

完全真值表法及其简化方法，虽然可以判定重言式和推理的有效性，但它们又有操作上的种种不便和适用范围上的局限性。比如，用完全真值表法判定多变项命题公式过于烦琐；用归谬赋值法仅能判定蕴涵式，并且当被判定公式的后件为合取式或等值式时，还须分情况讨论，也不简便；用真值树法判定结构复杂的公式则因树冠过大而操作不便。同时，真值表方法只能解决命题逻辑有效性的判定问题，而无法解决命题逻辑有效性的推导问题。例如：

某案已知如下事实：

（1）只有破获03号案件，才能确认甲、乙、丙都是罪犯；

（2）03号案件没有破获；

（3）如果甲不是罪犯，则甲的供词是真的，而甲说乙不是罪犯；

（4）如果乙不是罪犯，则乙的供词是真的，而乙说自己和丙是朋友；

（5）现已查明丙不认识乙。

请问：谁是罪犯？谁不是罪犯？

结论只能从上述前提中合乎逻辑地推导出来，真值表方法没有提供进行有效推理的推理规则，因此无法解决推导问题。

演绎逻辑不仅要解决推理是否有效的判定问题，而且要解决由前提推出结论的推导问题。命题演算方法具有判定与推导双重功能，所以还必须掌握命题演算的知识。命题演算是以前面讲过的有效推理形式作为规则推演的，为了便于正确演算，我们列出基本规则表，给出这些规则的名称、简记和公式：

规则名称	简记	公式
1. 合取引入规则	∧引入	$(p \land q) \to (p \land q)$

2. 合取销去规则	∧销去	(p∧q) →p
3. 析取引入规则	∨引入	p→ (p∨q)
4. 析取销去规则	∨销去	((p∨q) ∧¬p) →q
5. 蕴涵销去规则	→销去	((p→q) ∧p) →q
6. 蕴涵销去规则	→销去	((p→q) ∧¬q) →¬p
7. 蕴涵引入规则	→引入	((p∧q) →r) → (p→ (q→r))
8. 蕴涵联锁规则	→联锁	((p→q) ∧ (q→r)) → (p→r)
9. 等值引入规则	↔引入	((p→q) ∧ (q→p)) → (p↔q)
10. 等值销去规则	↔销去	(p↔q) → ((p→q) ∧ (q→p))
11. 否定引入规则	¬引入	(p→ (q∧¬q)) →¬p
12. 否定销去规则	¬销去	(¬p→ (q∧¬q)) →p
13. 蕴涵析取销去规则	→∨销去	((p→q) ∧ (r→q) ∧ (p∨r)) →q
14. 蕴涵析取销去规则	→∨销去	((p→q) ∧ (p→r) ∧ (¬q∨¬r)) →¬p
15. 否定合取等值规则	¬∧等值	¬ (p∧q) ↔¬p∨¬q
16. 否定析取等值规则	¬∨等值	¬ (p∨q) ↔¬p∧¬q
17. 否定蕴涵等值规则	¬→等值	¬ (p→q) ↔p∧¬q
18. 双重否定等值规则	¬¬等值	¬¬p↔p
19. 蕴涵析取等值规则	→∨等值	(p→q) ↔¬p∨q
20. 蕴涵易位规则	→易位	(p→q) ↔ (¬q→¬p)
21. 析取交换规则	∨交换	(p∨q) ↔ (q∨p)
22. 合取交换规则	∧交换	(p∧q) ↔ (q∧p)
23. 析取结合规则	∨结合	(p∨ (q∨r)) ↔ ((p∨q) ∨r)
24. 合取结合规则	∧结合	(p∧ (q∧r)) ↔ ((p∧q) ∧r)
25. 合取对析取分配规则	∧∨分配	(p∧ (q∨r)) ↔ ((p∧q) ∨ (p∧r))
26. 析取对合取分配规则	∨∧分配	(p∨ (q∧r)) ↔ ((p∨q) ∧ (p∨r))
27. 析取重言规则	∨重言	(p∨p) ↔p
28. 合取重言规则	∧重言	(p∧p) ↔p

这些规则都是重言蕴涵式和重言等值式，在命题演算中会随时用到，读者必须熟记。

第二节　命题演算的证明方法

命题演算是现代逻辑判定和证明推理形式有效性的重要方法。命题演算是用人工符号语言表示的命题逻辑的形式系统。使用人工符号语言的目的在于避免自然语言的歧义性，保证演算的严谨性和可靠性。形式系统由两部分组成：第一部分是形式语言，包括初始符号和形成规则。初始符号表示系统中使用的基本概念，未经解释没有意义，经过解释成为初始概念；形成规则规定哪些符号序列在系统中有意义，符合形成规则的符号序列是合式公式，不符合形成规则的符号序列不是合式公式。第二部分是演绎系统，包括公理和若干条推理规则。公理在系统中是不加证明的，它是某些被挑选出来的重言式，是推导其他重言式的出发点；推理规则是证明过程中必须遵循的规则，根据这些规则可以由某个或某些公式推演出另一个公式。有公理的系统称为公理系统，没有公理只有推理规则作为推理根据的系统称为自然演绎系统。

命题演算根据是否使用公理分为公理化方法和自然演绎法两种。自然演绎法接近于人们的日常思维习惯，比公理化方法简单实用，所以，本书只介绍自然演绎法，不涉及公理化方法。

自然演绎法的基本思想是：确定一些有效的推理形式作为规则，从已经给定的前提出发，依据规则进行推演，如果能从形式上推出预期的结论，则说明该推理的前提蕴涵结论，从而证明这个推理是有效的。如果从已知前提推出了未知的结论，则解决了演绎逻辑的推导问题。

自然演绎法作为形式化的逻辑证明方法，是由形式语言和推理规则构成的形式系统。其中，本书前面述及的各种逻辑符号（如命题变项符号、联结词符号、括号和五种基本的命题形式）是形式语言；上节列出的 28 个有效推理形式是推理规则。其具体证明方法主要有三种：

一、直接证明法

直接证明法是不附加任何假设或反设前提，只从已经给出的前提中合乎规则地直接推导出结论的证明方法。

直接证明法的步骤是：

1. 把所要证明的推理的各前提按先后顺序编号分行列出，在最后一个前提的右侧并列写出推理的结论，并以"/∴"断开。

2. 根据已知前提，按照推理规则得出一个个新命题，依次编号写在下面。这些新命题是以后推理的根据。

3. 每得出一个新命题，都要在它的右侧括号内注明这个命题的"来历"，即所依据的前提编号和使用的规则名称（简记）。证明结束后，在最后一行写上"证毕"。

例如：

　　或者科学家们不知其所云（A），或者太阳终有一天会烧完（B）而地球会变冷（C）；如果科学家们不知其所云，那么火星上就有生命（D）；如果地球变冷了，那么人类或者移居到其他星球（E）或者灭绝（F）；火星上并没有生命而且人类也不会灭绝。所以，人类将移居到其他星球。

这一推理的证明过程为：

1. A∨（B∧C）

2. A→D

3. C→（E∨F）

4. ¬D∧¬F　　　　　　　/∴E

5. ¬D　　　　　　　　（4∧销去）

6. ¬A　　　　　　　　（2，5→销去）

7. B∧C　　　　　　　（1，6∨销去）

8. C　　　　　　　　　（7∧销去）

9. E∨F　　　　　　　（3，8→销去）

10. ¬F　　　　　　　　（4∧销去）

11. E　　　　　　　　　（9，10∨销去）

证毕。

　　上述推理序列，第1步到第4步是给出的前提，第5步到第11步是由前提到结论的推演步骤。每步推演都合乎规则，并且由前提直接推出了预期的结论E，所以这一推理是有效的。

　　直接证明需要有清晰的思路，一般应采取"回溯"思考方法。例如：

　　如果给市场投入过多的货币（A），则将有通货膨胀（B）；如果通货膨胀，则或者国家会采取紧缩政策（C），或者人民会遭受损失（D）；如果人民遭受损失，改革就会失去人心（E）；国家将不采取紧缩政策，并且改革不会失去人心。因此，不能给市场投入过多的货币。

这一推理的形式化为：

1. A→B

2. B→（C∨D）

3. D→E

4. ¬C∧¬E　　　　　　/∴¬A

按照"回溯"思考法，应从结论开始，逆向考虑。证明的结论是¬A，就必须在前提中找到¬A，A在前提1中，它是蕴涵式的前件，只要得到1的后件B的否定式¬B，蕴涵销去就能得到¬A。含B的前提是2，B又是蕴涵式的前件，只要找到2的后件C∨D的否定式¬（C∨D），蕴涵销去就能得到¬B，而¬（C∨D）等值于¬C∧¬D，只要分别得到¬C和¬D，合取引入就可以得到¬C∧¬D。含D的前提是3，D也是蕴涵式的前件，只要找到3的后件E的否定式¬E，蕴涵销去就可以得到¬D。而前提4中正好有¬E，合取销去就可以得到它，¬C也可以从4中得到，所以，从4开始倒推回去，就可以完成整个证明，证明过程如下：

1. A→B

2. B→（C∨D）

3. D→E

4. ¬C∧¬E   /∴¬A

5. ¬C   （4∧销去）

6. ¬E   （4∧销去）

7. ¬D   （3，6→销去）

8. ¬C∧¬D   （5，7∧引入）

9. ¬（C∨D）   （8¬∨等值）

10. ¬B   （2，9→销去）

11. ¬A   （1，10→销去）

证毕。

直接证明法不仅能够判定命题推理的有效性，而且可以从某些已知前提合乎逻辑地推出未知的结论，从而解决命题推理的推导问题。例如上节（见第75页）举出的案例，就可作如下推导：

简单命题用符号表示为：

A：甲是罪犯

B：乙是罪犯

C：丙是罪犯

D：03号案件

E：甲的供词是真的

F：乙的供词是真的

G：乙和丙是朋友

推理如下：

1. （A∧B∧C）→D

2. ¬D

3. ¬A→（E∧¬B）

4. ¬B→（F∧G）

5. ¬G

6. ¬G∨¬F   （5∨引入）

7. ¬（F∧G）   （6¬∧等值）

8. B   （4，7→销去）

9. B∨¬E   （8∨引入）

10. ¬（E∧¬B）   （9¬∧等值）

11. A   （3，10→销去）

12. ¬（A∧B∧C）   （1，2→销去）

13. ¬A∨¬B∨¬C   （12¬∧等值）

14. ¬C   （8，11，13∨销去）

15. A∧B∧¬C   （8，11，14∧引入）

结论：甲和乙是罪犯，丙不是罪犯。

再如：

> 某球队在以往比赛中总结了如下经验：
>
> 1. B和D最好不同时上场；
>
> 2. 如果C上场，那么D上场；
>
> 3. 如果A上场，那么B上场；
>
> 4. 或者E和F不同时上场，或者C上场；
>
> 5. 现在需要A和F同时上场。
>
> 请问：为了保证场上最佳阵容，E该不该上场？

根据前提，可作如下推理：

1. ¬（B∧D）

2. C→D

3. A→B

4. ¬（E∧F）∨C

5. A∧F

6. A   （5∧销去）

7.　B　　　　　　　　　　　（3，6→销去）

8.　¬ B∨¬ D　　　　　　　（1¬ ∧等值）

9.　¬ D　　　　　　　　　　（7，8∨销去）

10.　¬ C　　　　　　　　　（2，9→销去）

11.　¬ （E∧F）　　　　　　（4，10∨销去）

12.　¬ E∨¬ F　　　　　　　（11¬ ∧等值）

13.　F　　　　　　　　　　（5∧销去）

14.　¬ E　　　　　　　　　（12，13∨销去）

结论：E 不该上场。

　　直接证明法还可以用来验证命题推理的任何一组前提中是否含有逻辑矛盾。如果一组前提中含有逻辑矛盾，那么这一组前提就不能同时为真，不能同真的前提是没有逻辑一致性的。因此，验证前提的不一致性，就是设法合乎逻辑地推出逻辑矛盾。例如：

　　　　如果某甲犯了谋杀罪（A），那么他必定进入过受害者房间（B），并且不会在凌晨前离去（C）；如果某甲没有在凌晨前离去，则看门人就会看到他（D）；然而并非如果看门人没有看见某甲，他就一定不犯有谋杀罪。

　　　　请问：这一组前提中是否含有逻辑矛盾？

这一组前提可符号化并推演为：

1.　A→ （B∧¬ C）

2.　¬ C→D

3.　¬ （¬ D→¬ A）

4.　¬ D∧A　　　　　　　　（3¬ →等值）

5.　¬ D　　　　　　　　　　（4∧销去）

6.　A　　　　　　　　　　　（4∧销去）

7.　C　　　　　　　　　　　（2，5→销去）

8.　B∧¬ C　　　　　　　　（1，6→销去）

9.　¬ C　　　　　　　　　　（8∧销去）

10.　C∧¬ C　　　　　　　　（7，9∧引入）

　　从这个推理的前提中推出了 C∧¬ C，自然也就验证出了这组前提中含有逻辑矛盾。

　　运用直接证明法能够证明许多推理的有效性，但由于有些有效推理的结论不能由已知前提直接推出，无法用直接证明法证明，所以还需要引进新的证明方法。

二、假设证明法

假设证明法是根据蕴涵词引入规则，证明在原有前提（p_1，p_2，……p_n）下，如果假设 q，可以得出 r，也就由原有前提可以得出 q→r 的方法。

进行假设证明的基本思路是：

1. 在证明开始或证明过程中，当需要一个蕴涵式，而原有前提又不能直接得到它时，可以假设这个蕴涵式的前件作为新前提。

2. 当假设前提和原有前提一起推出了其后件，就可得到由这个假设前提和这个推出的后件构成的蕴涵式。

3. 由于引入了假设前提，需要用箭头作出标记，并用弯曲的箭杆把它框住，以表示这个框内的每一步都与这个假设有关。

例如：

　　某案发生后，涉嫌 A、B、C、D 四人，根据案情：如果 A 是作案者，那么 B 也参与了作案，如果 B 参与了作案或者 C 是知情人，那么 D 是作案者。所以，如果 A 是作案者，那么 D 是作案者。

这一推理的证明过程为：

1.　A→B
2.　（B∨C）→D　　　　　　／∴ A→D
3.　┌A　　　　　　　　　　（假设）
4.　│B　　　　　　　　　　（1，3→销去）
5.　│B∨C　　　　　　　　（4∨引入）
6.　└D　　　　　　　　　　（2，5→销去）
7.　A→D　　　　　　　　　（3－6→引入）

证毕。

经以上推演可知，这一推理是有效的。该推理的结论是蕴涵命题 A→D，而原有的两个前提不能直接推出这个蕴涵命题，于是我们在第 3 步引入了结论的前件 A 作为假设的新前提，然后连同原有的两个前提一起推出了结论的后件 D，最后在第 7 步根据蕴涵词引入规则，推出了结论 A→D，这个结论是依赖原有前提推出来的。这里应注意：在第 3 步我们用箭头作出标记，表明它右边的命题是一个假设前提，从第 3 步到第 6 步我们用弯曲的箭杆把它框住，表示该假设的范围，说明这个范围里的推演步骤都是离不开假设前提的。

假设证明法简便灵活，可以根据需要用于推理序列中的任何一步，但须遵守如下两条规定：

1. 作几次假设画几个方框，方框内的任何命题都不能拿到该框外作继续推导的前提。例如：

> 如果法庭对 C 或者 D 的遗产分割公正，那么 E 和 F 就会服从判决；如果 F 服从判决，那么 G 和 H 不会上诉。所以，如果 C 的遗产得到公正分割，则 E 会服从判决；而如果 F 服从判决，那么 G 不会上诉。

该推理的证明过程如下：

1.　　(C∨D) → (E∧F)
2.　　F→ (¬ G∧¬ H)　　　/∴ (C→E) ∧ (F→¬ G)
3.　┌ C　　　　　　　　　(假设)
4.　│ C∨D　　　　　　　 (3∨引入)
5.　│ E∧F　　　　　　　 (1，4→销去)
6.　└ E　　　　　　　　　(5∧销去)
7.　　C→E　　　　　　　 (3－6→引入)
8.　┌ F　　　　　　　　　(假设)
9.　│ ¬ G∧¬ H　　　　　 (2，8→销去)
10.　└ ¬ G　　　　　　　 (9∧销去)
11.　F→¬ G　　　　　　　(8－10→引入)
12.　(C→E) ∧ (F→¬ G)　(7，11∧引入)

证毕。

这个推理的结论是两个蕴涵命题的合取式，为了得到该结论，我们根据需要，在第 3 步和第 8 步分别作了两次假设，间断地画了两个方框。每个框子内的命题公式，都是被该假设范围封闭了的公式，因此，不能把它们再拿到该框外，作为继续推演的前提使用。例如我们不能从第 5 步合取销去直接得到 F，否则无法推出结论的第二个蕴涵命题公式。

2. 在连续使用假设证明时，大框里的命题可以作为小框里推演的前提，但小框里的命题不能拿到该框外作为前提。例如：

1.　　　A→（B→（C∧D））
2.　　　C→（E→（H∧I））
3.　　　F→¬I　　　　　　　　　　／∴（A∧B）→（A→（F→¬E））
4.　→A∧B　　　　　　　　　　（假设）
5.　　→A　　　　　　　　　　　（假设）
6.　　　B→（C∧D）　　　　　　（1，5→销去）
7.　　　B　　　　　　　　　　　（4∧销去）
8.　　　C∧D　　　　　　　　　　（6，7→销去）
9.　　　C　　　　　　　　　　　（8∧销去）
10.　　　E→（H∧I）　　　　　　（2，9→销去）
11.　　→F　　　　　　　　　　　（假设）
12.　　　¬I　　　　　　　　　　（3，11→销去）
13.　　　¬I∨¬H　　　　　　　　（12∨引入）
14.　　　¬（H∧I）　　　　　　　（13¬∧等值）
15.　　　¬E　　　　　　　　　　（10，14→销去）
16.　　　F→¬E　　　　　　　　（11－15→引入）
17.　　A→（F→¬E）　　　　　　（5－16→引入）
18.　（A∧B）→（A→（F→¬E））（4－17→引入）
证毕。

这个推理比较复杂，它的结论是三重蕴涵命题，我们根据需要连续作了三次假设，画了3个方框。按照规定，大框里的第10步作了小框里第15步推演的前提，而小框里的任何命题都没有拿到该框外作前提使用。尤其需要注意的是，该推理的第5步A，不是从第4步A∧B中直接合取销去得到的，而是一个假设的前提，那是因为我们需要在第17步推出蕴涵命题A→（F→¬E），如果不作假设，该蕴涵命题公式是无法推出的。

另外，在有些情况下，推理的结论不是蕴涵命题公式，但它能转换或分解为蕴涵命题公式时，也可以使用假设证明法。在证明中间，为了推出我们需要的某个蕴涵命题公式，使用假设证明法也是允许的。例如：

1.	¬ L∨M	
2.	M→（（N→（¬ O∨N））→P）	/∴ ¬ L∨P
3.	L	（假设）
4.	M	（1，3∨销去）
5.	（N→（¬ O∨N））→P	（2，4→销去）
6.	N	（假设）
7.	N∨¬ O	（6∨引入）
8.	¬ O∨N	（7∨交换）
9.	N→（¬ O∨N）	（6－8→引入）
10.	P	（5，9→销去）
11.	L→P	（3－10→引入）
12.	¬ L∨P	（11→∨等值）

证毕。

该推理的结论是¬ L∨P，由于它可以等值转换为 L→P，因而我们采用了假设证明法来证明它的有效性。在推演的第 6－8 步，为了得到命题公式 N→（¬ O∨N），我们又一次使用了假设证明法，很容易地推出了该推理的结论。

运用假设证明法也可以由已知推出未知，解决日常思维中的一些实际问题。在日常思维中，有很多问题，如果用自然语言进行推理，那是相当困难或麻烦的，而一旦把它形式化并用假设证明的方法来解决，它就会变得比较容易。例如：

有一个学者误入某部落，被关进牢狱，酋长对学者说："我们这里有两个门，一个是自由门，打开后通向大路，可以离开此处；一个是死亡门，打开后通向刑场，立即处死。门口有两名士兵，一名只说真话，另一名只说假话。你可以向其中一个发问一次，不能同时问两个人，也不能发问两次，然后自己决定开哪个门出去。是生是死，全靠你的智慧了。"

学者听罢沉思了一会儿，然后来到一名士兵面前，指着一个门向他问道："此门是死亡门，他（指另一名士兵）将回答'是'，对吗？"被问的士兵回答以后，学者就从容地打开一个门，扬长而去，重新获得了自由。

请问：学者是怎样判断自由门的？

学者是根据被问者的一次回答来判断自由门的，而被问者又是根据另一士兵将如何回答来回答学者的；另一士兵将怎样回答，又是根据学者所指的门是不是死亡门而确定的。这两个士兵又都有说真话和说假话两种可能。现在我们把这些条件分别用符号代表：

A：被问者说真话

B：被问者回答"对"

C：另一士兵回答"是"

D：此门是死亡门

由此可以得到如下四种情况：

（1）如果学者所指的门是死亡门（D），那么，如果被问者说真话（A），则另一士兵因说假话将回答"不是"（¬C），并且被问者将回答"不对"（¬B），其形式为：D→（（A→¬C）∧¬B）

（2）如果学者所指的门是死亡门（D），那么，如果被问者说假话（¬A），则另一士兵因说真话将回答"是"（C），并且被问者将回答"不对"（¬B）。其形式为：D→（（¬A→C）∧¬B）

（3）如果学者所指的门是自由门（¬D），那么，如果被问者说真话（A），则另一士兵因说假话将回答"是"（C），并且被问者将回答"对"（B）。其形式为：¬D→（（A→C）∧B）

（4）如果学者所指的门是自由门（¬D），那么，如果被问者说假话（¬A），则另一士兵说真话将回答"不是"（¬C），并且被问者将回答"对"（B），其形式为：¬D→（（¬A→¬C）∧B）

这四种情况是推理的前提，学者正是根据这些前提来判定他所指的门是否是自由门的。推理过程如下：

1.   D→（（A→¬C）∧¬B）

2.   D→（（¬A→C）∧¬B）

3.   ¬D→（（A→C）∧B）

4.   ¬D→（（¬A→¬C）∧B）

5.   ┌→D   （假设）

6.   │ （A→¬C）∧¬B   （1，5→销去）

7.   │ ¬B   （6∧销去）

8.   └ D→¬B   （5–7→引入）

9.   ┌→D   （假设）

10.   │ （¬A→C）∧¬B   （2，9→销去）

11.   │ ¬B   （10∧销去）

12.   └ D→¬B   （9–11→引入）

13. ┌─ ¬ D　　　　　　　　　　　（假设）

14. │　（A→C）∧B　　　　　　（3，13→销去）

15. │　B　　　　　　　　　　　（14∧销去）

16. └─ ¬ D→B　　　　　　　　（13 – 15→引入）

17. ┌─ ¬ D　　　　　　　　　　　（假设）

18. │　（¬ A→¬ C）∧B　　　　（4，17→销去）

19. │　B　　　　　　　　　　　（18∧销去）

20. └─ ¬ D→B　　　　　　　　（17 – 19→引入）

21. 　（D→¬ B）∧（D→¬ B）　　（8，12∧引入）

22. 　（¬ D→B）∧（¬ D→B）　　（16，20∧引入）

23. 　D→¬ B　　　　　　　　　（21∧重言）

24. 　¬ D→B　　　　　　　　　（22∧重言）

25. 　B→¬ D　　　　　　　　　（23→易位）

26. 　¬ B→D　　　　　　　　　（24→易位）

27. 　（B→¬ D）∧（¬ B→D）　　（25，26∧引入）

所以，如果被问者回答"对"，那么学者所指的门不是死亡门（即是自由门）；如果被问者回答"不对"，那么学者所指的门是死亡门。聪明的学者正是推出了上述结论，才准确无误地打开了自由门。

假设证明法的使用大大提高了我们的推理能力，但它只能推出蕴涵命题公式，当一个推理的结论不是或不能转换为蕴涵式，而且前提也不能分解时，用假设证明法是难以证明其有效性的。所以，还需要引入新的证明方法。

三、反证法

反证法是通过证明结论的否定命题不成立，从而确定结论成立的证明方法。它是以否定词销去或引入规则为依据的，按照该规则，如果从一组前提和命题¬ P能推出矛盾式（q∧¬ q），那么从该组前提就能推出P。反证法的思路是：首先反设结论的否定命题作为新前提，然后用反设前提和原有前提一起推出矛盾的合取命题，最后否定反设，从而推出原来的结论。例如：

有一团伙盗窃案涉嫌A、B、C、D、E、F六人。根据公安人员掌握的材料：假定如果不是D参与盗窃那么就是F参与盗窃的话，则A和E就参与盗窃；只有C参与盗窃，A或者B才参与盗窃；B和D二人中至少有一人参与了盗窃。从这些材料推出C肯定参与了盗窃。

其推理过程如下：

1.　　（¬D→F）→（A∧E）
2.　　（A∨B）→C
3.　　B∨D　　　　　　　/∴C
4.　┌→¬C　　　　　　　（反设）
5.　│　¬（A∨B）　　　　（2，4→销去）
6.　│　¬A∧¬B　　　　　（5，¬∨等值）
7.　│　¬B　　　　　　　（6∧销去）
8.　│　D　　　　　　　　（3，7∨销去）
9.　│　¬A　　　　　　　（6∧销去）
10.　│　¬A∨¬E　　　　　（9∨引入）
11.　│　¬（A∧E）　　　　（10¬∧等值）
12.　│　¬（¬D→F）　　　（1，11→销去）
13.　│　¬D∧¬F　　　　　（13¬→等值）
14.　│　¬D　　　　　　　（13∧销去）
15.　│　D∧¬D　　　　　　（8，14∧引入）
16.　　C　　　　　　　　（4-15¬销去）

证毕。

在上例推导中，原有的三个前提不能直接分解，结论又不是蕴涵命题，用直接证明法和假设证明法无法从这些前提推出结论C，因而我们采用了反证法。在第4步反设了结论的否定命题¬C作为附加引入的新前提，用它和原有前提一起推演，到第15步推出了矛盾的合取命题公式D∧¬D；根据否定词销去规则，最终在第16步推出了原结论C，从而证明了该推理的有效性。这里需要注意的是：从第4步反设前提到第15步推出矛盾，要用弯曲的箭杆把它们框住，以表示该范围里的推演步骤都离不开反设前提。

反证法也可用于由已知推出未知，当一个推理由前提到结论的线索很不明显，无法直接推出结论时，就可以采用反证法。例如：

据古代传说，古希腊特尔斐城的神谕是最灵验的。曾经有人问神：庞培、恺撒、克拉苏这三个执政者是不是有人会被暗杀掉？神用两句话作了回答："三个执政者中有一个以上的人将被暗杀。克拉苏将被暗杀并且或者恺撒不会被暗杀或者庞培将被暗杀，当且仅当庞培不会被暗杀并且或者克拉苏或者恺撒将会被暗杀。"

假定神谕完全灵验，三个执政者中谁会被暗杀呢?

设A：庞培会被暗杀

B：恺撒会被暗杀

C：克拉苏会被暗杀

神谕的回答可符号化并推演如下：

1.	¬ A→（B∧C）	
2.	¬ B→（A∧C）	
3.	¬ C→（A∧B）	
4.	（C∧（¬ B∨A））↔（¬ A∧（C∨B））	
5.	（C∧（¬ B∨A））→（¬ A∧（C∨B））∧	
	（¬ A∧（C∨B））→（C∧（¬ B∨A））	（4↔销去）
6.	（C∧（¬ B∨A））→（¬ A∧（C∨B））	（5∧销去）
7.	（¬ A∧（B∨C））→（C∧（¬ B∨A））	（5∧销去）
8.	┌ ¬ A	（反设）
9.	│ B∧C	（1，8→销去）
10.	│ B	（9∧销去）
11.	│ B∨C	（10∨引入）
12.	│ ¬ A∧（B∨C）	（8，11∧引入）
13.	│ C∧（¬ B∨A）	（7，12→销去）
14.	│ ¬ B∨A	（13∧销去）
15.	│ ¬ B	（8，14∨销去）
16.	└ B∧¬ B	（10，15∧引入）
17.	A	（8 – 16¬ 销去）
18.	┌ ¬ B	（反设）
19.	│ A∧C	（2，18→销去）
20.	│ C	（19∧销去）
21.	│ ¬ B∨A	（18∨引入）
22.	│ C∧（¬ B∨A）	（20，21∧引入）
23.	│ ¬ A∧（C∨B）	（6，22→销去）
24.	│ ¬ A	（23∧销去）
25.	└ A∧¬ A	（17，24∧引入）
26.	B	（18 – 25¬ 销去）

27.	¬ ¬ C	（反设）
28.	C	（27¬ ¬ 等值）
29.	¬ B∨A	（17∨引入）
30.	C∧（¬ B∨A）	（28，29∧引入）
31.	¬ A∧（C∨B）	（6，30→销去）
32.	¬ A	（31∧销去）
33.	A∧¬ A	（17，32∧引入）
34.	¬ C	（27－33¬ 销去）

证毕。

经以上推演，我们得出的结论是：在三个执政者中，庞培和恺撒将会被暗杀，克拉苏不会被暗杀。

直接证明法、假设证明法和反证法都是命题演算的证明方法。针对一个具体推理，采用何种方法，应根据具体情况而定。一般说来，当推理的结论是合取式或简单命题公式，而前提可以分解时，宜用直接证明法；当推理的结论是蕴涵式或析取式或等值式，而前提不能分解时，宜采用假设证明法；当推理的结论是否定式或析取式或简单命题公式，而前提不能分解时，就得采用反证法。在很多时候，假设证明和反证法可以综合运用。

第三节　假设证明法与反证法的区别与综合运用

一、假设证明法与反证法的区别

假设证明法与反证法是两种不同的证明方法，它们的主要区别有以下三点：

1. 假设证明法所引入的新前提为"假设"；而反证法所引入的新前提为"反设"。

2. 假设证明法所引入的假设前提是根据需要来设定的蕴涵式的前件；而反证法所引入的反设前提只能是结论的否定命题。

3. 假设证明法引入假设的目的是推出蕴涵式的后件，从而得到一个蕴涵命题；而反证法引入反设的目的是推出矛盾的合取命题，从而否定反设，证明原来的结论。

假设证明法与反证法的这些区别，读者可以通过上一节做过的例题加以体会。

二、假设证明法与反证法的综合运用

假设证明法与反证法虽有区别，但有时候它们可以结合起来使用，以证明复杂推理形式的有效性。例如：

> 如果不是马六或者受到胁迫（B）或者既不明白真相（¬C）又不愿意出
> 卖朋友（¬D），那么他不会参与作案（¬E）；而如果他不愿意出卖朋友，说
> 明他一定明白真相。因此如果他不是受到胁迫，他绝不可能参与作案。

该推理的证明过程为：

1.　　　¬（B∨（¬C∧¬D））→¬E
2.　　　¬D→C　　　　　　　　　　　　　∴¬B→¬E
3.　　　¬B　　　　　　　　　　　　　（假设）
4.　　　E　　　　　　　　　　　　　（反设）
5.　　　B∨（¬C∧¬D）　　　　　　　（1，4→销去）
6.　　　¬C∧¬D　　　　　　　　　　（3，5∨销去）
7.　　　¬C　　　　　　　　　　　　（6∧销去）
8.　　　¬D　　　　　　　　　　　　（6∧销去）
9.　　　C　　　　　　　　　　　　　（2，8→销去）
10.　　C∧¬C　　　　　　　　　　　（7，9∧引入）
11.　　¬E　　　　　　　　　　　　（4－10¬引入）
12.　　¬B→¬E　　　　　　　　　　（3－11→引入）

证毕。

这个推理同时运用了假设证明法和反证法。根据需要，我们在第3步引入
了结论的前件¬B作为假设前提，但对推出后件仍有困难，于是我们又在第4步
反设了结论的后件E。根据反设，第10步推出了矛盾，第11步推出了¬E。根
据假设，第12步推出了结论¬B→¬E。所以，该推理有效。

证明比较复杂的推理形式，综合运用假设证明法和反证法，可以减少步骤，
缩短证明过程。例如：

1.　　　G→（H→（I∧J））
2.　　　I→（K→（L∧M））
3.　　　N→¬M　　　　　　　　　　　∴（G∧H）→（N→¬K）

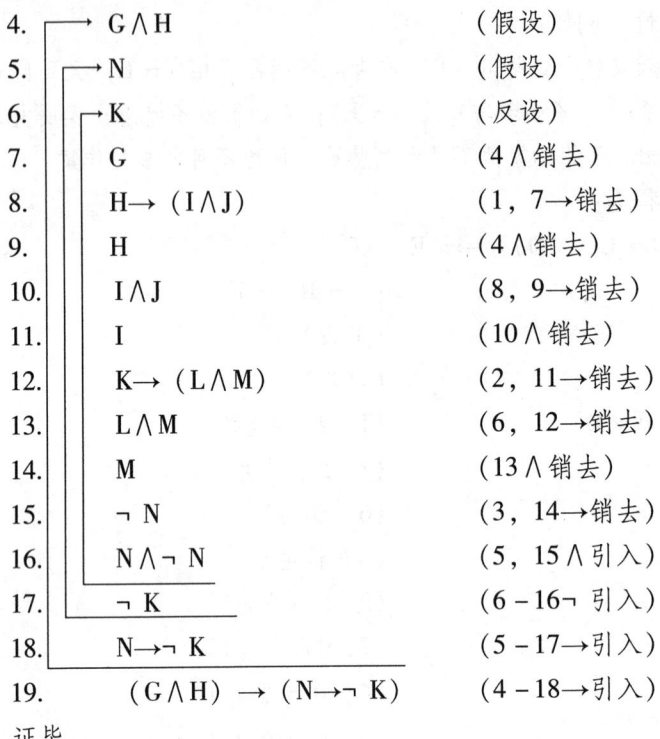

4.	G∧H	（假设）
5.	N	（假设）
6.	K	（反设）
7.	G	（4∧销去）
8.	H→（I∧J）	（1，7→销去）
9.	H	（4∧销去）
10.	I∧J	（8，9→销去）
11.	I	（10∧销去）
12.	K→（L∧M）	（2，11→销去）
13.	L∧M	（6，12→销去）
14.	M	（13∧销去）
15.	¬N	（3，14→销去）
16.	N∧¬N	（5，15∧引入）
17.	¬K	（6－16¬引入）
18.	N→¬K	（5－17→引入）
19.	（G∧H）→（N→¬K）	（4－18→引入）

证毕。

推理有效。

该推理也可以只用反证法去推演，但至少要推21步，请读者自证。

三、命题逻辑定理的证明

命题逻辑定理是不附加任何其他前提，能从自身合乎规则地推演出自身的命题公式。证明定理一般采用假设证明法和反证法。

命题公式一旦被证明为定理，就可以当作规则来使用。这样做可以使证明的过程更加简洁直观，使证明的推导能力得到加强。下列定理，本书只证3个，其余请读者自证。

定理一：　　（（p→q）∧（r→s）∧（p∨r））→（q∨s）。

证明如下：

1. ┌ （p→q）∧（r→s）∧（p∨r）　　　　　　　（假设）
2. │　p→q　　　　　　　　　　　　　　　　　　（1∧销去）
3. │　r→s　　　　　　　　　　　　　　　　　　（1∧销去）
4. │　p∨r　　　　　　　　　　　　　　　　　　（1∧销去）
5. │　¬（q∨s）　　　　　　　　　　　　　　　　（反设）
6. │┌¬q∧¬s　　　　　　　　　　　　　　　　　（5¬∨等值）
7. ││¬q　　　　　　　　　　　　　　　　　　　（6∧销去）
8. ││¬p　　　　　　　　　　　　　　　　　　　（2，7→销去）
9. ││r　　　　　　　　　　　　　　　　　　　　（4，8∨销去）
10. ││s　　　　　　　　　　　　　　　　　　　 （3，9→销去）
11. ││¬s　　　　　　　　　　　　　　　　　　　（6∧销去）
12. │└s∧¬s　　　　　　　　　　　　　　　　　　（10，11∧引入）
13. │　q∨s　　　　　　　　　　　　　　　　　　（5－12¬销去）
14. 　（（p→q）∧（r→s）∧（p∨r））→（q∨s）　（1－13→引入）

证毕。

定理二：　（p→q）↔（¬p∨q）。

证明如下：

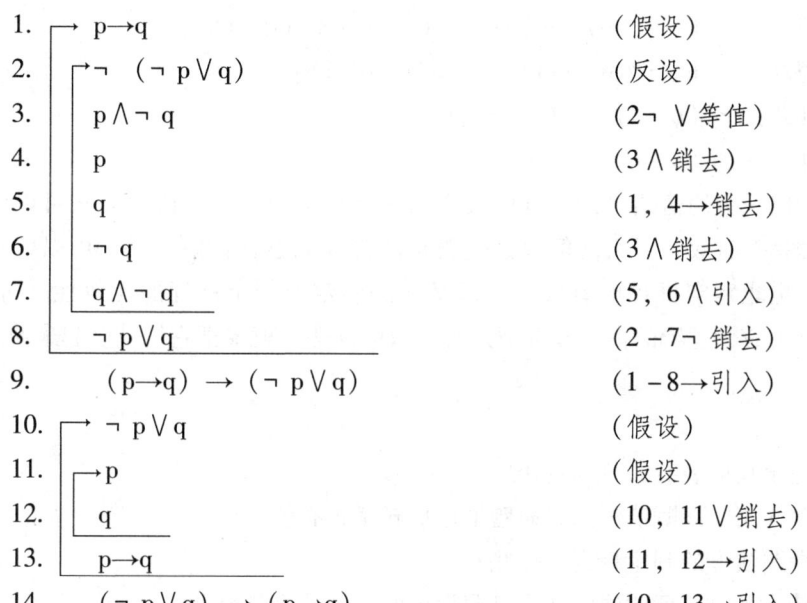

1. ┌ p→q　　　　　　　　　　　　　　　　　　（假设）
2. │┌¬（¬p∨q）　　　　　　　　　　　　　　　（反设）
3. ││p∧¬q　　　　　　　　　　　　　　　　　（2¬∨等值）
4. ││p　　　　　　　　　　　　　　　　　　　　（3∧销去）
5. ││q　　　　　　　　　　　　　　　　　　　　（1，4→销去）
6. ││¬q　　　　　　　　　　　　　　　　　　　（3∧销去）
7. │└q∧¬q　　　　　　　　　　　　　　　　　　（5，6∧引入）
8. │　¬p∨q　　　　　　　　　　　　　　　　　　（2－7¬销去）
9. 　（p→q）→（¬p∨q）　　　　　　　　　　　　（1－8→引入）
10. ┌¬p∨q　　　　　　　　　　　　　　　　　　（假设）
11. │┌→p　　　　　　　　　　　　　　　　　　　（假设）
12. ││q　　　　　　　　　　　　　　　　　　　　（10，11∨销去）
13. │└p→q　　　　　　　　　　　　　　　　　　（11，12→引入）
14. 　（¬p∨q）→（p→q）　　　　　　　　　　　　（10－13→引入）

15.　　（p→q）↔（¬p∨q）　　　　　　　　　（9，14↔引入）

证毕。

定理三：　　（p→q）∨（¬p→q）。

证明如下：

1.　┌─ ¬（（p→q）∨（¬p→q））　　　（反设）
2.　│　¬（p→q）∧¬（¬p→q）　　　（1¬∨等值）
3.　│　¬（p→q）　　　　　　　　　　（2∧销去）
4.　│　¬（¬p→q）　　　　　　　　　（2∧销去）
5.　│　p∧¬q　　　　　　　　　　　　（3¬→等值）
6.　│　¬p∧¬q　　　　　　　　　　　（4¬→等值）
7.　│　p　　　　　　　　　　　　　　（5∧销去）
8.　│　¬p　　　　　　　　　　　　　（6∧销去）
9.　└─ p∧¬p　　　　　　　　　　　　（7，8∧引入）
10.　　（p→q）∨（¬p→q）　　　　　　（1-9¬销去）

证毕。

定理四：　　（p→（q→p）。
定理五：　　（p→（q→r））→（（p→q）→（p→r））。
定理六：　　（（p→q）∧（r→s）∧（¬q∨¬s））→（¬p∨¬r）。
定理七：　　（（p∧q）→r）→（（p→r）∨（q→r））。
定理八：　　（（p∧q）→r）→（p→（q→r））。
定理九：　　（p→q）∨（p→¬q）。
定理十：　　（p→q）∨（q→r）。

　　本章用三节的篇幅讨论了真值表方法和自然演绎法。真值表方法可以判定命题推理是否有效，但无法解决命题逻辑的推导问题；自然演绎法可以解决推导问题，也能判定推理的有效性，但又无法确定地判定推理的无效性。所以，要同时解决命题逻辑的推导和推理是否有效的问题，就要把它们结合起来使用。

思考题

1. 完全真值表有哪些判定作用？
2. 怎样用归谬赋值法判定命题推理形式是否有效？
3. 命题演算的判定规则有哪些？
4. 什么是直接证明法？什么是假设证明法？什么是反证法？

5. 假设证明法与反证法主要有哪些区别？

练习题

一、列出下列命题公式的完全真值表，并指出它们是重言式、可真式还是矛盾式

1. ﹁p→（p→q）

2. q∧（p∨﹁p）

3. p∧（q∧﹁q）

4. ﹁（p∧q）→（r∨﹁q）

5. （（p∧q）→r）→（p→（q→r））

二、写出下列命题语句的形式，并用完全真值表判定它们之间的逻辑关系

1. p不是本案罪犯，并且q没有参与作案。

2. 并非如果p不是本案罪犯，那么q参与了作案。

3. 只有q没有参与作案，p才不是本案罪犯。

4. "p是本案罪犯，或者q没有参与作案"是错误的。

三、用归谬赋值方法判定以下公式是否为重言式

1. （（p→q）∧（r→q）∧（p∨r））→q

2. （（p→（q∨r））∧﹁q）→（r→p）

3. （（p→q）∧（r→s）∧（q∨r））→（p∨s）

4. （（p∨（q∧r））∧（r→（s∨t））∧（﹁s∧﹁t））→（（p→s）∨﹁r）

四、用真值树方法判定以下公式哪些是重言式，哪些是矛盾式

1. （p∨q∨r）∧（（p∧﹁q）→r）∧﹁（q∨r）

2. （p∨q）∧（（p∧﹁r）→（s∧﹁t））∧（﹁r∧t）∧﹁q

3. （（p∧q）→r）→（（p→r）∨（q→r））

4. （（p→q）∧（q→r））→（p→r）

5. （（p→q）∧（r→s））→（（p∨r）→（q∧s））

五、分别用归谬赋值法和真值树法判定以下推理形式是否有效

1. 假如A和B两人都有作案动机，则C和D两人中至少有一人是嫌疑犯；并非如果B有作案动机，则C是嫌疑犯。可见，如果D不是嫌疑犯，那么A也没有作案动机。

2. 如果A是罪犯，则B或C是预谋者；事实证明，B不是预谋者。所以，如果 C 是预谋者，则 A 是罪犯。

3. 如果甲球队在这次比赛中输了（A），则会撤换该球队的教练（B）；如果甲球队没有输，并且战胜了乙球队（C），那么乙球队只能得第二名（D）；然而甲球队没有输，并且乙球队得了第二名。所以，甲球队没有撤换教练。

4. 主犯或者是张三（A），或者是李四（B）；如果王五也参与了作案（C），那么主犯绝不会是张三。因此，如果李四不是主犯，那么王五就不会参与作案。

六、用直接证明法解答下列各题

（一）请证明下列推理形式的有效性

1. 如果本案得不到公正判决（E），那么不需要寻找新的证据（F）；如果不需要寻找新的证据，那么本案无需重新调查（G）；如果本案无需重新调查，那么不会牵连某知名人物（H）；而某知名人物受到了牵连。所以，本案会得到公正判决，并且本案需要重新调查。

2. 如果那本书写得很好（A），那么若我阅读它（B）我就会喜欢它（C）；如果我喜欢它，那么，或者我会保存它（D）或者会把它借给朋友（E）；那本书确实写得很好，并且我读了它但没有保存它。所以我把它借给了朋友。

（二）推出下列议论中包含的逻辑矛盾

1. A 是罪犯或者 B 和 C 是同案犯；如果 A 是罪犯并且 D 不是罪犯，那么 E 说真话并且 F 没有说真话；D 不是罪犯并且 F 说了真话；B 不是同案犯。

2. A 和 B 二人中至少有一人是作案者；如果 B 不是作案者，那么 A 也不是作案者；当且仅当 B 是作案者，A 才是作案者；A 不是作案者。

七、用假设证明法或反证法证明下列推理形式的有效性

1. 联络中断了（A）或者老张（B）和老王（C）得到了警报；如果联络中断并且没有叛徒告密（D），那么联络站已经安全转移（E）并且不会有人被逮捕（F）。因此，如果没有叛徒告密并且有人被逮捕了，那么老张得到过警报。

2. 如果 K 提供了假证，那么如果 L 是罪犯，则 M 不是作案者；如果 M 不是作案者，那么 N 和 O 都有作案嫌疑。所以，K 没有提供假证，或者若 L 是罪犯则 O 有作案嫌疑。

3. 如果 A 是罪犯，那么 B 或 C 是同案犯；如果 B 或者 D 是同案犯，那么 E 的证词是真实的。D 是同案犯或者 A 是罪犯。因此，E 的证词是真实的或者 C 是同案犯。

4. 甲出国考察（A）或者乙出国考察（B）；如果乙出国考察，那么无论他带翻译（C）或不带翻译，则都要丙陪同出国（D）。因此，如果甲不出国考察，

那么丙将出国。

5. 当代商城本年度的模范职工可享受 15 天的年底休假（B），或者可获得董事会的特别奖金（C）；如果有模范职工放弃享受 15 天年底休假，则可获得董事会超常补贴（D）；但董事会又规定，特别奖金和超常补贴二者不能同时享受。因此，事实上当代商城的模范职工不能放弃享受 15 天年底休假。

6. A 和 B 不可能都获得奖学金，如果 C 不能获得奖学金，那么比 C 学习好的 B 就能获得奖学金；如果 C 和 D 二人至少有一人能获得奖学金的话，那么 E 就不能获得奖学金；或者 E 能获得奖学金，或者 A 不能获得奖学金。所以，A 不能获得奖学金。

八、证明下列推理形式的有效性

（一）1. （¬ M∧N）→（O∧P）

2. ¬ M→（O→Q）

3. M∨（Q→R）

4. ¬ M∧N ∴ ¬ R→¬ S

（二）1. （¬ L∨¬ M）→N

2. O→（¬ P∧Q） ∴ （¬ L→N）∧（O→Q）

（三）1. （G→H）∧（I→J）

2. （H∨J）→（（K→（K∨L））→G） ∴ I→H

（四）1. F→（G∧H）

2. （G∨I）→J

3. I∨F ∴ J

（五）1. （A∨B）→¬ C

2. D→（¬ F∧¬ G） ∴ （A∨D）→¬ （C∧F）

（六）1. F→¬ （Z∧Y）

2. ¬ （G∨Z）→¬ H

3. ¬ （F∧H）∨Y ∴ F→（H→G）

（七）1. A→B

2. （A∧B）→（C∨D）

3. （C∨D）→¬ I

4. （A→¬ I）→F ∴ F

（八）1. （A∧B）→C

2. （A→C）→D

　　　　　3. ¬ B∨E　　　　　　　　/∴ B→ （D∧E）

九、运用自然演绎法解答下列问题

　　1. 某保密机关发生了失密案件，侦查机关掌握了如下事实：①失密人或是甲（A）或是乙（B）；②如果甲失密，那么失密时间不会在当天零点之前（¬ C）；③零点时保密室灯灭了（D），但甲此时尚未回家（E）；④若乙证词真实（F），则失密时间在当天零点之前；⑤只有零点时保密室灯光未灭，乙的证词才不真实。

　　请问：谁是失密者？

　　2. 某办公室发生一起凶杀案。公安机关掌握了以下情况：①如果E在现场，那么A和C不可能都不在现场；②如果B不在现场，那么A也不可能在现场；③或者C不在现场，或者B在现场；④除非E在现场，D才在现场；⑤D在现场。

　　请问：公安机关根据上述情况能得出什么结论？

　　3. 在案情分析会上，侦查员介绍了如下情况：①甲（A）或者乙（B）杀害了丙；②如果甲杀害了丙，那么作案地点不会在办公室（C）；③如果秘书证词真实（D），则办公室里有枪声（E）；④只有作案地点在办公室，秘书的证词才不真实；⑤甲会使用手枪（F）。根据这些问题，刑警队长作出推断：如果办公室里无枪声，那么凶手必定是乙而不是甲。

　　请问：刑警队长的推理是否有效？

　　4. 某刑警队长要从A、B、C、D、E五名刑警中选三人参加侦破一起凶杀案，人选要符合下列条件：①如果B不参加，那么C参加但A不参加；②如果D参加，那么E也要参加；③A和D至少有一人参加；④E和C二人不能同时参加；⑤只有E参加而A不参加时，B才能参加。

　　请问：侦破这起案件，哪三个人参加？哪两个人不参加？

　　5. 某案涉嫌A、B、C三人，并查明了如下情况：①A、B、C三人中至少有一人是罪犯；②如果A是罪犯并且B不是罪犯，那么C是罪犯。

　　请问：三人之中，哪两个人至少有一个是罪犯？

　　6. 古代有个智者犯了死罪，国王在执行他的死刑时留给他一个机会，希望他能运用智慧拯救自己的生命。国王对智者说："在你面前站着两个卫兵，他们手中各端着一瓶外观完全一样的酒。其中一瓶是美酒，一瓶是毒酒。两个卫兵互相知道对方的底细，并且有问必答，只是其中一人只说真话，另一人只说假话。外人不知道他们谁说真话，谁说假话。现在只允许你问其中的一个卫兵一个问题，然后根据得到的回答判定哪瓶是美酒，并且把它喝下去。如果你判断错了，那么就执行你的死刑；如果你判断对了，那么你就自由了。"智者思索片刻，问了一个士兵一个问题，然后根据得到的回答将一瓶酒一饮而尽，他喝的果然是美酒！

　　请问：智者的问题是什么？他是如何根据所得的回答推断出哪瓶酒是美酒的？

第五章

传统谓词逻辑

前几章讨论的命题逻辑，是把复合命题的形式结构及其规律作为自己的研究对象，在研究复合命题时，命题逻辑讨论的是完整的简单命题与简单命题之间的逻辑关系，简单命题作为最小单位，不再被分解，并在此基础上，构造了命题逻辑的推演系统。但命题逻辑的这种分析方法存在着很大的局限性。例如：

（1）所有事物与所有事物是互相联系的。

（2）有些事物与有些事物是互相联系的。

（3）所有教师的品德是高尚的。

（4）有些教师的品德是高尚的。

对于这四个完全不同的简单命题，命题逻辑无法表明它们在形式结构上的区别。不仅如此，对一些显而易见的有效性推理，用命题逻辑的分析方法则根本无法判定其有效性。例如下面的推理：

（1）所有的人都不是神，领袖是人，所以领袖不是神。

（2）所有探险家是无所畏惧的人，所以有些无所畏惧的人是探险家。

以上两个推理都是由简单命题构成的推理，按照命题逻辑的符号化方法，第一个推理可以符号化为：$(A \wedge B) \rightarrow C$，第二个推理可以符号化为：$A \rightarrow B$，这两个公式都不是重言式，所以在命题逻辑中，都不是有效的推理形式。而实际情况是，这是两个完全正确的推理。为什么有效推理运用命题逻辑的分析方法处理后成为无效推理了呢？这是因为，该推理形式的有效性不是依赖于简单命题与简单命题之间的逻辑关系，而是依赖于简单命题内部的逻辑结构——即词项间的结构。为此，有必要提供一种专门研究简单命题内部结构的逻辑理论，为由简单命题构成的推理形式的有效性提供判定方法，这便是谓词逻辑。

最早的谓词逻辑由古希腊逻辑学家亚里士多德创立，它是研究简单命题中性质命题的一种逻辑理论，这种谓词逻辑以分析词项及词项间的逻辑关系为基础，所以叫传统谓词逻辑，现代称之为现代谓词逻辑。现代谓词逻辑我们将在第六章予以介绍，本章专门讨论传统谓词逻辑。应该说，亚里士多德关于传统谓词逻辑的这部分成果，对我们分析日常思维中的概念、命题和推理，是相当简便和实用的。

第一节　词　项

词项就是绪论中所讲的概念。当概念在简单命题中成为简单命题的组成部分时，谓词逻辑称概念为词项。称其概念，是强调它的认识论意义；称其词项，则强调它的结构意义。从逻辑角度对词项作进一步的研究，是学习谓词逻辑的必要准备。

一、词项及其内涵和外延

词项是指称思维对象的语词。词和词组合称为语词，语词是语言的最小单位，分为实词和虚词两种。一个语词如果指称了某一思维对象本身，或者指称了思维对象具有的状态、特点、关系、范围等性质，表达了某种思想，那么，该语词就是词项。如"地球""亚里士多德"等语词，指称了思维对象自身；"走""跳"等语词指称了思维对象的状态；"谦逊""高尚"等语词指称了思维对象的属性；"大于""轻于"等语词指称了思维对象的关系；如此等等。这些语词都是词项。语词和词项的关系是：所有词项都是语词，但语词不一定是词项。语词在现实思维中有两种意义：一是语法意义，二是指称表达意义。语法意义是说，所有的语词都可以充当句子中某一特定的句法成分；指称表达意义是说，有些语词还要通过指称思维对象本身及其相关属性，来表达人们的思想内容和认识结果。一般来说，只有语法意义并无指称表达意义的语词是虚词，由于虚词和思想无关，一般情况下，虚词不表达概念（词项），但逻辑词项除外。而既有语法意义又有指称表达意义的语词是实词。所以，所有的实词都表达概念（词项）。

任何词项都具有内涵和外延两个方面的逻辑特征。

词项的内涵是词项所指称的思维对象的本质属性。如"法人"这个词项的内涵是："具有民事权利能力和民事行为能力，依法独立享有民事权利和承担民事义务的组织"。该内涵就是对"法人"这个词项指称的对象本质属性的认识和反映。

思维对象本身具有这样或那样的属性。属性都是对象的属性，对象都是有属性的对象，其中，有些属性是本质属性，有些属性是非本质属性。本质属性是思维对象一种质的规定性，它能够决定一对象为其自身并和其他对象区别开来，如"能进行交换的劳动产品"是商品的本质属性，该属性能决定商品之所以是商品并与其他的物品区别开来。而形状、大小、颜色、性能等属性也都是商品具有的属性，但都是非本质属性。

事物的本质属性一旦被人们所认识并反映在头脑中通过语言贮存起来，就形成词项的内涵。对象的本质属性是客观存在的，不以人的意志为转移。而词项的内涵不再是对象本质属性，而是通过大脑的加工，撇开对象的非本质属性而获得的关于对象本质属性的思想，内涵完全是主观的。

值得注意的是，对思维对象本质属性的区分总是相对的，相对一个对象是本质属性的，相对另一个对象可能是非本质属性。本质属性可以由一个属性构成，也可以由几个属性构成，因此，形成内涵的属性可多可少。如"过失犯罪"这个词项的内涵由"明知自己的行为会发生危害社会的结果""因为疏忽大意没有预见"和"已预见而轻信能够避免"三个属性组成。

外延是一个词项所指称的对象范围，也就是具有词项所指称的本质属性的一切对象。如"基础科学"的外延是指数学、物理学、化学、天文学、地理学、生物学，"商品"的外延就是指具有"商品"本质属性的一切对象。

词项的外延有多有少，有大有小，有些词项的外延是一个单独对象，如"黄河""邓小平"等。有些词项指称两个或更多的对象，如"太阳系行星""人""自然数"等。还有一些词项的外延是空类，即人们想象中的对象，如"燃素""摇钱树"等。传统谓词逻辑在研究词项时，只研究客观存在的事物类，而不研究空类。

二、词项的种类

（一）根据词项所指称的对象是一个还是一类，可将词项分为单独词项和普遍词项

单独词项是指称特定对象的词项，单独词项的外延是一个对象。例如，"中华人民共和国""世界上最高峰""南沙群岛"等。专有名词、人物代词单数、指示代词单数、摹状词都充当单独词项。

普遍词项是指称一类对象的词项，它的外延由若干对象组成一个类，其中的每一个对象称为类分子。例如，"高级人民法院""昆虫""能被 2 整除的数""宽广""美丽"等。普遍词项由普遍名词、动词、形容词等表达。

（二）根据词项所指称的对象是否为一集合体，词项可以分为集合词项和非集合词项

理解集合体和类的区别，是理解集合词项和非集合词项的关键。

集合体是许多对象或单位集聚在一起所形成的不可分割的整体，组成该整体的每一个对象或单位叫作个体。例如，"森林"的外延是一个集合体，它由这棵或那棵具体的树组成；"人民"的外延是一个集合体，它由一个个确定的人组成。集合体的属性只为集合体本身所具有，构成集合体的个体并无集合体的属性。这棵或那棵树并无森林的属性，张三、李四也不具有人民的属性。相反，事物类中同样存在着若干个对象，组成类的每一个对象叫作类分子。例如，"树"的外延是一个类，它由许多不同的具体树组成；"人"的外延是一个类，它由许多确定的人组成。但组成类的每一个类分子必然具有类的属性。这棵或那棵树必然具有"树"的属性；张三、李四也具有"人"的属性。这就是集合体和类的主要区别。

集合词项的外延指称的是一个特定的集合体，如舰队、群岛、犯罪集团等词项外延是一个集合体，所以是一个集合词项。

非集合词项外延指称的是一个事物类，如军人、动物、小鸟等。

集合词项和非集合词项的区别在于：①从外延上看，集合词项的外延是作为整体的集合体，而不是组成集合体的个体；非集合词项的外延是一个类。②从内涵上看，集合词项反映的是集合体才具有的属性，而不是组成集合体的个体所具有的属性；非集合词项的内涵既反映类的属性，也反映类分子的属性。例如：

工会组织既要维护工人阶级的整体利益，也应当维护职工个人的合法权益。该例中"工人阶级"是集合词项，因为若干个具体工人组成工人阶级，但不论是谁，也没有工人阶级的属性；"职工"是非集合词项，因为若干个具体工人组成"职工"，但每个工人都有职工的属性。

要准确区分集合词项和非集合词项，还必须分析词项所处的语境，同一个词项，在一个语境中表达集合词项，在另一个语境中表达非集合词项。例如：

（1）群众享有广泛的民主和自由。

（2）群众是真正的英雄，而我们自己往往是幼稚可笑的。

例（1）中"群众"是非集合词项，例（2）中群众是集合词项。

（三）根据词项所指称的对象是否具有某种属性，可以把词项分为正词项和负词项

正词项是指称思维对象具有某种属性的词项。如金属、导电、正义战争、有核国家等。

负词项是指称思维对象不具有某种属性的词项。如非金属、不导电、非正义战争、无核国家等。负词项是在正词项前加上否定词形成的，负词项一般是相对于"某一范围"而言的，负词项所相对的那个特定的范围，称作负词项的论域。

三、词项外延间的关系

词项间的关系是指两个或两个以上不同词项外延方面的逻辑关系。词项的外延是词项所指称的对象，因而，几个不同词项外延间的关系，就是这几个词项指称的对象与对象之间的关系，即几个对象类中有无相同对象或相同对象有多少的关系。为了表明词项间的这种关系，逻辑学中用圆圈图来表示一个词项的全部外延。这种用圆圈图表示词项外延的图解法，因系18世纪瑞士数学家欧拉所创，故称之为欧拉图。

（一）全同关系

设 S、P 表示任意两个词项，全同关系是说，词项 S 和词项 P 的外延完全相同，即 S 指称的全部对象都是 P 指称的对象，反之，词项 P 指称的全部对象都是 S 指称的对象，S 和 P 两词项外延完全重合。例如，词项"鲁迅"与"《阿Q正传》的作者"、"中华人民共和国公民"与"具有中华人民共和国国籍的人"都是全同关系的词项。全同关系词项内涵不同，外延相同。可用欧拉图表示如下：

（二）包含于关系

词项 S 指称的全部对象都包含在词项 P 的外延之中，成为其中一部分，但词项 P 指称的对象中有些是 S 的对象，有些不是 S 指称的对象，这时，称 S 的全部外延包含于 P。这种 S 和 P 之间的关系叫作包含于关系，如"杀人犯"与"罪犯"、"法学"与"社会科学"等都是包含于关系，包含于关系的欧拉图如下：

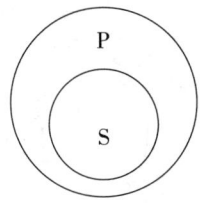

（三）包含关系

包含关系是说，词项 P 指称的全部对象都包含在 S 的外延之中，成为其中一部分，但词项 S 指称的对象中部分是 P 部分不是 P，这时，称词项 S 的外延包含 P 的外延。这种 S 和 P 之间的关系叫作包含关系，如"司法人员"与"检察员"、"自然科学"与"化学"等都是包含关系的词项，包含关系的欧拉图如下：

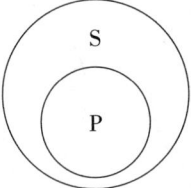

可以看出，包含于关系和包含关系是相对而言的，当词项 S 的全部外延包含于 P 时，词项 P 的外延包含 S，反之亦然。S 和 P 之间的这种关系叫作属种关系，也叫作大类与小类的关系。外延范围大的词项称为属词项，外延范围小的称为种词项，属词项的外延包含着若干种词项的外延。例如"工人"与"矿工"就是属种关系的词项，"工人"相对于"矿工"是包含关系，而"矿工"相对于"工人"是包含于关系。

另外，属词项和种词项的区分也是相对的，对一个词项是属词项，而对另一个词项则可能是种词项，反之亦然。例如"法律""民法""婚姻法"三个词项，"民法"相对于"法律"是种词项，而相对于"婚姻法"则是属词项。

（四）交叉关系

交叉关系是说，S 指称的对象中有一部分是 P 指称的对象，词项 P 指称的对象中有一部分是 S 指称的对象；同时 S 指称的对象中有些不是 P，P 指称的对象中有些不是 S。这时，S 和 P 这种外延间部分重合而又部分不重合的关系叫作交叉关系。如"教师"与"中年人"、"美国人"与"黑种人"等都是交叉关系。

交叉关系的欧拉图如下：

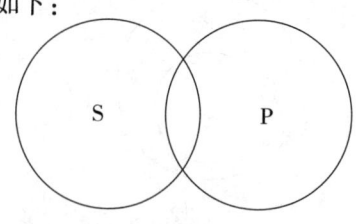

（五）全异关系

词项 S 和 P 在外延上没有任何重合的关系，即 S 指称的对象中没有一个是 P，P 指称的对象中没有一个是 S，这时 S 和 P 的关系叫作全异关系。例如"动物"与"无生命物质"、"月球"与"狮子"、"勇敢"与"三角形"等都是全异关系的词项。全异关系的欧拉图如下：

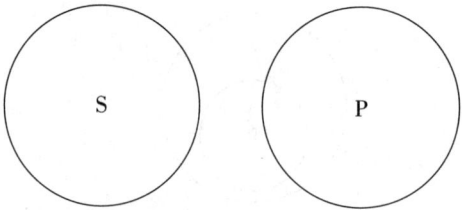

在全异关系中，还存在着两种特殊的全异关系，一种是矛盾关系，一种是反对关系。

在一个属词项 R 之中，存在着两个种词项 S 和 P，S 和 P 在外延上是全异关系，但 S 和 P 的外延之和等于属词项 R 的外延。这时，S 和 P 之间的关系叫作矛盾关系。例如，"成年人"与"未成年人"、"机动车"和"非机动车"、"故意犯罪"和"过失犯罪"等都是矛盾关系的词项。矛盾关系的欧拉图如下：

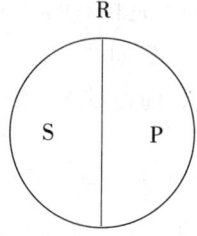

以"成年人"和"未成年人"为例，这两个词项都是"人"这个属词项中的两个种词项，并且二者的外延之和正好等于它的属词项"人"的全部外延，故为矛盾关系。

在一个属词项 R 之中，存在着 S 和 P 两个种词项，S 和 P 在外延上是全异关系，但 S 和 P 的外延之和小于属词项 R 的外延，这时 S 和 P 之间的关系叫作反对关系。例如，"青年人"和"老年人"、"植物"和"动物"、"婚生子女"和"非婚生子女"等都是反对关系的词项。反对关系的欧拉图如下：

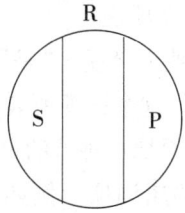

以"婚生子女"和"非婚生子女"两个词项为例，尽管这两个词项一个是正词项，一个是负词项，但两者之间不是矛盾关系而是反对关系。因为"婚生子女"和"非婚生子女"都是"子女"这个属词项之下的种词项，两者外延之和小于属词项"子女"的外延，在"婚生子女"和"非婚生子女"的外延之外，还存在着"养子女"。一般来说，在一个属词项之下，如果存在着三个以上的种词项时，则其中的两个之间必为反对关系。请注意矛盾关系和反对关系的异同。

以上主要研究的是两个词项外延间的关系，如果遇到两个以上词项外延间的关系，则仍然以对两个词项外延关系的分析为基础进行，只是图形表示略为复杂而已。

四、明确词项的逻辑方法

明确词项就是明确词项的内涵和外延。定义和划分就是明确词项的内涵和外延的逻辑方法。

（一）定义

定义是揭示词项内涵的逻辑方法。因为内涵是反映在词项中的思维对象的本质属性，那么，定义就是用精练、简洁的语言把反映在词项中的思维对象的本质属性陈述、表达出来。例如：

（1）结婚就是男女双方自愿依照法律规定的条件和程序确立夫妻关系的行为。

（2）华侨就是定居在国外的中国公民。

（3）正方形就是四边相等，四角均为直角的四边形。

以上三例分别指出了"结婚""华侨""正方形"这三个词项反映的对象所具有的本质属性，即揭示了这三个词项的内涵，因而都属于定义。

任何一个定义都是由被定义项、定义项和定义联项三部分组成的，用 Ds 表示被定义项，Dp 表示定义项，表示全同关系的"是"表示定义联项，定义可用公式表示为："Ds 是 Dp"，其中含义将被揭示的词项叫作被定义项，揭示词项内涵的项叫作定义项，"是"是定义联项。

以例（2）来说，"华侨"是被定义项，"是"是定义联项，"定居在国外的中国公民"是定义项，即"华侨"这个词项所表示对象的本质属性。

给一个词项下定义，通常用的是属加种差的定义方法，该方法有以下三步：

第一，指出被定义词项邻近的属词项。例如"汞"这个词项邻近的属词项是"金属元素"。

第二，寻找该属词项下被定义词项与其他词项在本质属性上的根本差别——种差。例如，"金属元素"作为属词项，其中包含许多种词项，"汞"作为一种金属元素和其他金属元素的差别是"原子序数为80，易流动，银白色"。

第三，将种差和属词项联结起来构成定义项，并用定义联项将被定义项和定义项联结起来，于是，就构成了一个定义：

　　　　汞是原子序数为80，易流动的银白色金属元素。

给一个词项下定义，首先必须具备关于被定义词项的有关知识，而这是逻辑学不解决、也无法解决的问题，逻辑学主要研究的是下定义的规则：

1. 定义项和被定义项须是全同关系。违反这条规则的逻辑错误有：①定义过宽：指定义项外延大于被定义项外延。如"企业就是独立核算的经济单位"。②定义过窄：指定义项外延小于被定义项的外延。如"侵犯财产罪就是使用非法手段将公私财物据为己有的犯罪行为"。

2. 定义项不能直接或间接地包含被定义项。违反这条规则所犯的逻辑错误有：①同语反复，如果被定义项直接出现在定义项中，叫作同语反复。如"残疾人就是身体有残疾的人"。②循环定义：被定义项间接出现在定义项中，叫作循环定义。如"直系亲属就是旁系亲属以外的亲属，旁系亲属是直系亲属以外的亲属"。

3. 定义必须用精确的科学语词。违反该规则所犯的逻辑错误有：①含糊定义：指定义项包含着晦涩难懂的语词。如"生命就是内在关系对外在关系的不断适应"。②以比喻代定义。比喻只能对思维对象进行形象的描绘，并不揭示思维对象的本质属性，因而所有比喻都不是定义。如"建筑是凝固的音乐""青年是早晨八九点钟的太阳"等。

（二）划分

划分是明确词项外延的逻辑方法。这里有两种情形：一种是如果词项外延所指称的对象是一个或者数个对象，可以通过列举以明确外延。例如"中国的直辖市"，该词项外延中只有四个对象，我们完全可以将其列举以明确外延。另一种是词项的外延所指称的对象是一个类，我们可以根据某一属性对该类进行划分以明确外延。一般逻辑中划分专指第二种情形。所以，划分是将一个属词项分为若干个种词项的逻辑方法。如"危险物品"这个词项，根据物品的危险性质，划分为："易爆性物品""易燃性物品""毒害性物品""腐蚀性物品""放射性物品"五种。根据"角"的大小将"三角形"划分为："锐角三角形""直角三角形""钝角三角形"。

划分由划分的母项、子项以及划分的标准三部分组成。将要划分的属词项叫作母项，划分后产生的种词项叫作子项，划分时所依据的事物的属性叫作划分的标准。

划分分为一次划分和连续划分两种：将一个属词项直接分为若干个种词项叫作一次划分；将一次划分后所得子项再作为母项进行划分叫作连续划分。如将"刑罚"分为"主刑"和"附加刑"是一次划分，然后再将"主刑"分为"管制""拘役""有期徒刑""无期徒刑""死刑"；将"附加刑"分为"罚金""没收财产""剥夺政治权利"，这就是连续划分。

必须注意划分与分解的区别：划分所得子项应包含于母项，必须具备母项的属性，母项与子项间是属种关系。分解所得部分不是包含于整体，不必具备整体的属性。如将"树"分为"根、茎、叶、花、果"，这是分解，不是划分。

对词项进行划分须遵守以下规则：

1. 划分后子项的外延之和应该等于母项外延。违反该规则所犯的错误有：①划分过宽：指子项的外延之和大于母项的外延。如"地方各级人民法院分为高级人民法院、中级人民法院、基层人民法院和人民调解委员会"。②划分过窄：指子项的外延之和小于母项的外延。如"著作权可分为发表权、署名权、修改权和保护作品完整权"。该例对著作权的划分中，漏掉了"使用权"和"获得报酬权"两个子项，犯了划分过窄的逻辑错误。

2. 每一次划分必须坚持同一标准。同一个母项按照不同的标准可以划分为不同的种词项。如"法律"这个词项，按照它的内容可分为"实体法"和"程序法"；按照它的适用范围可以分为"国内法"和"国际法"；按照它的文字形式可以分为"成文法"和"不成文法"；等等。所以，每次划分只能按照一个标准进行，否则会犯"多标准划分"的错误。如将"人"分为"成年人""中国人""亚洲人""残疾人""老年人"。这样混乱不堪的划分，就是多标准划分。

3. 划分以后的各个子项之间应是全异关系。违反该规则的逻辑错误叫作"子项相容"。如根据爱好将"人"分为"爱好体育的人""爱好美术的人""爱好音乐和舞蹈的人"。其中，子项之间就是相容的。

（三）词项的限制和概括

具有属种关系的词项之间，其内涵和外延间存在着一种规律性的反变关系。一个词项的外延愈大，则其内涵愈少；反之，一个词项的外延愈小，则其内涵愈多。如"灯""日光灯""40瓦日光灯"三个词项，其内涵逐渐增加，而外延则逐渐减少。反之亦然。由于属种关系的词项之间反变关系具有必然性，我们借增减内涵以缩小或扩大词项的外延，从而准确使用词项。这种关于词项的运算，分别称为限制和概括。

1. 限制。词项的限制就是增加词项的内涵，以缩小词项的外延，即由属词项推演到种词项的逻辑方法。例如：

（1）科学→社会科学→法学

（2）经济→市场经济→社会主义市场经济

值得注意的是，对一个词项的限制表现为增加限制词，以达到增加内涵减少外延的目的。但并非增加限制词都是词项的限制。例如：

（1）鱼→用鳃呼吸的鱼

（2）生物→动物→熊猫

例（1）虽增加了限制词，但词项外延没有缩小，所以不是限制。例（2）虽无限制词，却是从属词项到种词项的推演，内涵增加而外延缩小，所以是限制。

通过限制，可以使词项指称的对象更加具体，从而达到明确词项的目的。例如，1978年《宪法》第52条规定，"国家对于从事科学、教育、文学、艺术、新闻、出版、卫生、体育等文化事业的公民的创造性工作，给予鼓励和帮助"。1982年修改《宪法》时，把"创造性工作"限制为"有益于人民的创造性工作"。这样修改后，内容的表述更加具体、准确。

2. 概括。词项的概括就是减少词项的内涵以扩大词项外延，即由种词项推演到属词项的逻辑方法。例如：

（1）故意杀人罪→杀人罪→侵犯人身权利罪

（2）人→动物→生物

以上各例都是由种词项向属词项过渡，通过减少内涵，增加外延的方法来实现概括的。概括法在现实思维中也有作用，例如，"四人帮"迫害知识分子，将知识分子视为异己和专政对象，邓小平同志指出：知识分子是脑力劳动者，是劳动者。这句话就是概括。

限制和概括都是在属种关系的词项间进行的，如果词项间不具有属种关系，那么对词项的限制和概括就是错误的。

第二节　性质命题理论

一、性质命题概述

（一）性质命题的定义和组成

性质命题是陈述思维对象具有或不具有某种属性的命题。例如：

　　　所有拍马奉承的人都不是正直的人。

　　　所有被告都有辩护权。

　　　有些刑事案件的被告不是犯罪分子。

　　　西安是具有浓厚文化底蕴的城市。

性质命题由主项、谓项、量项和联项四部分组成。主项是表示思维对象的词项，上例中"拍马奉承的人""被告""西安"就是主项，逻辑中通常用 S 表示主项；谓项是表示思维对象性质的词项，上例中"正直的人""辩护权"等词项都是谓项，逻辑中通常用 P 表示谓项；量项表示主项指称的对象数量，分为全称量项和特称量项两种，分别用"所有"和"有的"表示。联项是将主谓项联结起来的词项，分为肯定联项和否定联项两种，分别用"是"和"不是"表示。性质命题的一般形式结构为：所有的（有的）S 是（不是）P。

（二）性质命题的种类

量项和联项是性质命题形式结构中的常项，代表性质命题的逻辑共性。将量项和联项结合起来，可得如下四种性质命题：

1. 全称肯定命题。其形式结构为：所有 S 都是 P，该命题陈述主项 S 中的全部分子都具有 P 的属性。如"所有团员都是青年人"。该命题形式结构简记为 SAP，逻辑中又称为 A 命题。

2. 全称否定命题。其形式结构为：所有 S 不是 P，该命题陈述主项 S 中的全部分子都不具有 P 属性。如"所有的人民团体都不是审判机关"。全称否定命题的形式结构简写为 SEP，又称为 E 命题。

3. 特称肯定命题。其形式结构为：有些 S 是 P，简写为 SIP，又称为 I 命题。该命题陈述主项 S 类中至少有一个对象具有 P 属性。如"有的被告是未成年人"。

4. 特称否定命题。其形式结构为：有些 S 不是 P，简写为 SOP，被称为 O 命题。该命题陈述主项 S 类中至少有一个对象不具有 P 属性。如"有的学生不是三好学生"。

在性质命题中，还有单称肯定命题和单称否定命题。单称肯定命题陈述了某一特定对象具有 P 属性，形式结构为：这个 S 是 P。如"孔子是春秋时期鲁国人"。

单称否定命题陈述了某一特定对象不具有 P 属性，形式结构为：这个 S 不是 P。如"比尔·盖茨不是诺贝尔奖的获得者"。由于单称命题陈述的是特定的，独一无二的对象，外延只有一个，陈述了这一个对象也就等于陈述了主项的全部对象，因此，传统谓词逻辑中，单称肯定命题被看成了全称肯定命题，单称否定命题被看成了全称否定命题。

（三）特称量词的含义

理解特称量词的含义对于准确理解性质命题是十分重要的。现实思维中，词项"有些""有的"和作为逻辑量项的"有些"，其含义相差甚远。现实思维中"有些"表达"部分是且部分不是"的意思。"有些学生是三好学生"很容易地就被人理解成："部分学生是三好学生且部分学生不是三好学生"。但在逻辑理论中，作为特称量词的"有些"包含着很大的不确定性，一方面，它确定的表明"有、存在着、至少有一个"，另一方面，它既没有说明有多少，也没有说明有哪些。当陈述"有 S 是 P"时，逻辑上只能理解为"至少有一个 S 是 P"或者"至少存在一个 S 是 P"，究竟有多少 S 是 P，它并未陈述，少可以少至一个，多可以多至全部。因此，特称量词是概括表达一切没有陈述主项全部外延的命题语言，是一个不确定的量项。

二、A、E、I、O 四种性质命题的真假情况及其图解

传统逻辑认为，A、E、I、O 四种性质命题的形式结构，表达的就是其主项 S 和谓项 P 在外延关系方面的逻辑共性。而主项 S 和谓项 P 外延关系共有以下五种：

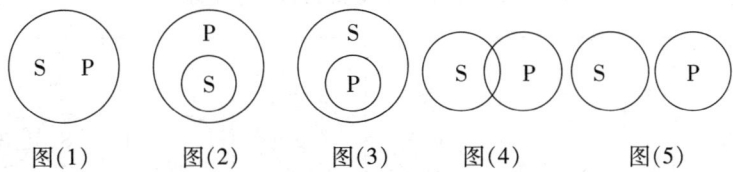

图(1)　　　图(2)　　　　图(3)　　　图(4)　　　图(5)

凡满足某种性质命题形式结构陈述方式的，就得到一个具有该性质命题形式结构的真命题，否则，就得到一个具有该性质命题形式结构的假命题，用这一原则，可以确定 A、E、I、O 各自的真假情况。

1. SAP：当 S 和 P 具有图（1）或图（2）所示的外延关系时，SAP 是真命题；当 S 和 P 具有图（3）或图（4）或图（5）所示的外延关系时，SAP 是假命题。因为 SAP 陈述的是主项 S 中的全部分子都是谓项 P 的分子。只有图（1）或图（2）才具有该含义。例如：

（1）所有法院都是审判机关。

（2）所有熊猫都是动物。

例（1）中主项和谓项之间是图（1）所示的全同关系，例（2）中主谓项之间是图（2）所示的包含于关系，它们都满足了 SAP 的陈述方式，因而都是真命题。又如：

所有的牛都是羊。

该命题主谓项之间是图（5）所示的全异关系，它不满足 SAP 的陈述方式，因而该命题是假的。

2. SEP：当主项 S 与谓项 P 具有图（5）所示的外延关系时，SEP 是真命题；当 S 和 P 具有其余四种图形所示的关系时，SEP 是假命题。因为 SEP 是说，主项 S 中没有一个分子是 P 的分子，显然，只有图（5）才满足这一陈述方式。

3. SIP：当 S 和 P 具有图（1）、图（2）、图（3）、图（4）所示的外延关系时，SIP 是真命题，当 S 和 P 具有图（5）所示的外延关系时，SIP 为假命题。因为 SIP 是说，主项 S 中至少有一个分子是谓项 P 的分子。显然，图（1）到图（4）都满足了这一陈述方式。

4. SOP：当 S 和 P 具有图（3）、图（4）、图（5）所示的外延关系时，SOP 为真命题；当 S 和 P 具有图（1）或图（2）所示的外延关系时，SOP 是假命题。因为 SOP 是说，主项 S 中至少有一个分子不具有 P 的属性。显然，图（3）到图（5）都满足了这一陈述方式。

综上所述，A、E、I、O 四种性质命题的真假情况如下表：

命题种类＼真假情况	S与P外延关系 ⊙S P	P⊃S	S⊃P	S∩P	S P
SAP	真	真	假	假	假
SEP	假	假	假	假	真
SIP	真	真	真	真	假
SOP	假	假	真	真	真

三、A、E、I、O 四种性质命题之间的对当关系

根据上表很容易看出，主谓项完全相同的 A、E、I、O 四种性质命题（又称素材的命题）之间存在着形式上的真假关系，传统逻辑将这种关系叫对当关系，可用下图表示：

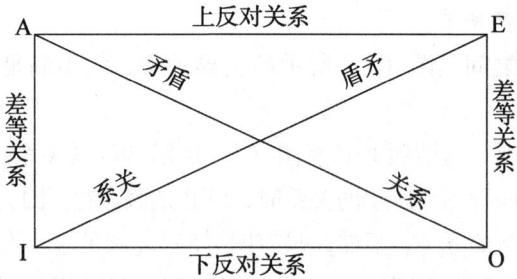

该图又称逻辑方阵，图上的每一条线段都表示一种关系。它们分别是：

（一）矛盾关系

矛盾关系是 SAP 与 SOP，SEP 和 SIP 之间不能同真也不能同假的关系。当 A 命题为真时，O 命题为假；当 A 命题为假时，O 命题为真，反之亦然。E 命题与 I 命题与此类同。例如：

　　　　所有钻石都是宝石。（A）

　　　　有的钻石不是宝石。（O）

这两个同素材的性质命题之间是矛盾关系。前一命题真，后一命题就假；

前一命题假，后一命题就真。A 与 O、E 与 I 之间永远不同值。

（二）上反对关系

即 SAP 与 SEP 之间存在的不能同真可以同假的关系。当 SAP 为真时，SEP 为假，当 SEP 为真时，SAP 为假，谓之不能同真；当 SAP 为假时，SEP 真假不定，当 SEP 为假时，SAP 真假不定，谓之可以同假。

真假不定是指在主谓项没有确定为具体词项时，命题的结构可以为真，也可以为假。例如：

　　　　所有大学生都是三好学生。（A 假）

　　　　所有大学生都不是三好学生（E 假）。

这是两个同素材具有 A 和 E 结构的性质命题，当"所有大学生都是三好学生"为假时，"所有的大学生不是三好学生"真假不定。反过来，"所有大学生都不是三好学生"为假时，"所有大学生是三好学生"也真假不定。这是形式上的真假不定。从内容上看，大学生和三好学生在外延上是交叉关系，当性质命题中 S 和 P 在外延上是交叉关系时，A 命题和 E 命题都是假命题。

（三）下反对关系

即 SIP 与 SOP 之间不能同假但可以同真的关系。当 SIP 为假时，SOP 为真，当 SOP 为假时，SIP 为真，谓之不能同假；当 SIP 为真时，SOP 真假不定，当 SOP 为真时，SIP 真假不定，谓之可以同真。

（四）差等关系

即 SAP 与 SIP、SEP 与 SOP 之间可以同真，也可以同假的关系。当 SAP 为真时，SIP 为真，当 SAP 为假时，SIP 真假不定；当 SIP 为假时，SAP 为假，当 SIP 为真时，SAP 真假不定，谓之可以同真亦可以同假。E 命题和 O 命题与此类同。

A、E、I、O 之间的对当关系，从 A、E、I、O 四种性质命题真假情况的图表中可以完全表现出来。读者可熟记上表，以便查询。

四、A、E、I、O 四种性质命题主谓项的周延性情况

周延性是指在性质命题的形式结构中，是否明确地陈述了主项或者谓项的全部外延的问题。如果在性质命题的形式结构中，明确表明了主项或谓项的全部外延，则说这个主项或者谓项在它的形式结构中是周延的。否则，如果没有明确表明主项或谓项的全部外延，即对主项或谓项外延的陈述是一个区间，是一个不确定的量，则说主项或谓项在它的形式结构中是不周延的。

下面，我们把周延性定义作为标准，衡量 A、E、I、O 主谓项的周延性情况。

1. 全称肯定命题的主项是周延的，谓项是不周延的。因为，全称肯定命题的形式结构是：所有 S 都是 P，它陈述的是主项 S 和谓项 P 在外延上的全同关系和包含于关系。在这两个图形中，明确表明了主项 S 的全部外延；但对谓项 P 外延的陈述是一个不确定的量，既可以是一个或部分 P（如包含于关系），也可以是全部 P（如全同关系）。所以，没有明确表明谓项 P 的全部外延。因此，在"所有 S 是 P"中，主项 S 是周延的，谓项 P 是不周延的。

2. 全称否定命题的主项和谓项都是周延的。因为，全称否定命题的形式结构是：所有 S 都不是 P，它陈述的是主项 S 和谓项 P 在外延上的全异关系。该图中，既明确表明了主项 S 的全部外延，又明确表明了谓项 P 的全部外延，所以，在"所有 S 不是 P"中，主项 S 是周延的，谓项 P 也是周延的。

3. 特称肯定命题的主项和谓项都是不周延的。因为，特称肯定命题的形式结构是：有些 S 是 P，它陈述主项 S 和谓项 P 在外延上的四种关系，即全同关系，包含于关系，包含关系和交叉关系。在这四个图形中，对主项 S 的陈述是一个不确定的量，即 S 少可以少到一个或部分（如包含关系和交叉关系），多可以多至全部（如全同关系和包含于关系），没有明确表明主项 S 的全部外延；四个图形中对谓项 P 的陈述同样是少可至一个（如包含于关系和交叉关系），多可至全部（如全同关系和包含关系），没有明确表明谓项 P 的全部外延。所以，在"有的 S 是 P"中，主谓项都是不周延的。

4. 特称否定命题的主项是不周延的，谓项是周延的。因为，特称否定命题的形式结构是：有些 S 不是 P，它陈述的是主项 S 和谓项 P 在外延上的包含关系，交叉关系和全异关系。在这三个图形中，对主项 S 的陈述是：S 多可至全部（全异关系），少可至一个（包含关系和交叉关系），没有明确表明 S 的全部外延；但三个图形中，都明确表明了谓项 P 的全部外延。所以，在"有些 S 不是 P"中，主项 S 是不周延的，谓项 P 是周延的。

综合以上的分析，我们将 A、E、I、O 四种性质命题主谓项周延性情况列表如下：

命题的类别	主项	谓项
A　所有 S 是 P	周延	不周延
E　所有 S 不是 P	周延	周延
I　有 S 是 P	不周延	不周延
O　有 S 不是 P	不周延	周延

周延性跟性质命题的内容无关，具体性质命题主谓项的周延性情况，要以形式结构的周延性情况为标准进行判定。也就是说，如果一个性质命题形式结构的主项周延，谓项不周延的话，那么具有该形式结构的所有性质命题的主项都是周延的，谓项都是不周延的。

第三节　直接推理

直接推理就是以一个性质命题为前提，推出一个新的性质命题的推理。直接推理包括对当关系推理和命题变形推理两种。

一、对当关系推理

对当关系推理是根据同素材的 A、E、I、O 四种性质命题之间的对当关系，由已知一个命题的真或假，推知另一个命题真或假的推理。共分为以下几种：

（一）矛盾关系推理

由于矛盾关系是同素材的性质命题间既不能同真亦不能同假的关系，因此，可以由一个命题真，推知另一个命题假；也可以由一个命题假，推知另一个命题真。形式如下：

SAP↔¬ SOP

SEP↔¬ SIP

SIP↔¬ SEP

SOP↔¬ SAP

（二）上反对关系推理

上反对关系不能同真，因此可以由一个命题真，推知另一个命题假。形式如下：

SAP→¬ SEP

SEP→¬ SAP

（三）下反对关系推理

下反对关系的命题不能同假，因此，可以由一个命题的假，推知另一个命题真。形式如下：

¬ SIP→SOP

¬ SOP→SIP

（四）差等关系推理

根据差等关系可以由全称命题真，推知特称命题真；也可以由特称命题假，推知全称命题假。形式如下：

SAP→SIP

SEP→SOP

¬ SIP→¬ SAP

¬ SOP→¬ SEP

二、命题变形推理

命题变形推理是通过改变一个性质命题的形式结构而得到一个新的性质命题的推理。由于变形推理的结论没有超出前提陈述的范围，因而，前提成立则结论也成立，前提与结论之间有蕴涵关系。命题变形推理有三种：

（一）换质法

通过改变性质命题的质，把命题中肯定的联项"是"和否定的联项"不是"互换，同时，原命题的谓项与它的负词项互换后作新命题的谓项。换质时，命题的量项不作改变。

A命题：所有 S 是 P，换质为：所有 S 不是非 P。例如，"所有的自然数都是有理数"，换质推出："所有的自然数都不是无理数"。可记为 SAP↔SEP̄。

E命题：所有 S 不是 P，换质为：所有 S 是非 P，例如，"所有爱清洁的人不是懒人"，换质推出："所有爱清洁的人是非懒人"。可记为 SEP↔SAP̄。

I命题：有 S 是 P，换质为：有 S 不是非 P。例如，"有些正当防卫是被迫的"。换质推出："有些正当防卫不是故意的"。可记为：SIP↔SOP̄。

O命题：有 S 不是 P，换质为：有 S 是非 P。例如，"有些理论是谬误"。换质推出："有些理论不是真理"。可记为：SOP↔SIP̄。

换质法实际上是将肯定（否定）命题变成一个否定（肯定）命题。P 与 ¬ P 是矛盾关系。由于换质法也可以从结论推出前提，所以，前提和结论之间是等值关系。

（二）换位法

换位法是通过调换前提中性质命题的主谓项位置而推出新的性质命题的推理。换位法不改变性质命题的质。换位法有一条规则：前提中不周延的项换位后不得周延。

下面，根据换位法的要求和规则对 A、E、I、O 进行换位。

A命题：所有 S 都是 P，换位推出：有些 P 是 S。如"所有马克思主义者都是唯物论者"，换位后推出"有些唯物论者是马克思主义者"。

为什么 A 命题换位后成 I 命题呢？因为前提中 P 作为肯定命题的谓项，是不周延的，如果换位后仍旧得 A 命题，则 P 成为全称肯定命题的主项，成为周延的，这违反了换位法的规则。所以 A 命题换位的结构为：SAP→PIS。

E 命题：所有 S 不是 P，换位后推出：所有 P 不是 S。如"马克思主义不是教条主义"，换位推出"教条主义不是马克思主义"。公式为：SEP↔PES。

I 命题：有 S 是 P，换位推出：有 P 是 S。如"有的青少年是罪犯"，换位推出："有的罪犯是青少年"。公式记为：SIP↔PIS。

O 命题不能换位。即从"有 S 不是 P"中不能必然的得到"有 P 不是 S"。因为 S 在前提中是特称命题的主项，不周延，换位后就变成了否定命题的谓项，成为周延的，这就违反了换位法的规则。如"有些植物不是树"，换位后推出"有些树不是植物"，导致了前提真而结论假。换位法中，A 命题的换位叫限量换位，E 命题和 I 命题只是简单地交换了主谓项的位置，因而叫简单换位。

（三）换质位法

对前提中一个性质命题先换质，再对换质命题进行换位；或者对一个性质命题先换位，再对换位命题进行换质，这两种过程都叫换质位法。该方法既要遵守换质法的规则，又要遵守换位法的规则。

对 A 命题可作如下换质位推理：

（1）SAP→SEP̄→P̄ES

（2）SAP→PIS→POS̄

对 E 命题可作如下换质位推理：

（1）SEP→SAP̄→P̄IS

（2）SEP→PES→PAS̄

如："人民的公仆是廉洁奉公的"换质位推出："不廉洁奉公的不是人民的公仆"。"所有犯罪行为不是合法行为"换质位推出："有些不合法行为是犯罪行为"。

值得注意的是：I 命题不能先换质、再换位，其原因和 O 命题不能换位类同。对 O 命题的换质位推理，读者可自己进行推导。

第四节 三段论推理

一、三段论推理概述

三段论推理是借助于一个共同词项，将前提中的两个性质命题联结起来，从而推出一个新的性质命题的推理。例如：

所有的有理数是实数，

所有的整数是有理数，

所以，所有的整数都是实数。

这是一个典型的三段论推理，它是借助于共同词项："有理数"，将前提中两个性质命题联结起来得出结论的。所有三段论推理都是由一般性前提推出个别结论的，体现了思维由一般到个别的演绎过程。

任何一个三段论推理都由三个性质命题组成，它们分别被称作大前提，小前提和结论。

三段论推理由大项、小项和中项三个词项组成，结论的主项叫小项，用字母 S 表示。结论的谓项叫大项，用字母 P 表示。上例中"整数""实数"就分别为该三段论推理的小项和大项。结论中没有而前提中共有的项叫中项，用字母 M 表示。上例中的"有理数"就是中项。在三段论推理的两个前提中，包含大项的性质命题叫大前提，包含小项的性质命题叫小前提，三段论推理大小前提的区分以此为标准，决不能依前提出现的前后顺序来区分。

上述三段论推理的形式结构如下：

所有 M 是 P

所有 S 是 M

所以，所有 S 是 P

可以看出，中项 M 在三段论推理中起着十分重要的桥梁作用，正是这种作用能使大小项联结起来得出结论。通过下面的学习，我们会看到，传统逻辑对三段论推理的考察，实质上是对包含在三段论推理之中的词项外延关系的考察。三段论推理理论也可以说是一种词项外延关系的理论。

二、三段论推理的公理

三段论公理，是三段论推理的依据。理解和掌握三段论公理，对理解三段论推理有效或无效是十分重要的。

　　三段论公理是：陈述了一类中全部对象具有某种属性时，一类中的每一个对象必然具有该属性；陈述了一类中全部对象没有某种属性时，一类中每一个对象必然不具有该属性。如图：

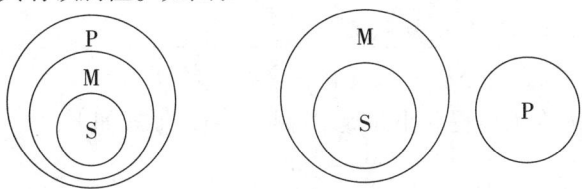

　　我们分别用 S、M、P 表示客观存在的对象类，三段论公理就是客观存在的大类与小类之间包含与被包含的关系。

　　逻辑上，可以把三段论公理用三段论推理的形式结构体现出来：

　　（1）　　所有 M 都是 P　　　　（2）　　所有 M 不是 P

　　　　　　所有 S 都是 M　　　　　　　　　所有 S 是 M

　　　　　所以，所有 S 都是 P　　　　　　所以，所有 S 不是 P

　　因为公理是不证自明的，因此，体现公理的这两个三段论推理形式都是有效的。在（1）中，借助于中项 M，我们能够必然的、唯一的确定 S 和 P 的关系，得出"所有 S 都是 P"的结论；在（2）中，同样借助于中项 M，能必然的确定 S 和 P 的外延关系，得出"所有 S 不是 P"的唯一性结论。

　　公理起的标杆作用告诉我们：有效的三段论和无效的三段论其外延关系是完全不同的，凡有效三段论其外延关系均如公理所示；凡无效三段论中其小项 S、大项 P 通过中项 M 的联结，外延关系均是不确定的。因此，三段论推理就是通过中项的媒介作用而推出结论的。它的结论是否必然、可靠、有效，关键就在于中项的媒介作用能否使小项和大项的外延关系确定下来。如果一个三段论推理能通过中项的媒介作用使大小项的外延关系确定下来，那么，就能必然地推出结论，三段论推理有效。否则，结论就不可靠，三段论推理无效。

三、三段论推理的格和式

（一）三段论的格

　　由于中项在前提中排列的位置不同而形成的三段论的不同结构称之为格。三段论共有四格：

　　第一格：中项 M 在大前提中作主项，在小前提中作谓项，形式如下：

$$M \longrightarrow P$$
$$S \longrightarrow M$$

$$S \longrightarrow P$$

第一格是三段论推理最常用、最典型、最完善的格，A、E、I、O 四种性质命题均可以从第一格中推出。例如：

> 凡无效合同都是没有法律约束力的，
>
> <u>这个合同是无效合同，</u>
>
> 所以，这个合同是没有法律约束力的。

第二格：中项 M 在大前提和小前提中都是谓项，形式如下：

$$
\begin{array}{c}
P \rule{1cm}{0.4pt} M \\
S \rule{1cm}{0.4pt} M \\
\hline
S \rule{1cm}{0.4pt} P
\end{array}
$$

例如：

> 凡作案人都要到现场，
>
> <u>某甲没有到过现场，</u>
>
> 所以，某甲不是作案人。

第三格：中项 M 在大前提和小前提中都作主项，形式如下：

$$
\begin{array}{c}
M \rule{1cm}{0.4pt} P \\
M \rule{1cm}{0.4pt} S \\
\hline
S \rule{1cm}{0.4pt} P
\end{array}
$$

例如：

> 刑法是国家的基本法律，
>
> <u>刑法是实体法，</u>
>
> 所以，有些实体法是国家的基本法律。

第四格：中项 M 在大前提中作谓项，在小前提中作主项，形式如下：

$$
\begin{array}{c}
P \rule{1cm}{0.4pt} M \\
M \rule{1cm}{0.4pt} S \\
\hline
S \rule{1cm}{0.4pt} P
\end{array}
$$

例如：

> 虐待家庭成员情节恶劣的行为是犯罪行为，
>
> <u>犯罪行为应追究刑事责任，</u>
>
> 所以，有些应追究刑事责任的是虐待家庭成员情节恶劣的行为。

（二）三段论的式

三段论的式是指 A、E、I、O 四种性质命题在三段论两前提和一结论中的不同组合。例如，大前提是 A，小前提和结论分别是 I，这就叫 AII 式。大小前提和结论都是 A，这就叫作 AAA 式。因此，把四个性质命题进行不同排列，可得到 64 个式。这 64 个式在四个格中具体化后又各不相同，所以形成了 256 个式（64×4 = 256），但是，其中只有 24 个式是有效的。

那么，判定三段论的形式结构中哪些有效、哪些无效，必须运用规则来衡量。

四、三段论推理的规则

三段论的规则，是判定一个三段论是否有效的标准，只有当一个三段论完全符合规则要求时，才能保证它在前提真的情况下，结论必然真；否则，结论就不可靠，即使前提真也不足以证明结论就真。

三段论的规则有如下七条：

1. 在一个三段论中只能有三个不同的词项。三段论是通过中项的媒介作用而使得大小项外延关系确定，从而得出必然性结论的。如果两前提中只有两个不同的词项，它们在前提中就势必重复出现，这样就不可能组合成结论命题，因而不能构成三段论推理。如果两个前提出现四个不同的词项，那就表明两个前提命题的主项和谓项都是不同的词项，这样就没有一个共同的词项起媒介作用，也无法构成三段论。

然而在实际思维中却又常常出现这样的情况：把在两个前提中出现的同一个语词表达的不同词项，混为同一个词项而构成三段论。例如：

北京的风景名胜不是一天能游览完的，

颐和园是北京的风景名胜，

所以，颐和园不是一天能够游览完的。

上例中，"北京的风景名胜"虽然在大小前提中是同一语词，但作为词项，它在大前提中表达的是集合词项，在小前提中表达的却是非集合词项，二者是全异关系，所以，整个推理犯了"四词项"的逻辑错误。

"四词项"的错误，往往涉及对概念内容的理解问题，不借助于相关知识难以判定。一般来说，如果三段论前提真实且结构表面看来有效，然而所得结论却又明显荒谬，在这种情况下，往往就隐藏了"四词项"的错误。

2. 中项在前提中至少要周延一次。三段论推理中，大项和小项的外延关系是通过中项的媒介作用来确定的。如果中项在两个前提中都不周延，那就意味着大项、小项都只和中项的一部分外延有关联，这就可能出现大项和中项的一部分外延有关联，小项也和中项的一部分外延有关联，这样，大、小项之间的关系就是不确定的，因而，不能必然地推出结论。

违反这条规则就犯了"中项不周延"的逻辑错误。例如：

> 领导干部是人民的勤务员，
>
> <u>李柱是人民的勤务员，</u>
>
> 所以，李柱是领导干部。

上例中"人民的勤务员"作为中项，在前提中两次都是肯定命题的谓项，都不周延。这个推理犯了"中项不周延"的逻辑错误。

3. 前提中不周延的词项，在结论中不得周延。这条规则是对大项和小项而言的。如果大项或小项在前提中不周延，那就是前提中只陈述了大项或小项的一部分外延，这时结论就只能陈述大项或小项的部分外延，不能任意扩大，否则，结论陈述的范围超出了前提陈述的范围，不能保证在前提真的情况下，结论必然真，这是由演绎推理的特性决定的。所以，前提中不周延的大小项，在结论中不得周延。

违反这条规则，就要犯"大项扩大"或"小项扩大"的逻辑错误。例如：

> 共产党员都应该为抗洪救灾捐款，
>
> <u>我不是共产党员，</u>
>
> 所以，我不应该为抗洪救灾捐款。

该三段论的大项"为抗洪救灾捐款"在大前提中是肯定命题的谓项，不周延，而在结论中是否定命题的谓项，已周延，这就犯了"大项扩大"的逻辑错误。又如：

> 小王不讲卫生，
>
> <u>小王是大学生，</u>
>
> 所以，所有大学生都不讲卫生。

该三段论中"大学生"作为小项，在小前提中是肯定命题的谓项，是不周延的，而在结论中成为全称命题的主项，周延了，这就犯了"小项扩大"的逻辑错误。

4. 两个否定前提不能必然地推出结论。如果三段论的两个前提都是否定的，那么，大项和小项必然同中项相排斥，这样，中项便无法起到联结大小项的媒介作用，使得大项和小项之间的关系不能确定，因而从两个否定前提不能必然地推出结论。例如：

> 凡动物都不含有纤维素
>
> <u>凡细菌都不是动物</u>
>
> 所以，凡细菌？

5. 前提中有一个否定命题，则结论必为否定命题；结论为否定命题，则前提中必有一个否定命题。如果有一个前提是否定命题，则另一个前提只能是肯定命题，因为根据规则4，两个否定的前提不能必然地推出结论，这样，在否定命题的前提中，中项与大项或小项的外延相排斥；在肯定命题的前提中，中项与大项或小项的外延相关联，因而，大项和小项之间的关系就必然是排斥的，即结论只能是否定命题。例如：

> 凡有效的经济合同必须采取书面形式，
>
> 这份经济合同没有采用书面形式，
>
> 所以，这份经济合同不是有效的。

反过来，如果结论是否定的，那么大项和小项互相排斥，因此，在前提中大项或小项之一必然同中项相排斥，因此，前提中必有一个是否定的。

6. 两个特称前提不能必然地推出结论。两个前提是特称命题，只有下列三种情况：

（1）两个特称否定命题作前提。根据规则4，两个否定前提不能必然推出结论。

（2）两个特称肯定命题作前提。因为I命题的主谓项都不周延，所以，两个前提中就没有一个周延的项，这样，中项在前提中必然两次不周延，根据规则2，不能必然的得出结论。

（3）一个特称肯定和一个特称否定命题作前提，如果要得出结论，根据规则5，结论必为否定命题，这样，作为结论谓项的大项必然周延。根据规则3，大项在前提中必须周延；又根据规则2，中项在前提中至少要周延一次。这就要求前提中至少要有两个周延的项，一个作大项，一个作中项，但I、O两个命题中只有一个周延的项，即O命题的谓项。如果该周延的项作大项，则犯"中项不周延"的错误；如果前提中唯一周延的项作中项，则犯"大项扩大"的错误。总之，以I、O作前提不能必然得出结论。例如：

> 有的犯罪嫌疑人是会外语的，
>
> 有的青年不是犯罪嫌疑人，
>
> 所以，有的青年不是会外语的。

该三段论推理犯了"大项扩大"的错误。又如：

> 有的政府官员不是妇女，
>
> 有的青年是政府官员，
>
> 所以，有的青年不是妇女。

该三段论犯了"中项不周延"的逻辑错误。

综上所述，两个特称命题作前提，不能必然地得出结论。

7. 前提中有一个特称命题则结论必为特称命题。该规则的证明与规则 6 类同，请读者自己证明。

五、三段论推理格的规则

三段论格的规则是三段论普遍规则的具体运用，用三段论格的规则判定各格的三段论是否有效，更为简便和直接。

第一格规则是：

1. 小前提必须是肯定命题。

2. 大前提必须是全称命题。

证明：如果小前提是否定命题，则结论必为否定命题，大项在结论中周延。这样，大项在大前提中也应当周延，而大项是大前提的谓项，因而大前提也必须是否定命题。但两个否定的前提不能得出结论，所以，小前提必须是肯定命题。

因为小前提是肯定命题，则作为小前提谓项的中项是不周延的，这就要求中项在大前提中必须周延。而中项是大前提的主项，所以，大前提必须是全称命题。

第二格规则是：

1. 两个前提中必有一个否定命题。

2. 大前提必须是全称命题。

证明：由于第二格中项在大小前提中都是谓项，如果两个前提都是肯定命题，那么中项在两前提中均不周延，故违反"中项至少周延一次"的规则，为了保证中项至少周延一次，须有一前提是否定命题。

由于第二格中必有一前提否定，则所获结论必为否定命题，即大项在结论中周延，因而它在大前提中也必须周延。而大项在此格作大前提主项，为了保证大项周延，故大前提必须是全称命题。

第三格规则是：

1. 小前提必须是肯定命题。

2. 结论必须是特称命题。

第四格规则是：

1. 如果前提中有一个否定命题，那么大前提必须是全称命题。

2. 如果大前提是肯定命题，那么小前提必须是全称命题。

3. 如果小前提是肯定命题，那么结论必须是特称命题。

第三格和第四格规则的证明，读者可自己练习。

以上对三段论推理的分析，仅限于分析其结构。而对日常思维中错误的三段论分析，应从内容和形式两个方面着手：既看推理的前提是否真实，又要分析其形式结构是否有效。例如：

> （1）所有被告都是罪犯，
>
> 　　某甲是被告，
>
> 　　所以，某甲是罪犯。

> （2）所有的牛是动物，
>
> 　　所有的羊是动物，
>
> 　　所以，所有的羊是牛。

这两个三段论推理都是错误的，例（1）形式有效但前提不真实。例（2）是前提真实但推理形式无效。因此，在应用中，每一个具体推理为了结论真实可靠，就必须遵守前提真实和形式有效两个条件。

六、省略三段论

在日常思维中，人们为了将思想表达得更加简练，常用省略的三段论进行推理。省略三段论就是没有明白的表示出大前提或小前提或者结论的三段论。例如：

> （1）他是一个多么高尚的人，他心里装着全体人民唯独没有他自己。
>
> （2）干一切工作都要遵守客观规律，新闻采写也要遵守客观规律。
>
> （3）因为我们是人民的审判员，而所有人民的审判员都应该实事求是。

以上推理，是分别省略了大前提，小前提或结论的三段论。这种省略，不但没有影响对三段论所要表达内容的理解，反而使它显得更加简洁有力。设想一下，如果三段论在现实思维中以完整形式出现，那么人们的语言将会变得十分的笨拙乃至可笑。

省略三段论所省略的，只是语言表达而不是它的逻辑结构，也就是说，省略三段论尽管由两个性质命题组成，但大项、小项和中项并不缺少，它所省略的部分，仍是它的必要部分，只不过没有把它在语言上表达出来而已。

省略三段论有优点，但也有缺点。一些前提虚假或形式无效的三段论经省略后，很可能使这些毛病掩盖起来，不易察觉，例如：

> 张三故意杀人，所以应判死刑。

这个三段论省略了大前提"凡故意杀人都应判死刑"。我国《刑法》第232

条规定："故意杀人的，处死刑、无期徒刑或者 10 年以上有期徒刑；情节较轻的，处 3 年以上 10 年以下有期徒刑。"因此，这个省略的大前提是不真实的，但该省略式，却掩盖了它前提的不真实性。又如：

"我们也讲利润，我们岂不成了资本家？"

该三段论省略了大前提"所有资本家是讲利润的"。恢复成完整形式如下：

所有资本家是讲利润的，

我们也讲利润，

所以，我们是资本家。

该三段论犯了"中项不周延"的逻辑错误。在省略式中这种错误却被很容易的掩盖起来了。

因此，省略三段论只有恢复成完整三段论才能检查其错误。恢复方法如下：

1. 确定省略的部分是前提还是结论。一般而言，凡在"所以""因此"等之后的性质命题都是结论。凡在"由于""因为"之后的性质命题都是前提。据此，可以确定省略的是前提还是结论。

2. 确定被省略的是大前提还是小前提。如果省略的是前提，那么除结论之外的另一个性质命题如果包含小项，则是小前提，这样可知省略者为大前提；如果包含大项则是大前提，这样可知省略者为小前提。如果省略的是结论，则运用中项的联结作用，合乎规则的推出结论即可。

3. 恢复被省略的部分，将大项、小项、中项确定后，大项和中项构成大前提，小项和中项构成小前提，大项和小项构成结论。在恢复过程中，要注意遵守三段论的规则及格的规则，如当结论是否定命题时，恢复后的三段论必有一个前提是否定的；未省略的前提是特称时，结论必为特称命题；如此等等。

例如：

（1）人非神仙，岂能无过。

（2）君自故乡来，应知故乡事。

（3）有些革命家是诗人，像毛泽东就是诗人。

例（1）省略了大前提，完整形式是：

所有神仙是无过的，

人不是神仙，

所以，人不是无过的。

按规则衡量，该推理犯有"大项扩大"的逻辑错误。

例（2）省略了大前提，完整形式是：

从故乡来的应知故乡事，

君从故乡来，_____

所以，君应知故乡事。

该三段论是第一格，形式有效。

例（3）省略了小前提，完整形式是：

毛泽东是诗人，

毛泽东是革命家，_____

所以，有些革命家是诗人。

该三段论是第三格，前提真实，形式有效，所以，该三段论推理是正确的。

思考题

1. 传统谓词逻辑中，将性质命题分为几种？

2. A、E、I、O 四种性质命题的真假情况是根据什么决定的？如何确定的？

3. A、E、I、O 四种性质命题主、谓项的周延情况是怎样的？

4. 什么是三段论推理？它有几个格？多少式？多少有效式？

5. 三段论的普遍规则与格的规则之间有什么关系？

练习题

一、选择题

1. "企业管理就是对企业进行管理"，这句话作为定义所犯的逻辑错误是（　　）。

A. 定义过宽　　B. 定义过窄　　C. 同语反复　　D. 循环定义

2. 一个性质命题主项周延，谓项不周延，该性质命题的逻辑形式是（　　）。

A. SAP　　　　B. SEP　　　　C. SIP　　　　D. SOP

3. 在差等关系推理中，由所有 S 是 P 可推出的命题是（　　）。

A. 所有 S 不是 P　　　　　　　　B. 有些 S 是 P

C. 有些 S 不是 P　　　　　　　　D. 并非有些 S 是 P

4. 以 MEP 和 SIM 为大小前提的三段论推理，其结论是（　　）。

A. SOP　　　　B. SEP　　　　C. SAP　　　　D. SIP

5. 若以"所有幽默的人都是聪明机智的"为前提，能推出下列公式所表示的哪一个命题？（　　）

A. PIS　　　　B. $\overline{P}$ES　　　　C. $\overline{P}$A$\overline{S}$　　　　D. POS

6. 已知"有 A 不是 B"为假，而"有 A 是 B"为真，则 A 相对于 B 的外延关系是(　　)。

　　A. 全同关系　　　　　　　　B. 全异关系

　　C. 交叉关系　　　　　　　　D. 包含关系

7. 张晶："李强是优秀运动员，所以，他有资格进入名人俱乐部。"

　　张军："不过，李强抽烟，他不是年轻人的好榜样，因此，李强不应该进入名人俱乐部。"

张军的论证使用了以下哪项为前提？(　　)

A. 有些优秀运动员吸烟

B. 所有吸烟者都不是年轻人的好榜样

C. 凡被名人俱乐部接纳的都是年轻人的好榜样

D. 年轻人就不应该吸烟

8. 所有聪明人都是近视眼，我近视得厉害，所以，我很聪明！

以下哪一项揭示了上述推理是明显错误的(　　)。

A. 我是个笨人，因为所有聪明的人都是近视眼，而我的视力那么好

B. 所有的猪都有四条腿，这种动物有八条腿，所以，它不是猪

C. 小陈十分高兴，所以，小陈一定长得很胖，因为高兴的人都长得很胖

D. 所有的鸡都是尖嘴的，这种总在树上待的鸟是尖嘴的，因此它是鸡

9. 有些导演留大胡子，因此，有些留大胡子的人是大嗓门。

为使上述推理成立，须补充以下哪项作为前提？(　　)

A. 有些导演是大嗓门　　　　　B. 所有大嗓门的都是导演

C. 所有导演都是大嗓门　　　　D. 有些大嗓门不是导演

10. 在中国北部有这样两个村落，赵村所有的人都是在白天祭祀祖先，李庄所有的人都是晚上礼祭祖先，我们确信没有既在白天也在晚上祭祀祖先的人。

我们已知道李明是晚上祭祀祖先的人，依据以上信息，能断定以下哪些是对李明身份的正确判断？(　　)

A. 李明是赵村的人　　　　　　B. 李明不是赵村的人

C. 李明是李庄的人　　　　　　D. 李明不是李庄的人

11. 新学年伊始，有些新生就当上校学生会干部。在奖学金评定中，所有广东籍的学生都申请了本年度的甲等奖学金，所有校学生会干部都没有申请本年度甲等奖学金。

如果上述断定是真的，以下哪项有关断定也必定是真的？(　　)

A. 所有的新生都不是广东人

B. 有<u>些</u>新生申请了本年度甲等奖学金

C. 有<u>些</u>新生不是广东人

D. 并非所有广东籍的学生都是新生

12. 世间万物中，人是第一个最可宝贵的，我是人，所以，我是世间万物中第一个最可宝贵的。

这个推理中的逻辑错误与以下哪项中出现的最为类似？（　　）

A. 作案者都有作案动机，甲有作案动机，所以，甲是作案者

B. 各级干部都要守法，我不是干部，所以我不要守法

C. 群众是真正的英雄，我是群众，所以我是真正的英雄

D. 人贵有自知之明，你没有自知之明，所以，你不是人

二、在下列各段话中，哪些语句和语词是标有横线词项的内涵和外延？

1. <u>宪法</u>是规定国家的政治制度、经济制度、国家机构以及公民权利和义务的根本大法。

2. 各民族的工人、农民、知识分子和一切爱国者都是<u>国家的主人</u>。

3. 凡具有中华人民共和国国籍依照宪法享有权利和承担义务的人，都是<u>中华人民共和国公民</u>。

4. <u>侦查</u>是指公安机关、人民检察院在办理案件过程中，依照法律程序进行的专门调查工作和有关的强制性措施。

5. <u>太阳系行星</u>是指以太阳为中心，受太阳引力支配且环绕太阳运动的行星。金星、木星、水星、火星、土星、地球等都是太阳系行星。

6. 生产资料为劳动者共同占有的形式称为<u>生产资料公有制</u>。历史上迄今有过两种生产资料公有制，即原始公社所有制和社会主义公有制。

三、指出下列标有横线的词项是什么种类的词项？

1. <u>我们班</u>获得了"三好班级"的光荣称号。

2. <u>我们班</u>都通过了英语四级考试。

3. <u>意大利足球队</u>战胜了巴西队。

4. <u>非机动车</u>不得在高速公路上行驶。

5. <u>西安事变</u>的和平解决与国共两党的共同努力分不开。

6. <u>陪审团</u>认为张君是有罪的。

7. <u>不丹人</u>是<u>非欧洲人</u>。

8. <u>群众</u>依法享有民主权利和自由权利。

四、指出下列词项外延间的关系，并用欧拉图表示

1. 推理、有效推理、无效推理、正确推理、命题。

2. 美观的、实用的、经济的。

3. 合法逮捕、非法逮捕。

4. 法院、专门人民法院、审判机关。

5. 犯罪、故意犯罪、过失犯罪、杀人罪、贪污罪。

6. 青少年、罪犯、诈骗罪、贪污罪。

7. 西北政法大学、高等学校、中等学校、学校。

8. 法律、民法、经济法、环境保护法。

9. 哲学、马克思主义哲学、非马克思主义哲学、形而上学。

10. 物理学、物理学家、分子物理学。

五、分析下列论断作为定义是否正确？如不正确，犯了什么逻辑错误？

1. 逮捕是依法对被告人或现行犯、重大犯罪嫌疑人采取的强制性措施。

2. 国家是资产阶级压迫劳动人民的暴力工具。

3. 从犯就是在犯罪中起次要和辅助作用的罪犯。

4. 数学是锻炼人们思维的体操。

5. 小国就是比大国领土小、人口少的国家，大国就是比小国领土大、人口多的国家。

6. 正方形是平面上每个内角都是直角的四边形。

7. 隐私案件就是涉及隐私内容的案件。

8. 本世纪初，美国人威廉登报征求关于"新闻"这一概念的定义，下面是应征者对新闻所下的几个定义：

（1）有人认为："新闻是关于离奇的、非同一般的、出乎意料的事件的报道"。

（2）有人认为："新闻就是关于多数人感兴趣而带有刺激性事件的报道"。

（3）有人认为："新闻是新事的记录、新闻不是过去发生事情的报道"。

9. 进化就是物质与伴随运动的消耗过程，在这个过程中，物质从一种无限的，不连续的同质过滤到一种有限的异质性，并且在这个过程中，运动也进行着与之平行的转变。

10. 保险业是靠运气取胜的现代化游戏，允许玩家舒适的犯罪以诈骗庄家。

六、分析下列划分是否正确，如不正确，请指出犯了什么逻辑错误？

1. 运输包括陆上运输、水上运输、空中运输、海上运输、铁路运输和公路运输。

2. 劳动指的是体力劳动、脑力劳动、具体劳动、抽象劳动、剩余劳动。

3. 基督教分为天主教、东正教、新教和伊斯兰教。

4. 近亲属有夫妻、父、母、子女。

5. 地球分为亚洲、欧洲、北美洲、南美洲、非洲、澳洲和南极洲。

6. 一年分为四个季节：春季、夏季、秋季和冬季。

七、请对下列词项各进行一次限制和概括

1. 法学。

2. 法院。

3. 司法工作人员。

4. 证据。

5. 经典著作。

6. 故意犯罪。

八、已知下列性质命题的真值，请写出同素材的其他三个性质命题及其真值

1. "所有郁金香都开红花"为假。

2. "没有公民能够不遵纪守法"为真。

3. "有的玫瑰花是不带刺的"为假。

4. "有的人爱财如命"为真。

九、已知"政客没有不说谎的"为真，请推出下述命题的真假

1. 政客并非都说谎。

2. 有的政客说谎。

3. 没有一个政客说谎。

4. 并非有的政客不说谎。

5. 美国总统克林顿不说谎。

十、请对下述性质命题进行换质、换位、换质位

1. 没有哈佛大学学生不聪明。

2. 所有真的猛士都敢于直面惨淡的人生。

3. 许多孩子不是淘气的孩子。

4. 有的天才人物是有怪癖的。

十一、写出下列推理的结构，并运用规则说明其推理形式是否有效

1. 并非所有的经济大国都是有核国家，所以，有些经济大国不是有核国家。

2. 凡是领袖人物都是政治权威，所以，凡是政治权威都是领袖人物。

3. 有些小说不是黄色读物，所以，有些黄色读物不是小说。

4. 有些产品是优秀产品，所以，所有非优秀产品不是产品。

5. 凡成绩不及格的学生是不准毕业的。凡成绩不及格的学生是不符合教育质量标准的学生。所以，凡不准毕业的都是不符合教育质量标准的学生。

6. 贪污罪是犯罪行为，抢劫罪是犯罪行为，所以，抢劫罪是贪污罪。

7. 婚姻法不是刑法，经济法也不是刑法，所以，经济法不是婚姻法。

8. 有的同志是先进工作者，有的同志是律师，所以，有的律师是先进工作者。

9. 法律专业学生是要学习逻辑学的，我们不是法律专业学生，所以，我们不是要学习逻辑学的。

10. 美国印第安人在消失，这个人是美国印第安人，所以这个人在消失。

11. 每当狐狸经过那里，猎犬会发出叫声，所以狐狸一定是走了别的路，因为猎犬都很安静。

十二、指出下列三段论的格与式，并用三段论规则说明是否有效

1.（MAP∧SAM）→SIP

2.（MAP∧SEM）→SEP

3.（PEM∧SAM）→SOP

4.（PAM∧SAM）→SAP

5.（PEM∧SOM）→SOP

6.（PAM∧MAS）→SAP

7.（MIP∧MES）→SOP

8.（PEM∧SAM）→SEP

十三、检验下列非规范形式三段论是否有效

1. 所有蜘蛛都有8条腿，因而昆虫不是蜘蛛，因为昆虫没有8条腿。

2. 不能被磁铁吸引的都不是金属，碳是非金属，所以，碳能被磁铁所吸引。

3. 月球自身不能发光，然而月球有光线射出，可见，有光线射出的自身不能发光。

4. 精神病人的语言是语无伦次的语言，所以，精神病人的语言是缺乏逻辑性的。

5. 病人都是不健康的人，所以，有些运动员是不健康的人。

6. 有的被告表情紧张，所以，有的被告是罪犯。

7. 窒息死亡者脸色发青，所以，某案件的死者是窒息死亡的。

8. 法学毕业生是懂得法律的，因此，法学毕业生都是律师。

十四、根据三段论规则及有关知识，回答下列问题

1. 一个有效的三段论推理，能否三个词项都周延两次？

2. 一个有效的三段论形式，其大项在前提中周延但在结论中不周延，请问这个三段论是第几格的什么式？说出根据。

3. 一个有效的三段论形式，如果中项在两个前提中都是周延的，那么，它的结论应该是什么命题？

4. 有一个有效的三段论形式，其大前提是肯定的，大项在前提和结论中都周延，小项在前提和结论中都不周延。请问该三段论是第几格的什么式，为什么？

5. 有一个有效的三段论形式，其小前提为特称否定命题，请问该三段论是第几格的什么式，为什么？

十五、证明题

1. 由特称命题作大前提，否定命题作小前提，不能构成有效三段论。

2. 设 A、B、C 分别为有效三段论的前提和结论。D 为与结论 C 相矛盾的性质命题。求证：A、B、D 中必然恰有两个肯定命题。

3. ①只有 MOS 假，MOP 才真。

　　②MIP 假。

　　求证：SOP 真。

4. 设下列四句中只有一句是真的，请问：哪一句是真的？S 和 P 是何种外延关系？（写出推导过程）

① 有 S 是 P。

② 如有 S 不是 M，则有 S 是 M。

③ 有 P 是非 S。

④ M 都不是 P。

5. 已知：① 若 P 不包含于 M，则 S 与 P 全异。

　　　　② 若 S 不与 M 交叉，则 S 与 P 交叉。

　　　　③ S 不与 P 全异，也不与 P 交叉。

试证明：S 包含 P。

第六章

谓词演算

上章论述的传统谓词逻辑，主要处理性质命题及其推理。但由于它对命题内部结构的分析不够深入，没有把命题形式精确地刻画为逻辑演算公式，把单称命题归入全称命题，把关系命题当作性质命题来处理，使得许多推理的有效性无法判定。例如：

所有的马都是动物，

所以，所有的马头都是动物的头。

这个推理的有效性是显而易见的，然而用传统谓词逻辑提供的方法却不能判定其有效性。为了克服传统谓词逻辑的这种局限性，更普遍、更有效地处理用自然语言表达的逻辑思维，就有必要进一步分析简单命题的内部结构，引入现代谓词逻辑演算的理论与方法。

谓词演算是现代逻辑分析和判定简单命题及其推理有效性的方法。它是在命题演算的基础上，增加了一些新的符号和规则而建立起来的逻辑理论。谓词演算也包括公理化方法和自然演绎法两种，本书只介绍自然演绎法。

第一节 简单命题的内部结构

一、性质命题的内部结构

传统谓词逻辑把性质命题分为A、E、I、O四种形式，并且把单称命题归入全称命题。现代逻辑认为，单称命题与全称命题具有不同的逻辑结构，应该分别讨论。

（一）单称命题及其逻辑结构

单称命题是陈述某个特定个体对象性质的命题。例如：

（1）西安是历史名城。

（2）张华不是律师。

这两个命题就是单称命题。

单称命题由个体词和谓词组成。个体词表示思维对象，如上例中的"西安""张华"。谓词表示对象的性质，如上例中的"历史名城""律师"。

自然语言中的个体词和谓词都可以用符号来表示。单称命题中的个体词只表示某个确定的单一对象，称为个体常项，用英文小写字母 a、b、c、d……来表示。性质命题中的谓词称为一元谓词，用英文大写字母 E、F、G、H……来表示。

用符号表示单称命题，须把谓词符号写在前面，个体常项写在谓词的右下角。表示单称肯定命题，在谓词前不加符号，表示单称否定命题，须在谓词前加否定号。如果我们用 a 表示例（1）中的"西安"，用 F 表示"历史名城"；用 b 表示例（2）中的"张华"，用 H 表示"律师"，那么这两个单称命题就可以用符号表示为：

（1）Fa

（2）￢ Hb

这种形式是表示单称命题逻辑结构的公式。

将个体词、谓词与命题逻辑中的联结词结合，就能表示出单称复合命题。例如：

（1）西安（a）是历史名城（L），而且是陕西的省会（S）。

La ∧ Sa

（2）王楠（w）或者是篮球队队员（L）或者是乒乓球队队员（P）。

Lw ∨ Pw

（3）如果《红楼梦》（h）不是文学名著（W），那么曹雪芹（c）就可能不被人知（R）。

￢ Wh→￢ Rc

（二）泛称命题及其逻辑结构

泛称命题是陈述某类对象性质的命题。例如：

（1）所有罪犯都是违法的。

（2）有些大学生是学法律的。

这两个命题就是泛称命题。

泛称命题由个体词、谓词和量词组成。

其中个体词表示某类个体对象，如上例中的"罪犯""大学生"。泛称命题中的个体词没有明确指出某个确定的个体对象，泛指某类中的任意个体对象，因而称为个体变项，用英文小写字母 x、y、z……表示。

　　谓词表示对象的性质，如上例中的"违法的""学法律的"。谓词仍然用谓词符号 E、F、G、H……表示，称为谓词变项。

　　量词表示个体变项的数量范围。泛称命题中含有全称和存在两种量词。全称量词表示一类中的所有个体对象，如例（1）中的"所有"就是全称量词，用符号（∀–）表示，读作"对于所有……而言"。存在量词也叫特称量词，表示某类中的部分个体对象，如例（2）中的"有些"就是存在量词，用符号（∃–）表示，读作"存在着……"。两个量词符号右下角的"–"是填写个体变项的空位，可以根据需要填写一个个体变项，如（∀x）、（∃y）等。

　　用符号表示泛称命题，需明确"个体域"这一概念。个体域是个体变项涉及的对象范围。同一命题公式，如果个体域设定不同，其真值也就不同。例如：

　　　　（∀x）Fx

　　如果用 x 表示"罪犯"，F 表示"违法的"，那么该公式意为"所有罪犯都是违法的"，是个真命题。如果改变了个体域，把 x 涉及的范围由"罪犯"扩大为"人"，那么该公式表达的命题就变成了"所有的人都是违法的"，成为假命题。

　　进行谓词演算，如果每次都先设定个体域再刻画命题形式，就会给讨论问题带来种种不便，因此，我们把个体域规定为全域，即包括所有个体事物在内的最大的类。

　　个体域为全域时，个体变项成为事物的性质，因此，正确刻画泛称命题的逻辑结构，还要在公式中增加表明个体变项的谓词符号。例如，"所有罪犯都是违法的"这一命题，当个体域为全域时，就应理解为：

　　对于所有事物来说，如果这些事物是罪犯，那么这些事物是违法的。我们用 x 表示所有事物，Fx 表示"x 是罪犯"，Wx 表示"x 是违法的"，用蕴涵词"→"把 Fx 和 Wx 联系起来，并代入全称量词符号（∀x），该命题的逻辑形式为：

　　　　（∀x）（Fx→Wx）

　　读作"对于所有 x 而言，如果 x 是 F，那么 x 是 W"。

　　再如，"有些大学生是学法律的"这一命题，当个体域为全域时，可以理解为：

　　存在着一些事物，这些事物是大学生，并且这些事物是学法律的。我们用 x 表示事物，用 Sx 表示"x 是大学生"，用 Hx 表示"x 是学法律的"，用合取词"∧"把 Sx 和 Hx 联系起来，并代入存在量词符号（∃x），该命题的逻辑形式为：

　　　　（∃x）（Sx∧Hx）

　　读作"存在着 x，x 是 S 并且 x 是 H"。

　　由上可见，当个体域为全域时，全称命题的逻辑结构是含全称量词的蕴涵式，存在命题的逻辑结构是含存在量词的合取式。

为什么全称命题用蕴涵式，而存在命题用合取式呢？这是因为，全称命题没有明确表示它所陈述的对象是存在的，而是说假如它存在它具有某种性质，这是一种假设性陈述，所以用蕴涵式。存在命题明确地表示它所陈述的对象和性质是存在的，是一种确定性陈述，所以用合取式。

确定了与量词相应的联结词符号，就可以写出 A、E、I、O 四种命题的逻辑结构：

SAP：所有 S 是 P　　　　　（∀x）（Sx→Px）

SEP：所有 S 不是 P　　　　（∀x）（Sx→¬Px）

SIP：有些 S 是 P　　　　　（∃x）（Sx∧Px）

SOP：有些 S 不是 P　　　　（∃x）（Sx∧¬Px）

当一个具体命题属于 A、E、I、O 中的任一种时，我们就用相对应的逻辑结构使其符号化。例如：

（1）所有公民（Ax）都要遵守法律（Bx）。

　　　其逻辑结构是：（∀x）（Ax→Bx）。

（2）凡诈骗犯（Cx）都不是老实人（Lx）。

　　　其逻辑结构是：（∀x）（Cx→¬Lx）。

（3）有些被告（Bx）是有罪的（Ex）。

　　　其逻辑结构为：（∃x）（Bx∧Ex）。

（4）有些犯罪行为（Fx）不是故意的（Gx）。

　　　其逻辑结构为：（∃x）（Fx∧¬Gx）。

二、关系命题的内部结构

关系命题是陈述对象与对象之间关系的命题。例如：

（1）李明控告了王平。

（2）所有证人欺骗了有些审判员。

这两个关系命题，前者陈述了两个特定对象之间的关系，叫作单称关系命题；后者陈述了两类对象之间的关系，叫作泛称关系命题。

关系命题通常由个体词（关系项）、关系谓词和量词所组成。个体词是关系命题中表示对象的词，如上例中的"李明""王平""证人""审判员"。关系谓词是表示对象与对象之间关系的词，如上例中的"控告""欺骗"。量词是表示个体对象范围的词，如上例中的"所有""有些"。一个关系命题如果涉及两个或两类对象，叫作二元关系命题（二元谓词），如果涉及三个或三类对象，叫作三元关系命题（三元谓词），涉及三个以上对象的叫多元关系命题（多元谓词）。本书主要讨论二元关系命题及其逻辑结构。

我们继续用个体常项符号 a、b、c、d……表示单称个体词，用 x、y、z……表示泛称个体词，用谓词符号 E、F、G、H……表示关系谓词，用（∀-）和（∃-）表示全称量词和存在量词。运用这些符号，就可以刻画出关系命题的逻辑结构。

用符号表示单称关系命题，须把关系谓词符号写在前面，个体常项符号按顺序写在谓词的右下角。表示个体对象之间具有某种关系，在谓词前不加符号；表示个体对象之间不具有某种关系，须在谓词符号前加否定号。例如，我们用 a 表示例（1）中的"李明"，用 b 表示"王平"，用 F 表示关系谓词"控告"，那么例（1）的逻辑结构可用符号表示为：

　　　　F ab

在单称关系命题结构中，个体常项可以用个体变项来替换，替换之后得到的表达式，就是单称关系命题的共有形式或共有结构。例如：

　　　　R xy

　　　　¬ R xy

前者表示 x 与 y 之间有 R 关系，后者表示 x 与 y 之间没有 R 关系。

需要指出的是：用符号表示单称关系命题，其个体常项的顺序不能随意颠倒，否则就不能正确刻画出原命题语句的含义。例如：

　　　　徐庶（a）把诸葛亮（b）推荐给（T xyz）刘备（c）。

这是涉及三个对象间关系的命题，该命题的正确符号形式应写作：

　　　　T abc

如果随意颠倒顺序，写为 T bca，那就把原命题含义歪曲成了"诸葛亮把刘备推荐给徐庶"。

泛称关系命题，涉及两个或两个以上的量词，其逻辑结构自然要复杂一些。例如：

　　　　所有证人欺骗了有些审判员。

该命题可以理解为：

对于所有 x 而言，如果 x 是证人，那么存在着 y，y 是审判员并且 x 欺骗了 y。据此，我们用 Cx 表示"x 是证人"，Sy 表示"y 是审判员"，Q xy 表示"x 欺骗了 y"。这样，该命题的逻辑结构可以表示为：

　　　　（∀x）（Cx→（∃y）（Sy∧Q xy））

刻画泛称关系命题逻辑结构，关键在于准确理解原命题语句的含义，并用确定的符号表示出来。命题结构中的联结词由相应的量词决定，仍遵循全称量词后为蕴涵式，存在量词后为合取式的一般规律。如果我们以 S 和 P 表示两类对象，以 R 表示二者之间的关系，那么二元关系命题的逻辑结构就可以分为以下八种类型：

（1）所有 S 与所有 P 有 R 关系。

其逻辑结构为：$(\forall x)(Sx \rightarrow (\forall y)(Py \rightarrow R\,xy))$。

（2）所有 S 与所有 P 没有 R 关系。

其逻辑结构为：$(\forall x)(Sx \rightarrow (\forall y)(Py \rightarrow \neg R\,xy))$。

（3）所有 S 与有些 P 有 R 关系。

其逻辑结构为：$(\forall x)(Sx \rightarrow (\exists y)(Py \wedge R\,xy))$。

（4）所有 S 与有些 P 没有 R 关系。

其逻辑结构为：$(\forall x)(Sx \rightarrow (\exists y)(Py \wedge \neg R\,xy))$。

（5）有些 S 与所有 P 有 R 关系。

其逻辑结构为：$(\exists x)(Sx \wedge (\forall y)(Py \rightarrow R\,xy))$。

（6）有些 S 与所有 P 没有 R 关系。

其逻辑结构为：$(\exists x)(Sx \wedge (\forall y)(Py \rightarrow \neg R\,xy))$。

（7）有些 S 与有些 P 有 R 关系。

其逻辑结构为：$(\exists x)(Sx \wedge (\exists y)(Py \wedge R\,xy))$。

（8）有些 S 与有些 P 没有 R 关系。

其逻辑结构为：$(\exists x)(Sx \wedge (\exists y)(Py \wedge \neg R\,xy))$。

掌握了这些二元关系命题的逻辑结构，当一个具体关系命题属于其中任一类型时，就可照此刻画其逻辑结构。例如：

（1）有人（Px）不拥护（E xy）所有的候选人（Hy）。

其逻辑结构为：$(\exists x)(Px \wedge (\forall y)(Hy \rightarrow \neg E\,xy))$。

（2）有些被告（Bx）收买了（S xy）有些证人（Cy）。

其逻辑结构为：$(\exists x)(Bx \wedge (\exists y)(Cy \wedge S\,xy))$。

对于陈述某个与某类对象之间关系的命题，可根据命题的含义，选用相应的符号，刻画其逻辑结构。例如：

奥巴马（a）击败了（J xy）他的所有竞选对手（Dx）。

该命题的含义是：

对于所有 x 而言，如果 x 是奥巴马的竞选对手，那么奥巴马击败了 x。据此该命题的形式就应为：

$$(\forall x)(Dx \rightarrow Jax)$$

至此，我们已经讨论了各种命题的逻辑结构，即谓词逻辑公式。它们是不含量词的个体常项公式，含一个量词的单量词式，含两个或两个以上量词的双量词式与多量词式。这些公式是进行自然语言形式化和谓词演算的前提和基础，读者应熟练掌握，以便随时运用。

三、量词的辖域

谓词公式中量词的辖域，是指量词的管辖范围，也就是紧跟在量词后面的最短公式。例如：

（1）$(\exists x) Hx \vee Rx$

（2）$(\forall x)(Px \rightarrow Fxy)$

在（1）中，量词 $(\exists x)$ 后面紧跟着的最短公式是 Hx；在（2）中，括号内的公式是紧跟量词 $(\forall x)$ 的最短公式，这都是量词的辖域。

在上述公式中，有些个体变项出现在量词辖域中，并且与该量词变项相同，它们受量词的约束，因而称为约束变项。有些个体变项不受量词约束，它们称为自由变项。在（1）中，Hx 中的 x 出现在 $(\exists x)$ 的辖域中，并且和 $(\exists x)$ 里的变项相同，因此它受该量词的约束，是约束变项；而 Rx 中的 x 没有在 $(\exists x)$ 的辖域内，没有受到该量词的约束，它是自由变项。在（2）中，Px 和 Fxy 都出现在 $(\forall x)$ 的辖域中，但 x 与 $(\forall x)$ 里的变项相同，受 $(\forall x)$ 的约束，是约束变项；而 y 与 $(\forall x)$ 里的变项不同，不受 $(\forall x)$ 的约束，因而是自由变项。

当谓词公式中含有自由变项时，该公式的真假无法确定。例如：

Px

Rxy

这两个含有自由变项的公式，前者表明在全域中 x 有 P 的性质，后者表明 x 与 y 有 R 关系，至于 x 与 y 具体指称什么对象不得而知，因而它们到底是真是假都无法确定。逻辑学所研究的谓词公式都是或真或假的公式，因此，谓词公式中不允许出现自由变项。

如果公式中出现了自由变项，就要给公式加上适当的量词或者用个体常项替换公式中的个体变项，使其变为或真或假的公式。例如，给 Px 加上存在量词，使公式成为 $(\exists x) Px$，它就变成了或真或假的公式。在全域中，只要有一个 x 有 P 的性质，该公式真，如果所有 x 不具有 P 的性质，该公式假。再如，给 Rxy 代入个体常项 a、b，使公式成为 Rab，设 R 表示"大于"，a = 5，b = 3，则 Rab 表达了"5 大于 3"的真命题，该公式为真。但若设 a = 1，b = 2，则 Rab 表达了"1 大于 2"的假命题，该公式假。

既然谓词公式必须是或真或假的公式，所以对自然语言进行符号化，必须注意量词的辖域，以保证符号公式中不含自由变项。

四、自然语言符号化

进行谓词演算，须把自然语言表达的推理符号化。符号化的顺序是：先把前提和结论中的命题分别符号化，而后依次分行排列。对其中的命题进行符号化，除了用前面给出的逻辑结构进行刻画外，还应了解如下四种情况：

1. 个体词涉及全域中任意个体对象时，无需引入表明个体对象性质的谓词符号。例如：

    万物都是运动的（Dx）。

这个命题中的个体词是"万物"，所以不必再引入表示"事物"的谓词符号和联结词符号，可直接把它表示为：

    （∀x）Dx

2. 个体词表示单独对象时，须用个体常项替换谓词中的个体变项。例如：

    刘天（a）或张明（b）是本案凶手（Gx）。

这个命题的个体词是两个单独对象，因而在符号化时要用个体常项替换谓词中的个体变项，把它表示为：

    Ga∨Gb

3. 个体词涉及不同类对象时，须引入不同的个体变项和几个量词符号。例如：

    世界上有白人（Bx）又有黑人（Hy）。

这一命题中的"白人""黑人"指的是不同类的对象，应引入两个个体变项和两个量词，把它表示为：

    （∃x）（Rx∧Bx）∧（∃y）（Ry∧Hy）

4. 命题以复合形式出现时，要把它们刻画为复合的量词公式。例如：

    （1）如果所有证据（Cx）都是真实的（Dx），那么有些被告（Bx）是罪犯（Fx）。

该命题的符号化为：

    （∀x）（Cx→Dx）→（∃x）（Bx∧Fx）

    （2）如果所有审判员（Px）被本案有些被告（By）所欺骗（Q xy），那么所有被告都是罪犯（Fy）。

该命题的符号化为：

    （∀x）（Px→（∃y）（By∧Q yx））→（∀y）（By→Fy）

最后，我们综合地给出一些自然语言表达的命题或者推理的实例，再将它们符号化，请读者从中体会符号化的方法。

（1）没有不透风（Tx）的墙（Qx）。

¬（∃x）（Qx∧¬Tx）

（2）狗（Gx）急（Jx）跳墙（Tx）。

（∀x）（Gx→（Jx→Tx））

（3）瘦死的（Sx）骆驼（Lx）比马（Mx）大（D xy）。

（∀x）（（Lx∧Sx）→（∀y）（My→D xy））

（4）要么生物（Sx）是进化的（Jx），要么达尔文的理论（a）是错误的（Cx）。

（（∀x）（Sx→Jx）∨Ca）∧¬（（∀x）（Sx→Jx）∧Ca）

（5）所有的人（Rx）都是要死的（Sx），苏格拉底（a）是人。所以苏格拉底是要死的。

① （∀x）（Rx→Sx）

②Ra   /∴ Sa

（6）所有有意义的（Mx）非分析命题（Ax）原则上都是可以证伪的（Fx）。宗教命题（Lx）既不是分析的，原则上也不能证伪。因此，宗教命题是没有意义的。

① （∀x）（（Mx∧¬Ax）→Fx）

② （∀x）（Lx→（¬Ax∧¬Fx））

     /∴ （∀x）（Lx→¬Mx）

第二节 一元谓词演算

一、量词规则

一元谓词演算是由一元谓词公式组成的演算。它是在命题演算的基础上进行的，因而命题演算的所有规则在谓词演算中仍然适用。所不同的是，在谓词公式中含有量词，而带量词的公式是不能直接演算的，因此在讨论谓词演算的证明方法之前，先制定销去和引入量词的规则及量词变换规则。

（一）全称量词的销去和引入规则

1. 全称量词销去规则（记为∀销去）。在一个推导中，从（∀x）Rx可以得到Ra。其推导图式为：

$$\frac{(\forall x)\ Rx}{Ra} \qquad\qquad a/x \quad \forall 销去$$

其中（$\forall x$）Rx 是任意全称命题公式，Ra 是用个体常项 a 替换原公式中的 x 而销去全称量词后得到的不带量词的公式。

这一规则的道理是：（$\forall x$）Rx 既然已经断定了某类中的所有个体具有 R 性质，那么任意列举出该类中的某个个体，例如 a，则 a 有 R 性质。

销去全称量词所列举的实例的范围和数量都不受限制。所谓范围不受限制，是指销去全称量词所列举的实例可以是推演的先行步骤中出现过的实例，也可以是没有出现过的实例。所谓数量不受限制，是指销去全称量词，可以根据需要，列举若干个实例。例如：

　　所有的诗人（Sx）都有诗作（Zx），

　　李白（a）是诗人，

　　所以，李白有诗作。

这一推理的形式和推演过程为：

1. （$\forall x$）（Sx→Zx）

2. Sa　　　　　　　／∴ Za

3. Sa→Za　　　　（1 a/x　$\forall$ 销去）

4. Za　　　　　　（2，3→销去）

证毕。

在这个推演中，尽管前提 2（Sa）中含有个体词 a，但在第 3 步销去前提 1 的全称量词时，仍然可以列举含 a 的实例。以此类推，如果前提中还含有其他个体词（如 b、c），那么在销去全称量词引入实例时，同样可以列举含这些个体词的实例。第 3 步右侧的 a/x，表示在这一步销去前提 1 的量词时，用 a 替换了原公式中的 x。

再如：

　　凡杀人犯（Sx）都要负刑事责任（Hx）；魏振海（a）是杀人犯；张启祥（b）是杀人犯；赵八斤（c）是杀人犯；所以，魏振海、张启祥、赵八斤都要负刑事责任。

这一推理的形式和推演过程为：

1. （$\forall x$）（Sx→Hx）

2. Sa

3. Sb

4. Sc   /∴ Ha∧Hb∧Hc
5. Sa→Ha   (1 a/x ∀销去)
6. Sb→Hb   (1 b/x ∀销去)
7. Sc→Hc   (1 c/x ∀销去)
8. Ha   (2，5→销去)
9. Hb   (3，6→销去)
10. Hc   (4，7→销去)
11. Ha∧Hb∧Hc   (8，9，10∧引入)

证毕。

从第 5 步到第 7 步，我们根据需要，一连列举了 3 个含不同个体词的实例，销去了前提 1 中的全称量词。

值得注意的是，销去全称量词时，不能用不同的个体常项替换原公式中相同的个体变项，如（∀x）（Sx→Px）的置换实例不能是 Sa→Pb。另外，全称量词销去规则只适用于单独的全称量词公式，而不适用于复合的量词公式。如¬ （∀x）Rx 和（∀x）Dx→（∃y）By 类型的公式，不能直接销去全称量词。

2. 全称量词引入规则（记为 ∀引入）。在一个推导中，从 Ra 可以得到（∀x）Rx。其推导图式为：

┌→ * a
│ Ra
└──────
（∀x）Rx   ∀引入

在这个推导图式中，我们用一个带箭头的框子把全称量词引入的推演范围围住，用来表示一个论域；* 是个体常项 a 的标记，表明这里的常项 a 是该论域中任取的一个实例。

全称量词引入规则的根据是：如果在论域中任意选择某一对象，并根据某些前提能够推出这一对象有某种性质，那么由同样的前提就能推出该论域中所有对象都具有这种性质。如数学中要证明"线段的垂直平分线上所有的点（论域）与线段两端的距离相等"这个定理，无需也不可能取垂直平分线上所有的点去一一证明。只要在垂直平分线上任取一点（相当于一个个体），然后根据几何定理证明这一点到线段两端的距离相等，那么上述定理也就得到了证明。

运用全称量词引入规则的具体做法是：①证明开始先要限定论域，用" * "标记一个常项（a 或其他）；②用加标记的常项销去前提中的全称量词，推演出不带量词的结论；③用带箭头的方框围住论域，给结论加上全称量词。

运用全称量词引入规则是有限制的：①限定论域的个体常项不能是推演的先行步骤中出现过的个体常项。因为限定论域的常项必须是该论域中任取的实例，而先行步骤中已经出现的个体常项是特定的实例。②引入全称量词用个体变项去替换个体常项时，只对加标记的任取实例常项作替换，而不对其他个体常项作替换。例如：

1. 　($\forall$x)（Ax$\lor$Bx）
2. 　($\forall$x)（Bx$\rightarrow\neg$Cx）
3. 　($\forall$x)Cx　　　　　　　　　　$\therefore$　($\forall$x)（Ax$\lor$Da）
4. 　┌→ *b
5. 　│　Ab$\lor$Bb　　　　　　　　（1 b/x $\forall$销去）
6. 　│　Bb$\rightarrow\neg$Cb　　　　　　（2 b/x $\forall$销去）
7. 　│　Cb　　　　　　　　　　　（3 b/x $\forall$销去）
8. 　│　$\neg$Bb　　　　　　　　　　（6，7$\rightarrow$销去）
9. 　│　Ab　　　　　　　　　　　（5，8$\lor$销去）
10. │　Ab$\lor$Da　　　　　　　　（9$\lor$引入）
11. 　($\forall$x)（Ax$\lor$Da）　　　　（4，10 $\forall$引入）

证毕。

这一推理的结论是全称命题，它表明需要对结论作全称量词引入。证明一开始我们就限定了论域，由于给出的结论中已出现了个体常项a，因此在第4步限定论域标记常项时没有用a，而用b作为任取常项。同时，在第11步引入全称量词时，只用x替换了加标记的任取常项b，而没有替换原结论中已出现的个体常项a。这些做法都是符合全称量词引入规则限制的。

如果不遵守这一限制，就会出现推演错误。例如：

1. 　($\forall$x)（Sx$\rightarrow$Zx）
2. 　($\forall$x)（Zx$\rightarrow$Bx）
3. Ca　　　　　　　　　　　　$\therefore$　($\forall$x)（（Sx$\rightarrow$Bx）$\land$Cx）
4. ┌→*a
5. 　│　Sa$\rightarrow$Za　　　　　　　　（1 a/x $\forall$销去）
6. 　│　Za$\rightarrow$Ba　　　　　　　　（2 a/x $\forall$销去）
7. 　│　Sa$\rightarrow$Ba　　　　　　　　（5，6$\rightarrow$联锁）
8. 　│　（Sa$\rightarrow$Ba）$\land$Ca　　　　（3，7$\land$引入）

9. （∀x）（（Sx→Bx）∧Cx）　　（4，8 ∀引入）

证毕。

这一推演是错误的，因为第 4 步选定限定论域的 a 是前提 3 中出现的常项，第 9 步引入全称量词时用 x 替换了原有前提 Ca 中的个体常项 a，这些都违反了全称量词引入规则的限制。

（二）存在量词的销去和引入规则

1. 存在量词销去规则（记为∃销去）。在一个推导中，从（∃x）Rx 可以得到 Ra。其推导图式为：

$$\frac{（∃x）Rx}{Ra}\qquad *a/x\ ∃销去$$

在这个图式中，从公式（∃x）Rx 销去存在量词得到的 Ra，要用"＊"标出，表明销去存在量词所引入的常项，并不专指某个确定的对象，而只是一种不确定的假设。因为公式（∃x）Rx 表示至少有一个个体具有 R 性质，而这个个体到底是哪一个又无法确定，所以以用一个常项符号来替代。

运用存在量词销去规则也有限制，由于销去存在量词引入的个体常项不确定，所以该常项不能是推演的先行步骤中已经出现过的常项。同时，每销一次存在量词必须换一个新的个体常项符号。

在销去存在量词时，应把引入的个体常项写在右侧括号内，并加上"＊"，表明这一个体常项在推演的先行步骤里没有出现过，以后销其他存在量词时不能再用。

如果违反这种限制，就会导致错误推理。例如：

1. Sa
2. （∃x）（Sx∧Cx）　　　/∴ Ca
3. Sa∧Ca　　　　　　　（2＊a/x∃销去）
4. Ca　　　　　　　　　（3∧销去）

证毕。

这个推理是错误的，因为第 3 步销去前提 2 中的存在量词时，列举的个体常项 a 是前提 1 中已经出现过的。

再如：

有些男人（Mx）抽烟（Cx），

有些女人（Wx）抽烟，

所以，有些抽烟的男人是女人。

这一推理显然是错误的。但如果不遵守存在量词销去规则的限制，就会错误地使这个荒谬的结论得到"证明"。其证明过程如下：

1. $(\exists x)(Mx \wedge Cx)$

2. $(\exists x)(Wx \wedge Cx)$　　　　/∴　$(\exists x)((Cx \wedge Mx) \wedge Wx)$

3. $Ma \wedge Ca$　　　　　　　　$(1 * a/x \exists$销去$)$

4. $Wa \wedge Ca$　　　　　　　　$(2 * a/x \exists$销去$)$

5. Wa　　　　　　　　　　　　$(4 \wedge$销去$)$

6. $Ca \wedge Ma$　　　　　　　　$(3 \wedge$交换$)$

7. $(Ca \wedge Ma) \wedge Wa$　　　　$(5，6 \wedge$引入$)$

8. $(\exists x)((Cx \wedge Mx) \wedge Wx)$　$(7 \exists$引入$)$

证毕。

这个推理错误的原因在于第4步销去前提2的存在量词时，列举了与第3步相同的个体常项，而没有换用新的常项符号，违反了存在量词销去规则的限制。

2. 存在量词引入规则（记为∃引入）。在一个推导中，从 Ra 可以得到 $(\exists x) Rx$。其推导图式为：

$$\frac{Ra}{(\exists x)\ Rx}\quad \exists 引入$$

这一规则非常直观，既然已经知道个体常项 a 有 R 性质，自然就能推出至少有一个个体有 R 性质。例如，从"西安是历史古城"可以推出"有些城市是历史古城"。

存在量词引入规则的使用不受任何限制。只要有一个个体常项公式，在任何情况下都可以根据需要把它概括为存在量词公式。例如：

1. $((\exists x) Ax \wedge (\exists x) Bx) \rightarrow Da$

2. $(\exists x)(Ax \wedge Fx)$

3. $(\exists x)(Bx \wedge Gx)$　　　　/∴　$(\exists x) Dx$

4. $Ab \wedge Fb$　　　　　　　　$(2 * b/x \exists$销去$)$

5. Ab　　　　　　　　　　　　$(4 \wedge$销去$)$

6. $(\exists x) Ax$　　　　　　　　$(5 \exists$引入$)$

7. $Bc \wedge Gc$　　　　　　　　$(3 * c/x \exists$销去$)$

8. Bc　　　　　　　　　　　　$(7 \wedge$销去$)$

9. $(\exists x) Bx$　　　　　　　　$(8 \exists$引入$)$

10. $(\exists x) Ax \wedge (\exists x) Bx$　　　$(6，9 \wedge$引入$)$

11. Da　　　　　　　　　　　　　　　（1，10→销去）

12. （∃x）Dx　　　　　　　　　　　　（11 ∃引入）

证毕。

在这一推理中，我们在第 4 步和第 7 步分别销去前提 2 和 3 中的存在量词时，遵守了该规则的限制。在第 6 步和第 9 步分别由个体常项公式不受限制地得到了存在量词公式，通过合取引入和蕴涵销去推出了前提 1 的后件，即不带量词的结论，最终给结论加上存在量词，证明推理是有效的。

（三）量词变换规则

1. 否定存在量词变换规则（记为∃否定）。在谓词逻辑中，有些公式的量词前有否定词，而带有否定词的量词公式不能直接销去量词。因此需要把否定词由量词前移到量词后，但简单的"搬家"会导致矛盾。例如：

¬（∃x）Rx

如果简单地把否定号搬到量词后面，它就成为：

（∃x）¬Rx

就把原公式歪曲成了至少存在一个 x，这个 x 不存在，这是明显的逻辑矛盾。因此，当我们需要把否定词由存在量词前移到存在量词后时，就要把这个存在量词变换为全称量词。其变换规则的推导图式为：

$$\frac{\neg（\exists x）Rx}{（\forall x）\neg Rx} \quad 或 \quad \frac{（\forall x）\neg Rx}{\neg（\exists x）Rx}$$

按照这一规则，一个否定的存在量词公式与一个全称否定量词公式是等值的，因此它们在推理中可以互相替换。例如，"并非有些事物是上帝"与"所有事物都不是上帝"就是等值命题，它们可以互推、互换。

2. 否定全称量词变换规则（记为∀否定）。全称量词前有否定词，需要把否定词移到量词后时，就要把这个全称量词变换为存在量词。其变换规则的推导图式为：

$$\frac{\neg（\forall x）Rx}{（\exists x）\neg Rx} \quad 或 \quad \frac{（\exists x）\neg Rx}{\neg（\forall x）Rx}$$

按照该规则，一个否定的全称量词公式与一个存在否定量词公式是等值的，因此它们在推理中可以互相替换。例如，"并非所有被告都是有罪的"与"有些被告不是有罪的"就是等值命题，它们可以互推、互换。例如：

并非所有的失职行为（Sx）都不是过失（Gx），

并非有些失职行为不应承担责任（Cx），

所以，有些过失行为应承担责任。

这一推理的证明过程为：

1. ¬（∀x）（Sx→¬Gx）

2. ¬（∃x）（Sx∧¬Cx）   /∴（∃x）（Gx∧Cx）

3. （∃x）¬（Sx→¬Gx）   （1 ∀否定）

4. （∀x）¬（Sx∧¬Cx）   （2 ∃否定）

5. ¬（Sa→¬Ga）   （3 * a/x ∃销去）

6. ¬（Sa∧¬Ca）   （4 a/x ∀销去）

7. Sa∧Ga   （5¬ →等值）

8. ¬Sa∨Ca   （6¬ ∧等值）

9. Sa   （7∧销去）

10. Ca   （8，9∨销去）

11. Ga   （7∧销去）

12. Ga∧Ca   （10，11∧引入）

13. （∃x）（Gx∧Cx）   （12 ∃引入）

证毕。

这一推理两个前提中的量词前都带有否定词，不能直接销去量词。因此我们在第3步和第4步两次用了量词变换规则，把前提中量词前的否定词后移，从而保证了推理的正常进行。

二、一元谓词演算的形式证明

一元谓词演算的形式证明，就是判定一元谓词公式组成的推理的有效性。它利用给定的规则，进行从前提到结论的推演，如果合乎规则地推出预期的结论，证明该推理是有效的。构造正确的形式证明，必须掌握证明的步骤和运用量词规则的方法。

（一）证明的步骤

谓词演算的形式证明，一般有以下四步：

1. 对待证的推理进行符号化。

2. 按有关限制销去推理前提中的量词。

3. 根据命题推理的规则进行推演，得出不带量词的结论。

4. 根据需要和有关规则给结论添加应有的量词。例如：

有些教师（Tx）自愿从事第二职业（Dx）；任何干第二职业的教师都不能集中精力（Ex）做好本职工作（Fx）；一个不能把精力集中在本职工

作上的教师不能保证教学质量（Gx）。所以，有些教师不能保证教学质量。

遵循以上步骤，把这一推理推演如下：

1.（∃x）（Tx∧Dx）

2.（∀x）（（Dx∧Tx）→¬（Ex∧Fx））

3.（∀x）（（¬（Ex∧Fx）∧Tx）→¬Gx）　　　/∴（（∃x）Tx∧¬Gx）

4. Ta∧Da　　　　　　　　　　　　　　　　（1＊a/x∃销去）

5.（Da∧Ta）→¬（Ea∧Fa）　　　　　　　（2 a/x∀销去）

6.（¬（Ea∧Fa）∧Ta）→¬Ga　　　　　（3 a/x∀销去）

7. ¬（Ea∧Fa）　　　　　　　　　　　　　（4，5→销去）

8. Ta　　　　　　　　　　　　　　　　　　（4∧销去）

9. ¬（Ea∧Fa）∧Ta　　　　　　　　　　（7，8∧引入）

10. ¬Ga　　　　　　　　　　　　　　　　（6，9→销去）

11. Ta∧¬Ga　　　　　　　　　　　　　　（8，10∧引入）

12.（∃x）（Tx∧¬Gx）　　　　　　　　　（11∃引入）

证毕。

在上述推演中，1~3步是自然语言符号化；4~6步销去量词；7~11步为推导过程；第12步为结论加量词。

（二）运用量词规则的方法

进行谓词演算，必须正确运用量词规则。运用量词规则的具体方法有以下几种：

1. 当推理的前提中既有全称量词公式，又有存在量词公式时，应先销去存在量词，后销去全称量词。例如：

1.（∀x）（Cx→（Wx∧Rx））

2.（∃x）（Cx∧Qx）　　　　　　　　　/∴（∃x）（Wx∧Qx）

3. Ca∧Qa　　　　　　　　　　　　　　（2＊a/x∃销去）

4. Ca→（Wa∧Ra）　　　　　　　　　　（1 a/x∀销去）

5. Ca　　　　　　　　　　　　　　　　　（3∧销去）

6. Wa∧Ra　　　　　　　　　　　　　　（4，5→销去）

7. Wa　　　　　　　　　　　　　　　　　（6∧销去）

8. Qa　　　　　　　　　　　　　　　　　（3∧销去）

9. Wa∧Qa　　　　　　　　　　　　　　（7，8∧引入）

10.（∃x）（Wx∧Qx）　　　　　　　　　（9∃引入）

证毕。

我们先销去了前提 2 中的存在量词，这样做是为了避免推理中出现不同的个体词。如果先销去前提 1 中的全称量词，再销去前提 2 中的存在量词时，就得换一个新的个体常项符号，使得前提中的个体符号不同而无法进行推理。

2. 当推理的结论是全称量词公式时，要注意准确使用全称量词引入规则，遵守该规则的限制，引入的个体常项要用 * 标出，用带箭头的框子把全称引入的推演步骤围住。例如：

1. $(\forall x)((Bx \lor Rx) \to Sx)$

2. $(\forall x)(Sx \to (\neg Px \land \neg Fx))$ $/\therefore (\forall x)(Bx \to \neg Fx)$

3.   * a

4. $(Ba \lor Ra) \to Sa$ （1 a/x ∀ 销去）

5. $Sa \to (\neg Pa \land \neg Fa)$ （2 a/x ∀ 销去）

6.   Ba   （假设）

7. $Ba \lor Ra$ （6 ∨ 引入）

8.   Sa   （4，7 → 销去）

9. $\neg Pa \land \neg Fa$ （5，8 → 销去）

10. $\neg Fa$ （9 ∧ 销去）

11. $Ba \to \neg Fa$ （6－10 → 引入）

12. $(\forall x)(Bx \to \neg Fx)$ （3，11 ∀ 引入）

证毕。

3. 当前提或结论中有否定的量词公式时，要灵活运用量词变换规则。例如：

没有一个审判员（Ax）不需要证人作证（Fx）；没有一个罪犯（Bx）需要证人作证；贩毒集团的人（Cx）都是罪犯；所以，贩毒集团的人没有一个是审判员。

该推理的形式证明如下：

1. $\neg (\exists x)(Ax \land \neg Fx)$

2. $\neg (\exists x(Bx \land Fx)$

3. $(\forall x)(Cx \to Bx)$ $/\therefore \neg (\exists x)(Cx \land Ax)$

4. $(\forall x)(Ax \to Fx)$ （1 ∃ 否定）

5. $(\forall x)(Bx \to \neg Fx)$ （2 ∃ 否定）

6.　┌─→ * a

7.　│　Ca→Ba　　　　　　　　　（3 a/x ∀销去）

8.　│　Aa→Fa　　　　　　　　　（4 a/x ∀销去）

9.　│┌→ Ba→¬ Fa　　　　　　　（5 a/x ∀销去）

10.　││　Ca　　　　　　　　　　（假设）

11.　││　Ca→¬ Fa　　　　　　　（7，9→联锁）

12.　││　¬ Fa　　　　　　　　　（10，11→销去）

13.　││　¬ Aa　　　　　　　　　（8，12→销去）

14.　│　Ca→¬ Aa　　　　　　　　（10 - 13→引入）

15.　　（∀x）（Cx→¬ Ax）　　　（6，14 ∀引入）

16.　¬（∃x）（Cx∧Ax）　　　　（15 ∃否定）

证毕。

该推理的第 4、5 步，根据需要把否定的存在量词公式变成了全称量词公式。否定词移到量词后面，被否定的合取命题公式等值于析取命题公式，而析取与蕴涵又是等值的，因此我们直接把全称量词后面的公式写成了蕴涵式。由于结论也是否定的存在量词公式，经变换成为全称公式，为得此公式，在6～15步又运用了全称量词引入规则。

4. 当推理的前提或结论中有复合的量词公式时，应先分解复合命题公式再销量词。例如：

> 如果有破案专家（Dx），那么所有破案专家都善于运用逻辑推理（Tx）；如果所有刑侦人员（Rx）都善于运用逻辑推理，那么所有公安局长（Gx）都是破案专家。所以，如果所有刑侦人员都善用逻辑推理，那么，所有公安局长都善用逻辑推理。

这一推理可作如下形式证明：

1.　　（∃x）Dx→（∀x）（Dx→Tx）

2.　　（∀x）（Rx→Tx）→（∀x）（Gx→Dx）

　　　　　　　　　／∴（∀x）（Rx→Tx）→（∀x）（Gx→Tx）

3.　┌─→（∀x）（Rx→Tx）　　　　　（假设）

4.　│　（∀x）（Gx→Dx）　　　　　　（2，3→销去）

5.　│┌─→ * a

6.　││┌→Ga　　　　　　　　　　　（假设）

7.　│││ Ra→Ta　　　　　　　　　　（3 a/x ∀销去）

8.	┃Ga→Da	(4 a/x ∀销去)
9.	┃Da	(6，8→销去)
10.	┃（∃x）Dx	(9 ∃引入)
11.	┃（∀x）（Dx→Tx）	(1，10→销去)
12.	┃Da→Ta	(11 a/x ∀销去)
13.	┃Ta	(9，12→销去)
14.	┃Ga→Ta	(6-13→引入)
15.	（∀x）（Gx→Tx）	(5，14 ∀ 引入)
16.	（∀x）（Rx→Tx）→（∀x）（Gx→Tx）	
		(3-15→引入)

证毕。

这一推理的前提和结论都是复合的量词公式，我们没有直接销去量词，而是先把结论的前件作为假设前提，从而分解了第 2 个前提，然后销量词进行演算，推出结论的后件，得到了结论，使该推理的有效性得到了证明。

5. 当推理的前提或结论中有单称命题时，应用个体常项符号刻画命题公式，而后进行推演。例如：

刘青（a）或者王华（b）是本案凶手（Fx）；没有本案凶手不认识受害者（Rx）；刘青是刚调来的人（Dx）。因此，如果所有刚调来的人都不认识受害者，那么王华是本案凶手。

该推理的形式证明过程为：

1.	Fa∨Fb	
2.	¬（∃x）（Fx∧¬Rx）	
3.	Da	/∴（∀x）（Dx→¬Rx）→Fb
4.	（∀x）（Fx→Rx）	(2 ∃否定)
5.	→（∀x）（Dx→¬Rx）	(假设)
6.	┃Fa→Ra	(4 a/x ∀销去)
7.	┃Da→¬Ra	(5 a/x ∀销去)
8.	┃¬Ra	(3，7→销去)
9.	┃¬Fa	(6，8→销去)
10.	┃Fb	(1，9∨销去)
11.	（∀x）（Dx→¬Rx）→Fb	(5-10→引入)

证毕。

对这一推理前提和结论中的单称命题, 不需要写成量词公式, 所以我们直接把它们刻画成了个体常项公式。

三、假设证明和反证法在证明过程中的运用

在谓词演算的证明中, 假设证明和反证法使用频率较高, 所以, 对于它们的运用, 需要加以说明。

推理的结论为存在量词公式, 宜用反证法。因为否定存在量词公式可以变为全称量词公式, 而销全称量词不受限制, 证明起来比较容易。例如:

1. $(\forall x)(Bx \rightarrow Hx)$
2. $\neg (\exists x)(Hx \wedge Ex)$ $/\therefore (\exists x)(\neg Bx \vee \neg Ex)$
3. $(\forall x)(Hx \rightarrow \neg Ex)$ (2 $\exists$ 否定)
4. $\neg (\exists x)(\neg Bx \vee \neg Ex)$ (反设)
5. $(\forall x)(Bx \wedge Ex)$ (4 $\exists$ 否定)
6. $Ba \rightarrow Ha$ (1 a/x $\forall$ 销去)
7. $Ha \rightarrow \neg Ea$ (3 a/x $\forall$ 销去)
8. $Ba \wedge Ea$ (5 a/x $\forall$ 销去)
9. $Ba \rightarrow \neg Ea$ (6, 7 $\rightarrow$ 联锁)
10. Ea (8 $\wedge$ 销去)
11. $\neg Ba$ (9, 10 $\rightarrow$ 销去)
12. Ba (8 $\wedge$ 销去)
13. $Ba \wedge \neg Ba$ (11, 12 $\wedge$ 引入)
14. $(\exists x)(\neg Bx \vee \neg Ex)$ (4 – 13 $\neg$ 销去)

证毕。

在证明过程中, 可以根据需要, 把假设证明和反证法结合起来运用。例如:

1. $(\forall x)(Ax \rightarrow (Bx \rightarrow (Cx \wedge Dx)))$
2. $(\forall x)((Cx \wedge Ax) \rightarrow (Ex \rightarrow (Hx \wedge Ix)))$
3. $(\forall x)((Fx \wedge Ax) \rightarrow \neg Ix)$
            $/\therefore (\forall x)((Ax \wedge Bx) \rightarrow (Fx \rightarrow \neg Ex))$
4. $*a$
5. $Aa \rightarrow (Ba \rightarrow (Ca \wedge Da))$ (1 a/x $\forall$ 销去)
6. $(Ca \wedge Aa) \rightarrow (Ea \rightarrow (Ha \wedge Ia))$ (2 a/x $\forall$ 销去)
7. $(Fa \wedge Aa) \rightarrow \neg Ia$ (3 a/x $\forall$ 销去)

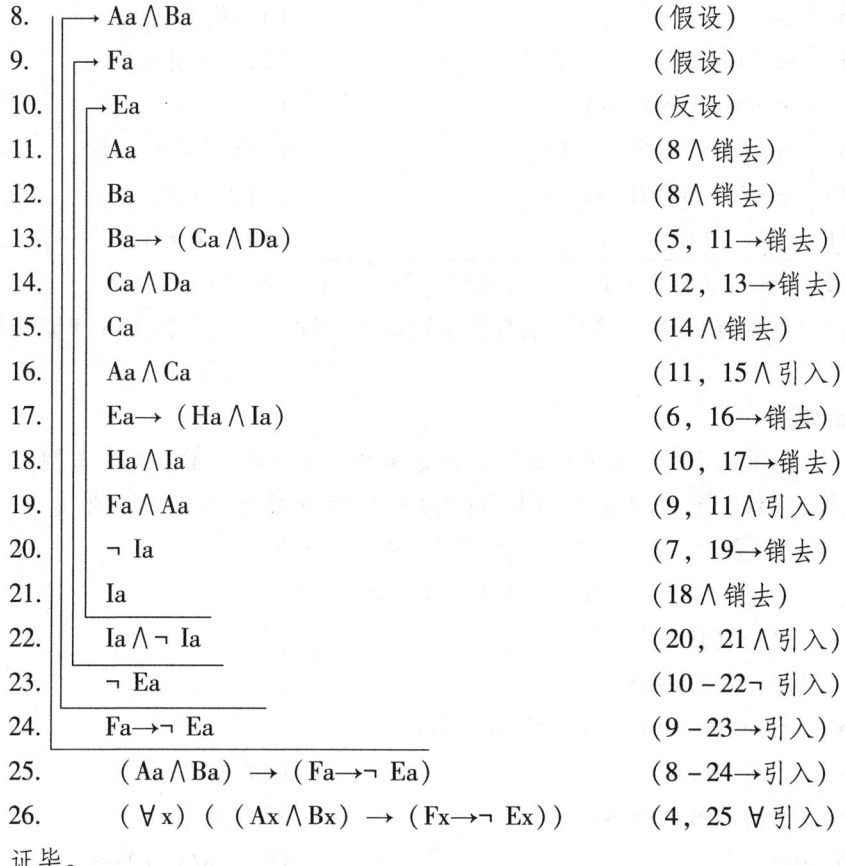

8. Aa∧Ba （假设）
9. Fa （假设）
10. Ea （反设）
11. Aa （8∧销去）
12. Ba （8∧销去）
13. Ba→（Ca∧Da） （5，11→销去）
14. Ca∧Da （12，13→销去）
15. Ca （14∧销去）
16. Aa∧Ca （11，15∧引入）
17. Ea→（Ha∧Ia） （6，16→销去）
18. Ha∧Ia （10，17→销去）
19. Fa∧Aa （9，11∧引入）
20. ¬Ia （7，19→销去）
21. Ia （18∧销去）
22. Ia∧¬Ia （20，21∧引入）
23. ¬Ea （10－22¬引入）
24. Fa→¬Ea （9－23→引入）
25. （Aa∧Ba）→（Fa→¬Ea） （8－24→引入）
26. （∀x）（（Ax∧Bx）→（Fx→¬Ex）） （4，25 ∀引入）

证毕。

四、一元谓词演算的其他作用

与命题演算的证明作用相对应，一元谓词演算也可以由已知前提推出未知结论，还可以验证前提中的逻辑矛盾和证明谓词逻辑定理。例如：

如果某案有些证人（Rx）说了真话（Ex），那么该案所有审判员（Sx）都是不公正的（Gx）；该案有些审判员推理有错误（Tx），但是很公正。

请问：如果该案有些审判员推理没有错误，证人们是否都说了真话呢？

1. （∃x）（Rx∧Ex）→（∀x）（Sx→¬Gx）
2. （∃x）（Sx∧（Tx∧Gx）） /∴（∃x）（Sx∧¬Tx）→？
3. （∃x）（Sx∧¬Tx） （假设）
4. Sa∧（Ta∧Ga） （2＊a/x ∃销去）
5. Sa （4∧销去）

6.	Ga	（4∧销去）
7.	Sa∧Ga	（5，6∧引入）
8.	（∃x）（Sx∧Gx）	（7 ∃引入）
9.	¬（∀x）（Sx→¬Gx）	（8 ∀否定）
10.	¬（∃x）（Rx∧Ex）	（1，9→销去）
11.	（∀x）（Rx→¬Ex）	（10 ∃否定）

12. （∃x）（Sx∧¬Tx）→（∀x）（Rx→¬Ex）（3-11→引入）

由以上推演可知，如果该案有些审判员推理没有错误，那么所有证人都没有说真话。

再如：

某军队作战计划泄密后，经调查得知如下情况：①所有参与制定计划的人（Jx）都是可靠的（Kx）；②只有参与制定计划的人才是泄密者（Mx）；③确实有泄密者，而所有泄密者不是可靠的。

请问：这一组前提中是否有逻辑矛盾？

1. （∀x）（Jx→Kx）

2. （∀x）（Mx→Jx）

3. （∃x）Mx∧（∀x）（Mx→¬Kx）

4. （∃x）Mx　　　　　　　　　　　　　　　　（3∧销去）

5. （∀x）（Mx→¬Kx）　　　　　　　　　　　　（3∧销去）

6. Ma　　　　　　　　　　　　　　　　　　　（4 * a/x ∃销去）

7. Ma→¬Ka　　　　　　　　　　　　　　　　（5 a/x ∀销去）

8. ¬Ka　　　　　　　　　　　　　　　　　　（6，7→销去）

9. Ma→Ja　　　　　　　　　　　　　　　　　（2 a/x ∀销去）

10. Ja　　　　　　　　　　　　　　　　　　　（6，9→销去）

11. Ja→Ka　　　　　　　　　　　　　　　　　（1 a/x ∀销去）

12. Ka　　　　　　　　　　　　　　　　　　　（10，11→销去）

13. Ka∧¬Ka　　　　　　　　　　　　　　　　（8，12∧引入）

由以上推演可知，已调查到的情况中包含逻辑矛盾，依据这些前提推不出令人信服的结论，因此，有关方面必须重新调查，辨明已知情况的真伪，排除其中的逻辑矛盾。

同命题演算可以证明命题逻辑定理一样，谓词演算也可以证明谓词逻辑定理。谓词逻辑定理是不附加任何其他前提，能从自身合乎规则地推演出自身的谓词公式。

下列定理，本书只证两个，其余的读者自证。

定理一：$(\forall x)(Ax\rightarrow Bx)\rightarrow((\forall x)Ax\rightarrow(\forall x)Bx)$。

证明如下：

1. $(\forall x)(Ax\rightarrow Bx)$ （假设）
2. $(\forall x)Ax$ （假设）
3.   *a
4. $Aa\rightarrow Ba$ （1 a/x $\forall$ 销去）
5. Aa （2 a/x $\forall$ 销去）
6. Ba （4，5 $\rightarrow$销去）
7. $(\forall x)Bx$ （3，6 $\forall$ 引入）
8. $(\forall x)Ax\rightarrow(\forall x)Bx$ （2，7 $\rightarrow$引入）
9. $(\forall x)(Ax\rightarrow Bx)\rightarrow((Ax)Ax\rightarrow(\forall x)Bx)$

        （1–8 $\rightarrow$引入）

证毕。

定理二：$(\forall x)(Ax\rightarrow Bx)\rightarrow((\exists x)Ax\rightarrow(\exists x)Bx)$。

证明如下：

1. $(\forall x)(Ax\rightarrow Bx)$ （假设）
2. $(\exists x)Ax$ （假设）
3. Aa （2 * a/x $\exists$销去）
4. $Aa\rightarrow Ba$ （1 a/x $\forall$销去）
5. Ba （3，4 $\rightarrow$销去）
6. $(\exists x)Bx$ （5 $\exists$引入）
7. $(\exists x)Ax\rightarrow(\exists x)Bx$ （2–6 $\rightarrow$引入）
8. $(\forall x)(Ax\rightarrow Bx)\rightarrow((\exists x)Ax\rightarrow(\exists x)Bx)$

        （1–7 $\rightarrow$引入）

证毕。

定理三：$((\forall x)Ax\lor(\forall x)Bx)\rightarrow(\forall x)(Ax\lor Bx)$。

定理四：$(\exists x)(Ax\land Bx)\rightarrow((\exists x)Ax\land(\exists x)Bx)$。

定理五：$((\forall x)Ax\land(\forall x)Bx)\leftrightarrow(\forall x)(Ax\land Bx)$。

定理六：$(\exists x)(Ax\lor Bx)\leftrightarrow((\exists x)Ax\lor(\exists x)Bx)$。

定理七：$(\forall x)Ax\leftrightarrow\neg(\exists x)\neg Ax$。

定理八：¬（∀x）Ax↔（∃x）¬Ax。

定理九：（∀x）¬Ax↔¬（∃x）Ax。

定理十：¬（∀x）¬Ax↔（∃x）Ax。

这里需要说明的是，运用谓词演算的方法，有时不能从给定的前提推出预期的结论，但这并不表明该推理一定无效。因为谓词演算只是判定谓词推理有效性的方法，对于谓词推理无效性的判定，只能寻求其他方法。

第三节　二元谓词演算

二元谓词演算是由二元关系命题公式组成的演算。它形式多样，推理能力更强，可以处理许多一元谓词演算处理不了的有效推理。同一元谓词演算的形式证明一样，一个二元谓词推理，如能根据量词规则和命题逻辑规则，由给出的前提推出预期的结论，说明该推理是有效的。由给出的前提不能推出预期的结论，则说明该推理的有效性未得到证明。

二元谓词演算所遵守的推理规则和运用的分析方法与前面考察的一元谓词演算并无重要差别，因此，本节只是借助实例，介绍这类演算的形式证明。

例1　张三（a）战胜了（Rxy）所有对手（Dx）；马六（b）是对手；所以，张三战胜了马六。

该推理的证明过程为：

1. （∀x）（Dx→Rax）

2. Db　　　　　　　　　　/∴. Rab

3. Db→Rab　　　　　　　（1 b/x ∀销去）

4. Rab　　　　　　　　　（2，3→销去）

证毕。

该推理的结论是个体常项公式，因此不需要加量词。

例2　有些参观者（Px）喜欢（Lxy）每件展品（Dy）；正厅所有陈列品（Ux）是展品；所以，有些参观者喜欢正厅所有陈列品。

该推理的形式证明为：

1. 　　（∃x）（Px∧（∀y）（Dy→Lxy））

2. 　　（∀x）（Ux→Dx）　　　　　　/∴.（∃x（Px∧（∀y）（Uy→Lxy））

3. 　　Pa∧（∀y）（Dy→Lay）　　　　（1＊a/x∃销去）

4. 　　Pa　　　　　　　　　　　　　（3∧销去）

5. 　　　（∀y）（Dy→L ay）　　　　　　　　（3∧销去）

6. ┌→＊b

7. │　Ub→Db　　　　　　　　　　　　　（2 b/x ∀销去）

8. │　Db→L ab　　　　　　　　　　　　（5 b/y ∀销去）

9. │　Ub→L ab　　　　　　　　　　　　（7，8→联锁）
　　└─────────────────

10. 　　（∀y）（Uy→L ay）　　　　　　　　（6，9 ∀引入）

11. 　　Pa∧（∀y）（Uy→L ay）　　　　　　（4，10∧引入）

12. 　　（∃x）（Px∧（∀y）（Uy→L xy））　（11 ∃引入）

证毕。

这一推理属于结论中存在量词在前，全称量词在后的推理形式，其推演过程依次是：销去前提中的存在量词，限定论域，销去全称量词，推出了不带量词的公式，引入全称量词和存在量词，最终使该推理的有效性得到证明。

例3　如果所有法官（Fx）被本案有些被告（Sy）所欺骗（Q xy），那么所有被告都是罪犯（Py）；刘二（a）是本案被告但不是罪犯。所以，所有本案被告没有欺骗某些法官。

该推理的形式证明为：

1. 　　（∀x）（Fx→（∃y）（Sy∧Q yx））→（∀y）（Sy→Py）

2. 　　Sa∧¬Pa　　　　　　　　／∴　（∀y）（Sy→（∃x）（Fx∧¬Q yx））

3. ┌→＊b

4. │┌→Sb　　　　　　　　　　　　　　（假设）

5. ││（∃y）（Sy∧¬Py）　　　　　　　（2 ∃引入）

6. ││¬（∀y）（Sy→Py）　　　　　　　（5 ∀否定）

7. ││¬（∀x）（Fx→（∃y）（Sy∧Q yx））　（6，1→销去）

8. ││（∃x）（Fx∧¬（∃y）（Sy∧Q yx））　（7 ∀否定）

9. ││Fc∧¬（∃y）（Sy∧Q yc）　　　　（8 ＊c/x∃销去）

10. ││Fc　　　　　　　　　　　　　　（9∧销去）

11. ││¬（∃y）（Sy∧Q yc）　　　　　（9∧销去）

12. ││（∀y）（Sy→¬Q yc）　　　　　（11 ∃否定）

13. ││Sb→¬Q bc　　　　　　　　　　（12 b/y ∀销去）

14. ││¬Q bc　　　　　　　　　　　　（4，13→销去）

15. ││Fc∧¬Q bc　　　　　　　　　　（10，14∧引入）

16. ││（∃x）（Fx∧¬Q bx）　　　　　（15 ∃引入）
　　└└─────────────────

17. | Sb→（∃x）（Fx∧¬Q bx）   （4－16→引入）

18. （∀y）（Sy→（∃x）（Fx∧¬Q yx））   （3，17 ∀引入）

证毕。

该推理属于结论中全称量词在前，存在量词在后的推理形式。由于前提中有复合量词公式，所以推演显得比较复杂。其证明过程为，首先限定论域，然后假设结论的前件，在推演过程中根据需要对第 2 个前提引入了存在量词，并将其变换为否定的全称量词式，从而分解了第一个前提，又经量词变换推出了结论的后件，最后引入全称量词，得到了预期的结论。

例 4 有些检察官（Jx）讨厌（T xy）所有律师（Ly）；有些律师是善辩的人（Sy）；所以，有些检察官讨厌有些善辩的人。

该推理的形式证明为：

1. （∃x）（Jx∧（∀y）（Ly→T xy））

2. （∃y）（Ly∧Sy）   ∴（∃x）Jx∧（∃y）（Sy∧T xy））

3. La∧Sa   （2＊a/y ∃销去）

4. Jb∧（∀y）（Ly→T by）   （1＊b/x ∃销去）

5. Jb   （4∧销去）

6. （∀y）（Ly→T by）   （4∧销去）

7. La→T ba   （6 a/y ∀销去）

8. La   （3∧销去）

9. T ba   （7，8→销去）

10. Sa   （3∧销去）

11. Sa∧T ba   （9，10∧引入）

12. （∃y）（Sy∧T by）   （11 ∃引入）

13. Jb∧（∃y）（Sy∧T by）   （5，12∧引入）

14. （∃x）（Jx∧（∃y）（Sy∧T xy））   （13 ∃引入）

证毕。

这一推理属于结论中有两个存在量词的推理形式。其推理过程，仍然先销存在量词，再销全称量词，然后推出不带量词的结论，并分步引入两个存在量词，证明该推理是有效的。

例 5 第一组的任何人（Fx）都能跑过（R xy）第二组的每个人（Gy）；因而第二组的所有人都不能跑过第一组的任何人。

该推理的形式证明为：

1.　　　　（∀x）（Fx→（∀y）（Gy→R xy））

　　　　　　　　　　　／∴　（∀y）（Gy→（∀x）（Fx→¬ R yx））

2.　　　　（∀x）（∀y）（R xy→¬ R yx）　　　　（补充前提）

3.　　　　＊a

4.　　　　Ga　　　　　　　　　　　　　　　（假设）

5.　　　　＊b

6.　　　　Fb　　　　　　　　　　　　　　　（假设）

7.　　　　Fb→（∀y）（Gy→R by）　　　　（1 b/x ∀销去）

8.　　　　（∀y）（Gy→R by）　　　　　　（6，7→销去）

9.　　　　Ga→R ba　　　　　　　　　　　（8 a/y ∀销去）

10.　　　R ba　　　　　　　　　　　　　　（4，9→销去）

11.　　　（∀y）（R by→¬ R yb）　　　　　（2 b/x ∀销去）

12.　　　R ba→¬ R ab　　　　　　　　　（11 a/y ∀销去）

13.　　　¬ R ab　　　　　　　　　　　　　（10，12→销去）

14.　　　Fb→¬ R ab　　　　　　　　　　（6-13→引入）

15.　　　（∀x）（Fx→¬ R ax）　　　　　（5，14 ∀引入）

16.　　　Ga→（∀x）（Fx→¬ R ax）　　（4-15→引入）

17.　　　（∀y）（Gy→（∀x）（Fx→¬ R yx））　　（3，16∀引入）

证毕。

这种推理属于结论中有两个全称量词的推理形式。由于它的前提不足以推出结论，所以我们首先根据"任一 x 能跑过所有 y，则任一 y 不能跑过所有 x"这种关系的反对称性质，补充了第 2 个前提。然后两次限定论域，两次引入全称量词，顺利推出了结论。

最后，让我们回过头来看本章开头所引入的推理：

　　　所有的马（Mx）都是动物（Dx），所以，所有的马头都是动物的头（T yx：y 是 x 的头）。

该推理结论的含义为：对于所有 y 而言，如果存在着 x，x 是马并且 y 是 x 的头，那么存在着 x，x 是动物并且 y 是 x 的头。

其形式证明如下：

1.　　　（∀x）（Mx→Dx）

　　　　　／∴　（∀y）（（∃x）（Mx∧T yx）→（∃x）（Dx∧T yx））

2. ┌→ * a

3. ┌→ (∃x)（Mx∧T ax）   （假设）

4. │ Mb∧T ab   （3 * b/x∃销去）

5. │ Mb→Db   （1 b/x ∀销去）

6. │ Mb   （4∧销去）

7. │ Db   （5，6→销去）

8. │ T ab   （4∧销去）

9. │ Db∧T ab   （7，8∧引入）

10. │ （∃x）（Dx∧T ax）   （9 ∃引入）

11. └ （∃x）（Mx∧T ax）→（∃x）（Dx∧T ax） （3－10→引入）

12.   （∀y）（（∃x）（Mx∧T yx）→（∃x）（Dx∧T yx））

                              （2，11 ∀引入）

证毕。

这一推理的有效性用传统逻辑的方法无法判定，而采用谓词演算的方法就使该推理的有效性得到了证明。这说明现代逻辑比传统逻辑具有更强的推理能力和更大的优越性。

思考题

1. 性质命题与关系命题的逻辑结构有什么区别？
2. 谓词演算应遵守的量词规则有哪些？
3. 全称量词引入规则和存在量词销去规则有什么限制？
4. 在谓词演算的形式证明中如何正确运用量词规则？

练习题

一、用谓词逻辑公式，将下列命题语句符号化

1. 张三（a）是本案涉嫌人（Bx）。

2. 西安（a）是历史古城（Bx），它是陕西的省会（Cx）。

3. 所有教授（Tx）都是有学问的（Px）。

4. 所有的鱼（Ex）都不是龙（Lx）。

5. 有些官员（Gx）是清廉的（Qx）。

6. 有些新闻报道（Bx）不是真实的（Ex）。

7. 只有年满18岁（Mx），才有选举权（Qx）。

8. 如果所有涉嫌者（Sx）到过作案现场（Dx），那么某个涉嫌者（a）必是罪犯（Px）。

9. 总经理（Cx）都有秘书（Sx），但并非只有总经理才有秘书。

10. 遇难者（Nx）中有中国人（Cx）又有外国人（Wx）。

11. 如果甲班有学生（Jx）考试作弊（Kx），那么甲班所有学生都不能获得本年度的奖学金（Hx）。

12. 张建设（a）没有杀害（Fxy）赵丽丽（b）。

13. 柏拉图（a）是亚里士多德（b）的老师（Txy）。

14. 所有老鼠（Lx）害怕（Hxy）所有的猫（My）。

15. 本案所有被告（Bx）没有欺骗（Qxy）所有审判员（Py）。

16. 有些领导（Lx）喜欢（Hxy）所有勤奋的职工（Gy）。

17. 每一参观者（Cx）不欣赏（Fxy）某些展品（By）。

18. 有些总经理（Fx）和有些知识分子（Ty）是朋友（Pxy）。

19. 所有学生（Sx）认识（Fxy）有些老师（Ty）。

20. 每个人（Rx）都有父亲（Fxy），但有的人没有儿子（Sxy）。

二、把下列符号表达式翻译成命题语句

1. $(\exists x)(Ax \wedge Bx \wedge Sx)$

Ax：x 是中国人

Sx：x 是世界冠军

Bx：x 是运动员

2. $(\forall x)((Fx \wedge Gx) \rightarrow (Ex \wedge Bx))$

Fx：x 年满 18 岁

Gx：x 是公民

Ex：x 有选举权

Bx：x 有被选举权

3. $\neg (\forall x)(Bx \rightarrow Fx)$

Bx：x 是被告

Fx：x 是罪犯

4. $\neg (\exists x)(Bx \wedge \neg Dx)$

Bx：x 是筵席

Dx：x 是要散的

5. （∀x）（Px→（∃y）（Ny∧¬Dxy））

　　Px：x 是学生

　　Ny：y 是知识

　　Dxy：x 懂得 y

6. （∃x）（Px∧Fx）∧¬（∀x）（Px→Fx）

　　Px：x 是人

　　Fx：x 是自私的

三、指出下列推理中运用量词规则的错误

（一） 1. （∀x）（Ex→Fx）

　　　2. Ea

　　　3. Ea→Fa　　　（1 a/x ∀销去）

　　　4. Fa　　　　　（2，3→销去）

　　　5. （∀x）Fx　　（4 ∀引入）

　　　证毕。

（二） 1. （∀x）（Ex→Fx）

　　　2. Ea

　　　3. ┌─*a

　　　4. │ Ea→Fa　　　（1 a/x ∀销去）

　　　5. │ Fa　　　　　（2，4→销去）

　　　6. （∀x）Fx　　　（5，∀引入）

　　　证毕。

（三） 1. （∃x）（Ex∧Fx）

　　　2. Ea

　　　3. Ea∧Fa　　　（1＊a/x∃销去）

　　　4. Fa　　　　　（3∧销去）

　　　5. （∃x）Fx　　（4∃引入）

　　　证毕。

（四） 1. （∃x）Ex

　　　2. （∃x）Fx

　　　3. Ea　　　　　　（1＊a/x∃销去）

　　　4. Fa　　　　　　（2＊a/x∃销去）

　　　5. Ea∧Fa　　　（3，4∧引入）

6. （∃x）（Ex∧Fx）（5，∃引入）

证毕。

四、请证明下列一元谓词推理的有效性

（一）1. （∀x）（Fx→Gx）

2. （∀x）（Gx→（Fx→¬Hx））

3. （∀x）（（¬Ix∧Jx）→Hx））

/∴ （∀x）（Fx→（Ix∨¬Jx））

（二）1. （∀x）（Mx→（Wx∨Qx））

2. （∃x）（Mx∧¬Wx）

/∴ （∃x）（Mx∧Qx）

（三）1. （∃x）Fx→（∀x）（Gx→Hx）

2. Fa∧Ga /∴ （∃x）Hx

（四）1. （∃x）（Lx∧Mx）→（∀x）（Qx∨Dx）

2. （∀x）（（Qx∨¬Lx）→¬Mx）

3. （∀x）Mx /∴ （∃x）Dx

（五）1. （∀x）Cx→¬（∃x）Mx

2. （∀x）¬Cx→¬（∃x）Nx

/∴ （∃x）（Mx∧Nx）→（（∃x）Cx∧（∃x）¬Cx））

（六）1. （∀x）（Gx→Jx）∨（∃x）（Gx∧Nx）

2. ¬（∃x）（Qx∧Nx）

3. （∀x）（Gx→Qx） /∴ ¬（∃x）（Gx∧¬Jx）

（七）1. ¬（∃x）（Ax∧¬Fx）

2. ¬（∃x）（Bx∧Fx）

3. （∀x）（Cx→Bx） /∴ ¬（∃x）（Cx∧Ax）

（八）1. （∀x）（Px∨¬Zx）∨（∀x）（Rx→Ix）

2. （∀x）（Px∨Cx）↔（∀x）（Rx→Ix）

3. （∀x）（Zx∧¬Px）

4. （∃x）¬Px /∴ （∃x）Cx

五、先把下列一元谓词推理符号化，再为其构造有效性的形式证明

1. 所有外交官（Dx）都是政府官员（Px）；有些外交官是能言善辩的（Fx）；所有能言善辩的外交官是演说家（Qx）。因此，有些能言善辩的政府官员是演说家。

2. 所有的民事违法行为（Mx）或者是违反合同的行为（Wx），或者是侵权行为（Qx）；有些民事违法行为不是违反合同的行为。所以，有些民事违法行为是侵权行为。

3. 所有有意义的（Mx）非分析命题（Ax）原则上都是可以证伪的（Fx）；宗教命题（Lx）既不是分析的，原则上也不能证伪。因此，宗教命题是没有意义的。

4. 所有精明的（Ax）总经理（Sx）都是点子多（Bx）而又善于决断的人（Cx）；所有点子多的总经理都是思维敏捷的人（Dx）；思维敏捷的总经理容易广交朋友（Ex）；所以，凡精明的总经理容易广交朋友。

5. 美国医生（Dx）或律师（Lx）都是高收入（Wx）的职业者（Px）；没有一位高收入的医生会在街边小摊吃饭（Mx）；没有一位职业者会在旧衣店买衣服（Sx）。所以，没有医生在街边小摊吃饭或在旧衣店买衣服。

6. 所有被盗的自行车（Bx）或者在院内经过改装（Gx）或者用汽车运出大门（Mx）；如果有被盗自行车是用汽车运出大门的，那么所有盗车者（Dx）都是汽车司机（Jx）；至少有一辆被盗自行车没在院内经过改装，所以，所有盗车者都是汽车司机。

7. 如果所有被告（Bx）都到过作案现场（Dx），那么所有说谎者（Hy）都有作案嫌疑（Cy）；如果有些被告是诚实的（Ex），那么所有被告都是外地人（Wx）并且到过作案现场；所有涉嫌者（Sx）都是被告，并且所有目击者（My）都是诚实的。所以，如果有些涉嫌者是目击者，那么所有说谎者都有作案嫌疑。

8. 张明（a）或者刘天（b）是作假证的人（Wx）；没有一个作假证的人是老实人（Ex）；张明是尊重事实的人（Sx），而且所有尊重事实的人都是老实人。所以，刘天是作假证的人。

六、证明下列二元谓词推理形式的有效性

（一）1.（∃x）（Dx∧（∀y）（Sy→¬ J xy））

　　　2.（∀x）（Cx→Sx）　　　／∴（∃x）（Dx∧（∀y）（Cy→¬ J xy））

（二）1.（∀x）（Jx→（∀y）（Sy→T xy））

　　　2.（∀x）（Jx→（∀z）（Ez→¬ T xz））

　　　3.（∃x）Jx　　　／∴（∀y）（Sy→¬ Ey）

（三）1.（∀x）（Hx→Gx）

　　　2.（∃x）（Fx∧（∃y）（¬ Gy∧P xy））

3.　(∀x)（Fx→Qx）

/∴　(∃x)（Qx∧（∃y)（¬ Hy∧P xy））

(四) 1.　(∀x)（Px→（∃y)F yx）

2.　(∀x)（∀y)（F yx→L yx）

/∴　(∀x)（Px→（∃y)L yx）

(五) 1.　(∀x)（Hx→（∀y)（Dy→¬ L xy））

2.　(∀x)（Hx→（∃y)（Ky∧L xy））

3.　(∃x)Hx　　　/∴　(∃x)（Kx∧¬ Dx）

第七章

模 态 逻 辑

模态逻辑是研究由模态词构成的命题及其推理的逻辑学科。模态逻辑属于应用逻辑，是非经典逻辑的一个分支。基于对模态的广狭二义认知，由模态词构成的命题也有广狭之分，相应地，模态逻辑也有广狭之分。狭义的模态逻辑是关于含有"必然""可能"的命题及其推理的科学，通常所说的模态逻辑就是在这个意义上用的。广义的模态逻辑包括关于应该、允许、禁止等的道义模态逻辑，关于知道、相信等的认知模态逻辑，关于过去、现在、将来等的时间模态逻辑。可以说，各种广义模态词的逻辑都可归在其中。今天，这一领域引起了人们越来越多的关注，它们已成为人文社会科学界进行研究时必要的逻辑工具。

考虑到实际使用目的的需要，本书介绍的内容仅限于狭义的模态命题及其推理和道义命题及其推理的基础知识。

第一节　模态逻辑概述

一、模态

"模态"是英文 modal 的音译，源于拉丁语的 modalis，有"形态""式样"之意。具体地说，它是客观事物或人们认识的存在和发展的样式、情状、趋势，是指事物或认识的必然性和可能性等这类性质。模态在人们思维中的反映，表现为一定的认识或观念的模态概念。从语言表达方面来说，模态或模态概念往往通过一定的语词或符号（即模态词）加以表达，例如英语中的"necessity""possibility"，汉语中的"必然""可能"，人工语言中的"□""◇"等都是模态词。人们正是通过识别它们，区分、认知事物或认识的不同模态。

从不同的根据出发，模态可分为下列不同种类：

1. 狭义模态和广义模态。狭义模态，又称真势模态，是关于真的性质的模态。确切地说，它涉及一命题的真假强度（必然真抑或可能真），它是指事物或人的认识的必然性和可能性。广义模态是指与这类似而又有差异的模态，包括关于应该、允许、禁止等的道义模态，关于知道、相信等的认知模态及关于过去、将来等的时间模态。

2. 客观模态和主观模态。客观模态是指客观事物存在的必然性或可能性，如"汽车的速度不可能超过光速"，"如果气体受热，那么气体膨胀，这是必然的"。主观模态是指认识中的确定性或不确定性，如"某甲可能是该案的作案人"，"这个铁矿可能不是富铁矿"。

3. 逻辑模态和非逻辑模态。逻辑模态是指逻辑上的必然性和可能性等，如"生态危机可能会毁灭人类""一个推理，若前提真、推理形式正确，则结论必真"。非逻辑模态是指逻辑之外的模态（如物理的模态、生物的模态、哲学的模态等），如"液体沸腾的原因可能是温度升高，也可能是压力下降"，"生物生存需要氧气是必然的"，"任何事物的运动都必然是有规律的"。

4. 命题的模态与事物的模态。这一区分涉及模态词的辖域，相当于欧洲中世纪逻辑学家对模态所作的 de dicto 和 de re 的分类。de dicto 模态词是指"关于语句的"，附属于整个陈述，所修饰的是意义完整的句子或命题，如"福尔摩斯居住在伦敦是可能的"，这就是命题的模态。de re 模态词是指"关于事物的"，属于那个动词。它表明所谈论的那个陈述断定了一个可能如此这般的现实事物的某种东西。如"福尔摩斯可能居住在伦敦"，这就是事物的模态。

总的来说，模态首先可以分为广义模态和狭义模态，广义模态包括道义模态、认知模态、时间模态等，狭义模态包括客观模态和主观模态，客观模态又分为逻辑的模态和非逻辑的模态，而逻辑的模态又分为命题的模态和事物的模态。本书的内容主要涉及的是狭义模态和广义模态中的道义模态。

二、模态命题

命题是对思维对象有所陈述并且有真假的语句，模态命题是指语句中含有模态内容的命题。从语言形式看，模态命题都含有模态词（如"必然""允许""相信"等）。例如：

（1）3 必然大于 2。

（2）火星上可能有生命。

（3）一切国家机关必须接受人民的监督。

（4）有诉讼权利能力的人可以作为民事诉讼的当事人。

从命题形式的构成看，模态命题都由模态词和经典形式的命题两部分组成。模态命题的形式，就是在经典命题形式中适当的位置上添加模态词而形成的公式。例（1）可形式化为"必然 P"，例（3）可形式化为"必须 P"。

在命题逻辑中，我们知道，由命题联结词连接简单命题所形成的复合命题的真假，是由支命题的真假所唯一决定的。但模态命题由于模态词的增加，其真假并不由其中的支命题所完全决定。也就是说，命题联结词具有真值函项性，而模态词不具有真值函项性。因此，这给我们带来了模态命题理解的复杂性。

模态命题的真假究竟如何确定呢？依克里普克等人的可能世界语义学来看，现实世界是存在于物理的时间和空间里的包括过去、现在甚至将来事实上发生的万事万物的世界，是一种现实存在的事态。可能世界只是某些可能存在的事态，它包括物理上可能的世界和物理上不可能的世界。可能世界是无限多的，现实世界只是可能世界中的一个，是实现了的可能世界。一命题的必然性和可能性，是在某一可能世界中的必然性和可能性。一命题在某一可能世界中是必然的，当且仅当，它在与该可能世界有关的所有可能世界中都是真的；一命题在某一可能世界中是可能的，当且仅当，它在与该可能世界有关的某些可能世界中是真的。因此，应当对模态命题的真假形成这样的认知：一命题的真假是相对的，即描述或反映某一个体或事件的命题有可能在一可能世界中真，而在另一可能世界中假。如"时间、空间必然与物体及观察者运动状态有关"这一时空观念，从牛顿的绝对时空观念这个"可能世界"的角度来说虽是假的，但从狭义相对论的时空观念这个"可能世界"角度来看却是真的。不能再一般地说某一命题是必然的或可能的，而只能说某一命题在某一特定世界中是必然的或可能的。并且说一命题在一可能世界中是必然的，只要求它在与该世界有关的所有可能世界中真，而不再无限制地要求在所有可能世界中真。如某些可能世界与该世界没有关系，即使命题本身在那些可能世界中假，命题本身在那个世界中仍然可以是必然的。如命题在那个与该世界有关系的可能世界中假，那么，命题在该世界中就不再是必然的。

三、模态逻辑的发展

狭义的模态逻辑是关于含有"必然""可能"的命题及其推理的科学，通常所说的模态逻辑就是在这个意义上用的。在这一领域，模态逻辑又分为传统模态逻辑和现代模态逻辑。传统模态逻辑的内容是模态三段论、模态命题及关于模态的某些分析。现代模态逻辑，是在数理逻辑的基础上发展起来的，它研究的内容主要是语法和语义两个方面，语法的研究主要在符号化和公理化方法下考察有关对象的模态形式，建立形式系统，通过形式系统推导出模态词的逻辑规律。C. I. 刘易斯建立的 $S_1 \sim S_5$ 五个模态命题演算系统是这一方面的典型代表。语义方面的研究有多种，其中最重要的是可能世界语义学，它为模态词和模态形式提供了严格的分析手段。克里普克的理论是这方面的典型代表，它标志着现代模态逻辑成为现代逻辑的一个成熟分支。

广义的模态逻辑包括关于应该、允许、禁止等的道义模态逻辑，关于知道、相信等的认知模态逻辑，关于过去、现在、将来等的时间模态逻辑。可以说，各种广义模态词的逻辑都可归在其中。这一领域的主要成果有：1926 年麻里构建的道义公理系统；1951 年冯·赖特提出的两种非经典模态逻辑；20 世纪 50 年代后期坎格尔、欣蒂卡进行的道义谓词逻辑的研究；1955 年朴奈尔提出的时间逻辑；20 世纪 60 年代以后欣蒂卡、奇泽姆进行的认知逻辑研究。

第二节　模态命题及其推理

一、基本模态命题及其种类

这里的模态命题是狭模态命题，也叫真势模态命题，它是反映事物情况存在的必然性和可能性的命题，其中，包含"必然"的模态命题叫作必然命题，包含"可能"的模态命题叫作可能命题。必然命题和可能命题都有肯定和否定的情况。所以，基本模态命题有四种：必然肯定命题、必然否定命题、可能肯定命题、可能否定命题。

1. 必然肯定命题。必然肯定命题是反映事物情况必然存在的命题。例如：

新的社会制度的胜利是必然的。

生物体必然要进行新陈代谢。

必然肯定命题可用公式表示为："S 必然是 P"或"S 是 P 是必然的"，也可以简化为："必然 P"或"$\Box p$"（"$\Box$"是表示"必然"模态词的符号）。

2. 必然否定命题。必然否定命题是反映事物情况必然不存在的命题。例如：

客观规律不依人们意志为转移是必然的。

犯罪必然不利于社会。

必然否定命题可用公式表示为："S 必然不是 P"或"S 不是 P 是必然的"，也可以简化为："必然非 P"或"$\Box \neg p$"。

3. 可能肯定命题。可能肯定命题是反映事物情况可能存在的命题。例如：

今天可能下雨。

长期吸烟可能致癌。

可能肯定命题可用公式表示为："S可能是P"或"S是P是可能的"，也可简化为："可能P"或"◇p"（在这里"◇"是表示"可能"模态词的符号）。

4. 可能否定命题。可能否定命题是反映事物情况可能不存在的命题。例如：

火星上没有生命存在是可能的。

本案的所有被告可能不会上诉。

可能否定命题可用公式表示为："S可能不是P"或"S不是P是可能的"，也可简化为："可能非P"或"◇¬p"。

二、复合模态命题和叠置模态命题

基本模态命题也可以用命题联结词¬、∨、∧、→、↔等联结起来，构成更为复杂的命题。例如：

（1）（在学习科学技术的过程中）入门是可能的，精通也是可能的。

（2）理论研究一旦获得重大突破，就会给生产和技术带来巨大的进步，这是必然的。

（3）如果人必然要死，那么人不可能长生不老。

上述命题可分别符号化为：

（1）◇p∧◇q

（2）□（p→q）

（3）□p→¬◇¬p

叠置模态命题是指对一个已含有模态词的命题再加上模态词。例如：

（4）永动机不可能制造出来是必然的。

（5）生态危机不一定毁灭人类是可能的。

上述命题可分别符号化为：

（4）□¬◇p

（5）◇¬□p

三、基本模态命题之间的关系

以上四种基本模态命题之间也可以用逻辑方阵来表示它们类似于性质命题对当关系的那样一种真假关系。如下图：

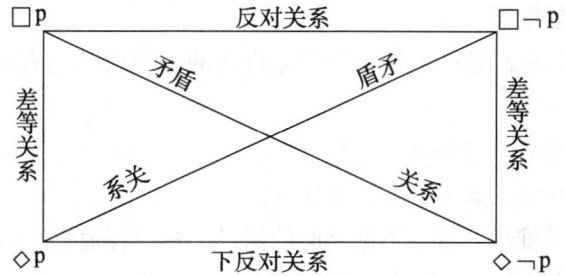

上图表明：

□p 与□¬ p 之间的关系是反对关系，其中，一个真，另一个必假；一个假，另一个则真假不定。

◇p 与◇¬ p 之间的关系是下反对关系，其中，一个假，另一个必真；一个真，另一个则真假不定。

□p 与◇¬ p、□¬ p 与◇p 之间的关系是矛盾关系，其中，一个真，另一个必假；一个假，另一个必真。

□p 与◇p、□¬ p 与◇¬ p 之间的关系是差等关系。即□p 真则◇p 真；□¬ p 真则◇¬ p 真；◇p 假则□p 假；◇¬ p 假则□¬ p 假；其余则真假不定。

根据□p 与◇¬ p、□¬ p 与◇p 之间所具有的矛盾关系，我们还可以得到下列的等值关系：

(1) □p↔¬ ◇¬ p

(2) □¬ p↔¬ ◇p

(3) ◇p↔¬ □¬ p

(4) ◇¬ p↔¬ □p

此外，基于上述（1）和（3）二公式分别的等值性，利用它们则可以把模态词"必然"和"可能"来相互定义。因此，又可以获得下述两个定义：

□p = df¬ ◇¬ p

◇p = df¬ □¬ p

借助这两个定义，还可将含有不同模态词的复合模态命题和叠置模态命题转化为含有单一模态词的模态命题。例如：

□p→◇p，就可以转化为¬ ◇¬ p→◇p 或□p→¬ □¬ p。

□¬ ◇p，就可以转化为¬ ◇¬ ¬ ◇p 或□□□ p。

四、模态命题推理

模态推理是以模态命题的性质为根据进行的前提或结论有模态命题的推理。例如：

> 任何人都必然有缺点。
>
> 所以，任何人都不可能没有缺点。

对于模态命题推理，本书不做全面的探讨，只简要地介绍以下四种：

（一）根据模态逻辑方阵进行推演的模态推理

模态逻辑方阵给出了四种基本模态命题之间的关系，以此为根据，就可以进行简单模态命题之间的推理。下面列出主要的几种（"→"表示推出）：

1. □p→◇p

例如：共产主义必然胜利，所以，共产主义可能胜利。

2. □¬p→◇¬p

例如：作案者必然不会长久地逍遥法外，所以，作案者可能不会长久地逍遥法外。

3. □p→¬◇¬p

例如：不按客观规律办事必然要失败，所以，不按客观规律办事不可能不失败。

以下不再举例：

4. □¬p→¬◇p

5. ◇p→¬□¬p

6. ◇¬p→¬□p

7. □p→¬□¬p

8. □¬p→¬□p

9. ¬◇p→¬□p

10. ¬◇¬p→□p

11. ¬□p→◇¬p

12. ¬□¬p→◇p

13. ¬◇p→¬□p

14. ¬◇¬p→¬□¬p

（二）根据"实然"和"必然""可能"的关系进行推演的模态推理

在日常表达中，实然命题一般不用"实然"词表示，我们用"p"和"非p"分别表示实然肯定命题和实然否定命题。在本书中，我们把实然命题当作非模态命题看待。

虽然实然命题与模态命题在逻辑上有着不同的性质与规定，但它们之间却存在着这样的联系：必然命题真则实然命题真，实然命题真则可能命题真；可能命题假则实然命题假，实然命题假则必然命题假。以此为依据，可以构成以下八种模态推理：

1. □p→p
2. p→◇p
3. ￢◇p→￢p
4. ￢p→￢□p
5. □￢p→￢p
6. ￢p→◇￢p
7. ￢◇￢p→￢￢p
8. ￢￢p→￢□￢p

由以上推理可以看出："必然"的陈述较"实然"的陈述多，"实然"的陈述较"可能"的陈述多。

（三）模态三段论

模态三段论是以模态命题为前提或结论的三段论，它是在三段论系统中引入模态词所构成的新的三段论推理。例如：

　　　　所有故意杀人犯必然有杀人的动机，

　　　　某甲是故意杀人犯，

　　　　所以，某甲必然有杀人动机。

上述就是一个模态三段论。

模态三段论的前提组合有五种情况：

1. 两个前提都是必然命题。

2. 两个前提都是可能命题。

3. 一个前提是必然命题，另一个前提是可能命题。

4. 一个前提是必然命题，另一个前提是实然命题。

5. 一个前提是可能命题，另一个前提是实然命题。

上述实例刻画的就是情况4。这五种情况表明模态三段论的前提组合中有一特点：即两个前提中至少存在一个模态命题。实际推理中，上述五种情况涉及的每一种前提组合都可以像直言三段论那样，形成不同的格式。例如：

　　　　凡犯罪行为都必然是具有社会危害性的行为，

　　　　凡被处以刑罚的行为都必然是犯罪行为，＿＿＿＿＿＿＿＿＿＿＿＿

　　　　所以，凡被处以刑罚的行为都必然是具有社会危害性的行为。

　　这是由两个必然前提组成的模态三段论的第一格的 AAA 式。其形式是：

　　　　凡 M 必然是 P，

　　　　凡 S 必然是 M，＿＿＿＿＿＿

　　　　所以，凡 S 必然是 P。

　　再如：

　　　　凡掩盖案件事实真相的都可能是作案人，

　　　　某甲掩盖案件事实真相，＿＿＿＿＿＿＿＿

　　　　所以，某甲可能是作案人。

　　其形式是：

　　　　凡 M 都可能是 P，

　　　　S 是 M，＿＿＿＿＿＿＿＿

　　　　所以，S 可能是 P。

　　这一实例虽是由一个可能命题和一个直言命题为前提混合组成的模态三段论，但它同样采取了第一格的 AAA 式。

　　与实然三段论不同的是，上述两个推理实例所得结论都带有模态词。这一特点决定了在判别五种不同前提组合的模态三段论的有效性时应有新的规则。实践中人们通常依据所谓的"结论从弱"原则，即模态三段论的结论不得强于前提中较弱的前提，判别的标准即是：必然命题最强，实然命题次之，可能命题最弱。例如：

　　　　有些鸟必然不会飞，

　　　　所有鸟可能都是有翅膀的动物，＿＿＿＿＿＿＿

　　　　所以，有些有翅膀的动物可能不会飞。

　　这个三段论由于有一个可能命题为前提，而它弱于另一必然命题的前提，故结论只能是可能命题。

　　当然，"结论从弱"的原则也有例外情况存在。在前提由必然命题和实然命题构成的模态三段论中，这样的例外情况有二：

　　1. 当大前提是必然命题而小前提是肯定的实然命题时，结论可以是必然命题。

　　2. 当小前提是必然否定命题时，尽管大前提是实然命题，结论仍可以是必然命题。

一般说来，判定一个三段论是否有效，通常根据如下规则：①必须符合直言三段论的一切规则；②如果两个前提都是必然命题，则结论可以是必然命题；③如果前提中有一可能命题，则结论只能是可能命题；④如果一个前提是必然命题，一个前提是实然命题，结论一般只能是实然命题或可能命题；但当小前提是肯定的实然命题而大前提是必然命题，或者小前提是必然否定命题而大前提是实然命题时，结论可以是必然命题。

凡符合上述四条规则的模态三段论都是有效的，而违反其中任何一条规则的三段论都是无效的。

（四）复合模态命题推理和叠置模态命题推理

这两种推理比较复杂，基于教学实践的考虑和篇幅所限，我们不可能对之构建严密的演算系统。这里只列举一些典型的推理形式，依据公式，读者可自己举例。

1. $\Box(p \wedge q) \leftrightarrow (\Box p \wedge \Box q)$
2. $\Diamond(p \wedge q) \rightarrow (\Diamond p \wedge \Diamond p)$
3. $\Box p \vee q \leftrightarrow \Box(p \vee q)$
4. $(\Box(p \vee q) \wedge \Box \neg p) \rightarrow \Box q$
5. $\Box(p \rightarrow q) \rightarrow (\Box p \rightarrow \Box q)$
6. $(\Box(p \rightarrow q) \wedge \Box p) \rightarrow \Box q$
7. $(\Box(p \rightarrow q) \wedge \Box \neg q) \rightarrow \Box \neg p$
8. $\Box(p \rightarrow q) \leftrightarrow \neg \Diamond(p \wedge \neg q)$
9. $(\Box(p \leftrightarrow q) \wedge \Box p) \rightarrow \Box q$
10. $(\Box(p \leftrightarrow q) \wedge \Box \neg q) \rightarrow \Box \neg p$
11. $\Box p \rightarrow \Box \Box p$
12. $\Diamond p \rightarrow \Box \Diamond p$
13. $p \rightarrow \Box \Diamond p$

五、模态命题及其推理在法律工作中的应用

熟悉几种模态命题之间的关系，准确地把握必然、实然、可能命题推广中的有关原则，正确区分模态三段论与直言三段论，对于准确地反映对象的实际情况，正确地运用必然命题和可能命题是大有帮助的。

对于侦查工作来说，只用一般的可能命题作判断还不够，在有些情况下，还得把可能的程度表达出来。比如，在案件侦破过程中，光认为嫌疑人有作案的可能性还不够，还得对具体对象作案的可能性的大小做出估计，从而把作案可能性

大的嫌疑人作为重点审查对象。但应注意，可能性小或较小并不等于不可能，不能轻易予以排除。此外，估计的情况与实际情况也会有出入，案件承办人认为可能性小也许实际可能性并不小，因此，决不可掉以轻心，迷失办案的方向。例如：

  在某地曾发生过这样一起案件：有夫妻二人，家庭经济困难，一天丈夫因事外出，妻子在家被人杀死。丈夫回家后发现妻子被杀，立即报案。办案人员认为，这一家既无财产，又无仇人，凶手来自外部的可能性小，进而推断为杀妻案件，将死者的丈夫逮捕。

这样的推断是不合逻辑的。因为：① "可能性小" 也还是有可能，并非不可能，轻易排除外部作案的可能性是缺乏根据的；②从 "家无财产" 推断出盗窃杀人的可能性小，理由也不充分，因为只有熟人才能知道这一家的经济状况，生人又何从知晓？案件破获后，才知道凶手不是死者的丈夫，而是一伙误认为她家富有而抢劫杀人的歹徒。

总之，实践中不能把可能性小当成不可能，也不能将可能命题当成必然命题，更不能把它们作为定案的根据。正确地运用可能命题，不仅能使我们缩小破案的范围、缩短破案的时间，而且能使我们节省大量的人力和物力，避免侦查工作走弯路，杜绝冤假错案。

第三节　道义命题及其推理

一、道义命题及其种类

在人类社会生活中，人们总要发生这样或那样的行为，而这些行为的履行或不履行总要受到各种各样的道德规范、法律规范、政治规范、纪律规范等规范的有形无形的约束。比如，在我们的社会中，"盗窃" "杀人" "抢劫"，这些行为是法律所不容许的，而 "通信" "经商" "离婚" 等行为是法律所允许的。可以看出，要保证社会的正常发展，由道德、法律、政治等确立起来的一些行为准则就要对人们的行为有所规范。道义，也叫作规范。这些规范表述在人们的日常语言中，往往借助 "必须" "应当" "允许" "禁止" 等语言形式表述出来。如 "允许自由离婚" "禁止买卖婚姻" 等。这些被用来表示约束人们行为的规范的命题就是道义命题。这样的命题在一定的情况下给人们发出某种命令或规定，它显然不同于陈述客观事实、事态的命题。

在这里，"必须" "允许" 等带有规范意义的语词被称为道义词或规范词，这一类词往往表述了人们所承担的某种义务。"必须" "允许" 也是一种模态，只是它与前面所讲的"必然""可能"这类模态不同，前者是真值模态，后者是道义模态。道义模态并不具有真假的逻辑意义，人们一般只用正确与错误或对与错来确定它的值域。

根据所包含的道义词的不同，可以把道义命题分为必须命题、允许命题、禁止命题。每一种道义命题都有肯定和否定的情况，所以，基本的道义命题有六种：必须肯定命题、必须否定命题、允许肯定命题、允许否定命题、禁止肯定命题和禁止否定命题。

1. 必须肯定命题。必须肯定命题是规定某种行为必须履行的命题。例如：

　　学生应当努力学习。

　　街上行人必须遵守交通规则。

必须肯定命题的形式可记作：Op，读作"必须 p"，这里 O 符号（obligation 的缩写）表示"必须"这一规范词，p 表示一命题。

在自然语言中，"应该""一定要…""有…的义务"等语词，一般都能表达"必须"的含义。

2. 必须否定命题。必须否定命题是规定某行为必须不实施的命题。例如：

　　公民的一切行为都必须不违反现行法律。

　　经济合同的约定不得违反行政法规的强制性规定。

必须否定命题的形式可记作：O¬ p，读作"必须非 p"。

3. 允许肯定命题。允许肯定命题是规定某种行为可予实施的命题。例如：

　　公民可以信仰宗教。

　　被告人有权为自己的行为辩护。

允许肯定命题的形式可记作：Pp，读作"允许 p"，这里的大写符号 P（permission 的缩写）表示"允许"这一道义词。

在自然语言中，"可以""准许""有权"等语词，都能表达"允许"的含义。

4. 允许否定命题。允许否定命题是规定某种行为可以不履行的命题。例如：

　　年老体弱者不参加体力劳动是允许的。

　　公民不信仰宗教是允许的。

允许否定命题的形式可以记作：P¬ p，读作"允许非 p"。

5. 禁止肯定命题。禁止肯定命题是规定某种行为不得实施的命题。例如：

　　禁止司机行车转借驾驶执照。

　　公共场所不准乱倒垃圾。

禁止肯定命题的形式可以记作：Fp，读作"禁止 p"。这里的符号 F（forbiddance 的缩写）表示"禁止"这一道义词。

在自然语言中，"不得""不准""不许"等语词，都表达"禁止"的含义。

6. 禁止否定命题。禁止否定命题是规定某种行为不得不实施的命题。例如：

禁止不按交通规则行车。

禁止货运汽车不按规定载人。

禁止否定命题的形式可记作：F¬ p，读作"禁止非 p"。

上述六种道义命题中的道义词在命题中的位置可以有所不同，能够放在命题之前之后或中间。在这六种形式中，由于禁止肯定命题 Fp 同必须否定命题 O¬ p、禁止否定命题 F¬ p 与必须肯定命题 Op 所陈述的规范是相同的，也就是说这两类道义命题之间在逻辑上是等值的，于是，我们能够用 O¬ p 来定义 Fp 和利用 Op 来定义 F¬ p，从而可以把上述六种道义命题归结为下列四种命题形式：

1. Op

2. O¬ p

3. Pp

4. P¬ p

二、复合道义命题及其符号化

道义命题也和一般命题一样，可分为简单道义命题和复合道义命题。简单道义命题就是由简单命题加规范词所组成的命题；复合道义命题就是由命题联结词 ¬ 、∧、∨、→、↔联结由简单道义命题作为支命题组成的命题，它是一种更为复杂的命题。例如：

如果某甲的行为是故意犯罪，那么某甲应负刑事责任。

这一命题可以符号化为：P→Oq。联结词"如果……那么应该"表达的是"承诺"，是一种"条件性的义务"。又如：

如果我们该行某事，那么我们能行某事。

这一命题可以符号化为：Op→◇q，它通过道义命题与模态命题的结合，表达了更为复杂的命题。这一形式的命题通常称作"康德原则"，它表达了"凡是应该做的事情都是能够做的"这一思想。

复合道义命题也可有下列五种形式：

1. 道义命题的否定式。如：¬ Op。

2. 道义命题的析取式。如：P（p∨q）。

3. 道义命题的合取式。如：O（p∧q）。

4. 道义命题的蕴涵式。如：P（p→q）。

5. 道义命题的等值式。如：P（q↔q）。

上述五种形式的命题可以相互结合在一起构成多重道义命题。例如：

> 非法管制他人，或者非法搜查他人身体，或者非法侵入他人住宅都是不允许的。若出现上述行为，受害人可对上述行为阻止或对不法侵害人控告是允许的。

这一多重复合道义命题可符号化为：

$$¬P（p∨q∨r）∧P（（p∨q∨r）→（s∨t））$$

多重复合道义命题的形式很多，这里不再一一列举。

三、道义逻辑方阵——基本道义命题之间的对当关系

道义命题 Op、O¬p、Pp 和 P¬p 在相同素材的情况下，也有类似于性质命题 A、E、I、O 之间的对当关系。我们可以用下图表示上述四种命题之间的关系，该图形叫作道义逻辑方阵。

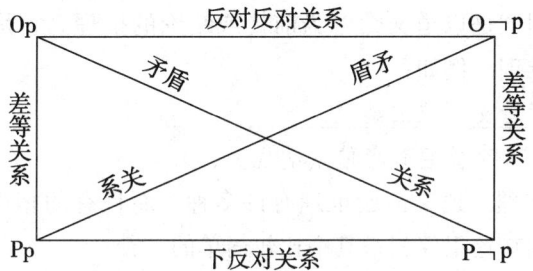

应当注意的是，由于道义命题是表示对一定人的行为的直接命令的命题，因此，它通常不是看作直接表示真假的，只能以正确或不正确来制定它的逻辑值。

上图表明：

1. Op 与 O¬p 之间是反对关系。两者不能都正确，但可以都不正确。

2. Pp 和 P¬p 之间是下反对关系。两者不能皆不正确，但可以皆正确。

3. Op 与 Pp、O¬p 与 P¬p 之间是差等关系。如果 Op 正确，则 Pp 正确；如果 O¬p 正确，则 P¬p 正确；如果 Pp 不正确，则 Op 不正确；如果 P¬p 不正确，则 O¬p 不正确；其余情况皆不定。

4. Op 和 P¬p、O¬p 与 Pp 之间是矛盾关系。既不能两者皆正确，也不能两者皆不正确。

根据 Op 与 P¬p、O¬p 与 Pp 之间的矛盾关系，我们还可以得出如下的等值

关系：

(1)　　$Op \leftrightarrow \neg P \neg p$

(2)　　$O \neg p \leftrightarrow \neg Pp$

(3)　　$Pp \leftrightarrow \neg O \neg p$

(4)　　$P \neg p \leftrightarrow \neg Op$

此外，由于公式（1）与（3）分别是等值关系，因而，我们还可以利用它们将道义词"必须"和"允许"相互定义，这样就有了：

$Op = df \neg P \neg p$

$Pp = df \neg O \neg p$

两个定义，借助于这两个定义，我们就可以将含有"必须"和"允许"这两个道义词的公式转为只含有一个道义词的公式。例如：

$Op \rightarrow Pp$，就可转换为：$Op \rightarrow \neg O \neg p$ 或 $\neg P \neg p \rightarrow Pp$。

四、道义命题推理

道义命题推理就是以道义命题为前提或结论的推理。它是根据道义命题的逻辑性质进行的推理。例如：

　　　　个体经营者必须依法纳税，

　　　　所以，允许个体经营者依法纳税。

就是一道义命题推理。道义命题推理有许多种，而且有的相当复杂。所以，考虑应用的需要我们在这里仅列举其中比较简单的三种：

（一）根据道义逻辑方阵进行推演的道义命题推理

根据道义逻辑方阵中四种道义命题之间的推演关系，即可构成一系列简单的推理。下面列出主要的几种：

1. $Op \rightarrow \neg O \neg p$

例如：适龄青年必须服兵役，所以，并非适龄青年必须不服兵役。

2. $O \neg p \rightarrow \neg Op$

例如：国家干部必须不以权谋私，所以，国家干部不必须以权谋私。

3. $Op \rightarrow Pp$

例如：行人过马路必须走人行横道，所以，允许行人过马路走人行横道。

4. $O \neg p \rightarrow P \neg p$

例如：青少年必须不抽烟，所以，允许青少年不抽烟。

5. $Op \leftrightarrow \neg P \neg p$

例如：医院病区必须保持安静，所以，不允许医院病区不保持安静。

6.　O¬ p↔¬ Pp

例如：共产党员对于批评过自己的人必须不打击报复，所以，共产党员对于批评过自己的人不允许进行打击报复。

7.　Pp↔¬ O¬ p

例如：允许在改革中犯错误，所以，在改革中不必须不犯错误。

8.　P¬ p↔¬ Op

例如：允许子女不随父姓，所以，并非子女必须随父姓。

(二) 复合道义命题推理

复合道义命题推理比较复杂，这里仅列举部分推理形式加以说明，余者读者可依公式自行举例说明。

1.　O（p∧q）↔（Op∧Oq）

这是 O 对于∧的分配律，它们意思是：P 并且 q 是必须的，当且仅当 p 是必须的并且 q 是必须的。

例如："三好学生必须学习好并且思想品德好"与"三好学生必须学习好并且三好学生必须思想品德好"之间可以互推。

2.　P（p∧q）→（Pp∧Pq）

这是 P 对∧的分配律。它的意思是：如果 P 并且 q 是允许的，那么 p 是允许的并且 q 是允许的。

3.　（Fp∧Fq）→F（p∨q）

例如：从"禁止抢劫并且禁止杀人"可推出"禁止抢劫或者杀人"。

4.　（Fp∧Oq）→F（p∧q）

例如：从"禁止偷盗财物并且应该赡养父母"可推出"禁止偷盗财物来赡养父母"。

5.　P（p∨q）↔（Pp∨Pq）

这是 P 对∨的分配律。

6.　F（p∨q）↔（Fp∧Fq）

这是 F 对∨的分配律。

7.　（Op∨Oq）→O（p∨q）

8.　O（p∨q）→（Pp∨Oq）

9.　Op→O（p∨q）

推理形式 9 被称为"罗斯悖论"，它的意思是：如果 p 是必须的，那么 p 或者 q 是必须的。罗斯悖论从逻辑上讲并不悖，只是在自然语言的表达中，当把"或者"

作"并且"理解的情况下就会导致悖论。如从"你必须寄出这封信"推出"你必须寄出或者将它烧掉"时，就会出现悖论式的理解，这一点有违人们的直觉。

10.　O（p→q）→（Op→Oq）

这是道义逻辑的一条公理。它的意思是：如果 p 蕴涵 q 是必须的，那么若 p 是必须的，则 q 就是必须的。

（三）道义三段论

道义三段论就是在三段论推理中引入道义词所构成的三段论，它的特点是，在该三段论的两个前提中，至少有一个道义命题。例如：

> 凡精神病未痊愈者禁止结婚，
>
> 某甲是精神病未痊愈者，
>
> 所以，禁止某甲结婚。

上述就是一个道义三段论推理。

在所有道义三段论中，其前提的组合可以有以下五种情况：

1. 两个前提都为必须命题。

2. 两个前提都为允许命题。

3. 一个前提为必须命题，另一个前提为允许命题。

4. 一个前提为必须命题，另一前提为实然命题。

5. 一个前提为允许命题，另一个前提为实然命题。

上述实例刻画的就是情况 4。实际推理中，上述五种情况涉及的每一种前提组合可以像直言三段论那样形成不同的格与式。例如：

> 凡医务工作者必须具有人道主义精神，
>
> 护士是医务工作者，
>
> 所以，护士必须具有人道主义精神。

这一推理是以一个前提为必须命题，另一个前提为实然命题的道义三段论的第一格的 AAA 式。其形式是：

> 凡 M 必须 P，
>
> 所有 S 是 M，
>
> 所以，所有 S 必须 P。

再如：

> 所有被告都可以为自身辩护，
>
> 有些个体经营者是被告，
>
> 所以，允许有些个体经营者为自身辩护。

其形式是：

　　凡 M 允许 P，

　　有些 S 是 M，
　　────────────────

　　所以，允许有些 S 是 P。

这一推理实例虽是利用一个允许命题和一个实然命题所构成的道义三段论，但它也采取了第一格的形式，它是第一格的 AII 式。

道义三段论还可以有多种形式，读者可以自己举例说明。但应注意，在判定道义三段论的有效性时应遵循以下规则：

1. 必须符合直言三段论的一切规则。

2. 当两个前提都为道义命题时，结论从弱；当一个前提为道义命题，另一个为实然命题时，结论仍可以是道义命题。

五、道义命题及其推理在法律工作中的应用

统治阶级是通过法律具体设定人们的权利和义务来实现其阶级意志的，而要明确表达这种法律上的权利和义务的规范指令则需通过道义命题才能实现。一般来说，凡表达人们的法律权利的命题都是允许命题，凡表达人们法律义务的命题都是必须命题或禁止命题。因此，研究和掌握道义命题及其推理的理论，对于制定、理解和应用法律都具有十分重要的意义。

如同一素材的命题"允许 p"与"允许非 p"在道义逻辑方阵中是一种下反对关系，它们二者可以都正确。由于允许命题所表达的是一种权利的设定，因此，对法律所设定的权利，无论人们实际是否去从事这种行为，它们在逻辑上都是合理的，从法律上讲也都是合法的，都不会受到法律的制裁。如《宪法》第 36 条第 1 款规定："中华人民共和国公民有宗教信仰自由。"这就是一种权利规定。它意味着，对于任一公民，都可以依此规定在信教或不信教之间自由选择，无论他是否信教，在法律上都是合法的。

再如，"必须 p"在法律上是表达了一种法律义务。而在道义逻辑方阵中，"必须 p"与"允许非 p"是一种矛盾关系，二者不能皆正确，也不能皆不正确。因而，当法律规定了某种义务时，如不履行这种义务就是违法的，就会招致法律的制裁。如《宪法》第 56 条规定："中华人民共和国公民有依照法律纳税的义务。"这就意味着依照法律规定应该纳税的公民都必须依法纳税。如果某人应依法纳税而拒不纳税，那么就是违法的，法律就会对其作出制裁。

总之，学好道义逻辑，对于正确的学法、立法、执法、守法都具有重要的意义。

思考题

1. 什么是模态？它有哪些具体种类？

2. 如何从可能世界语义学的角度理解模态命题的真假？

3. 什么是狭义模态命题？它有哪些具体种类和形式？素材相同的狭义模态命题之间的真值关系如何？

4. 什么是道义命题？它有哪些具体形式？

5. 在司法实践中运用狭义模态命题、道义命题应注意哪些问题？

练习题

一、选择题

1. 不可能所有的错误都能避免。

以下哪项最接近于上述断定的含义？（　　　）

A. 所有的错误必然都不能避免

B. 所有的错误可能都不能避免

C. 有的错误可能不能避免

D. 有的错误必然不能避免

2. 美国前总统林肯曾说过这样的话："最高明的骗子，可能在某个时刻欺骗所有的人，也可能在所有的时刻欺骗某些人，但不可能在所有时刻欺骗所有的人。"

如果林肯的断定是真的，那么下述哪项断定是真的？（　　　）

A. 林肯可能在某个时刻受骗

B. 林肯可能在任何时间都不受骗

C. 骗子也可能在某个时刻受骗

D. 不存在某个时间所有的人都必然不受骗

3. 据卫星提供的最新气象资料表明，原先预报的明年北方地区的持续干旱不一定出现。

以下哪项最接近于上文中气象资料所表明的含义？（　　　）

A. 明年北方地区的持续干旱可能不出现

B. 明年北方地区的持续干旱可能出现

C. 明年北方地区的持续干旱一定不出现

D. 明年北方地区的持续干旱出现的可能性比不出现的大

二、指出下列命题各属何种模态命题

1. 畏罪潜逃的罪犯必定不会逃脱法网。

2. 艺术必然是人民大众的。

3. 成功的人可能都是努力奋斗的人。

4. 有些犯罪嫌疑人可能不是罪犯。

三、写出下列模态三段论的形式，并判定它们是否有效

1. 所有的树叶可能都是绿色的，所有绿色的植物都必然含有叶绿素，所以，有些含有叶绿素的东西可能是树叶。

2. 所有的作案者都有作案时间，某甲可能是作案者，所以，某甲有作案时间。

3. 绿色的植物必然能进行光合作用，海洋里的藻类可能是绿色植物，所以，海洋里的藻类必然能进行光合作用。

4. 所有的历史上产生的东西必然最终要死亡，资本主义制度是历史上产生的东西，所以，资本主义制度必然最终要死亡。

四、指出下列命题属于何种道义命题，并用符号表示之

1. 中华人民共和国副主席受主席的委托，可以代行主席的部分职权。

2. 各少数民族选民可以单独选举或者联合选举。

3. 法律规定用书面形式的，应当用书面形式。

4. 禁止对疾病的诊断方法授予专利。

五、下面有两组道义命题，已知每一组的第一个命题是正确的，请根据对当关系，指出其他三个命题正确与否

1.
①进出 C 厂厂门必须出示证件。
②进出 C 厂厂门必须不出示证件。
③进出 C 厂厂门可以出示证件。
④进出 C 厂厂门可以不出示证件。

2.
①W 国的新药制剂允许不交关税。
②W 国的新药制剂必须交关税。
③W 国的新药制剂必须不交关税。
④W 国的新药制剂允许交关税。

第八章

归 纳 逻 辑

第一节　归纳逻辑概述

一、什么是归纳逻辑

本书前面介绍的演绎逻辑，是研究演绎推理和建立在演绎推理基础上的演绎方法的逻辑理论。而本章介绍的归纳逻辑，则是以归纳推理及归纳方法为主要研究对象的逻辑理论。

与演绎推理不同，归纳推理是以真命题为前提推出不必然为真的命题为结论的推理。例如：

（1）科学研究证明：地球与月球之间是相互吸引的；太阳与地球之间是相互吸引的；太阳与月球之间是相互吸引的；地球与火星之间是相互吸引的；等等。于是作出结论：任何两个物体之间都是相互吸引的。

（2）某农场有稻田 800 亩，被附近生产厂排出的有害废水污染，造成大面积减产，在索赔的过程中，为了确定损失数量，有关人员从大田中随机抽取有代表性的样本若干斤，计算出平均每亩损失 400 斤，由此断定：某农场共损失水稻 32 万斤。

（3）很久以前，科学家们考察了很多动物，发现它们的血都是红色的：老虎的血是红色的；猴子的血是红色的；青蛙的血是红色的……于是作出结论：动物的血都是红色的。

以上三个例子都是归纳推理，例（1）前提为真，结论也是真实可靠的。例（2）前提也为真，结论仅仅有一定程度的真实性。因为它只是在大田中随机抽取样本进行考察，却得出了整块大田的索赔数量。这个数量显然不是十分准确的。例（3）的前提同样是真实的，然而结论却是虚假的，因为科学家们后来发现南极洲有一种鱼的血是白色的，同时还发现虾、蜘蛛等动物的血也不是红色的。

由此可知，归纳推理有如下特点：首先，归纳推理的前提必须是真实的，以虚假的前提作归纳，没有任何实际意义。其次，虽然前提为真，据此推出的结论却未必真实可靠，可能为真，也可能为假。最后，即使结论是真实的，那么结论之真也不是前提所保证的，在归纳推理中，前提和结论之间并没有重言式铸成的链条相连接，前提只给结论的真有限度的保证和支持，使结论具有某种程度的可靠性。

归纳推理的前提，一般称为证据，用 e 表示。归纳推理的结论，称为假说或猜想，用 h 表示。归纳前提对结论的支持程度，称为确证度，用 p 表示。确证度的大小，可以通过一定数量的概率值来反映。即 $p(h/e)$，它表示已有证据 e 对提出假说 h 的证明程度。由于 h 与 e 之间是一种不直接依赖于事实观察的、不依赖于相对频率的逻辑分析关系，所以也称逻辑概率，归纳推理的逻辑概率也称归纳概率，具有大于或等于零，小于或等于 1 的性质，即 $o \leqslant p(h/e) \leqslant 1$，归纳概率的大小，体现着前提对结论的不同支持强度，因此，归纳概率也称归纳强度。

归纳推理的最大特点是不能从真前提必然推出真结论，因而，归纳推理的推理形式就不是重言的蕴涵式，对归纳推理的评价就不能以有效、无效来区分。由于归纳推理的前提对结论是一种支持关系，因而，只能以前提对结论的支持程度，即归纳概率的大小，结论是否可靠作为衡量归纳推理的标准。归纳推理的中心任务就在于研究如何使其具有较高可靠性的方法，即怎样增加归纳强度，以及提高归纳推理结论可靠性的一般原则和方法是什么。

如何描述、刻画归纳前提对结论的确证度，古典归纳逻辑与现代归纳逻辑的做法迥然不同。古典归纳逻辑以枚举法为代表，它着眼于定性刻画，即以若干的经验事实为前提，以定性的全称概括做结论。它试图通过制定各种归纳法则来保证人们能够在经验材料的基础上概括出一般结论。现代归纳逻辑以概率、统计归纳推理为代表，它着眼于定量研究，运用概率、统计的定量分析来探讨有限的经验事实对一定范围内普遍原理的证据支持度。使得归纳推理的或然程度能够得到定量的描述、刻画。因而，我们说，枚举法等古典归纳推理的确证度是混沌的、不准确的；而概率归纳推理等现代归纳推理的确证度是清晰的、比较准确的。

除了归纳推理外，归纳逻辑还研究一些与归纳推理相关的归纳方法，如：收集和整理经验材料的方法，求因果五法，求概率的方法，统计的方法，等等。

综上所述，归纳逻辑主要研究各种形式的归纳推理及相关方法，研究推理形式的可靠性及提高归纳可靠性的一般原则。

二、归纳和演绎的区别

归纳推理和演绎推理的主要区别表现在以下三方面：

1. 结论是否超出前提的范围。演绎推理的大前提通常是反映一般原理的知识命题，结论则是反映具体性知识的命题，其结论所反映的知识范围通常不超过前提所提供的范围。因而，通过演绎，可以得到真实、具体可靠的知识。归纳推理则不同，它的前提通常是反映个别知识的经验命题，结论却是反映一般性知识的全称命题，结论所反映的范围往往超出前提所提供的知识范围。因而，通过归纳，可以拓展知识的范围。

2. 结论是否由前提必然推出。演绎推理前提和结论的联系是必然的，前提蕴涵结论，因此，对于有效的推理形式来说，能够保证从真前提推出真结论，其前提对结论的确证度 $p(h/e)=1$，是一种必然性推理。而归纳推理的前提和结论的联系是或然的，它们之间没有蕴涵关系，前提只为结论的可靠程度提供某种支持，因此，归纳推理不能从推理形式上提供从真前提推出真结论的保证，其前提对结论的确证度 $p(h/e)<1$，是一种或然性推理。

3. 结论为真的概率是否受前提多少的影响。归纳推理增加或减少一些前提，会增加或减少结论为真的概率，尽管不同的归纳推理，前提的数量多少对结论的影响程度不同，但没有一种不受其影响。而在演绎推理中，却不会出现这种状况，即前提数量多少对结论的支持程度是相同的。

三、归纳的分类

按照不同的标准，可以对归纳推理作不同的划分。

本书按前提的考察范围，将归纳推理分为完全归纳推理和不完全归纳推理。

完全归纳推理是考察数量有限的某类对象，其中每个对象具有（或不具有）某种属性，而得出这个类的所有对象都具有（或不具有）这种属性的推理。例如：

氦是惰性气体，氖是惰性气体，氩是惰性气体，氪是惰性气体，氙是惰性气体，氡是惰性气体。氦、氖、氩、氪、氙和氡是元素周期表中零族的所有元素。所以，零族的所有元素都是惰性气体。

这种推理形式一般表示为：

S_1 是（或不是）P；

S_2 是（或不是）P；

S_3 是（或不是）P；

……

S_n 是（或不是）P；

S_1—S_n 是 S 类的所有对象。

所以，所有的 S 都是（或不是）P。

　　显然，完全归纳推理的结论断定的范围没有超出前提所断定的范围，其归纳强度 p（h／e）=1，该推理形式只要满足前提真实，且考察的对象没有遗漏，就可以保证从真前提推出真结论。即结论为真的概率为 1，因此，这种推理实质上是一种必然性推理，应归入演绎推理的范围，本章所讨论的归纳推理实际上不包括完全归纳推理。不过，值得注意的是，完全归纳推理具有重要的认识作用，这种推理的结论虽然没有超出前提的范围，但是由于它并非是对前提的简单重复，而是对个别、片面的知识进行概括，提升为一般的知识，是认识的一种飞跃。因而它也可以为人们提供新的知识。另外，由于完全归纳推理的前提与结论的联系是必然的，因而常被用于论证，例如，我们对传统逻辑三段论推理"两个特称前提不能得结论"的规则证明，就运用了完全归纳推理。

　　不完全归纳推理是本章讨论的主要内容，这种推理的前提通常是考察了某类部分对象具有（或不具有）某种属性，而得出这个类的所有对象都具有（或不具有）某种属性，结论所断定的知识范围超出了前提提供的范围，其前提对结论的支持度 p（h／e）通常小于 1，因而前提和结论的联系是或然的，结论不是充分可靠的。

　　按照推出结论的根据不同，不完全归纳推理可分为简单枚举归纳推理、概率归纳推理、统计归纳推理等推理形式。

　　求因果五法为归纳方法，其前提和结论之间的联系具有或然性，类比推理也是属于前提真，结论不必然为真的推理，所以本章一并把它们划入不完全归纳推理予以介绍。

　　下面将分节介绍不完全归纳推理的具体形式。

第二节　简单枚举归纳推理

一、简单枚举归纳推理的定义与结构

简单枚举归纳推理是一种典型的不完全归纳推理。它是根据某类的部分对象具有（或不具有）某种属性，并且没有反例，从而推出该类的全部对象具有（或不具有）某种属性的推理。

例如：

> 人们知道，白菜、大豆、水稻、棉花、柳树、小草都是绿色的植物，又都能进行光合作用，没有遇到相反的情况，于是作出结论：所有绿色的植物都能进行光合作用。

设 S 表示某类对象，用 S_1、S_2、S_3……S_n 表示该类中的单个对象，S_i 表示 S 中的反例，则简单枚举归纳推理的形式如下：

S_1 是（或不是）P；

S_2 是（或不是）P；

S_3 是（或不是）P；

……

S_n 是（或不是）P；

S_1—S_n 是 S 类的部分对象，并且没有 S_i 出现。

所以，所有的 S 都是（或不是）P。

显然，简单枚举归纳推理前提只对结论提供一定程度的支持，结论不是十分可靠的。理由如下：

1. 根据一类对象的部分所具有的特征，推测这类对象的全部都具有这种特征，即由部分推全体，这本身不具有逻辑必然性。因为它预设如下两点：①被断定的那类对象存在某种一致性；②据此推论的部分对象是该类对象的代表。然而，要证明这两点，势必陷入循环论证的泥潭：假如不能证明世界上至少有一种一致性存在的话，怎能证明某种一致性存在呢？假如不知道一个类总体的特点，又怎么能知道这个类的部分具有代表性呢？这就是休谟提出的归纳推理的合理性问题，多少年来，尽管许多逻辑、哲学家为此殚精竭虑，时至今日，仍然没有令人满意的答案。

2. 根据在考察部分对象时，没有遇到相反的事例，而由此假定考察全部对象时也不会遇到反例，这也不具有逻辑必然性。因为，没有发现反例，不等于

没有反例，也无法保证今后不会出现相反的情况。

数学家华罗庚在《数学归纳法》一书中对不完全归纳推理的或然性作过一个通俗的说明，他说：

> "从袋子里摸出来的第一个是红玻璃球，第二个是红玻璃球，甚至第三个、第四个、第五个都是红玻璃球的时候，我们立刻就会出现一种猜想：'是不是这个袋子里的都是红玻璃球?'但是，当我们第一次摸出一个白玻璃球的时候，这个猜想失败了。这时，我们会出现另一个猜想：'是不是袋子里的东西都是玻璃球?'但是，当有一次摸出来的是一个木球的时候，这个猜想又失败了。那时，我们又会出现第三个猜想：'是不是袋子里的都是球?'这个猜想对不对，还必须继续检验，要把袋子里的球全部摸出来，才能见个分晓。"

二、提高结论可靠性的条件

简单枚举归纳推理的结论不是必然可靠的，怎样来提高这种推理结论的可靠程度呢？通常要注意以下条件：

1. 尽量增加列举的数量，扩大列举的范围，结论的可靠程度就越高。因为被考察的对象的数量愈多，范围愈广，越容易把握对象的共性。同时，考察的数量越多，漏掉相反情况的可能性就越小，结论的可靠程度就越高。相反，考察的数量愈小，漏掉反例的可能性就越大，结论的可靠性就愈低。

在增加列举数量的时候，应当尽可能考虑到被列举对象之间的差别，倘若对象之间的差别很小，甚至可以忽略不计，那么考察 1000 个分子和考察一个分子所起的作用就没有什么不同了。只有把一类对象在各种状态下的情况都考察到了，所概括出来的结论才更有说服力。比如，要说明改革开放政策给中国带来的巨大变化，如果只是列举东南沿海地区的实例而忽略中西部的情况，就会犯"轻率概括"的错误，所得结论也没有多少说服力。

2. 适当限制结论的范围，也会提高结论的可靠程度。因为枚举归纳推理的结论是一种假说，能否成立取决有无反例，一旦出现反例结论便被推翻。在这种情况下，将结论的范围由类对象限制为类对象的子类更能排除反例的存在。比如，考察了亚洲的天鹅都是白色的而得出"天鹅都是白色的"结论，就不如得出"亚洲的天鹅是白色的"结论可靠些。

三、简单枚举归纳推理的作用

尽管简单枚举归纳推理的结论不完全可靠，但是这并不妨碍这种推理在实际思维中的广泛运用，主要表现在以下几个方面：

1. 简单枚举归纳推理是科学研究中形成假说的重要认识手段。在科学研究活动中，往往都是从个别现象猜想其一般情况，然后对猜想的结果加以验证，以激励、推动科研工作向纵深发展，大家所熟悉的哥德巴赫猜想就是这样产生的。200 多年以前，哥德巴赫计算了许多偶数，发现它们都能分解为两个素数之和。如 $6 = 3 + 3$，$14 = 13 + 1$，……于是他据此猜测："每个不小于 6 的偶数都是两个素数之和"，这个猜想显然是运用枚举法得出的。然而自然数是不可穷尽的，要从理论上证明它却很难，如今，人类仍没有最后破解这道难题，足见这个猜想的理论价值及产生的深远影响。

2. 简单枚举法是在日常生活中被广泛应用的认识方法。如农产品的试产估收及优良品种的选择，工业品的质量控制和检验。各种社会调查，对案件的分析及法庭辩论都广泛应用着简单枚举归纳推理，不少民间谚语也都是简单枚举的结果。

第三节　科学归纳推理

一、科学归纳推理的定义与结构

科学归纳推理是根据某类中的部分对象具有某种属性，并且这部分对象和属性之间存在着必然联系或因果关系，从而推断该类所有对象都具有某种属性的推理。

例如：

> 人们观察了大量的向日葵，发现它们的花总是朝着太阳，经过研究发现，向日葵的茎部含有一种植物的生长素，它可以刺激生长，又具有背光的特性。生长素常常在背着太阳的一面，使得茎部背光的一面生长快于向阳的一面。于是开在顶端的花总是朝着太阳。因此，所有向日葵的花都朝着太阳。

以上事例，找到了向日葵茎部的生长素具有背光性，是导致向日葵朝向太阳的原因，并由此得出"所有向日葵花都朝向太阳"的一般性结论。

科学归纳推理的形式结构是：

S_1 是 P

S_2 是 P

S_3 是 P

……

S_n 是 P

S_1、S_2、S_3……Sn 是 S 类的部分对象，并且 S 与 P 有

因果联系或必然联系

所以，所有 S 都是 P

二、科学归纳推理与简单枚举归纳推理的区别

科学归纳推理与简单枚举归纳推理都是不完全归纳推理，因而具有共同性，但也有明显区别，其主要区别如下：

1. 推理的根据不同。简单枚举法以观察所得经验知识为依据，按照某类中的部分对象不断重复某种属性，并且没有遇到反例，从而推断该类对象的一般性结论。科学归纳法则是以科学分析为主要根据，它是对观察所得的经验知识进一步分析，找出对象与属性之间的因果必然联系，依此推出该类对象的一般性结论。

2. 前提数量多少对结论的证据支持度不同。在枚举归纳推理中，其前提数量的多少对结论的证据支持至关重要，是一种正相关，而在科学归纳推理中，前提的数量对结论的证据支持无关紧要。只要充分分析和揭示对象和属性之间的因果联系，即使前提的数量不多，也可以归纳出可靠的结论。正如恩格斯所说，10 万部蒸汽机并不比 1 部蒸汽机更多地证明热能转化为机械运动。

3. 结论的可靠程度不同。简单枚举法的结论具有或然性，既可能真，也可能假。而科学归纳法，由于建立在科学分析的基础上，比简单枚举法的结论可靠得多。

第四节　探寻现象间因果联系的逻辑方法

进行科学归纳推理，最关键的是寻找现象之间的因果联系，所谓因果联系是指，如果某一现象的存在必然引起另一现象的发生，则它们之间具有因果关系。其中，引起某一现象的现象叫作原因，被一个现象引起的现象叫作结果。因果联系具有相对性。一个现象对某现象来说是结果，而对于另一现象来说是原因，如爆炸既是火药达到一定温度的结果，又是造成人员伤亡的原因。因果联系在时间上具有先后相继的顺序。即总是原因在前，结果在后。因果联系具有确定性。即一定的原因总是产生一定的结果，而一定的结果总是由一定的原因产生，既无无因之果，也无无果之因。

逻辑学为探寻现象之间的因果关系提供了一定的方法，这些方法是由英国

人约翰·穆勒提炼定型的,称为"穆勒五法",它们是求同法、求异法、求同求异并用法、共变法和剩余法。下面予以介绍。

一、求同法

求同法又叫契合法。它是指被研究现象出现的若干场合中,如果只有一个情况是这些场合共同具有的,那么这个唯一共同的情况就是被研究现象的原因(或结果)。

例如:

> 有人对不同的醋厂做了调查,发现这些醋厂的职工基本上没有癌症患者。对于这些醋厂来说,所处的地区不同,因而土壤、水质、气候、生活习俗也就不同,相同的只是他们天天生活在醋的环境中。由此,人们得出结论:醋是预防癌症的原因。

求同法可用下列公式表示:

场合	先行(或后行)情况	被研究现象
(1)	A, B, C	a
(2)	A, D, E	a
(3)	A, F, G	a
…	…	…

所以,A 是 a 的原因(或结果)

求同法的特点是异中求同。即在被研究对象出现的各种复杂的场合中,寻找共同的情况,以确定其和被研究对象之间的因果联系。应用求同法,应注意两点:①各场合中是否还有其他的共同情况。有时候,在被研究对象出现的各个场合,相同的情况不止一个,而人们往往在发现一个共同的情况后就把它当成被研究对象的原因(或结果),而忽略了隐藏的其他共同情况,这就有可能错误地确定现象之间的因果关系。②进行比较的场合越多,结论的可靠程度越大。因为比较的场合越多,各场合共有一个不相干情况的可能性越小,而共有一个相干的情况可能性越大,结论为真的概率自然越高。

二、求异法

求异法又叫差异法。它是指被研究现象出现与不出现的两个场合,如果其他的情况完全相同,只有一个情况不同,并且这个唯一不同的情况,在被研究现象出现的场合它出现,在被研究现象不出现的场合它不出现,那么,这个唯一不同的情况就是被研究现象的原因(或结果)。

例如：

　　某科研单位为了推广果树剪枝技术，做了如下试验：将一个果园分为两块，对其中的一块进行剪枝，另一块不剪枝，除此之外，这两块地在气候、土壤、光照等自然环境及浇水、灭虫、田间管理等方面完全相同。到了秋后，剪枝的果树比不剪枝的增产三到四成。由此可见实施剪枝是果树增产的原因。

求异法可用下列公式表示：

场合	先行（或后行）情况	被研究现象
（1）	A，B，C	a
（2）	－ B，C	－

　　所以，A 情况是 a 的原因（或结果）

　　求异法的特点是同中求异，即通过排除被研究现象出现和不出现场合的相同情况，从而确定唯一不同的情况与被研究现象具有因果关系。应用求异法，要注意的是：①正反两个场合差异情况是否是唯一的。如果先行或后行情况中还隐藏着另一个差异情况，据此所确定的因果关系就有可能是错误的，就有可能失去真正的原因（或结果）。②要分析唯一不同的情况是被研究现象的总原因还是部分原因。如果只是部分原因，还要通过其他方法找出剩余的原因，以免以偏概全。

三、求同求异并用法

　　求同求异并用法也叫契合差异并用法。它是指有两组事例，在正事例组中，即被研究现象出现的若干场合，只有一个情况是相同的；而在负事例组中，即被研究现象不出现的若干场合中，正事例组中唯一相同的情况都不出现，其他情况不尽相同，那么这个唯一相同的情况就是被研究现象的原因（或结果）。

　　例如：

　　达尔文在研究生物和环境的关系时发现，不同类的生物在相同的环境中，常常呈现出相似的外貌形态及构造。如鱼类中的鲨鱼、爬行类中的鱼龙、哺乳类中的海豚，由于它们长期生活在相同的环境中，外貌很相似：身体都是梭形，都有胸鳍、背鳍和尾鳍。与此相反，同类生物在不同的环境中，常常呈现出不同的外貌形态和习性。如狼、鲸、蝙蝠同属哺乳动物，但由于生活在不同的自然环境中，不仅外貌差异很大，而且生活习性迥异，如狼善奔跑，鲸适于游水，蝙蝠擅长飞翔。达尔文对这两类观察的对象进

行比较，认为生活环境是造就生物外貌形态和生活习性的原因。即相同的
生活环境造就相同的外貌形态及习性，不同的生活环境造就不同的外貌形
态及习性。

求同求异并用法的推导公式如下：

场合	先行（或后行）情况	被研究对象	
(1)	A，B，C，D	a	
(2)	A，C，F，G	a	}正事例组
(3)	A，F，D，C	a	
…	…	…	
(1)	－，B，C，D	－	
(2)	－，D，E，F	－	}负事例组
(3)	－，F，G，D	－	
…	…	…	

所以，A 是 a 的原因（或结果）

求同求异并用法的特点是两次求同，一次求异。分三个步骤：①正事例组
场合求同，即把被研究现象出现的那些场合比较，找出共同的情况 A；②负事例
组场合求同，即把被研究对象不出现的那些场合比较，发现都没有情况 A；③把
正负事例组的结果予以比较，通过求异来进一步确定 A 是 a 的原因。

应用求同求异并用法应当注意：①正负事例组考察的事例越多，其结论越
可靠。因为只有这样，才能排除偶然的不相干因素，找到真正的原因（或结
果）。②负事例组的各个场合，应尽量选择与正事例组较为相似的情况。因为负
事例组的情况是无数多的，其中很多对于探求被研究对象的因果联系并无意义，
只有考察那些和正事例组相似的场合才有意义。

四、共变法

共变法是指，在被研究现象发生变化的各个场合，如果只有一个情况是变
化着的，而其他的情况保持不变，那么这个唯一变化着的情况就是被研究现象
的原因（或结果）。

例如：

英国的物理学家波义耳在实验中发现，在其他情况不变的情况下，压
力增大，气体的体积变小；压力减少，气体的体积增大。他由此提出，压
力的大小是气体体积变化的原因。

共变法可用公式表示如下：

场合	先行（或后行）情况	被研究现象
(1)	A_1，B，C，D	a_1
(2)	A_2，B，C，D	a_2
(3)	A_3，B，C，D	a_3
…	…	…

所以，A 是 a 的原因（或结果）

共变法的特点是以因果联系量的变化为基础。为了提高其结论的可靠程度，应注意如下事项：①与被研究现象发生共变的情况应是唯一的。如果发生共变的情况不是唯一的，就要通过进一步的实验、分析，排除无因果关系的共变情况，确定真正的因果关系；②共变现象常常是有限度的，超过这个限度，共变关系就会消失，甚至会发生相反的变化，如水在4℃~100℃之间是热胀冷缩，而在这个限度之外就可能是热缩冷胀。

五、剩余法

剩余法是指，如果已知某一复合情况与被研究的复合现象具有因果关系，又知该复合情况的一部分与被研究的复合现象的一部分具有因果关系，那么，这二者的剩余的部分也具有因果关系。

例如：

海王星的发现就是运用剩余法的典范。1789 年，天王星发现之后，天文学家发现它的实际运行轨道与根据万有引力定律计算出来的轨道之间有四个地方发生偏离。根据万有引力定律，这些偏离是受到别的天体的引力作用所致。天文学家便把已知的三个偏离因素逐一减去，剩下的一处偏离仍无法排除，天文学家据此推测：天王星运行轨道上的剩余偏离是尚未发现的天体引力作用的结果。由此断定还存在一个未知的天体。后来柏林天文台根据天文学家的计算结果进行观测，果然发现一颗新的行星，它就是海王星。

剩余法的逻辑形式可用公式表示如下：

已知：

复合情况 A，B，C，D 与复合现象 a，b，c，d 有因果关系。

并且：

B 与 b 有因果联系；

　　　　C 与 c 有因果联系；

　　　　D 与 d 有因果联系；
　　　　_____

　　　　所以，A 与 a 有因果联系。

　　剩余法的特点是由余因求余果，或者由余果求余因，它在科学研究中被广泛运用。在运用过程中要注意它的适用条件，即必须确认除复合情况的剩余部分外，被研究现象的剩余部分不能与其他任何因素有因果联系，否则，就不能得出可靠的结论。

第五节　概率归纳推理

一、什么是概率

　　概率就是对随机事件发生的可能性大小作出数量方面测量的量。

　　前边讨论的简单枚举归纳推理、科学归纳推理等，考察的都是确定性事件，即在一定条件下必然发生或者不可能发生的事件。如普通飞机飞不出地球的引力场，一个人抛掷石块，石块最终要掉下来，这是必然事件，即在一定的条件下，每次试验都必然出现的事情。再如，太阳西升东落，种瓜得豆，这是不可能事件，即在一定的条件下，每次试验都不可能出现的事情。必然事件和不可能事件都是确定性事件。简单枚举归纳推理就是对确定性事件的部分个体对象进行考察，要么都发生，要么都不发生，由此可以进行全称概括。

　　然而，在现实生活中，还有另一类事件，它们在一定的条件下可能发生，也可能不发生，是否发生事先不能确定，这种事件称为随机事件。例如，一个足球运动员罚点球，可能罚中，也可能罚不中；抛掷硬币，可能国徽朝上，也可能国徽不朝上。这些都是随机事件。

　　随机事件简称事件，分为简单事件和复合事件。简单事件是特定的独立事件，复合事件则是反映事件之间种种联系的事件。即如果 A 事件发生，必然导致 B 事件发生，则称 A 为 B 的子事件；如果事件 A 与事件 B 中至少有一个发生，则称其为事件 A、B 的和事件；如果事件 A 与事件 B 同时发生，则称其为事件 A、B 的积事件；如果事件 A 与事件 B 必定有一个发生，并且 A 与 B 不能同时发生，就称其为事件 A、B 的互斥事件；等等。复合事件都具备这些性质，即可交换性、可结合性、可分配性。

　　不难看出，每一事件都可表述为相应的命题，简单事件表述为简单命题，复合事件可表述为复合命题。

设 A 表示任意的随机事件，则 P（A）就是随机事件 A 的概率。如果 A 为简单事件，则 P（A）就称为初始概率，初始概率就是不借助数学和逻辑运算从别的概率得到的概率。如果 A 为复合事件，则 P（A）就要通过逻辑演算才能得到。

限于篇幅，在此着重讨论求事件的初始概率。

求事件的初始概率，可以通过由不同情况而形成的不同的概率工作定义而得到，下面我们将介绍古典定义和频率定义。

概率的古典定义（也称先验概率）是指：对于某一随机事件 A 来说，如果总共有 N 个同等可能而且互相排斥的结果，其中有 M 个 A 事件可能出现的情况，那么事件 A 的概率 P（A）就等于 A 可能出现情况与全部可能情况的比率。用公式表示：

$$P（A）=\frac{M}{N}$$

例如：

随便投掷一枚分币，总共有国徽朝上和朝下两种可能，而国徽朝上又是全部可能性的一半，所以，投掷一枚分币国徽朝上的概率为1/2。

再如：

比赛分组，某队从标有 1～10 的号码中任意抽取一个，求抽到前两组这一事件的概率。由于抽到每组的可能性都是相同的，从中任抽一个，总共有 10 种可能，即 N＝10，而抽到前两组的可能性最多是 2，即 M＝2，根据公式，抽到前两组的概率 P（A）$=\frac{2}{10}=\frac{1}{5}$。

古典定义之所以被称为先验概率，是因为获得一事件的概率无需试验。比如，不需要投掷一次或几次分币就可以知道，如果抛掷一次，国徽朝上的概率是1/2。再如，不需要掷几下骰子，就能知道每一次某一面朝上的概率是1/6。这种方法的局限性在于，它假定了全部可能情况都是同等可能的，是等概的。而实际情况并非如此，如某一地区在某一天的天气阴和晴不是同等可能的。英文字母中 E 比 Z 出现的可能性要大得多，在这种情况下，古典定义就不适用。

频率定义是从概率的相对频率理论引进的。它是指对于随机事件 A 来说，如果它在 N 次重复的试验中共出现 M 次，则称比值 M/N 为这 N 次试验中 A 出现的频率。如果大量重复的进行同一试验，事件 A 的频率总是在某个常数 P 附近摆动，则把这个常数称为事件 A 的概率。用公式表示：

$$P(A) = \frac{M}{N}$$

例如，某批计算机的质量检测结果如下：

检查台数（N）	合格品台数（M）	频率 M/N
50	48	0.96
100	94	0.94
150	143	0.953
200	191	0.955
500	475	0.950

由上表可以看出，频率在 0.95 附近摆动，因此，我们说，这批计算机合格品的概率为 0.95。

频率定义是用相对频率的极限来定义概率的。

频率定义的特点是依据过去的情况来预测未来的情况，用已知频率的极限推论未知的概率，因而是对不完全归纳推理加以定量刻画的有力工具。它的局限性是对于"地球将于某时某刻毁灭"这样的不可重复事件无能为力。

根据概率的定义和事件之间的关系，概率具有如下基本性质：

1. 必然事件的概率是 1，不可能事件的概率是 0。

2. 任何事件的概率总是大于或等于 0，小于或等于 1，即 $0 \leqslant P(A) \leqslant 1$。

3. 若两个事件对应的命题是等值的，则它们的概率值也相等。如命题 A 等值于 $\neg \neg A$，则 $P(A) = P(\neg \neg A)$。

4. 如果 A 是 B 的子事件，则 B 的概率大于 A 的概率。即 $P(A) \leqslant P(B)$。因为在这种情况下，A 出现，B 必然出现；而 B 出现时，A 则不必出现。

5. 若事件之间不相容互斥时，则互斥事件 A_1 或 $A_2 \cdots\cdots A_n$ 的概率等于各个支命题的概率之和，即：

$$P(A_1 \vee A_2 \cdots\cdots A_n) = P(A_1) + P(A_2) + \cdots\cdots + P(A_n)$$

$$= \sum_{i=1}^{n} P(Pi)^{[1]}$$

如当"小张去教室"的概率为 1/2。"小张去图书馆"的概率也是 1/2 时，

---

[1] 上式中的符号"Σ"是求和号，读作"西格马"，Σ 的下端 i=1 和上端的 n 表示对 Pi 做加法，i 从 1 开始，一直加到 n 为止。

那么，"要么小张去图书馆，要么小张去教室"的概率 P（A）$= \frac{1}{2} + \frac{1}{2} = 1$。

二、概率归纳推理的定义与结构

概率归纳推理是由某类部分对象具有某种属性的概率推出该类的所有对象都具有这种属性的概率的推理。

例如：

为了测试某种炮弹的命中率，进行发射试验，每次发射40发。第一次命中5发；第二次命中不是5发；第三次命中5发……共发射10次，其中有9次命中5发。即每40发命中5发的概率为 $\frac{9}{10} = 90\%$。由此推断，今后每发射40发这样的炮弹，有90%的可能命中5发。

从以上的例子可以看出，概率归纳推理也是由部分推论总体，由现在推测未来，前提中考察的是一类对象的部分，发现其中有的具有某种属性，有的不具有某种属性，从而计算出被考察部分对象具有某种属性的概率，由此推断该类全部对象具有某种属性的可能性都为这个概率。

设考察的对象为 S，其属性为 P，考察的总次数为 N，事件发生的次数为 M，则概率归纳推理的形式是：

S_1 是（不是）P；

S_2 是（不是）P；

S_3 不是（是）P；

……

S_n 是（不是）P；

$S_1 - S_n$ 是 S 类的部分对象；

N 中有 M 个是 P；

所以，凡 S 都有 M/N 的可能性是 P。

从公式看出，概率归纳推理的结论超出了前提断定的范围，因而也不是十分可靠的，但是，概率推理是以事件出现的可能性大小作出定量刻画为特征的，其结论的真实程度可以通过概率值得到准确的反映。当 M/N = 1 时，表明结论为真命题；当 M/N = 0 时，表明结论为假命题；这时结论均为全称概括，其推理形式已转化为简单枚举，可见简单枚举是概率归纳推理的特殊情形。当 M/N 的值介于 0 与 1 之间，表明结论为概率命题。概率值的大小，标志着结论真实性程度的大小。概率值越大，就越接近真实；概率值越小，越接近虚假。由于概率推理能够比较准确的刻画结论的真实程度，使人们"胸中有数"，从这个意义上讲，它比枚举归纳推理的结论可靠得多。另外，概率归纳推理能够从容的处理反例，具有较大的适应范围，这也是枚举归纳推理望尘莫及的。

三、概率归纳推理应注意问题及其作用

为了进一步提高概率推理的可靠程度，必须注意以下条件：

1. 考察的次数越多，范围越广，结论就越可靠。因为一般是用相对频率的极限去定义概率的，因此，考察的次数越多，范围越广，事件的频率就越接近事件出现的概率，这时才能够通过频率近似正确的把握概率。否则，在观察的次数过少、范围过小的情况下，频率往往偏离概率，与概率不一致，导致"以偏概全"的错误。如刑事社会学派的一些人常以日本学者某年度的一张统计表作为犯罪与气候、月份有关的证据。这张表的统计结果表明：杀人、伤害罪多在4月至9月之间，而杀人罪以7月至9月最多，伤害罪以7月至8月最多。显然，这是不足为凭的，因为它只是某一年度的统计情况，具有偶然性。

2. 注意客观情况的变化。客观事物是不断发展的，概率的推算就不能一劳永逸，也要随着客观情况的变化作相应的调整。如青霉素等许多抗菌素药物，在其发明的当初，对许多传染病患者的治愈率是相当高的，被称为"特效药"，可是，后来随着细菌中能抗药的菌株迅速增多，那些特效药越来越不那么灵验了，抗菌素药物的治疗概率也应做及时调整。

由于概率归纳推理的结论提供的是统计规律性的认识，对我们从量的方面提高处理随机现象的能力，具有广泛重要的作用：如军事指挥员对新式武器命中率的了解，天气预报、地震预测预报、疾病的防治、市场预测、新产品的试制和生产等，都需要用到概率归纳推理。

第六节　统计归纳推理

一、基本概念

在研究统计归纳推理中，首先要弄清楚样本、抽样、平均数等基本概念。

（一）样本与抽样

什么是样本？所谓样本，是指从被考察对象中抽取一部分对象组成的小类。被考察对象的全体称为总体。样本是从总体中抽取出来的，从总体中抽取样本的方法叫作抽样。在统计学中，将构成总体的每个个体对象称为个体单位；总体中个体单位的数目称为总体容量；样本所包含的个体单位数目称为样本容量。

比如，质量管理部门要对某电视机厂生产的5万台彩电作质量评估，他们从5万台彩电中随机抽取500台，对其一一测试，然后统计，计算出各项指标，以此来评估整个5万台彩电的质量。在这个例子中，被考察的5万台彩电是总体，实际检测的500台彩电则是样本，从5万台中选出500台的方法叫抽样。显然，每台彩电就是个体单位，总体和样本的容量分别为5万和500个个体单位。

抽样方法的目的，是想通过对样本的研究，从样本所具有的特征，得出总体也具有这种特征。因此，在选样的过程中，要特别注意样本的代表性，选出能够代表总体的样本。

从理论上讲，样本的代表性与样本的容量是成正比的。样本的容量越大，样本的代表性越大；反之，就越小。如我们从某地调查几百个劳改释放后重新犯罪的人的情况，肯定比从几十个人中调查更有代表性。然而，由于总体中个体单位之间的情况不同，有些差异程度小，有些差异程度大。对象之间的差异程度越小，样本的代表性越大；对象之间的差异程度越大，样本的代表性越小。因此，不能单独从数量上保证样本的代表性，而且，受各方面条件的制约，样本在数量上总是有一定限制。如要测定某种灯泡的使用寿命，因为试验是破坏性的，每只灯泡的使用寿命一旦被测出，该产品也就报废了，故不能大量的选样试验。鉴于上述原因，即总体中个体单位之间的差异性及样本在实际数量上的限制，样本的代表性更重要的取决于抽样方法。

抽样方法要注意以下两点：

1. 要做到随机抽样。就是运用随机的方法对总体的个体单位进行抽选，使每一个个体单位具有同样的机会成为样本的单位。随机抽样又称概率抽样，它与主观立意抽样是对立的。

2. 若总体中的各对象差异较大，则应采用分层抽样的方法。即根据所研究问题的有关性质，把总体分成许多层（即许多小类）再从各层选取样本。分层取样时应注意，每层选取样本应是随机的，数量也应大致均衡。例如，某单位从国外订购的一大批各种型号的计算机出现质量问题，在索赔的过程中，为了确定受损的数目，先按型号把计算机划分为 P_2 型、P_3 型、P_4 型等，然后再从各类中随机抽样，组成样本进行检测，以确定索赔的价款。显然，这种方法是建立在科学分组的基础上，选出的样本肯定是有代表性的。

（二）平均数

平均数是反映总体或样本各单位某方面中心位置的数值。

在运用各种选样方法时，经常会用到求统计平均数（即样本的平均数），统计平均数的种类较多，如算术平均数、调合平均数、几何平均数、加权平均数、中数等。比较常用的是算术平均数和加权平均数。

算术平均数是指样本单位数目之和与这些数据的数目之比值。设各样本单位的数据依次为 K_1，K_2，$\cdots\cdots K_n$，平均数为 $\overline{K}$，则样本的算术平均数为：

$$\overline{K} = \frac{K_1 + K_2 + K_3 + \cdots + K_n}{n} = \sum_{i=1}^{n} k_i$$

例如：

　　某地区 1~6 月份发生的伤害案件的统计数据依次是：53 件、54 件、57 件、63 件、60 件、59 件。则该地区 1~6 月份伤害案件的平均数为：

$$\frac{53 + 54 + 57 + 63 + 60 + 59}{6} = 58 \ （件）$$

算术平均数适用于容量较小，数据值相差不大的一类样本。

加权平均数是指各样本单位数据与一定系数乘积之和与系数之和的比值。系数也称为权数。令相应的权数为 h_1，h_2，$h_3 \cdots\cdots h_n$，则加权平均数可表示为：

$$\overline{K} = \frac{h_1 K_1 + h_2 K_2 + h_3 K_3 + \cdots\cdots + h_n K_n}{h_1 + h_2 + h_3 + \cdots\cdots h_n} = \frac{\sum_{i=1}^{n} h_i k_i}{\sum_{i=1}^{n} h_i}$$

由公式可以看出，加权平均数是将权数考虑在内的算术平均数。例如：

　　某班的期末考试成绩的统计结果是：平均 90 分的 8 人、80 分的 15 人、70 分的 20 人、60 分的 5 人。在此，各档分数就是样本单位的数据，每档分数对应的人数就是权数，则这个班的总平均成绩是：

$$\overline{K} = \frac{8 \times 90 + 15 \times 80 + 20 \times 70 + 5 \times 60}{8 + 15 + 20 + 5} = 77 \ （分）$$

加权平均数适应这样的一类样本：它由数据接近的单位构成各个小类，而各小类单位的数目差距较大。

二、统计归纳推理的定义与种类

统计归纳推理是由样本所具有的数量特征推出总体也具有这种数量特征的推理。

按照推理的根据不同，统计归纳推理有两种常见形式，即基本形式和求平均数的形式。

统计归纳推理的基本形式是指由样本所具有的概率推出总体也具有这种概率的推理。例如：

从国外购进同一型号的一批汽车，这批汽车分三次到货。质检员从每次到货的汽车中随机抽取 100 辆，组成样本进行检测。结果表明：每一次抽取的 100 辆有 98 辆是合格的；第二次抽取的 100 辆有 97 辆是合格的；第三次抽取的 100 辆有 97 辆是合格的；也就是说，在经过检测的 300 辆车中，有 8 辆是不合格的，其合格率为 97.3%。据此推论：这批进口车的合格率为 97.3%。

这就是统计归纳推理基本形式的具体实例，其推理形式如下：

S_1 是（不是）P；

S_2 是（不是）P；

S_3 不是（是）P；

……

S_n 不是（是）P；

$S_1 - S_n$ 是总体 S 中的样本；

N 中有 M 个是 P；

所以，凡 S 都有 M/N 的可能性是 P。

统计归纳推理的基本形式既运用了统计方法，又运用了概率的方法，它反映统计归纳推理最一般、最基本的情形，故由此而得名。从推理的结构形式来看，该推理形式除了样本的环节外，其余与概率归纳推理的结构无异。这恐怕也是不少逻辑书把统计归纳推理的基本形式等同于概率归纳推理的原因。

统计归纳推理的求平均数形式是指由样本的平均数量特征推出总体在该方面的平均数量特征的推理。例如：

某粮食部门接到举报，所属某粮店将霉变的面粉加工掺入好面粉售给市民，遂组成调查组，从该店现有的 2000 袋 10 万斤面粉中，按照面粉摆放的自然层数，每层随机抽取一袋，每袋 50 斤，共 10 袋组成样本进行检验，查出每袋掺入的霉变量是：5 斤、6 斤、4 斤、5 斤、6 斤、5 斤、4 斤、5 斤、5 斤、4 斤，那么，平均每袋的霉变量是：

$$\overline{K} = \frac{5+6+4+5+6+5+4+5+5+4}{10} = 4.9 \text{（斤）}$$

据此推断：总体 2000 袋面粉平均每袋的霉变量为 4.9 斤，霉变总量达 9800 斤。

这是统计归纳推理求平均数形式的具体实例，它由样本所具有的平均数量特征推出了总体的平均数量特征。

设各样本单位依次为 S_1、S_2、S_3……S_n，所对应的数量分别是：P_1、P_2、P_3……P_n，则该推理形式为：

S_1 是 P_1；

S_2 是 P_2；

S_3 是 P_3；

……

S_n 是 P_n；

S_1、S_2、S_3……S_n 是总体 S 的样本；

P_1、P_2、P_3……P_n 是各样本的数量特征；

所以，S 的数量特征是 $\dfrac{P_1 + P_2 + P_3 + \cdots\cdots + P_n}{n}$。

求平均数的统计归纳推理，比较简单的仅用统计方法；比较复杂的既要用统计方法，又要用概率方法，它和基本形式的区别在于：一个着重考察样本的平均数量特征，另一个着重考察样本的概率特征。

统计归纳推理都是从样本过渡到总体的推理，具有不完全归纳推理的特征，即结论（总体）超出了前提（样本）断定的知识范围。归纳概率小于1，因此，结论不是十分可靠的。但是，和简单枚举归纳推理相比较，又有明显的区别：简单枚举归纳推理在对某类对象的部分进行考察时，并没有对被考察对象进行试验和筛选，而以事件的重复和积累作为依据。统计归纳推理采取随机、分层等科学方法时，实际已对样本作了分类和初步研究，所以，统计归纳推理的结论比简单枚举法的可靠程度要高，而且比概率归纳推理的可靠程度也要高。

三、统计归纳推理应注意的问题及其作用

运用统计归纳推理，要注意以下条件：

1. 选样要合理。样本的代表性直接关系到结论的可靠程度。样本的代表性越大，结论的可靠程度越大；反之，就越小，所以，首先要从抽样方法来保证样本的代表性，即要坚持随机原则和分层原则。特别是在司法工作中，涉及的是当事人双方的利益，要防止为了多索赔而抽高不抽低；或者为了少给付而抽低不抽高的主观立意抽样。同时，还应注意尽量加大样本的数量范围。

2. 正确地运用统计数字。统计归纳推理建立在正确的数字分析的基础上，因此，假如以为数不多的数据妄加推断，就会犯"轻率概括"的错误，比如，根据历史上某些年份冬天盗窃案的发案率较高，而得出"盗窃案都是冬天发案率高"的结论显然是有失偏颇的，因为社会学的统计数字是在一定的条件下做出的，不是一成不变的。

统计归纳推理的用途非常广泛，在司法工作中，尤其对那些负赔偿责任的案件，如大面积的烧毁森林、损害农田、鱼塘等，不可能得出十分精确的数据，只能借助统计归纳推理得出大致精确的数据。在日常生活的许多方面，如测定种子发芽率，各种社会调查，森林估积，草原及农田估产，虫灾危害的估算，民意测验等都需要用到统计归纳推理。

第七节　类　比　推　理

一、类比推理的定义与种类

类比推理是根据两个或两类对象的许多属性都相同或不相同，推出它们的其他属性也相同或不相同的推理。

按照推理的依据不同，类比推理分为正类比和反类比两种基本形式。

正类比推理是根据两个或两类对象许多属性都相同，从而推出它们的其他属性也相同的推理。例如：

我国明代的科学家宋应星，在探求声音的传播方式时，用水波来作类比。他说，物之冲气也，如其激水然。气与水，同一易动之物。以石投水，水面迎石之位，一拳而止，而其水浪以次而开，至纵横地犹未歇。其荡气也亦犹是焉。

这是一个正类比推理，宋应星把击物的声音与投石击水的纹浪进行类比，得出了声音在空气中是以波的形式传播的结论。

设 A、B 为两个或两类对象，其相同属性依次是：a、b、c 等，类推属性为 d，其一般推理的形式是：

A 对象具有 a、b、c、d 属性；

B 对象具有 a、b、c 属性；

所以，B 对象也具有 d 属性。

反类比推理是根据两个或两类对象都无某些属性，从而推出它们也无其他属性的推理。例如：

某火场发现一具死尸，经检验口腔、鼻腔、气管内，特别是细支气管和肺泡内没有烧伤过程吸入的烟灰、炭木等异物，气管、支气管黏膜及肺泡壁无充血、水肿现象，没有稠厚的浆液纤维渗出、血管内无透明的血栓形成等。经调查证实，这一尸体不是现场烧伤致死，而是死后焚尸的。当另一火场发现的尸体也有上述特征时，就可以推出该尸体也不是现场烧伤致死的。

这是一个反类比推理，其推理形式如下：

  A 对象不具有 a、b、c、d 属性；

  B 对象不具有 a、b、c 属性；

  所以，B 对象也不具有 d 属性。

正类比和反类比是类比推理的基本形式，在此基础上，派生了类比推理的其他形式：如将正类比和反类比相结合，即根据两类对象都具有某些属性，从而推出它们也具有另一属性；又根据该两类对象都无某些属性，从而推出它们也不具有另一属性，这种推理称为合类比推理。再如，将模型与原型相比较：即从一个对象的属性、关系、结构和功能，通过模型的研究，推广到另一对象上，使它具有类似的属性、关系、结构和功能，这种推理称为模拟类比。又如，将对象之间的关系规律相比较，即以两个对象系统之间某些因果关系或规律性相似进行推演，这种推理称为关系类比。

类比推理都具有如下的共同特征：

1. 作为推理前提所提供的是两个或两类对象的个别性知识命题，并且这两个或两类对象一定有某些相同点，因而可以比较。

2. 结论所断定的知识内容是前提中没有的，其结论超出了前提所断定的范围。因此，当前提为真时，结论未必真，正是在这个意义上，我们把类比推理看成了归纳推理。

二、提高类比推理结论可靠性的要求

类比推理的结论不一定是真实的，不完全可靠。怎样提高类比推理的可靠程度，使结论比较真实呢？逻辑上要求我们注意以下几点：

1. 尽量增加比较对象之间的相同属性。前提中所比较的属性越多，结论的可靠程度越大。因为类比的属性越多，它们的类别越接近，类推的属性就有较大的可能成为两个类比对象所共有的。如世界各国互相移植植物新品种时，总是选择和原产地水、土、气候等诸种因素大致相同的地区引种，相同的属性越多，移植的成功率越高。但是，使用这个条件时，也要加上必要的限制。因为从另一方面看，当类比的属性太多时，类比的启发意义也会随之减小。模拟理论认为，差别太大的模型可能导致谬误，但相当接近的模型又失去了模拟的意义。

2. 类比属性与推出属性要有内在联系。在进行类比时，类比属性与类推属性的关系越密切，相关程度越高，结论的可靠程度就越大。如果达到本质的联系，结论就完全可靠了。否则，仅凭对象之间表面上的相同或相似，就类推其他属性，就要犯"机械类比"的错误。如基督教神学认为，宇宙是由许多部分构成的一个和谐的整体，而钟表也是由许多部分构成的一个和谐的整体，钟表有个创造者，所以宇宙也有一个创造者，它就是万能的上帝。显然，这个类比是错误的，因为类比属性与类推属性是不相干，没有必然联系的。

要做到类比属性与推出属性之间有密切联系，就必须以对象的本质属性相类比，因为对象的本质属性之间是有密切关系的。

3. 尽量寻找有无和推出属性相矛盾的属性，以防止不正确的类推。有时候尽管两个对象有很多共同的属性，但是待推的对象还有一些特殊的属性，它和推出属性是相矛盾的，就不能无视这些矛盾而得出结论。如把地球和月球相比，它们有很多的共同点：都是太阳系的行星，都是球形，都有自转、公转，上面都有空气等，地球上有高等动物，能不能推出月球上也有高等动物呢？不能。因为月球上没有水，空气很稀薄，昼夜的温差很大，白天可达135℃，夜间又降到零下160℃。这些情况都不适合高等动物的生存。即这些情况是和推出属性明显相矛盾的，因此，就不能据此推出结论。

三、类比推理的作用

类比推理的结论虽然是或然的，但是，它在人们的思维实践和认识活动中具有十分巨大的意义。

类比推理是提供假说的重要途径。科学史上的许多重要的理论起初都是受到类比的启发得出的，如惠更斯的光波学说，是受到水波的启发，卢瑟福的原子模型假说，就是把原子结构和太阳系结构类比提出来的。再如，哈维的血液循环理论，达尔文的自然选择说，魏格纳的"大陆漂移"说，都是运用类比推理结出的硕果。

类比推理是创造发明的重要方法。借助类比推理常常会在两个相距甚远的对象之间撞出火花，结出丰硕之果。鲁班发明锯子得益于小草；奥恩布鲁格发明叩诊法是从敲击木桶获得灵感；飞机、潜水艇的最初设计和制造都是与飞鸟、游鱼类比受到启发的。另外，人们根据青蛙的眼睛能跟踪飞虫，制造出"电子蛙眼"跟踪天上的飞机和卫星，仿制人脑制造出电脑，无一不与类比推理有关。

类比推理还是论证的重要手段。人们在日常思维、法庭辩论和科学论证的过程中，往往需要为某种事实或理论作出辩护。其中之一就是类比式辩护，它的基本原理如下：如果某个事实或理论与另一事实或理论类似，其中之一是被证实或确证的，那么与之相似的另一事实或理论可由此获得某种支持。

现代自然科学和工程技术中广泛应用的模拟方法是类比推理的推广和应用。模型方法就是利用模型代替原型，利用对模型的研究间接认识原型的规律。例如，在三峡工程开工以前，为了解决泥沙淤积问题，专家们模拟各个河段的内部结构和外部条件做了许多模型。仅是重庆河段就做了 4 个，进行大型的泥沙物理模型试验以取得各种技术参数，并以此为依据设计出解决泥沙淤积的合理方案付诸实施。这种由模型向原型过渡的类比推理可表示如下：

> 试验模型具有 a、b、c、d 属性；
> 研制原型具有 a、b、c 属性；
>
> 所以，研制原型也具有 d 属性。

现代工程技术不仅由试验模型类推到研制原型，而且也由自然原型的研究类推人工模仿系统，创造了一门仿生学。所谓仿生学，就是专门研究生物系统的结构和功能，并创造出模拟它们的技术系统。如长期以来，建筑师们为大型体育馆和礼堂顶层的技术问题而困扰，后来从鸡蛋的外壳受到启发——它虽然很轻薄，却不易被捏破。由此发明了薄壳结构，用来建筑大型场馆和礼堂，既美观大方，又省料实用。这种由自然原型向技术模型过渡的类比推理表示如下：

> 自然原型具有 a、b、c、d 属性；
> 技术模型具有 a、b、c 属性；
>
> 所以，技术模型也具有 d 属性。

思考题

1. 什么是归纳推理？它与演绎推理的区别是什么？
2. 什么是完全归纳推理？什么是不完全归纳推理？二者有何区别？
3. 什么是枚举归纳推理？它的特征是什么？如何提高结论的可靠程度？
4. 什么是概率归纳推理？它有什么特征？如何提高结论的可靠程度？
5. 什么是统计归纳推理？它的种类及提高结论可靠性的条件是什么？
6. 什么是类比推理？它的种类及提高结论可靠性的条件是什么？

练习题

一、选择题

1. 一位教育工作者撰文表达了她对电子游戏给青少年带来的危害的焦虑之情。她认为电子游戏就像一头怪兽，贪婪、无情地剥夺了青少年的学习与社会交流时间。

以下哪项不成为支持上述观点的理由？（　　）

A. 青少年玩电子游戏机，上课时无精打采

B. 青少年玩电子游戏机，作业错误明显增多

C. 青少年玩电子游戏机，不愿与家长交谈

D. 青少年玩电子游戏机，花费了家里的金钱

2. 有时为了医治一些危重的病人，医院允许使用海洛因作为止痛药。其实，这样做是应该禁止的，因为，毒品贩子会通过这种渠道获得海洛因，对社会造成严重危害。

以下哪个为真，最能削弱以上的论证？（　　）

A. 有些止疼药可以起到和海洛因一样的止痛效果

B. 贩毒是严重的犯罪行为，必将受到法律的严惩

C. 用于止痛的海洛因在数量上与用作非法交易的比起来是微不足道的

D. 海洛因如果用量过大就会致死

3. 人口学家把全国人口按经济指标划分为许多群体。如高龄和低龄群体、单双职工群体、高低收入群体等，这些划分对那些试图在特定目标市场推出产品的市场营销人员可帮了大忙。

下述何者为真，最能支持文中结论？（　　）

A. 人口学家的统计数据往往来自政府部门，可以为市场营销人员合法取得

B. 高收入比低收入层更容易接受新产品

C. 当前的市场营销活动越来越注重目标市场划分

D. 具有不同的经济指标的群体与在其中进行的市场营销活动的成功有很重要的关系

4. 在公元前2700年左右，古埃及人建造了世界八大奇迹之一的金字塔。据考证，建造金字塔共耗用了上万斤重的石块230万块。动用了10万人力，历时20年才得以建成。完成这样巨大的工程是非常艰巨的，它充分反映了古埃及人的组织管理才能。

由上面的叙述可以得出下列哪些结论？（　　）

A. 古埃及人身强力壮且非常遵守纪律

B. 如果当时古埃及有人有良好的运输工具，则还能加快工程进度

C. 大型工程项目的成功对组织管理工作要求特别高

D. 古埃及人建筑设计才能已经达到相当水平

5. 美国一动物保护团体正试图改变蝙蝠在人们眼中的恐怖动物的形象。他

们认为人们害怕蝙蝠乃是由于蝙蝠是一种害羞的动物，只在夜间活动。

如果下列的条件是真实的，哪一个最能致使人们怀疑上述结论？（　　）

A. 蝙蝠不断失去自然栖居地如山洞、大树，因此转而向发达地区栖居

B. 蝙蝠是昆虫的主要天敌，因此它们的活动区域更适合于人的生活

C. 猫头鹰也害羞，只在夜间活动，然而人们却不怕它，不讨厌它

D. 蝙蝠不仅在美国，而且在欧洲、非洲和南美都被视为恐怖动物

6. 在文明的社会，人们即使认为自己的见解比较高明，也经常会顺从别人的意思，这种情况可能发生在公共场合，在充斥了陌生人的聚会中，或者是亲朋好友齐聚的家筵集会中，这种现象代表着文化已经发展到比较复杂的阶段，人们已经能够把自己的切身利益置于众人之下，乍看起来，这似乎是一种无私的表现，但是（　　）。

A. 在某种程度上，它是为个人最终的目的服务

B. 事实就是如此

C. 事实并非如此，它只是无知的表现

D. 它还不如记住许多名字好

7. 根据文物保护法，被作为文物保护的建筑物或其他设施，其所有权即使属于个人，所有者也无权对其进行修缮、装修乃至改建。这一规定采取不允许任何例外的立法形式并不妥当，因为有时有的文物所有者提出对文物进行外观和内部结构的改造，是因为他们确信这样有利于加固和美化文物而提高它们的价值。

以下哪项如果为真，最能削弱上述结论？（　　）

A. 有的文物年久失修，如不及时改造，将严重损害其价值

B. 文化建筑的真正价值在于它是历史的遗迹，对其原貌的任何改变都是降低其价值

C. 一个所有者不能对其所有物进行处置，这是对其基本权利的侵犯

D. 个人所有者往往缺乏对文物建筑进行改造的技术能力

8. 在美国，以前教师、银行职员和秘书都是由男士担任的，后来，随着女士渐渐成为这些职业的主要成员，这些职业的社会地位和收入趋向低落。因此，如果现在美国主要由男士担任的职业如会计、律师和医师也变为主要由女士担任，那么，这些职业的社会地位和收入也将降低。

以下的哪项是上述论证使用的方法？（　　）

A. 通过归谬对某一现象的合理性提出质疑

B. 通过反例驳斥一般性结论

C. 通过类比预测未来

D. 诉诸普通的信念和价值观

二、下列结论是通过何种归纳推理得到的？

1. 地球上的各大洲都有丰富的矿藏。

2. 思维能力人皆有之。

3. 早霞不出门，晚霞行千里。

4. 天下乌鸦一般黑。

5. 两个特称命题做前提的三段论不能必然推出结论。

6. 这批电冰箱98%是合格品。

7. 春夏秋冬，周而复始。

8. 这块大田的粮食产量约为10万斤。

9. 我们班有90%的学生是汉族。

10. 我们学校的大二学生约有20%通过英语四级考试。

11. 该案被烧毁树木约为每亩110株。

12. 去年高考的录取概率约为1/3。

三、分析下列实例，指出它们各属于哪种归纳推理？并写出其逻辑形式

1. 牛顿、爱因斯坦、居里夫人、爱迪生等科学家都为人类做出了重大的贡献。他们有一个共同的特点，就是勤奋。由此可见，为人类做出重大贡献者必须勤奋。

2. 孔子的弟子曾参，曾说过儒家的孝道是"推而放诸东海而准，推而放诸西海而准，推而放诸南海而准，推而放诸北海而准"。后人把曾参的这四句话作了归纳，成了今天常用的成语"放诸四海而皆准"。

3. 某地区种植小麦50万亩。我们按长势将之分为三个等级。其中一类田25万亩，二类田15万亩，三类田10万亩。然后随机从各类田中抽取10亩、8亩、5亩作为样本。这23亩样本平均每亩估产为580斤，由此推论这50万亩小麦的平均亩产量为580斤。总产量约为2.9亿斤。

4. 法国几何学家默比乌斯于1840年提出了"四色定理"。这个定理是：在地图上要把所有的地区按照海洋和陆地的不同国度，用种种颜色加以区别，使相邻的两个地区有不同的颜色，只需要有四种颜色就可满足这一要求。1976年美国数学家阿尔和哈肯用高速的电子计算机运算了1200小时，研究了2000多个组合构形，进行了2亿次判断，穷举了一切可能，终于证明了这一定理（载1979年9月《美国数学会通报》第82卷第3期）。

5. 瓦特通过观察发现水壶里的水沸腾时气可以把壶盖顶起来的现象，由此而联想到：制造一个大的水蒸汽机可以推动更大的机器运转，由此导致了蒸汽机的发明。

6. 某热水器厂生产了 1 万个热水器，检查员从中随意抽取 500 个进行检查，结果发现有 450 个是合格的。由此推断：产品的合格率是 90%。

7. 某高校的月工资分别为：教授 1000 元，副教授 800 元，讲师 600 元，其他人员 400 元。各类人员的数目依次是：教授 50 人，副教授为 100 人，讲师为 200 人，其他人员 200 人，则该校的平均工资为：

$$\frac{100 \times 50 + 800 \times 100 + 600 \times 200 + 400 \times 200}{50 + 100 + 200 + 200} = 600（元）。$$

8. 从一批标有号码（1~50）的产品中任意抽取一个，那么，抽取前 10 号这一事件的概率是 $P（A）= \frac{10}{50} = \frac{1}{5}$。

四、下列推理能否成立？为什么？

1. 1979 年 3 月美国三里岛核电站发生严重事故；1986 年 4 月苏联切尔诺贝利核电站也发生了严重事故。所以，目前世界上正在运行的核电站都会发生严重事故。

2. 有人发现蝗虫、螟虫、蚜虫等昆虫是危害农作物的，于是得出结论：所有的昆虫都是危害农作物的。

3. 神学家比西安·亚雷在说明地球是太阳系中心时作了这样的论证：太阳被创造出来是为了照亮地球，就像人们总是移动火把去照亮房子，而不是移动房子被火照亮一样，因此，只能是太阳绕着地球转，而不是地球绕着太阳转。

4. 牵牛花是在黎明 4 时左右开放；野蔷薇是在黎明 5 时左右开放；龙葵花是在清晨 6 时左右开放；芍药花是在清晨 7 时左右开放。我们观察了许多花，它们开放的时间虽然不同，但都有固定的开花时间，由此可推知各种花都有一定的开放时间。

5. 有人拿鲸和鱼相比，看到它们有许多相同之处：都生活在水中，体形相似，因此，鲸也是鱼。

五、下列的研究活动，应用了哪种求因果联系的逻辑方法，可得出什么样的结论？

1. 一位心理学家曾做过这样一项实验，他把一群生活条件相同，饲养方法相同的同种狗分成两组，对其中的一组狗做手术，切除它们的大脑皮质，另一组则不做这种手术。心理学家发现，做了手术的那一组狗失去了条件反射，另一组未做手术的狗有条件反射。

2.19 世纪，德国有机化学家李比希到英国考察绘画颜料柏林蓝的制造过程，在工厂里，他看到工人用一根铁棍在装配好的有机溶液的大锅里搅拌，搅拌时发出很大的声响，李比希觉得很奇怪。后来工人对他说，搅得声音越大，柏林蓝的质量越好。李比希认为搅拌声响的程度只不过是表面现象，通过进一步分析，他发现，搅得声音越大，无非是用铁棍使劲蹭锅，把更多的铁屑蹭下来，使铁屑与有机溶液化合而制成柏林蓝。

3.20 世纪初，科学家为了研究甲状腺肿大的原因，对疾病流行地区进行了调查研究，结果发现，这些地区的人口、气候、地理位置等各不相同，但有一个共同情况，就是这些地区的饮水中缺碘，土壤与河流中都缺碘。

4.1885 年，德国夫顿堡矿业学院的矿物学教授威斯巴克发现了一种新矿石，他首先请当时著名化学家李希特对矿石作定性分析，发现其中含有银、硫和微量的汞等。后来，他又请文克勒作一次精确的定量分析，一方面证明李希特对矿物成分的分析是正确的，但另一方面又发现，把各种化验出来的已知成分按百分比加起来，始终只得93%，那么剩余的7%必定是由矿物含有的某种未知元素所构成。于是，他对矿石进行分离和提纯，终于得到了新元素。

5. 户外植物的叶子一般是绿色的，但把马铃薯、白薯、葱头、萝卜等放在地窖中，它们发芽长出的叶子都没有绿色。田里的韭菜、蒜都有绿叶，但在暗室里培养出来的韭菜、蒜都是黄色的。把一株在户外生长的有绿叶的植物移入暗室，它们的绿色渐渐退去；若在把它移至户外，则绿色逐渐恢复。

六、运用归纳推理的有关知识分析、回答下列问题

1. 老师傅为了测验两个徒弟哪一个聪明，就对他们说："给你们俩每人一箩筐花生去剥皮，看每粒花生仁是不是都有粉衣包着？"

大徒弟听完，赶紧搬筐回家，连饭也顾不上吃，急忙剥起来。二徒弟却不慌不忙地搬着箩筐走回去，边走边想，然后把三个仁的、两个仁的、一个仁的分别拣了八粒，总共不过一把，把几种不同类型的花生剥开了，发现它们无一例外地都有粉衣包着。

大徒弟从早剥到晚，才把一箩筐花生剥完，就急忙到师傅那里去报告。到那一看，师弟已在师傅那里了。

请问：这两个徒弟各用什么推理形式推出结论的？谁更聪明呢？

2. 德国著名的数学家卡尔·弗里德里希·高斯（1777～1855 年）10 岁那一

年，有一次，上算术课，老师给高斯班里这几十个孩子出了一道算术题，他要孩子们计算一下：

$$1 + 2 + 3 + 4 + \cdots\cdots + 97 + 98 + 99 + 100 = ?$$

老师刚把题目说完，小高斯高举起手来，报出算题的答案是：5050。

高斯告诉大家：他发现 1 到 100 这一百个数，有一个特点，那就是：依次把头尾两个数加起来都等于 101，而这样的数正好有 50 对。这也就是说，在 1 到 100 中有 50 对 101，因此，这一百个数的总和就是：$101 \times 50 = 5050$。

请问：在这里，少年高斯是运用了什么推理形式进行计算的？

3. 有一天，苏东坡去看宰相王安石，恰好王安石出去了。苏东坡在王安石的书桌上看到了一首菊诗的草稿，才开头写了两句：

西风昨夜过园林，吹落黄花满地金。

苏东坡想："西风"就是秋风，"黄花"就是菊花，菊花最能耐寒、耐久，敢与秋霜斗，怎么会被秋风吹落呢？说西风"吹落黄花满地金"是大错特错了。于是提起笔来，续诗两句：

秋花不比春花落，说与诗人仔细吟。

王安石回来以后，看了这两句诗，心里很不满意。他为了用事实教训一下苏东坡，就把苏东坡贬为黄州团练副使。苏东坡在黄州住了将近一年，到了九月重阳，这一天大风刚停，苏东坡到后园赏菊。只见菊花纷纷落瓣，满地铺金。这时他才想起给王安石续诗的往事，才知道原来是自己错了。

请问：从归纳推理的角度，苏东坡的续诗错在哪里？

4. 1936 年，罗斯福与兰登竞选总统时，美国的《读者文摘》杂志举行了一次民意测验。他们根据全国各地的电话簿，寄出 1000 万张样本选票。其中 200 万张寄回的选票的统计结果表明，兰登比罗斯福占有明显的优势。但后来罗斯福却以 60% 的选票当选。

请问：《读者文摘》的预测为什么会失败呢？（提示：1936 年美国的经济正值萧条时期，拥有电话的人一般在经济上属于上层。）

5. 19 世纪末美西战争时期，在美国曾有人认为：战时在海军中服役的人比一般的居民还安全。这一说法引用了下列统计数字：这一时期中海军士兵每千人死亡了 9 人，而纽约市居民中每千人死亡了 16 人。然而，这种说法包含着一个明显的漏洞，即一般居民所包括的老人、婴儿和病人的死亡率都是较高的，而海军士兵都是青年人，并且入伍时，经过体检，已证明都是健康的。

请问：这一说法所包含哪些逻辑错误？试分析之。

第九章
假说与侦查假设

第一节 科学假说

一、假说及其特征

假说是学术界早已定论的建立科学理论的方法。在科学研究中，为了发现现象的规律，总在一系列经验材料的基础上，以一定的事实为依据，应用各种归纳的和演绎的推理，对要研究的现象提出初步的看法。通常假说被理解成某种推测或关于现象间联系、事物的规律性等的可能性命题。在科学发展史上，真正科学的假说是人们根据已有的事实材料和科学原理对新事物产生的原因及规律所作的假定性、预测性说明。这种假定性说明，如果能得到已有科学理论和实践的证明便上升为科学理论。如爱因斯坦的相对论、达尔文的进化论等都是假说转化为科学理论的例子。

科学史上还有许多至今尚未被完全证实的假说。如魏格纳在 1915 年完成了他的代表作《海陆的起源》，并在这本书中提出了他的大陆漂移假说：大陆是由较轻的刚性的硅铝质组成，漂浮在较重的黏性的硅镁质大洋壳之上。全球大陆在古生代以前是连接在一起的原始世界洲，可能由于地球自转时的离心力或潮汐力影响，至中生代末期，这个原始大陆破裂，产生了离极漂移和向西漂移，逐渐形成了今日世界海陆分布的样子。根据大陆漂移假说，大西洋两岸轮廓线极其相似就得到很好的说明。

20 世纪 60 年代，在大陆漂移说基础上又发展起了板块构造说。该假说对海陆变化及至整个地壳运动都作出了新的解释。板块构造说认为：洋底和陆地都是岩石圈的一个组成部分，并将整个岩石圈分为六大板块：亚欧板块、太平洋板块、印度洋板块、非洲板块、美洲板块和南极洲板块。构造说认为，不仅大陆处在飘移过程中，洋底也在不断地扩张和运动，而促使板块运动的动力就是地幔对流。这种学说能解释火山带、地震以及山脉的形成等许多现象。根据这种学说，喜马拉雅山就是在印度板块和亚欧板块相互作用下而形成的。无论是"大陆漂移说"还是"板块构造说"，它们的理论体系中仍然存在一些疑问，也尚未得到科学家的普遍认可，还需进一步通过实践的检验，所以，还属于科学假说。

从以上实例中，我们可以看到假说的一些基本特征：

1. 假说是根据大量事实和已有的科学知识，对被研究的对象进行创造性的，但又合乎逻辑的探索。假说不能违背已有事实和科学知识，更不能与它们相矛盾。假说不是迷信，更不是神话和妄说。科学假说与毫无事实根据及没有科学依据的幻想、胡说是根本不同的。

2. 假说具有推测的性质。假说是一种并非现实可靠的知识，必须将它与已经验证的科学定律和理论区别开来。尽管假说建立在事实上，但它并不局限于事实本身，而是张开思维的翅膀，解释过去、预测未来。对假说即使分析准确、论证严密，在其没有经实践证明以前还不是科学理论。正如恩格斯指出的："哥白尼的太阳系学说有 300 年之久一直是一个假说，这个假说尽管有 99%、99.9%、99.99% 的可靠性，但毕竟是一种假说。而当勒维烈从这个太阳系学说所提供的数据，不仅推算出一定还存在一个尚未知道的行星，而且还算出这个行星在空中位置时，当后来加勒确实发现了这个行星时，哥白尼的学说被证明了。"[1] 所以，假说的推测性质，决定了它的结论只能是或然的，有待于实践检验的。

3. 假说是思维的复杂形式。一个假说要经过一系列推理才能完成。像"哥德巴赫猜想"就是应用简单枚举归纳推理得到的。因此，假说的思维过程可以说是一种复杂的推理过程。

假说分为解释性假说和预测性假说两种：

1. 解释性假说就是在已掌握的事实材料的基础上，对已存在的事物现象及其规律性作出的假定性解释及说明。如人的脑细胞中，有一种脂肪代谢产生的废物，即脂褐质色素。过去一般认为脂褐质色素是一种老年性色素。但令人困惑不解的是，即使在刚出生的婴儿脑中也发现有该色素的存在。这样一来，关于脂褐质色素是否属于老年色素的问题争议很大。我国著名神经生理学家张香

---

[1]《马克思恩格斯选集》第 4 卷，人民出版社 1972 年版，第 222 页。

桐提出了关于脂褐质色素的新假说。他认为：在正常脑细胞中，脂褐质色素有一个产生、消亡的循环过程。这是正常的生理现象。只有当这一循环过程在某一环节被打断时，脑细胞中的脂褐质色素才会聚积起来。它积累增多以致影响了细胞的正常功能，使人体出现种种衰老现象。这就是解释性假说的例子。

2. 预测性假说就是对目前尚未存在而将来会出现的事物现象作出的推测和预言。如有人根据 21 世纪以来分子生物学、生物物理学、生物化学等基础研究的发展，以及农学、医学、生物学的互相交叉等情况，作出了关于生物学主要发展方向的推测：①从物理学角度研究生命现象；②研究多细胞体系互相适应的机能和形态；③研究脑等高级神经系统；④研究生物与环境的关系；等等。该假说就是预测性假说。

二、假说建立的步骤

一个假说的构成，一般会经历三个步骤：

（一）提出基本假定

对已有的事实材料进行分析，提出能说明这些事实材料的初步论断，这个初步论断就是基本假定。

如大夫给病人看病，为了确定病因，就要对病人进行询问、观察，并借助于医疗仪器进行化验、透视等，这些都是已有的事实材料，根据这些已有材料，得出一个诊断结论，这个结论就是基本假定。

又如，17、18 世纪以来，关于气体运动的情况人们进行研究后掌握了一定的事实材料，但直到 1857 年，克劳胥斯才根据当时的已有材料，提出了气体分子运动的基本假定。他认为气体由极小的分子组成，这些分子是自由运动、永不停止的。

值得注意的是，在提出基本假定时，经常要运用归纳、类比、演绎等推理。例如，科学家把大气和海洋作了类比，认为它们有许多共同之处，然后根据万有引力定理和海洋潮汐理论推出：海洋潮汐的引潮力同样可以引起大气的潮汐振荡。这就是通过类比得到的大气潮汐理论。

提出基本假定时，应注意以下几点：

1. 假说不能与已有事实相矛盾。否则，该基本假定便不能成立。自从 1976 年"海盗号"宇宙飞船在火星上着陆以来，人类已知，火星上虽有大气层，但都比地球的气压低很多很多；大气中的主要成分是二氧化碳，还有少量的氮和水蒸气；火星上表面温度较低，平均温度在 $-100 \sim -10$ 摄氏度，在这种自然条件下不可能有类似人类的高等动物存在。因此，这时若还坚持说"火星上有人类存在"就有悖于科学原理和客观事实。

2. 假说不能与已有的知识理论相矛盾。如能量守恒与转化定律认为：一切物质都有能量，能量有不同的形式，它们能从一种形式转化成另一种形式，从一个系统传递给另一个系统，但在传递和转化中总能量守恒。可见，妄想制造不需要燃料动力的永动机的设想显然和该定理相悖。因而，也是不能实现的。

3. 基本假定必须能够解释它需要解释的事实中的绝大多数，而不是一点。否则，假说转化为科学理论的希望就不大。当然，提出基本假定时，也不能盲目迷信某些科学已承认的定律，因为知识是无限的，而人的认识是有限的，只要事实充足且确实可靠，完全可以提出新的假说。

（二）由基本假定中推出推断

如果提出的基本假定能够成立，那么就应该从该基本假定中必然地引出一些推断，以便通过事实来检验这些推断。这实际是形成充分条件假言命题的过程。如一个"某甲是杀人凶手"的假说，如果该基本假定成立，那么应该相应推出：他有杀人的动机、他有预谋、他有作案时间等这样一些论断。

假说的可以推演性是假说正确的一个标志。如果能从基本假定中引出推断，并且引出的推断越多，那么这个假说就便于验证，假说转化成科学理论的可能性就愈大。在这个过程中，一般应用的是演绎推理，使得假说与有待验证的结论之间具有必然联系。在这个推理过程中，还常常要应用某些科学原理，这也就是说，推断是以假说和已知科学原理为前提的推断，因此，需要验证是否正确地运用了有关的已知科学原理，以便保证所检验的只是假说。

还有，由假说推出的推断，不仅要圆满地解释已有事实，还要包括可在实践中检验的其他新结论。板块构造说不仅解释了大陆和大洋的现状是如何形成的，而且还从中可推出阿尔卑斯山、喜马拉雅山、洛基山、安第斯山等大山脉以及火山、地震活动及分布的规律，这些新结论，放到实践中检验，就为进一步修正板块构造说创造了条件。

这样，假说、由假说推出的推论和这些推论对某些现象的解释，一起构造了一个结构稳定的体系，在这个体系的形成中具有高度的创新性甚至创造性，也没有什么固定的规律可循。

（三）验证推断

实践是检验真理的唯一标准，要验证由假说推出的结论，最根本的也是靠社会实践。同时，逻辑学也提供了一些有助于验证的方法。

1. 关于事实存在的假说，对这种假说可采用直接观察的方法来证实。因为这种假说在提出的时候，不能直接观察，但后来由于科学技术的发展，变得可以直接观察了。例如，海王星的发现就是一个典型例子。法国天文学家勒维烈早就提出有海王星存在的假说，但当时没给予证实。1846 年他给柏林天文台的加勒写信，说明这颗行星在天空出现的位置，加勒果然在勒维烈所指出的位置相差不到一度的地方寻找到了这颗行星。这就是用直接观察的方法得到证实的。

2. 如果作出一个假说并且只有这个假说才能推出结论，经验证，结论在现实中存在，那么，假说就得到了初步验证。例如，医生根据病人的主诉和自己的问诊，认为病人的腹泻是由于患了痢疾。如果这个假说成立，那么可推出：病人一定有脓血便，化验有白细胞和红细胞等。如果经查验确有脓血便、红细胞、白细胞的话，是不是可以断言病人是患了痢疾呢？还不能，因为肠炎和直肠癌也有相同的病状。可见，这里的"初步验证"，仅仅说明假说的成立得到验证，并非证实。因为从假说到推断及验证用的是蕴涵推理肯定后件式推导，按推理规则，这种推理不是必然为真的。从基本假定中推出的论断与现实相符合，虽不能让假说转化为科学理论，但对提高基本假说的可靠性程度作用很大。

事实上如果从假设中推出的推论数量很多，经过实践的检验，这些结论都与实践相符，并无矛盾现象发生，那么，假说就可以转化成基本的科学理论了。如俄国伟大的化学家门捷列夫经过长期研究，对化学元素系统整理后提出了元素周期律的假说。他指出：元素的单质以及化合物的性质，随着元素原子量的递增呈周期性变化。为了验证这个假说，他根据该假说提出如下一系列的推断：一定存在"类硼""类铝""类硅"这三种元素，并预言了这三种元素的某些基本性质。后来，这些推断被一一证实了。门捷列夫的预言竟是那样的准确，以致使人们感到吃惊。比如他预言："碳和硅那一族里将要出现一种新元素，它一定是深灰色的金属。"15 年后温克勒果然在矿石里找到一种新元素，有深灰色金属光泽，同硅碳十分相似。门捷列夫预言说："它的原子量大约是 72，比重应是 5.5 左右，新元素跟氯化合而成的物质，比重大约是 1.9。"通过实验，温克勒确定了新元素的原子量是 72，比重是 5.47，跟氯化合后物质比重是 1.887 等。门捷列夫根据元素周期律所做的一系列预言被证实了。所以，门捷列夫的元素周期律不再是假说而是公认的科学原理了。这种证实过程，实际是充要条件肯定后件式的过程：

当且仅当 p，那么 q_1、q_2、q_3……q_n

q_1、q_2……q_n，所以 p

可见随着从假说推出的那些论断的存在，就可以肯定假说的真实性了。

值得注意的是，对假说的验证是一个历史的过程，它不仅指某些验证活动在时间空间上的延长，而是意味着假说的真理性必须在人类社会和长期考验中得到断定，特别是关于规律性的假说，往往被验证的只是它所蕴涵的一系列后件，后件真只能说明作为前件的假说可能真，所以，在一定的历史时期，往往只能一定程度上证实假说。所以，假说的验证可以说是一个历史的过程。

3. 如果同时建立几种不同的假说，并且这几种假说穷尽了一切可能，那么否定了其中的一些假说，剩下的假说就成立。如某凶杀案发现四个嫌疑人 A、B、C、D，这四人穷尽了作案人的所有可能。经排查摸底，发现 A、B、D 既无作案时间，也无作案条件，那么剩下的 C 作案便是真实可靠的。这种验证假说的方法用的是析取命题推理的否定肯定式，这种推理的结论是确实可靠的。

三、假说的意义

假说在人类认识过程中有重要意义。

任何科学理论的创立和客观规律的发现都要经过假说的阶段，所以，恩格斯说："只要自然科学在思维着，它的发展形式就是假说。一个新的事实被观察到了，它使得过去用来说明和它同类事实的方式不中用了，从这一瞬间起，就需要新的说明方式了——它最初仅仅以有限数量的观察和事实为基础。进一步的观察材料会使这些假说纯化，取消一些，修正一些，直到最后纯粹地构成定律。"[1] 假说不仅是自然科学的发展形式，而且也是社会科学的发展形式。如马克思主义的唯物史观，最初也是假说，当该假说为以后实践所证实，它就变成了科学理论。列宁指出："自从《资本论》问世以来，唯物主义历史观已经不是假说，而是科学地证明了的原理。"[2]

第二节　侦查假设

一、什么是侦查假设

侦查假设是把假说方法运用到侦查工作中所形成的一种特殊形式。所谓侦查假设，就是在案件发生后以现场勘察和调查取证所得到的事实材料及侦查人员已有的经验和科学知识，对犯罪人、犯罪性质及犯罪过程所做的假定性、预

---

〔1〕　［德］恩格斯：《自然辩证法》，人民出版社 1971 年版，第 218 页。
〔2〕　《列宁全集》第 10 卷，人民出版社 1987 年版，第 122 页。

测性解释。

值得注意的是，侦查假说完全不等同于科学假说。因为后者的目的在于探索现象发生的原因及规律以建立科学理论，而侦查假设的目的只是为了查明一个具体案件的真相，溯原作案过程，认识和把握案件，进而在此基础上刻画罪犯的特征，以便寻找罪犯。学术界有人把这样的假说称为"作业假说"。

如有人发现屋子里有具尸体，侦查人员赶到现场勘查，看到房间无打斗或搏斗现象，死者身上无伤痕，闻死者嘴唇能嗅出酸味，侦查人员根据以往经验和知识，推测死者可能是服毒死亡。这一推测就是侦查人员提出的侦查假设。

在这里，勘查现场、取得物证、发现线索和已有知识是建立侦查假设的重要依据，如果侦查人员具备医学方面的知识，那么根据死者的生理机构特征，就可以推出死者的年龄。如果具备化学、药物方面的知识，就可以对毒物种类进行推测。还有推测罪犯身高、性别、行走的习惯动作等。总之，经验越多，知识越丰富，就越能提出有价值的侦查假设，对侦破工作就越有帮助。

二、侦查假设的特点

侦查假设的种类很多，其中以建立案件性质的假设、作案人的假设最为重要。侦查假设除了具有科学假说的共性之外，还有以下特点：

1. 侦查假设多半是关于个别案件或几个性质相同案件的事实或现象产生原因的假设，因而是特称的或单称的命题，也叫作业假设。而科学假说作为一种理论，是一类事物或现象的规律性解释，它所要证明的是全称命题。

2. 对于一个犯罪案件来说，需要针对不同的目标，建立一系列假设。因为侦查假设一般均需查明案件的性质，作案的时间、地点，作案的手段、工具及方法，犯罪动机、目的，犯罪过程和犯罪人特点、犯罪人数等一系列问题。所以，侦查人员根据办案要求和规范，在现场勘查、调查和案情分析的基础上，建立上述各方面的侦查假设，以便开展侦破工作。

3. 对于犯罪过程中出现的同一事实和现象，如果出现几种可能的情况，则应提出几种完全不同，甚至完全对立的解释，这一点，侦查假设与其他科学假说不同。科学假说对同一事物和现象的解释不宜过多，而侦查假设，最初由于案情的复杂、材料的不足与案件的扑朔迷离，从不同的角度对同一事实的不同解释预测是不可避免的，也是非常必要的。从侦查实践的效果来看，提出数量较多而全面的侦查假设，有利于筛选择优，及时获得真实的情况。

侦查假设是开展侦查工作的重要方法，一个案件的侦破过程，往往是提出、推演和验证一系列侦查假设的过程，也可以说侦查假设贯穿于整个侦破活动之中。

三、形成侦查假设的步骤和方法

（一）形成侦查假设的步骤

每个侦查假设的形成，大致要经历三个基本步骤：

1. 发现疑点。人类认识的历史说明，不论是探索自然界的奥妙，还是认识人类社会的发展规律，有根有据的怀疑，始终是假说深化的环节。学贵善疑，学则必疑，存疑再释疑，有惑再解惑，是侦查假设深化发展的客观过程。亚里士多德曾形象地说明发现疑点的意义："怀疑犹如头脑中产生的结。人们若不见有结，也就无从解脱那结。欲作研究，而不先提出质疑，就像要旅行却不知到何处去一样。"[1]

在侦查工作中，把那些暂时无法解释或需要澄清的现象称为疑点。疑点的产生，通常是对现象进行调查、观察、走访后出现的，疑点一旦发现，我们就寻找到了开展侦破工作的方向。

2. 提出侦查假设。任何刑事案件的材料主要来自于犯罪现场，所以，办案人员必须认真、仔细地勘察现场，哪怕是一根头发、一颗扣子。而在现场收集的材料往往又是杂乱无章、真伪并存的。针对疑点，办案人员就要按时间顺序整理材料、综合分析、去伪存真，并确定单个材料的性质以及它们在犯罪过程中的地位，还有材料与案件之间的因果关系等。只有这样才能更好地提出侦查假设。

下面，我们通过案例，说明关于犯罪人的侦查假设是如何提出的：

发生在某地的一起盗窃案：某犯罪分子某日凌晨窜入某单位财务室，踹破三扇门，撬坏 11 张办公桌的抽屉锁，然后砸开保险柜，窃走现金 3 万元及电脑等物。

侦查人员赶到现场，立即进行了认真细致的勘查，现场位于三层办公楼底层东侧的三个财务室，室外隔墙紧靠马路。屋门的门板、门框被踹破，门板上留有锐器撬凿痕迹和女式雨鞋印 7 个，地面上有 37 码女式鞋印……室内还留有作案工具铁棍、锈刀各一把、钳工扁铲二把等。

据勘察现场和调查访问所掌握的事实材料，侦查人员对犯罪人做了如下几个假设：①从破门砸保险柜的程度看，罪犯是年轻力壮的男性。从踹门的高度和罪犯能从门钻入室内的情况看，罪犯不胖，身高 1.65 米左右。

---

[1]《亚里士多德全集》第 3 卷，中国人民大学出版社 1992 年版，第 214 页。

②罪犯敢于在楼上住人的财务室蹬门扭锁，说明罪犯可能是胆大妄为的惯犯或劳改犯或是精神不正常的人。③遗留在门上的脚印明显反应左脚力大，作案工具放在面对门柜的左边，因此，案犯可能是个"左撇子"。15 天破案后证实，上述假设基本符合事实。

提出侦查假设时，必须注意下面两个问题：首先，侦查假设的根据必须可靠，因为侦查假设都是以事实作根据的，如果事实可靠，假设便有客观基础，否则，侦查假设便是空中楼阁。当然在犯罪侦查中，由于罪犯要制造假象，这就使建立假设的事实根据的可靠性难以把握。为此，侦查人员必须时时注意新的事实材料，善于发现矛盾，以便于对原有假设进行修改和补充。其次，侦查假设不能作为定案的依据，因为侦查假设具有推测的性质。它的真实性，只有在侦查实践中获得确凿的证据后才能得到证明。

3. 从侦查假设中推出预见性结论。这是从已知推出未知的步骤，侦查工作实施过程中，不能满足于已掌握了多少情况和对已有材料的解释，而要从这些已知材料出发，得到更多、更有价值的新认识。

例如：

> 明朝时，有一人家要娶媳妇。结婚那天，有一小偷伺机潜入洞房以备作案，可洞房一连几日灯光通明使小偷难以下手，他饿极了不顾一切跑出被人抓住。扭到官府。审问中，小偷说自己是医生，他是跟来给新娘看病的，并将新娘娘家情况尽说清楚。县令分析后提出：他潜入洞房又突然跑出未必认识新娘的假设。于是，县令设计另一妇人谎称新娘出庭对证。如果小偷认为她是新娘，就可断定小偷说谎了。按照这种设计审问，小偷只好伏法。

这种从基本侦查假设推出的结论，尽管带有推测和不定成分，但巩固和帮助了侦查假设，可谓顺藤摸瓜。

（二）形成侦查假设的方法

形成侦查假设的方法很多，从逻辑角度讲，主要有以下三种：

1. 利用类比法形成侦查假设。在侦查过程中，运用类比推理就可以由已知案件的一些特点，得到启发，形成破案的灵感，推动侦破工作的迅速展开。

例如：

> 某地几个旅馆接连发生了多起抢劫案，罪犯作案时将自己伪装成旅客，用 0.3 巴比妥等安眠药冒称治疗风湿病的"白药片"哄同房旅客服用，乘机抢旅客的钱财。接到报案后，侦查人员通过观察、检验，发现该案与不

久前发生在邻县一个旅社和外省两个旅社的四起抢劫案所用方法、手段、目的基本一致。前几起抢劫案案犯已查清但尚未捉拿归案，于是，侦查人员通过类比推理，形成该案与邻县抢劫案系同一人所为的侦查假设。

许多侦查假设都是通过类比法形成的，尽管类比推理可以帮助我们扩大视野，启发我们在破案时形成灵感，但类比推理本身是一种或然性推理，不能必然由真前提推出真结论，因此，运用类比法形成侦查假设时，要努力提高类比法的可靠性程度。

（1）要尽可能增加类比案件的共同属性。因为共同属性越多，类比后结论的可靠性越大。忽视了这一点，就要走弯路。

（2）要尽可能地提高共同属性与推出属性的相关程度。

共同属性是类比的基础，推出属性是通过类比得到的结论。相关程度是属性之间必然的、内在的关系，而不是偶然的、牵强的关系。共同属性与推出属性相关程度愈高，类比得到的结论愈可靠。例如基督教用类比方法证明上帝存在：钟表是由各个部分组成的和谐整体，并有创造者；世界也是由各个部分组成的和谐整体，所以，世界也有创造者。该类比是机械、盲目类比。因为共同属性与推出属性"创造者"之间没有必然联系。

2. 利用归纳法形成侦查假设。所谓归纳法，就是从个别现象中推出该类事物的普遍规律的推理方法，该方法是从个别认识上升到一般认识的基本途径。在侦查工作中，对案情的认识总是从个别线索开始，然后才逐步得到一个一般性结论。只不过在侦查工作之初，我们还不能掌握案件的全部材料，因而，侦查假设形成时所用的归纳法主要指不完全归纳推理。运用不完全归纳推理，对作案现场提取的指纹、血迹、扭斗痕迹，犯罪工具留下的痕迹，被害人的伤痕，以及周围群众耳闻目睹的情况等，都是个别材料，通过对其分析归纳，就能从这些材料中取得一般性认识。否则，这些零散的认识就始终不能成为人们侦查破案的指路灯。

例如：

在四川某县的山区，有人砍柴时发现一具尸体，公安部门接到报案后，立即派侦察员到现场勘查，现场位于长江边上一岩壁下，壁高约30公尺，壁上有人工开凿的一条人行道。

死者系男性，约35岁左右，光头，死者衣服口袋外翻，行李证件全无。出事地点道路崎岖，山势陡峭。在尸体北边岩壁上方人行道上有血迹，血迹由此向东西两边延伸，地面发现有擦拭血迹的棉团，血型和死者相同。

死者衣着简朴，手有茧巴，脚趾粗壮，抽土烟，带草药，身上有多处钝器伤痕，下身穿着不整，有撕破的裂痕，右脚所穿草鞋脱落。把这些材料归纳起来，侦查人员作出如下假设：案件系抢劫杀人案。被害人是当地山区干重体力活的农民，由于某种原因行于崎岖山路时，受一歹徒拦路抢劫，被害人与之搏斗，终被打死或打昏从路上推出岩壁致死。这样一种侦查假设是推测案件性质、被害人和犯罪过程的归纳推理。它的前提是现场留下的各种犯罪痕迹，结论是关于被害人及案件性质、犯罪过程的一般性描述。

归纳法是一种基本的逻辑工具，借鉴前人在这方面的经验和教训，在用归纳法形成侦查假设时应注意以下几个问题：

（1）归纳推理的前提要尽可能反映事物的本质属性。有些事物只在一定时期内出现，属于某种偶然性的巧合，由这种偶然的东西作前提而归纳得到的结论，当然是不可靠的。

例如：

有个美国人对学龄前儿童作调查，归纳出脚大的孩子拼写成绩好这样一个结论，后来有人觉得该结论实在荒唐可笑，认真分析这个美国人所谓的资料，发现并不是脚大成绩好，而是脚大的孩子年龄大，年龄大的孩子拼写能力自然要比年龄小的孩子好。

（2）归纳推理的前提要尽可能有一定的覆盖面，防止以偏概全。从个别材料中发现一般规律，需要归纳推理的前提在数量上有一定保证。不允许只有一个或几个情况就进行归纳。如果前提范围小而结论涉及范围很宽，就称以偏概全或轻率概括。

例如：

我国现代作家朱自清在抗日期间亲耳听到月夜的蝉声，并在散文《荷塘月色》里提到月夜的蝉声，一位读者写信说蝉在夜晚是不叫的。为此，朱自清专门写文章说："人们往往以个别经验作概括的推论，例如，有些夜晚蝉子不叫推论到所有夜晚蝉子不叫并且相信这种推论的真理。其实，这是成见。"[1]

这种轻率概括在我们生活中经常可以看到，但如果这种情况出现在侦查中，就会把我们引入死胡同。

---

[1]《朱自清散文集》，西苑出版社 2006 年版，第 264 页。

3. 利用演绎法形成侦查假设。从一个一般性的前提推出个别性结论的推理都谓之演绎。其特点是，只要合乎规则，从真命题出发，能必然推出真的结论。结合侦查工作的性质和操作特点，有三种形式在形成侦查假设时有不可替代的作用。

（1）利用三段论来形成侦查假设。三段论是由大、小前提和结论三个性质命题组成的推理，有效式有 24 个，其中以第一格的 AAA 式最为典型和完善。实际上，司法实践中所用的三段论，主要是第一格式。

利用三段论形成侦查假设，实际上是把一般规律与本案实际情况相结合的过程。这种推理的大前提是一个全称命题，反映的是被人们所掌握和熟知的一般规律，而它的小前提则是案件特有的某种事物情况，是单称命题。

例如：

二战时，美国海军情报部截获了中途岛日军的一份电报，电文有要求增加大量淡水的内容，据此，美国情报官作出以下推测：

根据海战特点，凡增加淡水供应就意味着该岛驻军数量增加。中途岛日军要求大量增加淡水供应，所以日军在中途岛增兵。

凡增加兵力就意味着有大规模军事行动，日军在中途岛大量增兵。所以，日军正在策划一场大规模军事行动。

在这一大胆的假设下，美军情报部门密切注视着中途岛附近的事态发展，不放过每一个可疑之处，最后取得了这次海战的胜利。

利用三段论形成侦查假设，除了要保证推理前提真外，要注意前提之间的相关性，不能把风马牛不相及的事物扯在一起。另外，还要注意三段论小前提的真实性。当然，小前提是否真实，只能靠办案人员自己去鉴别。如果对小前提的真实性把握不住，就会造成失误。

例如：

英国与阿根廷曾为马尔维纳斯群岛的归属主权发生分歧，导致一场战争。英国"火神式"战略轰炸机对斯坦利港机场进行轰炸，投下了 21 枚重磅炸弹。从照相结果看，目标命中，任务完成。英国情报室进行了下面的推理：

凡轰炸后弹道密布就说明目标命中，轰炸成功。斯坦利港机场轰炸后弹道密布，所以，该机场已被捣毁。而事实上，阿根廷军队为了迷惑英国空军，用土和沙石在跑道上堆成一个个圆形圈状物，稍加伪装后出现在照片上便成了英国空军照片上的"弹坑"，其实，轰炸效果很差，只有一枚炸弹命中目标。之所以如此，关键是英国空军在前面的三段论推测中，所用的小前提是不真实的。

（2）利用析取命题推理形成侦查假设。由于析取命题是对某一事物情况作出多种可能推测的命题，因而被广泛地应用在侦查工作中。对侦查人员来说，案件发生后，他们都不是现场的目击者，难以对事件的细节给出十分准确的判断，而只能根据现场情况作出一些推测，这种推测用命题形式表现出来，就是析取命题。例如，对盗窃案的调查，可以作出或是内盗或是外盗或是内外勾结盗窃这三种推测。对非正常死亡的原因，可以作出或自杀或他杀或意外事故导致死亡这三种推测。其中，每一个推测的情况就是析取命题的一个支命题。因此，侦查时形成析取命题，运用析取命题推理是不可避免的。

例如：

　　某日深夜，某乡水泥厂财务室被盗，被窃去大量现金。侦查人员根据现场勘查情况，在罪犯从何进入室内作案的问题上形成了两个支命题不相容的析取命题。罪犯要么从壁洞钻进现场作案，要么用钥匙打开财务室门入室作案。经过对钥匙的调查和其他调查的深入，发现罪犯不可能用钥匙开门入室作案，从而推出罪犯是从两室之间的壁洞入室作案这样一个结果。这一思维过程就是用析取命题推理的否定肯定式。后来破案后证实，这一推测是完全正确的。

利用析取命题形成侦查假设时要注意所形成的析取命题的支命题要尽可能穷尽一切可能的事物情况，要尽可能地估计一些可能出现的情况而不遗漏线索。否则，案情分析时出现遗漏就会贻误战机，甚至无法破案。

例如：

　　小说《福尔摩斯探案集》中，有《四个签名》一案，案中陈述：房间的主人惨死在一张木椅上。福尔摩斯已发现是谋杀。和他同往的医生却弄不明白："罪犯究竟是怎么进来的呢？门是锁着的，窗户又够不着，烟囱太窄，不能通过。"福尔摩斯说："当你考虑到一切可能的因素，并且把绝对不可能的因素都排除出以后，不管剩下的是什么，不管是多么难以相信的事，那不就是实情吗？咱们知道，他不是从门里进来的，不是从窗户进来的，不是从烟囱进来的。咱们也知道，他不会预先藏在屋里边，因为屋里没有藏身的地方，那么他是从哪里进来的呢？"医生嚷道："屋顶肯定有洞，他是从屋顶进来的。"经检查果然这一假设为真。可见，侦查假设要求尽可能放开思路，穷尽可能的情况。

（3）利用蕴涵命题推理形成侦查假设。刑事侦查人员在侦破案件的过程中，经常运用蕴涵命题推理以发展侦查线索，缩小侦破范围，明确破案方向。为侦查工作的顺利进行创造必要条件。

第一，运用蕴涵命题推理的肯定前件式推测案件性质和有关案件的其他情况。刑事侦查工作的主要任务就是破获案件，将罪犯捉拿归案，刑侦人员通常在案发后展开侦破工作。即依据犯罪现场留下的各种犯罪痕迹，与案件有关的物品以及周围群众的反映建立有关侦查假设。这里现场勘查和调查的材料作蕴涵命题前件，而要推论的某一现象的存在则作蕴涵命题的后件，推测过程由肯定前件到肯定后件。

例如：

某家被犯罪分子白天潜入，室内家具全部打坏，摆设物品被砸，挂在室内的衣服被撕破，床头柜内现金被盗，侦查人员根据这些特点，推测该案为报复性案件，推测过程为：

如果现金物品横遭破坏并且有少量现金物品被盗，那么，这类案件为报复性案件。经查，某家家具、摆设被砸，衣物被撕，少量现金被盗。所以，该案为报复性案件。

作为该案推理的蕴涵命题，是侦查人员长期实践经验的总结，它对侦破同类案件具有指导意义。现场情况刚好符合这个前提的前件，根据推理规则，也必然肯定该前提的后件。破案后证明该假设正确。

第二，运用蕴涵命题推理的否定后件式以否定一些推测和有关案情的一些情况。

在刑事侦查中，为缩小侦破范围，尽快抓获罪犯，对有关嫌疑对象和有关案情的假设，在已有事实和材料基础上筛选否定，这就需要运用充分条件否定后件式。

例如：

提出某人是盗窃犯的假设时，就可引出一些推断：有作案时间、现场、有赃物等，如果调查没有这些后件时，可以排除某人是盗窃犯的假设。

又如：

某女被杀害后，现场破坏严重，只在房间大床西侧塑料票夹上发现两枚对称性指纹。该指纹为认定罪犯提供了条件。案情分析时，侦查人员认为罪犯是身强力壮的青年并列了四个嫌疑人。其中三人被否定，否定时就用蕴涵推理否定后件式：

如果谢某是杀人凶手，那么现场两枚对称性指纹应为他所留。经密取谢某指纹鉴定，现场两枚指纹不是谢某所留。所以，谢某不是该案杀人凶手。

利用蕴涵推理形成侦查假设时应注意：蕴涵命题的前后件之间必须具有必然的内在联系。现代逻辑所说的蕴涵关系，不要求内容上具有内在联系，但侦查假设却断然拒绝这种命题进入自己的领域，就这点而言，侦查逻辑似乎还停留在传统逻辑的眼界上，但从侦查工作的实际考虑，这是一种必要而慎重的要求。另外，在蕴涵命题推理中，作为大前提的蕴涵命题是已知为真的一般规律，其真实性很容易把握，但作为推导中小前提（前件或后件）的真实性，只能由办案人员自己证明。

例如：

《尼罗河惨案》中，女富翁林纳特死后，她的女仆路易丝曾说："如果我晚上睡不着觉而站在甲板上，那么，我就会看见凶手从小姐的房间出来。"当时，侦探波洛并未注意，结果路易丝也被人害了，波洛这时非常懊悔，因为如果以路易斯的话为大前提（蕴涵命题），再加上"路易丝那天真睡不着站在甲板上"就可推出结论："路易丝知道谁是凶手"。而且，从路易丝被害的事实推断，她很可能真的看见了凶手。

可见，迅速发现真实的小前提，就能大大提高侦破效率。

四、侦查假设的验证

侦查假设的验证就是由侦查假设向侦查结论过渡的思维阶段。一个侦查假设形成后，主要任务是在大量事实面前去证实这个假设以为过渡到侦查结论创造条件。但对于同一事件或同一现象形成的假说不是单一的，所以，在有针对性的广泛调查采证的过程中，否定一部分假说，并最终修改、完善、证实某一个假设，形成侦查结论。把这个思路概括起来，侦查假设验证的过程就是析取命题推理的过程。若干个假设构成析取命题，对某中支命题逐个验证，或证实，或否定，是按"肯定否定式"或"否定肯定式"进行的。

例如：

某县发生一起杀人案，被告刘少文与被害人李金在发生口角过程中，突然碰响了双筒猎枪，李中弹身亡。县公安局认为是过失杀人，根据是被告供述，他是在被害人拽抢他手中猎枪时无意碰响猎枪的，而检察院认为是故意杀人。根据是，在场三个见证人一致证实被害人没有抢枪。由于对案件性质认识不同，产生了两个完全不同的假设。

办案人员仔细研究案情特点，注意到被害人被击中腹部而死，伤口为

3 厘米×4厘米。到底抢还是没有抢枪，这是被告人故意还是过失的关键。据以往经验，伤口面积与射击距离成正比。只要测算出被害人中弹时与枪口的距离可知道被害人是否抢枪。在有关人员在场的条件下，仍然用被告使用剩下的弹药，以纤维板为靶子，侦查人员作了不同距离的射击实验。实验表明，被害人中弹时与枪口距离在 1.5 米以上。在这样的距离上，要想抓住枪筒根本不可能。这个实验排除了因被害人抢枪而被击中的可能性。这就否定了过失杀人的假说，根据析取命题推理"否定肯定式"，推出故意杀人是本案的结论。

可见，侦查假设验证有以下特点：

1. 验证侦查假设必须有目的、有计划，严密而认真地采集和核实证据。

2. 验证侦查假设必须抛弃联想，不断地充实材料、修改完善。

侦查假设的验证有三种类型：全部被证否；全部被证实；部分被证实，部分被证否。全部被证否，是指在验证过程中，由于发现确凿的反例，从而证明某假设不成立，必须放弃这个侦查方向。因为侦查假设毕竟是推测性认识，在收集证据时必会产生不合实际的情况，这时，必须当机立断，寻找新的破案点。全部被证实，是指在验证过程中，运用收集到的新证据证明某侦查假设完全成立，这时的侦查假设不再是推测性认识，而是侦查研究所得成果。部分被证实，部分被证否，是指在验证过程中，假设中的部分内容被证明成立，假设中的部分内容被证明不成立。验证侦查假设，需要侦查人员实事求是，修正错误，坚持真理，不断完善侦查假设以尽早结案。那么，在侦查假设的推演和验证过程中，如何提高侦查假设的概率呢？

提高侦查假设的概率要求从同一个侦查假设中进行多种推演，推出多个结论，然后逐个加以检验，就可以提高侦查假设的概率。用公式表示为：

$$(H \wedge W_1) \rightarrow C_1$$
$$(H \wedge W_2) \rightarrow C_2$$
$$(H \wedge W_3) \rightarrow C_3$$
$$\cdots\cdots$$
$$(H \wedge W_n) \rightarrow C_n$$

C 是由侦查假设得出的推断（即可观察，又可检验的命题）。如果 $C_1 \wedge C_2 \wedge C_3 \cdots \wedge C_n$ 被检验为真，那么假设 H 的概率会大大提高。

例如：

某厂电话员安某上夜班时在电话室被害。案情被认为是一起伪造现场的杀人案。侦查人员认为是熟人作案，多数群众认为安某的丈夫梁某有作案嫌疑，为了提高该假设的概率，侦查人员作了一系列推断：

如果梁某是凶手，他应有充分的作案时间和条件。经查，梁某和安某当夜从岳母家回家，9 点钟安某上夜班时，家中剩他与 5 岁的男孩，行动方便。梁熟知电话室情况，加上是死者丈夫，可以叫死者开门。

如果梁某是凶手，梁有作案动机，经查梁与安因经济问题不和，近两年，梁与一女工关系暧昧。

如果梁某是凶手，梁会有反常情况，梁知妻死后，并不悲痛，调查时只讲他们如何融洽，极力回避矛盾。当告之该案是凶杀时，他坐立不安。

如果梁是凶手，那么梁的衣服上会有被害者的血迹。经搜查梁的工作服上有血迹，经化验，是死者血迹。

以上假言命题的后件被一一查证，破案后，梁确是凶手。

五、侦查假设的作用

侦查假设在侦查工作中十分重要，侦破案件的全过程，就是假设的提出、推演和验证的过程。

1. 侦查假设是侦查工作的起点。侦查实践中，首先面临的情况是，案件发生了，只知道犯罪的结果，不知道犯罪的原因；只知道案件的某些现象，不知道案件的真相。侦查实践强烈要求建立切合事实的侦查假设以提出侦查任务，拟定侦查计划，实现侦查的目的。在这一过程中，离开侦查假设，侦查活动就迈不出第一步。

2. 侦查假设为侦查工作明确方向。侦查假设为侦查工作集中目标，突出重点，使侦查部署围绕一定的中心。如果离开侦查假设，工作就会陷入茫然无策。

3. 侦查假设为侦查目标确立步骤。侦查工作要确定先侦查什么，后侦查什么，如果要使侦查范围愈来愈小，使侦查步步深入，这些都需要通过假设的作用。

4. 侦查假设是侦查工作的发展形态。侦查实践中，无论是假设的证实证否，都会推动侦查工作的开展，就连那些被推翻的假设也会给工作带来好处，因为在假设推翻的情况下，剩下需要说明的东西就少得多，在数量上就受到限制，这本身就缩小了侦查范围。

5. 侦查假设可以被证实而得到可靠的结论。侦查假设和科学假设不同，后者是关于事物普遍规律的解释，它不受时间和空间的限制，主项的量是无限数目的命题，我们无法用有限的实例确证关于无限数量事物的命题。因此，尽管科学假设已经得到严格的检验多次也难保它永远不被实践所推翻，而侦查假设所要弄清的是特定事实，所要证明的是单称或特称命题，所以，侦查假设通过旧假设的否定和新假设的证明可获得可靠结论。

思考题

    1. 什么是假说，科学假说有什么特点？

    2. 科学假说有什么意义？

    3. 什么是侦查假设，侦查假设有什么特点？

    4. 科学假说与侦查假设有何异同？

    5. 形成侦查假设时都要运用哪些推理方法？

    6. 侦查假设有什么意义？

练习题

一、选择题

    1. 在假说形成的初始阶段提出初步假定时所运用的推理大多是（　　）。

    A. 演绎推理和归纳推理　　　　　　B. 归纳推理和类比推理

    C. 类比推理和演绎推理　　　　　　D. 模态推理和归纳推理

    2. 在验证假说的过程中，如果引申出的关于事实的推断被查明为真，则意味着假说的基本观念为（　　）。

    A. 必然真　　　　B. 可能真　　　　C. 可能假　　　　D. 不必然真

    3. 科学假说的显著特点为（　　）。

    A. 假说是事实和科学原理的依据

    B. 假说是可靠性知识

    C. 假说是推测性认识

    D. 假说是真理存在的形式

    4. 初始阶段提出的基本假定具有（　　）。

    A. 明显的尝试性　　　　　　　　　B. 选择性

    C. 主观推测性　　　　　　　　　　D. 可靠性

    5. 科学假说应具备（　　）。

    A. 不能和传统理论相抵触

    B. 不要被传统理论所束缚

    C. 必须等待事实材料全面系统后才能作出假说

    D. 假说的结构须简明

6. 达尔文曾经根据自花授粉后代较弱的事实，得出近亲结婚所生子女体弱多病的结论。达尔文所用的方法是（　　）。

A. 简单枚举法　　　　　　　B. 科学归纳法

C. 类比推理　　　　　　　　D. 求同法

二、分析下列假说的类型，并指出它们是根据什么推理提出的？

1. 科学家们为了寻找导致人类白血病的原因进行了多年艰苦的探索、研究。近年，他们发现，动物如鸡、猫、甚至猴子患白血病都是由一种逆转病毒引起的。由此提出，人患白血病也起源于病毒。经过几年的研究，病毒学家们在用于繁殖逆转病毒的媒介细胞培养方面取得了进展，并在电子显微镜下拍下了导致人患白血病的逆转病毒，终于证实了上面的假说。

2. 我国台湾地区发现了罕见的珍贵动物白猴。我国的西双版纳与台湾的自然条件非常相似。于是，有人推论说，西双版纳也有白猴。

3. 哥白尼认为，地球绕太阳转动，并且绕地轴自转。托勒密派天文学家反对这种观点。他们认为，如果地球每天绕轴自转一周，那么地球表面上任何一点在很短暂的时间内都将运动很大一段距离。这时，如果有块石头从地球表面的一座塔顶上落下来，那么在下落过程中，由于地球自转的缘故，塔已经离开了原来的位置。因此，下落的石头应该落在距塔基相当远的地面上。但是，人们看到的情形并非如此，石头总是落在塔基边缘。这就是所谓塔的证据。伽利略指出：该证据不能证明地球不是运动的。这正如一条匀速航行的船，从桅杆顶落下一件重物，总是落在桅杆脚下而不是落在船尾一样。在 17 世纪，法国人伽桑狄进行了一次"桅顶落石"的试验，结果与伽利略预期的相同。

4. 18 世纪初，在土耳其伊斯坦布尔的托普长北宫发现了几张古代地图。经过美国制图员俄林敦·H. 麦勒瑞和俄勒特尔斯把地图和一个现代地球仪对照进行研究，得出一个惊人的发现：这些地图非常精确。不仅地中海和死海地区，而且南北美洲海岸，甚至连南极洲的轮廓也准确地勾画出来了。这些地图不仅再现了陆地的轮廓，而且连这些地区内部的地形、山脉、岛屿、河流、高原都极其准确地表示了出来。而地图中的南极洲山脉情况，人们是在 1952 年才发现的。因数千年来这些山脉冰雪覆盖，今天的地图是借助回声探测仪才绘制成的。查理·H. 哈波古德教授和数学家理查·W. 斯特拉琴研究证明，该古代地图和从卫星上用现代照相技术所拍的地球照片十分相似。于是，人们认为：这些地图是外星人从空中拍摄后绘制的。

三、下面一段记述中，在研究高出海面很多的岩石中有贝壳的原因时提出了哪些假说？哪种假说可以成立，采用了什么推理？

在高出海面很多的岩石中发现有许多贝壳，有人归因于土壤的可塑性；有人说是其他天体的影响产生的；有人说是发酵的结果；也有人说是游览的人带来的；有的认为是海底软体动物的遗迹，是海和陆两地相对位置的改变所造成的。土壤的可塑性和其他天体的影响造成这种现象是不能理解的。从来没人发现发酵会产生贝壳。游人的搬动是很可能的，但不能说明为什么山上有这么多贝壳，有甲壳的软体动物死后甲壳留在海底，正常的情况是海底升起成为陆地，这是已被观察到的。

四、指出下面一段案情分析中假设的逻辑程序

嫌疑"重大"的胡保管

某保管室被盗窃后，通过内部初排，很快在四十多人中找出十三名重点对象，经过逐个核实、过筛，绝大多数都排除了作案的可能性，唯独保管员胡某嫌疑最大。发案后，他精神紧张，在追问星期六晚上打牌结束后是谁最后离开办公室时，他颠三倒四，说不清楚，胡有保管室的钥匙，亦有作案时间，加之，现场又留有胡的一枚右脚鞋印，且正处在罪犯作案必经的线路。后来，还发现胡家有一把刀口约一寸半长的不锈钢剪刀，刃口有微小的缺口，经采用显微彩色照相检验，又见刀刃上附有微小的油漆块，与马口铁箱锁扣的红漆相似。于是，认定胡有监守自盗的重大嫌疑。随即找他谈话，让其说清案发前后的行踪，并作思想工作，借助于观察胡的动态。可是，虽经多次谈话，但胡始终说不出与案件有关的任何事实。胡究竟有无作案可能呢？需要进一步的查证核实，专案组对他那把不锈钢剪刀作了试验，证实该剪刀虽能插进马口铁箱的锁扣，但因握柄短，压力小、却不能剪断锁扣。另外，还发现一只马口铁箱的锁口，是被作案分子从两边对剪了两刀才剪断的，这表明，罪犯的剪刀刀口较短很可能是剪铁皮的专用剪刀。因此，胡某用不锈钢剪刀作案的论断便被推翻。

第十章
论证与论辩

在日常生活中，反映某些简单事实的命题的真实性，根据人们的感觉经验或拿出实物就可以直接地得到证明，这叫实物证明、感官证明、经验证明。但有许多反映复杂事实或思想的命题的真实性则需要从理性上运用逻辑的方法加以证明。这叫作逻辑证明，通常又称之为论证。逻辑证明有广狭二义，狭义的逻辑证明是和反驳并列的，而广义的逻辑证明则是包括反驳在内的。本章所讲的论证，是指包括证明和反驳两种方法在内的广义的逻辑证明。

论辩是持有不同见解的各方为消除争议求取统一认识的言语行为。它属于一种认知行为，涉及语言表达、修辞、心理气质、思维等方面，是一种综合技能的语言行为。从逻辑的角度而言，着眼于论证、反驳方法的技巧运用，着眼于非形式的逻辑问题研究，有助于人们消除争议，达到认识的统一和深入。

第一节 论证概述

一、什么是论证

论证，就是论证者通过一定的逻辑形式组织某个或某些命题，确定某待证命题成立与否的思维过程。例如：

（1）文学艺术也要实行民主。因为如果没有不同意见的争论，没有自由的批评，任何科学既不能发展，也不可能进步，文学艺术也不例外。

（2）牛顿是汞中毒而死的吗？否！

汞中毒以后的临床表现为四肢无力、疼痛、手指发颤、口腔发炎、牙齿脱落。但据《科学的美国人》1981 年第 5 期报告：牛顿在他成年后至死的漫长岁月中，只脱落了一颗牙齿；而且，他生前写的各种书稿、信件中，均没有颤抖的迹象，即根本没有汞中毒的反应。可见，牛顿并非汞中毒而死。

上述两例都是论证。例（1）是用"因为"以后的命题来确定待证命题"文学艺术也要实行民主"是成立的。例（2）是用"汞中毒以后的临床表现为四肢无力"及以后的命题来确定待证命题"牛顿是汞中毒而死的"是不成立的。

从逻辑的角度看，任何一个论证都包括论题、论据和论证方式这三个要素。

论题是通过论证要确定其成立与否的命题，它是论证者要证明或反驳的观点，也是展开证明或反驳的出发点。上述例（1）中的"文学艺术也要实行民主"；例（2）中的"牛顿是汞中毒而死的"就是论题。论题可以是科学上已被证明的命题，这类论证旨在通过论证使读者或听众确信某论题是成立的，某论题是不成立的，由此而获得某种科学知识；论题也可以是科学上尚待证明的命题，这类论证旨在探求论题的真实性。论题所及的命题可能是一个真命题，也可能是一个假命题，也可能是一个真假尚待确证的命题。但要注意，被用于证明中的论题决不能是论证者已知为假的命题，如果对已知为假的命题还要进行证明，那就只能流于诡辩。论题在一般的论说文中也叫论点。但要注意，不能把论题和论说文的标题等同起来。论题是文章的基本论点，标题则是文章的题目。有些论说文的标题和论题是一致的，有些并无直接联系，只是借题发挥而已。论题，有时候在一段文字或议论的开头出现，有时在一段文字或议论的末尾出现，在复杂论证中，它有可能既在开头作为论证的对象出现，又在该议论结尾作为该论证的结论出现。

论据，是被引用来作为确定某待证命题成立与否的命题。是证明论题为真或反驳论题为假的理由、根据。如前述例（1）中"因为"后面的命题皆是论据。在一个具体论证中，被组织来充当论据的命题，对于论证者自己而言，必须是其确信成立的命题。一般地说，作为支持论题成立或反驳论题不成立的论据，应选取已被证明的事实判断（或命题）、科学和哲学中的一般原理或者是科学中的公理和基本定义。

论证方式，是论题和论据的联系方式，亦即论题与论据之间借以联系的逻辑形式。仅仅有了论题和论据还不等于作出了论证，还必须有一个从论据到论题的推演过程，论证的推演过程总是借助一定的逻辑形式完成的。它包括两个方面：

1. 采用何种推理形式，使论据同论题发生联系。论证是借助于推理实现的，离开推理谈不上论证。一个简单的论证也可看作就是一个推理，论据就是这个推理的前提，论题就是这个推理的结论。推理可分为演绎推理、归纳推理、类比推理，论据与论题联结而构成的推理形式也相应地具有这几种形式。但是论证的目的是要确定论题的成立性或不成立性，使人承认论据就必须承认论题，因此，论据与论题联结而成的推理必须是必然性的推理，亦即必须是各种演绎推理和完全归纳推理；不完全归纳推理和类比推理，不能成为严格的独立论证方式，只能用以作为论证的辅助手段。

2. 采用何种方法，使论据的真实性能够证明论题的真实性。证明论题真实性的方法，可以是直接的方法，也可以是间接的方法。前者是论据与论题直接发生联系，从论据的真可以直接推出论题成立或不成立；后者则是用论据确定另一命题不成立，进而确定论题的成立，它的论据不直接同论题发生联系，而是同论题之外的命题发生联系。例（1）的论证方式就是间接证法中的反证法。

在科学研究中，论证同一个定理，可以采用不同的论证方式。而当同一个论题可以采用几种论证方式时，一般应当选用最简单明了的论证方式。

逻辑学对论证的研究，主要就是关于论证方式的研究，目的在于使我们掌握基本的论证手段，了解论证必须符合的逻辑要求以便在论证中自觉运用。

二、论证的种类

依照不同的根据，我们可以对论证作出如下不同的分类：一是必然性论证和非必然性论证；二是直接论证和间接论证。

（一）必然性论证和非必然性论证

这种分类是根据论证中所用的推理形式的不同对论证进行划分的。

必然性论证就是运用必然性推理形式所进行的论证。它包括演绎论证和完全归纳论证。例如：

（1）唯物主义哲学家伊壁鸠鲁为了和当时的宗教迷信做斗争，曾经作出了如下的论证：

我们不得不承认上帝或者愿意扑灭世界上的邪恶，但他做不到；或者他能够做，但他不愿做；或者他既不愿做，又做不到；或者他既愿做，又做得到。

如果上帝愿意做，但做不到，这就不符合"上帝是全能的"这个宗教观念了。

如果上帝虽然可以做到，但他不愿做，这就不符合"上帝是全善的"这一宗教观念了。

如果他既不愿做，又做不到，这当然同上帝的"全能、全善、全智"的本性根本不符。

如果他既愿意做，同时又做得到，那么世界上为什么还有邪恶存在呢？
这只能证明一个问题：上帝是不存在的。

（2）在一切存在阶级的社会内教育都有阶级性。因为追溯人类社会的
历史，不论是奴隶社会、封建社会、资本主义社会还是社会主义社会的教
育都是有鲜明阶级性的。

这两个例子都是必然性论证。例（1）是一演绎论证，例（2）是一完全归
纳论证。演绎论证的特点在于，只要论据真实，形式有效就能必然确定论题的
真实性，因为它在论证时运用了演绎推理形式；完全归纳论证，由于运用了完
全归纳推理形式，结论的断定范围没有超出前提断定范围，因此，它只要论据
真实，结论也就会必然被确定为真。

非必然性论证是用非必然性推理形式所进行的论证。它包括不完全归纳论
证和类比论证。由于它的论据与论题之间的联系是或然的，即不能由论据的真
必然推出论题的真，所以，在严格的论证中，它不能单独使用，而必须与必然
性论证结合起来，才能具有充分的论证性。例如：

毛泽东同志在论证"事物的发展是波浪式的"这一论题时，写道："世
界上的事物，因为都是矛盾着的，都是对立统一的，所以，它们的运动、
发展都是波浪式的。太阳的光射出来叫作光波，无线电台发出的叫作电波，
声音的传播叫作声波。水有水波，热有热浪。在一定意义上讲，走路也是
起波的，一步一步走就是起波。唱戏也是起波的，唱完一句再唱第二句，
没有一口气唱七八句的。写字也起波，写完一个字再写一个字，不能一笔
写几百个字。这就是事物矛盾运动的曲折性。"

这一论证先用演绎，再通过简单枚举归纳推理对同一论题进行归纳论证，
二者结合运用，不但使论题更好地得到证明，而且也使论证浅显易懂，更具说服
力。若只使用非必然的简单枚举归纳论证，势必影响表达的效果。

（二）直接论证和间接论证

这种分类，是根据从论据的真实性中推出论题真实性时，是否需要借助确
定其他命题的成立与否这一中介而划分的。

直接论证是由所组织的论据直接、单独确定某论题成立与否的论证。例如：

基本初等函数都是连续的。因为我们已经证明了角函数和反函数是连
续的，幂函数是连续的，指数函数是连续的，对数函数是连续的，而角函
数、反函数、幂函数、指数函数和对数函数就是所有的基本初等函数。

这一论证就是一直接论证。

间接论证，是由论据先行确定与论题相关命题的成立与否，再进而确定某待证命题成立与否的论证。亦即，该论证在论据对论题的确证中存在有中介环节。它通常在证明形式中表现为反证法和选言证法；在反驳形式中表现为独立证明反驳法和归谬法。具体论证程式可参看本章第二节、第三节中的证明方法和反驳方法的相关内容。

三、论证的作用

由于论证能够根据已知的可成立命题去确定另一命题的成立与否，因此，它在认识上具有巨大的作用。

1. 通过论证，人们可以在已有知识的基础上，获得新的知识。例如，数学中新定理的发现，认识由"猜想"到"定理"的转化都少不了严格的论证。正是通过论证，人们的认识在发展中才有所深化，有了突破。

2. 真理的实践检验，常常是一个漫长的过程，常需要对实践所达到的结果进行理论分析说明，论证在推知、推证中是一个好的辅助手段。

3. 即使是已被实践证明了原理、定理，在向别人宣传时，也需要对它们进行论证，否则，便不可能为人们普遍接受。

可见，论证无论是在知识获取、真理检验还是在真理宣传中都具有非常重要的作用。但应当注意，论证毕竟是以实践为基础的，与实践检验相比，它只是处于从属的地位，检验真理的标准只能是实践，任何夸大论证作用的做法和说法都是错误的。为了更好地使论证发挥上述的作用，还应使论证的论证性与说服力有机地结合在一起。谬误与诡辩只能迷惑、欺人一时，而科学的理论和学说，因具有论证性，总能具有真正的说服力，总能冲破重重阻碍，最终为广大群众所接受。

第二节　证　明

一、证明的定义

证明是论证的一种表现形式，是知识创新的基本形式。从论证的目的出发，对证明可作如下定义：

证明是论者通过一定的逻辑形式，组织某个或某些已知为真的命题来确定其待证命题成立或为真的过程。例如：

> 某甲的行为是故意犯罪。因为凡贪污罪都是故意犯罪，某甲的行为已构成贪污罪。

这就是一个证明。

二、证明的结构

证明作为论证，也是由三个要素构成的，即论题、论据、证明方式。

证明中的论题是要证明其真实性的命题。是立论者所要解决的问题，是证明的"灵魂"，证明之中心，回答"要证明什么"的问题，通常在一证明的开头提出，或在证明的末尾归纳。在分析证明的结构时，还可以用排除论据的方法来确认、把握论题，在证明中，除表示论据的语句外，就是论题。上述实例中的"某甲的行为是故意杀人罪"即是论题。

论据是用以证明论题真实性的命题。它需要解决的问题是"用什么证明"。它应该具有真实、关联、独立三种性质，真实是建立有效论证的前提，关联、独立是相对于论题而言，无关联则不能必然推出，不独立则会使证明陷于循环。证明的论据按其性质的不同也有两类，即事实论据和理论论据。用事实证据进行证明，叫作"摆事实"；用理论论据证明，叫作"讲道理"。只有通过"摆事实""讲道理"，才会使得证明有论证性、有说服力。上述实例中"因为"后面的两个论据一为法律理论原则，一为事实证据情况，两者的结合，使论题获得了最为有效的支持。

证明方式，是论据与论题的联系方式，它要解决"怎样证明"的问题，它是证明的骨骼、脉络。也就是证明过程中所用的推理的总和。如上述实例，在证明时就采取了三段论的推理形式。结构严谨，证明方式有效，因此，具有较强的论证性和说服力。

三、证明的方法

证明的方法有直接证法和间接证法。两种方法的形式运用在两个演算中得到了很好的体现，操作的方法和技巧可参照本书的第四章和第六章的相关内容。在内容与形式相结合的日常证明中则也通过典型的方法说明相应的论证方式。

直接证明的特点是：从论题出发，为论题的真实性提供正面的理由。

间接证明是通过确定其他命题的虚假来确定论题真实性的论证。它的典型方法有两种：即反证法和选言证法。

1. 反证法。它是这样的一种证明方法。即依所组织的命题，先通过蕴涵命题推理确定与论题相矛盾的命题（即反论题）的虚假或不成立，再根据排中律间接确定原论题真或成立。

反证法的过程可表示如下：

证明的论题：p

反论题：￢p

假设￢p成立

从￢p成立推导出q，即：如果￢p，则q。

确知，q不成立

所以，￢p不成立

所以，p成立（根据排中律）

例如，我们可以进行如下的论证：

思想问题只能通过自由讨论来明辨是非，通过社会实践来检验是非。如果不是这样，而是动用法律来解决思想上的是非，本身就是非法行为。

这一证明所用的方法就是反证法。

运用反证法的关键是确定反论题不成立。一般而言，如果根据反论题推出的命题：①与确知的事实矛盾；②与给定的条件矛盾；③与公理、定理、定义矛盾；④自相矛盾，都可进而确定反论题不成立。

2. 选言证法。其也称排除证法。它是通过析取命题推理排除不成立或虚假的相关论题，从而证明原论题成立或为真。

选言证法的过程可表示如下：

证明的论题：p

相关论题：q或者r

析取命题：p或者q或者r

确知：q不成立，并且r不成立

所以，p成立

例如：

毛泽东同志在《人的正确思想是从哪里来的》一文中，为了证明"人的正确思想是从社会实践中来的"这一科学论断，用的就是选言证法。毛泽东同志指出："人的正确思想是从哪里来的？是从天上掉下来的吗？不是，是自己头脑里固有的吗？不是，人的正确思想只能从社会实践中来，只能从社会的生产斗争、阶级斗争和科学实验这三项实践中来。"

这里，毛泽东同志先对人的正确思想的来源列举了三种可能，而且客观上也只有这三种可能。第一种观点是客观唯心主义，第二种观点是主观唯心主义，第三种观点是辩证唯物主义。由于第一、第二两种观点是错误的，应予否定，所以，第三种观点，即"人的正确思想是从社会实践中来的"就一定是正确的，是成立的。这一实例，很好地体现了选言证法的特点。

第三节　反　驳

一、什么是反驳

反驳是特殊形式的证明，反驳是论者通过一定的逻辑形式，组织某个或某些命题来确定某待证命题不成立的思维过程。从逻辑上讲，利用一些命题确定某一命题的真实性叫证明，利用一些命题确定某一命题的虚假性叫反驳。可以说，反驳与证明既相互对立，又相反相成。"不破不立"，不驳倒错误的东西，正确的东西就立不起来。证明了一个论题就意味着否定了它的反论题，同样的，反驳了一个论题，意味着肯定了它的反论题。证明和反驳同是论证这一整体的两个组成部分。广义的逻辑证明也包含了反驳。

反驳也由三个部分组成：被反驳的命题、用来反驳的论据、反驳时所使用的论证方式。它们分别回答了一个反驳"要反驳什么""用什么反驳"及"怎样来反驳"的问题。这是从反驳本身的逻辑结构这一角度讲的。例如：

有人认为：凡是犯罪都应当追究刑事责任。另一些人反驳道：有些犯罪不应当追究刑事责任。因为根据我国刑事诉讼法的规定，存在着一些不追究刑事责任的犯罪情形。如"依照刑法告诉才处理的犯罪，没有告诉或者撤回告诉的"就不应当再追究犯罪人的刑事责任，可见，并非所有犯罪都应当追究刑事责任。

这一反驳中，被反驳的论题是"所有犯罪都应当追究刑事责任"这一命题，其余命题皆是用来反驳的论据，论证的方式是独立证明的反驳法。在实际反驳中，反驳的对象不仅可以是被反驳的论题，论据、论证方式也可以成为反驳的对象，也可以把它们作为被论反驳的论题来看待。因此，在利用反驳推翻对方的证明时，可以反驳对方的论题，也可以反驳对方的论据和论证方式。

二、反驳的方法

在反驳中，反驳对方观点虽可以在反驳方式中去选择反驳论题、反驳论据、反驳论证方式。但在反驳的方法上，不外为两种方法：直接反驳和间接反驳。

（一）直接反驳

凡是直接用论据的真实性来直接确定被反驳的论题的虚假性的，就叫直接反驳。例如为了反驳资产阶级自由派所鼓吹的"民主社会主义"的谬论，我们列举种种理由，说明所谓"民主社会主义"根本不是真正的社会主义，而是以社会主义为幌子，实际上却是资本主义，这就是直接反驳。在法庭辩论中，原告与被告，被告、辩护律师与检察员，经常使用这种方法来推翻对方的论题、论据与论证方式。

（二）间接反驳

间接反驳就是通过论证另一个与被反驳的命题有矛盾关系或反对关系的命题的真实性从而确定被反驳命题的虚假性的方法。这里的间接也是绕个弯子的意思。间接反驳有两种主要方法：一是独立证明反驳法，二是归谬法。

1. 独立证明反驳法。这种方法，是先证明与被反驳的命题相矛盾或相反对的命题成立或真，然后根据矛盾律确定被反驳的命题不成立或假。

独立证明反驳法的过程是：

　　被反驳的命题：p

　　反驳：假设￢p

　　证明￢p成立

　　所以p不成立（根据矛盾律）

例如：

　　某窝赃案，公诉人指控被告人某甲明知是乙盗窃的赃物而积极窝赃，构成窝赃罪。辩护人针对公诉人的论证，作了如下反驳：①乙将盗窃的赃物运往甲家，只称是生意上的货物，暂存甲家；②江某证明甲对乙盗窃完全不知情；③破案时甲积极帮助公安机关起获赃物。因此，根据刑法之有关规定，被告人某甲不构成窝赃罪。

在此例中，辩护人为了达到反驳的目的，就采用了先证明与公诉人主张相矛盾的命题："被告人某甲不构成窝赃罪"成立，再依矛盾律施行反驳，这种方法正是独立证明反驳法的运用。

2. 归谬法。这种方法，是先假定被反驳一方的论题成立，然后以该论题合乎逻辑地推导出荒谬的结论，再根据蕴涵命题推理的否定后件式，从而驳倒被反驳一方的论题，说明其论题不成立。

归谬法的过程是：

　　被反驳的论题：p

　　假设p成立

　　推理：如果p则q

　　q不成立

　　所以，p不成立。

归谬法有下列三种主要形式：①从被反驳的命题中引出不成立的命题；

②从被反驳的命题中引出与其自相矛盾的命题；③从被反驳的命题中引出两个自相矛盾的命题。

例如：

意大利科学家伽利略对于"物体越重下降速度越快"这一观点的反驳就运用了这一方法。伽利略指出：如果一块轻石头 A 加在一块重石头 B 上下落。那么，根据"物体越重下落速度越快"（p）的断定，就会导致两个矛盾的结论：一是（A＋B）比 B 重，因此（A＋B）的下落速度比 B 快（q）；一是速度慢的 A 加在速度快的 B 上，会减低 B 的下落速度，因此（A＋B）的下落速度比 B 慢（¬q）。这样，从 p 中引申出 q，又引申出了¬q，而"q 并且¬q"是不成立的，这样，就可以推知 p（"物体越重下落速度越快"）是不成立的。

归谬法的特点在于："以退为进，引入荒谬"。归谬法与反证法在逻辑结构上大体相同，但两者又有以下三点区别：

第一，反证法的任务在于证明论题 p 是真实的，因此，它要先假设论题¬p 为真，然后再否定这个假设；而归谬法的任务在于证明论题 p 是虚假的，因此它要先假设论题 p 为真，然后再否定这个假设。

第二，反证法除了应用蕴涵命题推理的否定后件式推出¬p 假之外，还要根据排中律从¬p 假推出 p 真；而归谬法只要应用蕴涵命题推理否定后件式推出 p 假就行了。

第三，反证法在应用蕴涵命题推理的否定后件式时，只要求一般地否定蕴涵命题的后件；而归谬法贵在"引入荒谬"，后件越荒谬，反驳就越有力量。

归谬法是否合乎逻辑，是否具有说服力，既取决于前后件之间推导关系的有无，又取决于后件是否有明显的荒谬性。但相对于直接反驳，间接反驳的方法都只是辅助性的反驳方法，在司法工作领域尤其如此。

第四节　论证的规则

就日常论证而言，人们追求的目标无非有二：一是论证要具有论证性；二是论证要具有说服力。为便于在日常论证中进行正确的论证，排除错误的论证，达到上述目标，就必须遵守论证的规则。这里，我们对论证从内容与形式相统一的角度提出如下规则：

一、论题必须明确、同一

论题是论证全过程的中心。只有论题明确，才能有的放矢地展开论证，才能准确地表达对某一问题的认识观点。而弄不清楚要证明的是什么，要反驳的是什么，当然也就不知道用怎样的论据、怎样的论证方式进行证明或反驳。结果可能是要论证的没有论证，而不需要论证的又论证了。这样的论证所犯的逻辑错误叫作"论题不清"，它通常表现为论题中出现的词项含混不清或者词项之间自相矛盾。例如：

> 一只松鼠站在树上，两个猎人围绕它转了一圈。他们动时，松鼠也跟着他们动。这时，一个猎人说，他们已经围绕松鼠转了一圈，因为他们已经围绕松鼠绕了一条封闭的曲线；而另一个猎人却说，他们没有围绕松鼠转一圈，因为他们始终只看到松鼠的正面，没有看到它的其他各面。两人争得不可开交，谁也说服不了谁。

显然，他们对"一圈"这一概念有不同的理解，不解决这一分歧，无论怎么争论，都不会有确定的结果。而要论题明确，一般应做到两点：一是论证者思维中必须对所要论证的问题具有全面、系统、深刻的认识，把握其本质和规律；二是论证者要确切地表达论题，对论题包含的重要概念要明确其内涵和外延，对表达论题的语句要形式恰当，用词精确。

论题不仅应当明确，还应始终如一，首尾呼应。在一个论证中，论题只能有一个，论证的全过程都要合乎逻辑地指向论题，这是同一律的基本要求。如果在同一论证过程中任意变换论题，就无法达到论证的目的。违反这条规则，就会犯"转移论题"或"偷换论题"的错误。这种错误常表现为"论题扩大"（证明过多）或"论题缩小"（证明过少）的情形。例如：

> 必须加强大学生的文化素质教育。因为加强学生的文化素质教育，有利于全面贯彻落实党的教育方针，有利于培养德、智、体、美全面发展的人才，有利于改善学校长期以来存在的人文教育薄弱的状况，符合教育改革和发展的实际，顺应时代发展潮流和世界教育改革的趋势。

这个实例，原论题是"必须加强大学生的文化素质教育"，但论证的是"必须加强学生的文化素质教育"。后者比前者断定得多，这就犯了"论题扩大"的逻辑错误。

二、论据应当真实、独立

在论证中，论据是论题的根据，人们也正是以论据的成立来确定论题的成立与否的。如果论据本身是不成立的或不真实的，又如何利用论据来确证论证者的自身主张的成立，又如何利用论据来确证论敌主张的不成立呢？

论据应当确证真实。如果论据在论证者看来已确知其假或其真假、成立与否不能断定，在实际论证中就应当放弃此论据，否则，就会导致"虚假论据"或"预期理由"的逻辑错误。"虚假论据"就是用已被实践证明为假的命题来作为论据的逻辑错误。"预期理由"就是以真实性尚未得到证明的命题作为论据的逻辑错误。这意味着，有效的论证，论据不仅应是真命题，而且应是确知为真的命题。不仅不能是虚假的，而且也不能是真假未定的。例如，决不能以道听途说、捕风捉影的话作为论据，也不能以各种科学假说（猜想）为理由。科学假说虽然是以一定的事实和科学理论为根据，但毕竟是待证的东西。

论据在运用中，不仅应当确证为真，而且论据之真应独立于论题。如果论据依赖于论题，那么论题和论据的真实性都不能得到证明。在证明的过程中，论题的真实性是待证的，它不能够反过来作为证明论据真实性的论据，违反这一原则的错误，是"循环证明"（或"窃取论题"），这是一种"无进展"的无效证明。例如：

> 鲁迅先生的《论辩的魂灵》，是专门揭露反动派的诡辩方式的。在这篇文章中有如下一段话："……卖国贼是说谎的，所以你是卖国贼。我骂卖国贼，所以我是爱国者。爱国者的话是最有价值的，所以我的话是不错的，我的话既然不错，你就是卖国贼无疑了！"

可以看出，这一段话中用"你是卖国贼"来论证"我的话是不错的"，反过来又用"我的话不错"来论证"你是卖国贼"，即本来是作为论据的"你是卖国贼"的真实性，又反过来依赖它的论题的真实性来论证。鲁迅所揭露的这种诡辩方式，正是"循环论证"。

三、从论据应能推出论题

这一规则是说，论据是论题的充足理由，即从论据的真实性可以推出论题的真实性。违反这一规则会导致"推不出"。"推不出"的表现有四："论据不足""论据绝对化""论据与论题逻辑不相关""人为设定论据"。

"论据不足"，意味着所提出的论据对于论证论题的真实性来说，虽是必要的，但不是充分的，即除了提出这些论据外，还必须提出其他的论据，不然就不能推出论题的真实性。

"论据绝对化"，即在寻找论据的时候，把在一定条件下真实的命题当作了无条件的真实命题，以相对为绝对。

"论据与论题逻辑不相关"，意味着论据与论题在推导联系上不符合逻辑推理规则。

"推不出"的问题，实际上还可能是以心理的相关、语言相关代替了逻辑相关，这一部分的谬误情形可参看"非形式谬误"的有关内容。

"人为设定论据"，意味着论据完全是论者主观想象，人为设定的产物，完全缺乏客观的基础。例如：

> 昆曲《十五贯》中载：无锡知县过于执断定苏戌娟是杀人凶手，他的理由是"看你艳若桃李，岂能无人勾引？年正青春，怎能冷若冰霜？你与奸夫情投意合，自然要生比翼双飞之意。父亲阻拦，因而杀其父而盗其财，此乃人之常情。"

这里，过于执知县犯了"论据与论题不相干""预期理由"和"人为设定论据"的谬误。"艳若桃李"与"与人勾引"并无必然联系。"与奸夫情投意合""杀其父盗其财"等完全是过于执主观想象的产物。此乃"人为设定论据"的表现。

论证是一个复杂的过程，它不仅要求具备具体的科学知识，而且要求严格遵守上述规则。一个具有说服力的论证，是这两个方面的有机结合。

第五节 论辩与辩论

一、论辩的概念与特征

论辩，有争辩、论争、论战之意。通常是指持有不同见解的各方，在运用逻辑规律和规则的基础上，彼此为抒己见而进行的论证和反驳的说理过程。日常应用中有两种提法："辩论"与"论辩"。就本质而言，"辩论"与"论辩"并没有什么不同，两者都由辩驳——"辩"和说理——"论"两大部分组成。二者所不同的是："辩论"以辩驳为主，"论"为辩驳作铺垫，本身是辩驳的重要组成部分之一；"论辩"则以说理——"论"为主，"辩"为论服务，目的是更深入地说明理由，强化"论"的效果。在本书的论述中，根据需要，强调的方面不同，或采用"论辩"的说法，或采用"辩论"的说法。

从逻辑的角度看，论辩属于论证应用的现实表现形式，具有一般论证的基本特征；从论证的目的看，它又与一般的论证不同。它具有以下典型特征：

1. 论辩具有对抗性。论辩在本质上是关于同一事物的是非之争，是辩论者相互之间对某一问题的证明、质疑、辩驳，最终趋于正确认识或达到某种共识的言辞对抗。它与一般单向传播的演讲及双向传播的一般性对话有本质的不同。

2. 论辩具有针对性。论辩总是针对对方言词有感而发。它与一般的泛泛之谈，内心独白有本质不同，没有了针对性，也就没有了论争，论辩也就失去了其应有的意义。

3. 论辩参与者具有特定的主体性。特定的主体性，表明论辩是在特定的参与者之间展开的。除论辩参与者以外，其他人无权参与，概不能言。如法庭论辩，辩论赛中的论辩参与主体的特定性尤为凸显。

4. 论辩具有特定的时空性、时效性。论辩只能在限制的时空条件下完成，超过时限，论辩的任何一方，即使能够提出强有力的论据，也无法使其主张的合理性有所添加，使敌论主张的合理性有所减少。

明确上述诸特征，有助于对论辩及其规律的认识和把握。

从日常应用的角度看，论辩是一种多门学科知识相结合运用的综合性艺术形式，论辩的目的是借助论辩者的言语行为实现的，它涉及语言、修辞、思维等诸方面的综合技能，它对论辩参与者的素质、技能要求很高。要想在论辩中获胜，除掌握相关的知识外，还需要结合具体论辩形式做到理正而有技巧。理正，意味着占有真理，能抵御无理的狡辩、歪理的谬辩，揭穿诡辩者的伎俩；有技巧，则意味着论辩中能在高明的策略之下将犀利的语言、炽烈的感情与广博的知识和严密的逻辑有效地结合起来，灵活敏捷地组织起有效的反击。故而在实际论辩时，应结合不同目的巧学善用，灵活应对。

二、法律论辩

(一) 法律论辩的概念和特征

法律论辩是指在诉讼、仲裁以及其他解决争议或纠纷的法律活动中，公诉人、当事人以及其他参与人围绕争议焦点，根据有关证据和法律的规定，在法定程序下，以口头或书面形式展开的论证和辩论活动，以期对争议焦点或纠纷从事实上和法律上得出正确的认识并获得正确、合法、公正的解决。

从上述概念可以看出，本书所讲的法律论辩具有以下特征：

1. 活动阶段具有特定性。即它发生在诉讼、仲裁及其他解决争议或纠纷的法律活动中。

2. 参与主体具有特定性。法律论辩的主体为：发生争议或纠纷的公诉人、当事人及其他参与人。一般分为两方，个别情况下可以是三方。并非任何人都可以参加，只有符合法律规定的条件才可以参加。应当注意，法律论辩的主体必须是与他人发生争议或纠纷的人，包括自然人、法人及其他组织。不是参加法律论辩活动的人都是法律论辩的主体。

3. 论辩的内容与论辩的目的具有关联性。主要是围绕争议和纠纷事实，依据有关证据和法律规定针对涉及案件处理结果的事实、法律和程序问题展开论证和辩论。

4. 论辩的形式具有程序性。法律论辩一般是在在法定程序下，按照一定规则以口头或书面形式进行的。

5. 论辩目的的实现具有确定性。通过法律论辩以期对争议或纠纷从事实上和法律上得出正确的认识并获得正确、合法、公正的解决。

认识这些特征，有助于我们正确地理解和掌握法律论辩的概念，有助于正确地参加法律辩论，实现法律论辩的目的。

（二）法律论辩的几种主要方式

1. 从法律论辩的表达形式看，主要有口头论辩和书面论辩两种形式。口头论辩，是指论辩各方以有声语言的形式展开的论辩，如律师和公诉人的当庭发言。其特点在于可以充分发挥有声语言的优势，使论辩过程生动、感人、直接，达到其他论辩方式无法比拟的效果。其现场性和公开性易于对多方产生影响，临场调整，灵活性强，与态势语言相结合，能有效增强论辩的效果。

书面论辩，是指论辩各方以书面形式表示各自的观点和意见的方式，如起诉状、上诉状、答辩状、辩护词、代理词等。其特点在于不受时间、地点限制，弥补口头论辩不足，便于查询。但难以及时调整，表现力和感染力不如口头论辩。

2. 从法律辩论发生的场合看，主要有庭上辩论与庭下辩论两种形式。庭上论辩，指论辩各方在审判庭、仲裁庭和听证场所上所进行的论辩。其特点在于必须严格遵守程序，表现形式比较激烈，论辩者的情绪、思路、观点不同程度上受主持者的影响和制约。

庭下论辩，指论辩在审判庭、仲裁庭、听证场所以外所进行的论辩。没有特别严格的程序约束，受诸多因素的影响，观点不能即时交锋，论辩往往进行得不彻底。

3. 从法律辩论借以实现的程序看，主要有诉讼辩论与仲裁论辩、行政处罚论辩、行政复议论辩几种形式。诉讼论辩，指在人民法院适用诉讼法审理案件过程中的论辩。包括刑事诉讼论辩、民事（经济）诉讼论辩和行政诉讼论辩。具有程序性、规范性、严肃性、救济性强等特点。

仲裁活动及行政处罚、行政复议中发生的法律论辩涉及仲裁论辩、行政处罚论辩、行政复议论辩，其论辩程序弹性大，程序本身具有终局性，不可在程序内进行救济，论辩者必须把握好这次救济机会，毕其功于一役。

（三）法律论辩的基本步骤

法律论辩的基本步骤，指实施法律论辩的不同工作及其时间顺序。根据各个时期的不同工作内容，可分为准备阶段、论辩阶段和完善补充阶段。

1. 准备阶段。工作的内容主要是：充分熟悉案件事实并对案件性质形成初步的认识，对法律适用进行分析论证、确定论辩的角度和论辩的主要观点、决定论辩方案和提纲、确定论辩策略、撰写论辩书面材料等。

2. 论辩阶段。工作内容因论辩方式、类型不同而不同。

3. 完善补充阶段。工作内容主要是：在庭上口头论辩之后法院作出判决之前，论辩各方为弥补口头论辩之不足将有关内容加以书面化的工作。如代理词、辩护词、证据目录、证据异议的书面材料等的书面化。

（四）法律论辩中的常见错误或失误

1. 运用证据的错误或失误。运用证据是法律论辩的中心工作，运用的方式方法是否得当，分析评价是否合情合理，直接关系到法律论辩的成败。这方面的常见错误有：引证不确定、引证不充分、引用的证据程序来源不合法、引证与证明对象之间的关系不明确、质证失误等。

2. 适用法律错误或失误。在澄清事实的基础上，正确地适用法律才是法律论辩的目的。实务中，这方面的常见错误或失误有：引用法律不明确、法律依据缺乏、曲解法律等。

3. 论辩表达失当。法律论辩，不只"讲"事实，还要"演"事实。语言失范、表演成分过重、情感表达失当都不可能有效地解决争议都会直接影响法律论辩目的的实现。

三、辩论赛

（一）辩论的定义

辩论，是人们对同一个对象持相互对立立场下展开争论的过程。它是一个包含了"开始——展开——终结"的完整过程；是一个由一系列论述、反驳和辩护组成的争论过程。这个过程有时表现为辩论双方对问题商榷、求同存异、最终取得一致的过程，有时又是批驳谬误、探求真理的过程；有时则是针锋相对、捍卫正当权益的过程。至于零散的议论、变换主题的交谈，即使中途有什么争执也不能算作辩论。

（二）辩论的要素

辩论由辩题、立论者、驳论者三要素组成，缺一则不成其为辩论。

1. 辩题。辩题是辩论的客体，是辩论行为所指的对象，是辩论的中心问题。辩论应当围绕它来进行，在整个辩论过程中应一贯到底。

辩题的确定，可以事先约定，也可以即兴确定；可以自己主动确定，也可以别人指定；可以是事实命题，也可以是价值命题。如"离婚率上升是社会文明进步的表现"是一事实命题，而"医学发展应有伦理界限"则是一价值命题。辩题的确定应这种考虑两个因素：一是辩题要有辩论价值；二是辩题能使辩论各方引起和展开辩论。是非早有定论，常识即可判定是非的问题皆为不可辩的问题。

2. 立论者。立论者是指主动提出论点或辩论立场的人。在整个辩论过程中，以维护自身的立场为主进行辩护。

3. 驳论者。驳论者是对"立论者"的观点、立场进行反驳的人。

立论者和驳论者是辩论的主体，在辩论中必须具备这两个要素，但参与辩论各方担当的角色不一定是"从一而终"的。"立论者"和"驳论者"在实际辩论中也会发生一定的角色转换。

（三）辩论赛

辩论赛是一种典型的辩论竞技形式。在国际上叫国际雄辩赛。它的发端可以追溯到 1922 年。最先由英美两国发起，以后遍及四十多个国家和地区。自 20 世纪 80 年代末至今，这种辩论竞技形式在国际国内各大学和校际之间广为流行。这种竞技形式，一般多由辩论双方组成代表队，辩论的题目在赛前事先确定，可涉及政治、法律、经济、社会、道德、伦理、文化等各种领域。题目多是一个就人们所关注的问题提出的命题。支持这一命题的辩论一方为正方，反驳这一命题的辩论一方为反方。双方的胜负由评委会当场依评分和讨论裁决。评分的标准往往包括立论、辞令、资料的掌握与运用、辩论风度等。

通常，一场完整的辩论赛与其他一般类型的辩论有所不同，主要表现为：

1. 辩论双方的立场是事先抽签决定的。

2. 辩论双方均有反驳与辩护的责任。

3. 论有时限，强制终结。

从辩论的展开来看，辩论赛一般有三个阶段：

1. 开始阶段——陈词。无论是个人比赛还是团体比赛，都必须有一个陈述本方立场以及支持该立场的主要依据，为后面的辩论作铺垫。如果没有陈词的铺垫，辩论就只能根据限定的立场，想象对方的论证依据，作想当然的进攻和辩护，无的放矢。没有了针对性，辩论自然也没有了深度、效果也不会理想。

2. 展开阶段——辩论。在双方陈词的基础上，进行针锋相对的辩驳。在一般的辩论赛里或者是"自由辩论"或者是"相互盘问"。这一阶段是辩论赛的高潮阶段。自由辩论的进程很快，态势瞬息万变。捕捉到的信息比较零乱，有效价值不大。

3. 终结阶段——总结陈词。由每方的"结辩手"对全场的辩论进行总结。当然，总结不应是陈词的简单重复，应该是整场辩论的升华。根据辩论的态势，系统归纳对方的矛盾与问题，并再一次进行全面的反驳；系统归纳本方的立论与依据，并在价值层面上予以提高。这三个阶段对一场完整的辩论赛而言是缺一不可的，应当充分认识到每一阶段的主要任务和价值所在。

从辩论赛的过程看，论辩的任一方在论辩的过程中都应当建立起一种"起承转合"的论辩的内在联系。以新加坡辩论模式为例，四位辩手的陈词间的内在联系可这样认识：①一辩的"起"：开宗明义，表明立场，阐明主要因果关系。②二辩的"承"合理演绎，提供充分论据，理论引用得当，说理透彻。③三辩的"转"：由说理转入事实论证，从社会实践的角度对立场作更深入的剖析。④四辩的"合"：系统归纳、批驳对方的矛盾与失误。将辩题的内涵升华，从价值判断高度总结本方立场。这种"起承转合"构成了一方辩论情况展开的主线。例如：

在"温饱是谈道德的必要条件"这场辩论中，反方的辩论展开大致上形成了以下的主线：

一辩（逻辑判断——起）

说明底线；

说明温饱的概念；

说明道德与谈道德的概念；

对必要条件的理解，设定对方立场交代反方辩论格局。

二辩（理论判断——承）

道德的起源；

道德的本质；

道德的目的；

道德的功能；

道德的层面。

三辩（事实判断——承）

自古美德出自饥寒；

饱暖思淫欲；

经济发展需要谈道德。

自由辩论（转）

主要就下述四个问题展开反驳与辩护：

A. 温饱的标准；

B. 道德与温饱的关系和超道德与温饱的关系；

C. 自身温饱的人如何对待尚未解决温饱的人的道德与温饱的关系；

D. 道德与法律的关系。

四辩（价值判断——合）

重申反方基本立场；

道德是人类社会发展的基本保证；

在今天人类更需要谈道德；

道德是今日世界的旗帜；

最后引用康德的话概括。

上述实例，不仅很好地体现了四辩之间的起承转合，而且展现出明确的辩论三阶段。

辩论赛是一种比知识、比谋略、比机敏、比心理、比逻辑、比智慧的综合性比赛，自始至终充满着机智和幽默，使人们能在愉悦中得到智慧的启迪、高尚情操的熏陶。

一场辩论赛的成功，不仅在于辩论双方的激辩，而且在于对辩论能够进行正确的赏析和评价，这样才会使胜败的各方受到公平的对待。一般而言，正确的评判和赏析辩论比赛，应该从逻辑分析入手，把握辩论双方立场分析的要点，抓住分歧的关键，弄清楚辩论的焦点。这种分析的程序大致包括六个步骤：①辩题类型的逻辑分析；②双方立场界定；③论证的理论基础（即逻辑框架）；④逻辑难点处理方法；⑤辩驳与攻防；⑥对全场辩论的概括。

辩论赛是一个辩论竞技的过程，也是一个学习的过程，对于培养现代社会所需要的、有较好素质的人才来说，不失为一种有效的方式。对于学习者和参赛者而言，应当多欣赏一些好的辩论赛，感受辩论赛，并从中获得启发和教育。

四、论辩与辩论的逻辑应用技巧分析

论辩与辩论技巧，是论辩、辩论制胜必备的技能因素，是能力的体现。灵活、主动、自然、准确地运用技巧，有助于论辩内容的具体表达，在论辩实践

中具有特殊的重要作用。

由于论辩是一种多门学科知识相结合运用的综合性艺术形式，因此，论辩的技巧不仅包括论辩思维与方法的逻辑技巧，而且包括论辩材料（口语、态势、心理、有关实物等）的应用方式的表达技巧。这里，我们仅以辩论赛和法庭论辩为例，从逻辑方面对论辩与辩论技巧做简要分析。

（一）辩论赛中的逻辑分析技巧

1. 辩题分析技巧。辩论赛中的辩题，一般都是预先确定的。对辩题的理解直接影响辩论的设计，甚至决定辩论比赛的成败。立论一方运用逻辑技巧的进行"破题"，首先需要从辩题的逻辑形式表现展开思考。

例如：

（1）美是主观感受（正方）

　　　美是客观感受（反方）

（2）钱是万恶之源（正方）

　　　钱不是万恶之源（反方）

（3）知难行易（正方）

　　　知易行难（反方）

（4）外来文化对民族文化的发展利大于弊（正方）

　　　外来文化对民族文化的发展弊大于利（反方）

（5）发展教育应当提高教育经费（正方）

　　　发展教育不应当提高教育经费（反方）

（6）生态危机可能会毁灭人类（正方）

上述实例中，（1）和（2）涉及的是性质命题，（3）涉及的是复合命题，（4）涉及的是关系命题，（5）涉及的是规范命题，（6）涉及的是模态命题。关注每一命题形式的逻辑构成要素，对辩题的分析具有重要的意义。针对例（6），反方应当如何破题立论呢？从持有相反观点进行反驳来看，反方可以着眼于两个命题的逻辑思考："生态危机不可能会毁灭人类"与"生态危机可能不会毁灭人类"。命题"生态危机不可能会毁灭人类"虽然对正方观点具有强有力的反驳，但要证明这一观点难度较大。命题"生态危机可能不会毁灭人类"与正方观点具有下反对关系，证明的难度与正方相当，且正方观点的成立不能排除反方持有的观点，在辩论中，正方要反驳倒反方的观点显然很难。从逻辑角度思考反方观点的选择具有重要的意义。

其次，关注辩题内容进行两个方面的思考：一方面要对辩题作出有利于自己的解释，另一方面还需要结合辩题的性质，看其是涉及一事实命题还是一价值命题，从逻辑角度考虑这种解释是否为大多数人所接受，即"公认的"标准。否则，一种解释虽有利于自身而并不为大多数人所接受，则很难抵挡驳论一方的攻击。例如：

> 有一次辩论赛，辩题是"进口高档消费品利大于弊"，当时人们对这个问题的看法不利于立论一方，尤其是对大量进口小汽车，群众的意见很大。在这种情况下，立论一方没有退缩，他们在破题中很下功夫，认定小汽车不在辩论的范围以内。理由是：虽然在西方发达国家小汽车是消费品，但在当时的中国，小汽车还远远不为广大人民的生活所必需，所以不能称为消费品。对辩题的这种限制解释消除了辩论中可能出现的不利因素，使得反方不得不接受，正由于此，立论一方为自己争得了主动，最后取得了这场比赛的胜利。

2. 论据组织技巧。辩论赛中，逻辑技巧的运用还在于巧妙地选择和使用论据。在辩论中，论据是证明辩题构成辩词的依据，因此，无论怎样的立论或论辩都必须以论据为依据。毫无疑问，论据的质量较之论据的数量更为重要，选择论据应注意典型性，典型、真实、科学的论据说服力更强。一般而言，充足而全面的论据才谈得上典型性。此外，论辩总是有层次、有节奏的展开，选择和使用论据应贯彻论辩的整体策略意图。认真地分析对方可能采取的进攻方式，可能提出的问题，并一一作出对策是十分必要的。譬如，在临场辩论中，当对方攻击自己准备最充分、最有说服力、最能够吸引观众、说服评判的问题，可以暂时含而不露，一旦时机成熟，把对方诱入陷阱后，突然抛出最有力的论据，一定会使对方措手不及，无言以对。从而实现自己的总体意图。例如：

> 北京大学辩论队在与香港中文大学辩论队就辩题"发展旅游业利大于弊还是弊大于利"进行辩论比赛时为我们提供了一个很好的范例。很显然，发展旅游业利大还是弊大，不能笼统而论。因为，辩题本身并没有提出任何条件，所以，任何一方加上条件就可能视为跑题。北京大学队正是看到了这一点，在临场辩论中，先是提出"香港旅游业的弊处，恐怕你们不会不了解吧？""发展旅游业带来这么多弊处是谁造成的呢？"等辩题，给香港中文大学队先造成一种胸中无数，口中无词的错觉，一步步使香港中文大学队步入"具体条件"陷阱。最后抛出有力一击：你们列举了那么多成功的例子，意思无非是说因为具备了这些条件，这些国家的旅游业才搞得好，但很遗憾，本辩题并不是"在一定条件下发展旅游业利大于弊"，所以，首

先你们跑了题；其次，如果你们所说的这些条件不具备，发展旅游业还能说是利大于弊吗？至此，香港中文大学队已再无反击之力，而北京大学队则因部署得当，实现了自己的策略意图。

3. 论证方式的运用技巧。辩论赛中逻辑技巧的运用还在于合法、巧妙地运用论证方式。合法地应用论证方式，也就是合乎逻辑规则地连接论题与论据。巧妙地应用论证方式，则在于证明和反驳的各有关方法的灵活运用。如归谬反驳、二难反驳、比较反驳，都有很强的论证性，不仅具有一定的说服力，而且具有一定的感染力。

（二）法庭论辩中的逻辑分析技巧

法庭论辩是诉讼的手段，诉讼又是诉讼当事人为保护或争取某种利益而发动起来的。论辩对抗是一种权益的对抗，在法庭论辩中，最大限度地促成自己的或公众的利益，争取这种合法权益是其直接目的。因此，法庭论辩不是单纯的辩技表演与竞赛，控辩双方的论辩都必须符合法律的原则和精神。从这一特点出发，法庭论辩中的技巧应用有其特殊性，实务操作中应给予足够的注意。

1. 争议焦点——辩题的确定。从辩题的角度看，法庭论辩的辩题不同于竞赛的辩题，它不是事先拟好的，也不是通过抽签确定的。它是控、辩双方根据某一具体诉讼的具体情况而选择出来的，并在法庭论辩中把它确定下来。它具有法律诉讼性、临庭确认性、结论确定性的特征。这些特征决定了法庭论辩的辩题选择具有十分重要的意义。在实践中，提出辩题与解释辩题都具有选择辩题的意义，如何选择，选择什么样的辩题就有技巧的问题。一般而言，辩题应选择自信、可辩、打击力强、出奇制胜的辩题。此外，法庭论辩的辩题应是真实可靠的命题。如果论辩的命题虚假、不成立，则整个论辩将是彻头彻尾的虚假。论辩中，揭露对方论题的虚假性，利用反驳的形式往往有使对方遭到毁灭性打击的效应。

2. 证据的选择、质辩、确认。从论据的角度看，法庭论辩所使用的论据与材料也具有法律及法庭诉讼的特点。事实和证据作为法庭论辩的论据，必须具有法律的确实性，即其既必须符合法律规定，又必须是真实、完全、充分的；事实和证据作为法庭论辩的论据，必须经过法庭的调查与质证，因此，它又具有法庭的确认性。当然，任何意义的论据材料都是静态的，本身并不产生什么效果，只有当其在论辩中被选择和使用后，才产生和释放能量。一般地说，法庭论辩对论据的选择更应当考虑其真实性、典型性、科学性。例如，刑事诉讼中的被告人供述，其反映的事实或者依人们的理智判断为真，或者确实是客观事实的真实反映，具有客观的真实性。但如果没有其他证据证实，依照我国《刑事诉讼法》的规定，仍不能作为定案的根据，亦即缺乏法律的真实性，如以此为论据，则其论辩在法律上是不真实的。再如，以法学观点和成果作为法庭论辩的论据，应以符合现行法律规定为前提，在这个基础上，被公认的法学观点可以成为论据。而法学界争议的学术观点，因其尚不确定，不能成为法庭论辩之论据，以免将法庭论辩变为学术论辩。选择和使用论据的策略，应该根据总的论辩构想，有理有节，始终把握论辩主动权，理智地引导辩论。选择和使用法庭论辩的论据，还应该具有通俗意识，过于深奥或解释颇费周折的论据，一般不宜选用，以免分散论辩的主题，影响论辩的效果。

3. 严密合理的论证方式。法庭论辩的逻辑技巧运用还在于必须善于向人们揭示那些论据材料是如何证明或反驳论题的。从逻辑上讲，必须解决论证方式的正确性问题。只有运用严密合理的论证方式，将论据与论题有机地结合起来，论辩才能是客观的、科学的，才能避免强词夺理，主观武断，才能有理、有术地赢得论辩。必须强调：每个法庭论辩者应当掌握逻辑推理的原理，遵守推理规则，灵活使用证明与反驳的具体方法与技巧。从法庭辩论的实际看，刑事诉讼的证明与民事诉讼的证明有很大的不同。刑事诉讼的证明要求"严格证明"，这意味着归纳、类比论证的组织方式不能采用。而民事诉讼的证明只要求"合理化证明"，论证的方式并无严格的限制。

法庭论辩是复杂的，论辩技巧是多变的，论辩虽有章法，但却无定法。分析是容易的，但灵活、恰当地将技巧应用于实务则是不易的。论辩技巧理论与实践的统一，法庭论辩内容与形式的统一，论辩有效性与论辩说服力的统一始终是我们追求的最高目标。

思考题

1. 什么是论证？它由哪些部分组成？它与推理、实践检验的关系如何？

2. 什么是反证法？什么是选言证法？它们各自的证明过程是如何实现的？

3. 什么是归谬法？它与反证法有何区别？

4. 论证有哪些具体规则？违反论证规则会导致哪些逻辑错误？

5. 论辩有哪些特征？如何进行法律论辩？

6. 辩论赛有何特点？在一场辩论赛的推进中辩论双方应注意处理好哪些问题？

练习题

一、选择题

1. 生活应该是一系列冒险，它很有乐趣，偶尔让人感到兴奋，有时却好像是通向不可预知的未来的痛苦旅程。当你试图以一种创造性的方式生活时，即使你身处沙漠中，也会遇到灵感之井、妙想之泉，但它们不是能事先拥有的。

下面哪一个选项所强调的意思与题干的主旨相同？（　　　）

A. 英国哲学家休谟说，习惯是人生的伟大指南

B. 美国哲学家怀特海说，观念的改变损失最小，成就最大

C. 法国化学家巴斯德说，机遇只偏爱有准备的头脑

D. 美国诗人弗罗斯特说，假如我知道写诗的结果，我就不会开始写诗

2. 去年，有6000人死于醉酒，有4000人死于开车，但只有500人死于醉酒开车。因此，醉酒开车比单纯的醉酒或者单纯的开车更安全。

如果以下哪项陈述为真，将最有力地削弱上述论证？（　　　）

A. 不能仅从死人绝对数量的多少判断某种行为方式的安全性

B. 醉酒导致意识模糊，醉酒开车大大增加了酿成交通事故的危险性

C. 醉酒开车死人的数目已分别包含在醉酒死人的数目和开车死人的数目之中

D. 醉酒死人的概率不到0.01%，开车死人的概率是0.015%，醉酒开车死人的概率是33%

3. 政府的功能是满足人民群众的真正需要，除非政府知道那些需要是什么，否则政府就无法满足那些需要。言论自由能确保政府官员听到这样的需求信息。因此，对一个健康的国家来说，言论自由是必不可少的。

下面哪一项如果为真，不能削弱上述论证？（　　　）

A. 人民群众在多数情况下并不知道他们真正需要什么

B. 言论自由最终倾向于破坏社会秩序，而良好的社会秩序是满足群众需要的先决条件

C. 政府的正当功能不是去满足人民的需要，而是给人民提供平等机会

D. 言论自由对满足群众的需要是不充分的，良好的社会秩序也是必不可少的

4. 张珊说：应该对残忍的杀人犯施以极刑，这是明智的行为。因为这可以阻止可恶的犯罪，并在长时期内使整个社会承受的痛苦减至最小。死刑是一个健全社会的自我防范。

李斯说：你忽视了一条，即一个国家或社会是否有权利剥夺任何一个人的生命。如果没有这样的权利，那么，死刑能否阻止犯罪这一点就无关紧要了。

假设死刑不能阻止犯罪，那么，张珊和李斯的观点将以下面哪一种方式受到影响？（　　）

A. 张珊和李斯的观点都不会受到加强或削弱

B. 李斯的观点受到削弱，张珊的观点得到加强

C. 张珊的观点受到削弱，李斯的观点不受影响

D. 张珊和李斯的观点都被削弱

5. 相对论的创立者爱因斯坦是左撇子，发明家富兰克林和科学家牛顿是左撇子，达·芬奇、米开朗基罗、毕加索和贝多芬也都是左撇子。这表明，创造性研究是左撇子独特的天然禀赋。

以下哪项陈述是上述论证所依赖的假设？（　　）

A. 自福特以来的美国总统，除少数几位外都是左撇子

B. 左撇子突出的创新研究能力并不是由教育和环境等后天因素决定的

C. 20 世纪初，中国的父母还在煞费苦心地矫正孩子惯用左手的"坏毛病"

D. 左撇子具有一定的遗传性，例如，英国女王伊丽莎白和她的母亲都是左撇子

6. 禁止步行者闯红灯的规定没有任何效果。总是违反该规定的步行者显然没有受到它的约束，而那些遵守该规定的人显然又不需要它，因为即使不禁止步行者闯红灯，这些人也不会闯红灯。

下面哪一个选项最准确地指出了上述论证中的漏洞？（　　）

A. 在其前提和结论中，它分别使用了意义不同的"规定"

B. 它没有提供任何证据去证明，闯红灯比不闯红灯更危险

C. 它理所当然地认为，多数汽车司机会遵守禁止驾车闯红灯的规定

D. 它没有考虑到上述规定是否会对那些偶尔闯红灯但不经常闯红灯的人产生影响

7. 法学家：《刑法修正案（八）草案》规定，对 75 周岁以上的老人不适用死刑，这一修改引起了不小的争论。有人说，如果这样规定，一些犯罪集团可能会专门雇佣 75 岁以上老人去犯罪。我认为，这种说法不能成立。按照这种逻辑，不满 18 岁的人不判处死刑，一些犯罪集团也会专门雇佣不满 18 岁的人去犯罪，那么我们是否应当判处不满 18 岁人的死刑呢？

上面的论证使用了以下哪一种论证技巧？（　　）

A. 通过表明一个观点不符合已知的事实，来论证这个观点为假

B. 通过表明一个观点缺乏事实的支持，来论证这个观点不能成立

C. 通过假设一个观点为正确会导致明显荒谬的结论，来论证这个观点是错误的

D. 通过表明一个观点违反公认的一般性准则，来论证这个观点是错误的

8. 有些人坚信，在宇宙空间中，还存在着人类文明之外的其他高级文明，因为现在尚没有任何理论和证据去证明这样的文明不可能存在。

下面哪一个选项与题干中的论证方式相同？（　　）

A. 神农架地区有野人，因为有人看见过野人的踪影

B. 既然你不能证明鬼不存在，所以鬼就是存在的

C. 科学家不是天生聪明的，例如爱因斯坦小时候并未显得很聪明

D. 一个经院哲学家不相信人的神经在脑中汇合。理由是亚里士多德著作中讲到，神经是从心脏里产生出来的

9. 要么采取紧缩的财政政策，要么采取扩张的财政政策。由于紧缩的财政政策会导致更多的人下岗，所以，必须采取扩张的财政政策。

以下哪一个问题，对评价上述论证最重要？（　　）

A. 紧缩的财政政策是否还有其他不利的影响

B. 既不是紧缩的也不是扩张的财政政策是否存在

C. 扩张的财政政策能否使就业率有大幅度的提高

D. 扩张的财政政策是否会导致其他的不利后果

10. 古希腊有人论证说：探究是不可能进行的，因为一个人既不能探究他所知道的，也不能探究他所不知道的。他不能探究他所知道的，因为他知道的，无需再探究；他不能探究他所不知道的，因为他不知道他要探究的东西是什么。

以下哪项最准确地指出了该论证的逻辑漏洞？（　　）

A. 虚假预设：或者你知道你所探究的或者你不知道你所探究的

B. 强词夺理：理性上黔驴技穷，只好胡搅蛮缠

C. 循环论证：把所要论证的结论预先安置在前提中

D. 歧义性谬误：其中"知道"有两种含义：知道被探究问题的答案是什么；知道所要探究的问题是什么

二、分析下列证明或反驳的结构，指出其论题、论据、论证方式

1. 科学技术是生产力。因为蒸汽机的诞生，带来了第一次工业革命，使人类社会的生产方式由手工操作进入了机械生产时代，使社会生产力大大提高。

电动机的制造成功，带来了第二次工业革命，使社会的大生产由机械化进入到电气化阶段，社会生产力又前进了一步。这说明科学技术的进步，促进了社会生产结构的普遍变革，影响到生产部门的深刻变化，最终促进生产力的普遍提高。

2. 对待历史文化遗产应当采取批判继承的态度。对待历史文化遗产的态度，要么是全盘继承，要么是虚无主义，要么是批判继承。全盘继承，不分精华和糟粕，不能推陈出新，不利于文化的发展，这种态度是不可取的。虚无主义，割断了历史，违背了文化发展的规律，同样不利于文化的发展。只有批判继承，去其糟粕，取其精华，才能促进文化的繁荣。

3. 在巴基斯坦影片《人世间》中，拉基雅的丈夫被人枪杀了，由于拉基雅当场开了枪，所以她被当作杀人凶手提交法庭审判。正直的老律师曼索尔担任拉基雅的辩护律师，他在法庭上是这样证明拉基雅并非是杀死她丈夫的凶手的：

如果拉基雅是凶手，那么，她手枪中的 5 发子弹最少必有 1 发打中了她的丈夫。而现在经过现场检查，她手枪中的 5 发子弹都打在对面的墙上，打在墙上，当然没有打中她丈夫。再有，如果拉基雅是杀死她丈夫的凶手，那么，子弹一定是从正面打进她丈夫的身体的，因为拉基雅是面对面地向他丈夫开了枪。但是，经过法医检查，尸体上的子弹是从背后打进去的。

4. 某抢劫赌资案，被告人提出他抢劫的是赌博之款，不具有社会危害性。公诉人据此设计了一个推理予以反驳：如果抢劫赌资不具有社会危害性，那么，推而广之，任何人都可以用刀顶着赌徒的胸膛，甚至使其一命呜呼，赌徒的生命可以不受法律保护了？同理，犯罪所得的赃款任何人都可以毫无根据地将其据为私有，甚至可以非法取之，甚至犯罪分赃也不是具有社会危害性的行为，而是应依法保护的"按劳分配"了。这显然荒谬绝伦。

三、分析下列证明或反驳中的逻辑错误

1. 在某一杀人案中，被告被控告犯有杀人罪，理由是：①杀人事件发生在那天晚上，有人看被告人很晚才回来；②死者是被枪杀的，在现场发现一支 65 步枪的子弹壳，撞针偏眼，被告人是民兵，带的也是 65 步枪，而且撞针也偏眼；③被告人带的枪上有血迹。

2. 有人说，写历史剧可以有艺术虚构。我不同意这种观点。我们无产阶级的文艺工作者，应该坚持实事求是的思想路线，应该按历史的本来面目去反映历史。胡编滥造，只能是对历史的歪曲、篡改。

3. 自然科学是有阶级性的，因为：①自然科学就是自然哲学，而哲学是有阶级性的；②自然科学是上层建筑，而上层建筑是有阶级性的。

4. 上帝本来是不存在的，但欧洲中世纪的神学家们却把"上帝是存在的"这一命题作为论题进行了如下的论证：

当人们思考上帝时，人们是把上帝作为一切完美性的总和来思考的，而归入一切完美性总和的是存在，因为不存在的必然是不完美的。所以，必须把存在归入上帝的完美性之中，这样，上帝一定是存在的。

四、惠子对庄子的反驳是否成立？为什么？

庄子与惠子游于濠梁之上。庄子曰："儵鱼出游从容，是鱼之乐也。"惠子曰："子非鱼，安知鱼之乐？"庄子曰："子非我，安知我不知鱼之乐？"惠子曰："我非子，固不知子矣；子固非鱼也，子不知鱼之乐，全矣！"庄子曰："请循其本，子曰'汝安知鱼乐'云者，既已知吾知之而问我，我知之濠上也。"（引自《庄子·秋水篇》）

五、以下列命题为辩题，为其建构正反方论辩方案

1. 行为艺术是艺术。
2. 在职博士应该停招。
3. 学术不能量化。
4. 惩罚教育比赏识教育更重要。
5. 大学生毕业创业利大于弊。
6. 成功学不能帮助人成功。
7. 大学里应该实行末位淘汰制。
8. 大学生自由转系弊大于利。

六、以"恶法非法"为题组织一场辩论赛

第十一章

谬　误

人们在学习、工作和生活中免不了要犯这样那样的错误，有些是属于立场和世界观的问题，有些是属于认识方面的问题，还有一些是由于违反逻辑规律的要求或其他原因造成的。认识并有效地分析这些错误，指出其问题之所在，有助于我们识别、揭露、批驳谬误，有助于我们坚持和捍卫真理。

第一节　谬误的概述

一、什么是谬误

"谬误"，英语为 fallacy，它是由古拉丁语中的 fallacia 演变而成的，有欺骗、易于误导之意，也指错误的见解、观念或推理中的错误。汉语中同 fallacy 大体相当的语词有谬误、荒谬、虚妄等。在认识论中，"谬误"一词与"真理"相对，指同客观事物及其发展规律相违背的认识。在逻辑学中，它也有几种不同的解释：一种是泛指人们在思维和语言表达中所产生的一切逻辑错误；一种是指由于违反逻辑规律和规则而产生的各种逻辑错误；还有一种是仅指由于违反论证规则而犯的各种逻辑错误。本书采用第一种解释。

在日常生活中，人们常常将谬误和诡辩并提。实际上，诡辩虽也是谬误，但它却与一般的谬误有所不同。从逻辑上说，诡辩是指违反事实与真理的辩论，是有意识地为某种谬误作论证，它的特点在于：有意地利用逻辑错误，颠倒是非、混淆黑白，为错误的言论进行辩解，骗取别人的支持。现实表现中，诡辩常具有怪异的形式，往往是利用理智或语言上的技巧论证虚假的论题。可以说，诡辩是为了达到某种目的，施展某种计谋手段，自觉地违反逻辑规律、规则的，而一般的谬误则往往是不自觉地违反逻辑规律、规则的。实际论证中，究竟是诡辩还是一般谬误，常需结合具体情况具体分析，诡辩的问题并非单纯是逻辑问题。强词夺理之强辩，狡猾、诡诈之狡辩，都有诡辩的成分，就是巧妙的辩论，搞得不好，也会流于诡辩。因此，日常论证应着眼于谬误的成因对诡辩详察之。这里，本书只一般地讲谬误，而不具体分析诡辩。

二、谬误的种类

谬误形形色色，在日常论证和辩论中有诸多表现形式，从不同的角度和依据出发，人们对谬误有不同的分类认识。有人将其区分为语形谬误、语义谬误和语用谬误；有人将其区分为形式谬误、实质谬误和无进展谬误；有人将其区分为形式谬误和非形式谬误。

（一）语形谬误、语义谬误、语用谬误

这一分类是从逻辑符号学的角度划分的。

语形学主要研究的是表达式的结构或形式，包括形式的可能变化，亦即所谓的变形问题。语形学关注表达式的合理形成和变形问题。衡量一个表达式的结构是否合理，标准在于形成规则和变形规则。在进行日常论证时，违反推论的形成规则而导致的谬误即是语形谬误。如有人曾这样议论："如果一个干部以权谋私，那么他就不是一个好干部，而某甲并没有以权谋私，因此，不能说某甲不是一个好干部。"这种议论并不正确。学过逻辑的人，都知道这个推理运用了如下形式：（p→q）∧¬p ∴¬q。从表达式的角度而言，这个推论形式是无效的，因为它违反了推理规则：否定前件不能否定后件。再如"并非如果某甲年满 18 周岁，那么他就有选举权。因为，某甲虽然年满 18 周岁，但是他没有选举权。"这个议论，如从逻辑的角度看，由于它采用了 p∧¬q ∴¬（p→q）这一推论形式，该形式符合否定蕴涵的等值变形推导规则，因此，该表达式是合理的，表明该变形推导是有效的。这里，我们可以看出，语形谬误的讨论，可暂时不必考虑语言表达式的意义，也不必考虑使用者和语境的问题。

语义学是符号学的一部分，它主要研究一个语言表达式和它们所指的对象或事态之间的某种关系，它关注的是一个表达式的意义。其目的在于描述和解释语言中不同表达式之间存在的系统的关系，对语言意义的本质作出说明。如句子之间的蕴涵关系、矛盾关系、同义关系、反义关系、预设、语义与句法、语境与外部世界的关系等。在日常论证中，与推论中语言表达式的意义有关的谬误被视作语义谬误。如有人问："你是否已停止打你的父亲了？"对这句话不能简单地回答"是"或"否"，否则，你都会上当。因为它暗含着"你曾经打过你的父亲"这一命题，你肯定地回答，那说明你承认自己曾经打过父亲，你否定地回答，那说明你不仅承认自己打过父亲，而且表示还要继续打。如不注意这一表达式中的预设语义，那么简单地回答就会导致语义谬误。

语用学研究在行为中出现的记号之来源、使用和功能。它关注的是记号、表达式的使用者和语境问题。在日常论证中，不了解语言的使用者所使用的意义和语境就会导致语用谬误。例如有人把他人的建议看作"这是孩子之见"，由于"孩子"一词在概念义上，指"未成年的人"，在联想义上，它有时带有"幼稚、不懂事"的含义。因此，不同的使用者在不同的语境中可能表示着不同的看法，他可能是想说明"这是一个未成年人的看法"，他也可能是想说明"这是一种幼稚、不成熟的见解"。实际论证中究竟表达何者，应结合使用者和语境考虑，切不可想当然，主观臆断。

（二）形式谬误和非形式谬误

这种分类是依推论的形式和内容的区分而作出的，是目前普遍接受的一种分类。

形式谬误是不符合某种推论式规范而产生的谬误。它一般对应着某一无效的推论式。这种错误在本书命题逻辑、词项逻辑、谓词逻辑部分均有涉及。如蕴涵命题推理中的"否定前件式"，三段论推理中的"中项不周延"，谓词推导中的"不正确的同一替换"等都是形式谬误。这种谬误一般诉诸逻辑形式分析，依照相关的推论规则就能识别并予以纠正，因此，对之本书不再详加论述。

非形式谬误是有关内容的、实质的谬误。这种谬误并不依据推论式的形式说明，而需从语言、心理等方面的因素说明推出关系的无效性。非形式谬误归类认知，一般又可分为相关谬误、歧义性谬误和论证不足的谬误。本章中对谬误的分析主要放在考察非形式谬误的成因、特征、识别和避免上。

第二节　几种主要的非形式谬误

一、相关谬误

一般而言，日常论证中的正确论证，其论据在逻辑上总支持论题，即由论据的真可逻辑地导出论题的真，我们总是说这样的论证其论据与论题逻辑上相关。而相关谬误则是由论据与论题的心理相关造成的，它不具有逻辑相关性，论证者往往利用语言表达感情的功能以言词来激起人们心理上的恐惧、敌意、怜悯或热情，引诱人们接受其论题。从逻辑的角度看，在"相关谬误"的论证中，其前提依据与结论的推出"逻辑上不相干"。因此，可以说混淆论证中的心理相关与逻辑相关，以感情代替逻辑，而不用逻辑的规范评价论证，正是论证产生"相关谬误"之实质所在。

相关谬误主要有诉诸无知、怜悯，诉诸众人、权威，诉诸人身、强力等谬误。

（一）诉诸无知的谬误

逻辑推论的实质在于由已知测度未知，而不是由未知测度已知，所以，推论、论证不可以把未知作为已知的理由。在实际生活中，人们固然不能对所有的领域均通晓全知，但人们并不能因为对某一现象领域的无知、不了解，就以此作为他们对该领域下断语的逻辑理由。诉诸无知的谬误，其特点在于以某一命题的未被证明或不能证明为据，而断言这一命题为真或假。它常以下面的形式出现在论证中：

形式一：因为尚未证明（或不能证明）A，所以 A 假。例如：

甲说："哥德巴赫猜想是错误的，因为现在还没有人能证明它是正确的"；乙说："张三伤人的事是不存在的，因为我从来不知道这件事"；丙说："吸烟不会致癌"。

甲、乙、丙三人的论证均属于诉诸无知。因为"哥德巴赫猜想"现在还没有人能证明其真，并不等于将来不能证明其真，现在不真，将来未必就假。某人不知伤人之事，他人未必也不知，未必此事就不存在。以"吸烟致癌"未被证明而无知断言"吸烟不会致癌"，同样如此，"致癌"未被证，并不能肯定"不会致癌"。

形式二：因为尚未证明（或不能证明）A 假，所以 A 真。例如：

甲说："鬼是存在的，因为没有人能证明没有鬼"。乙说："因为无证据表明上帝不存在，所以上帝是存在的。"

甲、乙的论说同样是诉诸无知的谬误。不能证明没有，未必就有，无证据表明存在为假，未必存在即真，也可能证据暂时还未找到，也可能只是论证者自己没有找到。

（二）诉诸怜悯的谬误

诉诸怜悯是诉诸感情的一种表现，它往往采取某些激动感情的手法来代替对某个论点的证明或反驳以打动人的怜悯心，博得人们的同情，诱使人相信其论题。例如：

在莎士比亚的《尤里乌斯·恺撒》一剧中，安东尼企图证明恺撒没有想做独裁者的野心，但又举不出有力的证据，于是他就以恺撒英勇善战、身上有十几处伤痕和恺撒留下遗嘱把自己的财产分给人民等来影响群众的情绪。

这就是诉诸怜悯。法庭辩论时，有些律师为被告人辩护时，往往也有这样的情形，不是根据事实和法律说明被告人无罪，而是说什么被告人家有年迈老母、年幼的孩子等以此求得人们对被告人的怜悯。人们从这样的论证中既不能明确是非认知，也不能获得任何法律教益。

（三）诉诸个人的谬误

以某个人的言语行为作为判别某个论题真伪的标准，这就是诉诸个人的谬误。请看下面的对话：

父：孩子，吸烟真是有害无益，你一定要坚决把烟戒掉！

儿：爸爸，你自己吸烟，又怎能说吸烟是有害无益；你自己不戒烟，又怎能叫我把烟戒掉呢？

这段对话中，儿子的解释即犯有诉诸个人的谬误，其错误的实质在于"以人为据"。这种谬误的特殊表现在于"诉诸权威"，以权威人士的只言片语来肯定一个论题或以权威人士从未说过来否定一个论题。总之，对论题不作任何论证而盲目崇拜权威，唯权威是从。如中世纪有位经院哲学家，他主张人的神经会汇于心脏，于是有一位解剖学家请他参观人体解剖，当他亲眼看到人的神经在大脑中汇合时，他仍不相信，并说：假如亚里士多德的著作里没有与此相反的说法，那我一定会承认这是真理了。这位经院哲学家对亚里士多德可谓盲目崇拜到了极点。权威说的，那就是对的。权威不赞同的，那肯定是错的。权威的意见代替了实践的检验，心理、感情上的盲从代替了理性的分析思考与判断。当然，在一定的范围里，权威无疑是最有地位的，有使人信从的力量和威望，但权威并非时时、事事、处处都是权威，当问题超出权威的范围时，仍不适当地诉诸权威，就会导致谬误。正如同在相对论问题的讨论中听听爱因斯坦的说法肯定必要，但在遗传学问题的讨论中听听孟德尔的讲法肯定比听爱因斯坦在这方面的讲法更有必要。我们不会在遗传学问题的讨论中保持与相对论问题讨论时那样的态度，说"爱因斯坦都这么说，还能有错吗？"对权威不适当的迁移，正是诉诸权威谬误的实质所在。

（四）诉诸众人的谬误

这种谬误也叫"以众取证"，是"以人为据"的又一表现。它通常指那种在论证中援引众人的意见、信念或常识，迎合某些人的需要以使之支持自己的观点。其一般的表现是：因为众人都这样说，所以它是正确的，或者因为众人都不这样认为，所以它是错误的。诉诸众人，对人常常有一种心理的影响，似乎众人之见即是真理。事实上，众人的意见未必都是真理。比如，在哥白尼之前，众人都认为地球是宇宙的中心，可这并不合乎事实。诉诸众人的谬误，危害往往是巨大的。常言说："一犬吠形，百犬吠声。一人传虚，万人传实。"谎言、谬见之不断重复也常会使人误信为真。"曾参杀人"故事中的曾参之母，正是在众人皆说"曾参杀了人！"的情况下才弃梭越墙而逃的，尽管曾参以孝行著称，尽管杀人者只是跟他同名的当地人，可曾母在众人皆说之下不能不为之所动，就连诗人李白也感慨地说："曾参岂是杀人者？谗言三及慈母惊。"曾母之所惊，可说是陷入了诉诸众人的谬误。

（五）诉诸人身的谬误

在日常论证中，有人因人立言，有人则因人废言，进行"人身攻击"。论证问题不是针对对方的观点发表意见，而是针对提出该观点的人的出身、职业、品质、处境等与论题无直接关系的方面进行攻击。其目的在于企图利用语言的表达、激发功能，诱使人产生联想，不相信对方的观点，以图降低对方议论的可信度。哲学家黑格尔举过这样一例：

在市场上，有位女顾客对女商贩说："喂，老大娘，你卖的鸡蛋是臭的呀！"女商贩听后非常恼火，大发雷霆道："什么？我的鸡蛋是臭的？我看你才臭呢！你敢这样说我的鸡蛋？你这种人，要是你爸爸没在大路上给虱子吃掉，你妈妈没有跟法国人跑掉，你奶奶没有在医院里死掉，你也许能为你那花里胡哨的围脖儿买件配套的衬衫！谁不知道，你的围脖和帽子是哪儿来的。要是没有军官，你们这种人才不会像现在这样打扮呢！你们这种人早该蹲班房去。你们这些人还是多管管家务吧！有时间去补补自己袜子上的窟窿比什么都好！"

看看这位女商贩，女顾客只是指出她所卖的鸡蛋是臭蛋，有瑕疵，她就劈头盖脸的一番辱骂，恶意诋毁，这是何等的病态。实际上，一个人的人格、品质、处境与他的观点正确与否之间没有直接的逻辑联系，诉诸人身的谬误实质依然在于不具有逻辑相关性。

（六）诉诸强力的谬误

这种谬误，是指论证者借助强力、威胁、恫吓，迫使对方接受自己的观点或放弃他本人的观点。其一般的表现形式是："我有强权，所以，我说的就是真理。"现实中的"打棍子、扣帽子、抓辫子"等都是诉诸强力的谬误。它之为错在于对正、误、真、伪置之不顾。威胁不能成为人们相信某事的理由，尽管有时它可能是人们做某事的理由。在强力威逼之下屈打成招、层出不穷的冤假错案，有时虽好似板上钉钉，但终有被纠正以还公允之时。

二、歧义性谬误

语言是思想的直接现实，无论是思维的产生，还是思维活动的实现以及思维成果的表达、传播，都要借助于语言。语言是人们进行交际的工具，它具有传递信息、交流思想、表达感情、影响态度、给与指示、引导行动等功能。要实现成功的交际，就应该使语言清楚明确、避免歧义。只有这样，语言才能在可识可解的意义上达到交际的目的。歧义性谬误的造成，实质在于违反了语言的明确性原则及交际的相关性原则。

歧义性谬误主要有语词歧义、构型歧义、错置重音、合成的谬误、分解的谬误、断章取义的谬误、稻草人的谬误等。

（一）语词歧义的谬误

这种谬误，是指在同一个语境之中，一个语词或短语的不同意义被混淆。如"事物的终了意味着它的完善，死是生命的终了，所以，死意味着生命的完善"。这一推理混淆了两个前提中的"终了"的意思，导致推出的结论错误。第一个前提中的"终了"是事物发展的最高峰的意思，而第二个前提中的"终了"则是"完结、结尾"的意思。这种谬误的实质在于"混淆概念"，忽略了同一语词也可以表达不同概念的实际情形。

（二）构型歧义的谬误

这种谬误，是指由于句子语法结构的不确定而产生的一句多义。它有多种不同的表现，典型的有：语词结合关系不定、动宾关系不定、代词所指不明、定语修饰不明、状语修饰不明、施受关系不明。如一篇文章的标题为《评鲁迅论孔子》，这种标题构型不定，含义不明，往往会引起人们的歧义理解，人们既可理解为"评/鲁迅论孔子"也可以理解为"评鲁迅/论孔子"，显而易见，这里存在着构型的多样性破坏了句义的单一性的情况。再如，一卜卦者对他人说："父在母先亡"。这样的话，由于断句不明，也有不同的理解。可以是"父健在，母已亡"；也可以是"父在母前面去世"。如再加上时态的因素，它还可以表示对过去的追忆，对现实的描述，对未来的预测，则更有六种不同的含义。对于头脑不清的求卦者而言，常常被这样的歧义语句愚弄而不知不觉。

（三）错置重音的谬误

这种谬误，是指对一个语言表达式的某些部分，有意地利用重读、强调等手法，而使其具有不同的意义，传达不正确的，误导人的信息，如"一个农民经营的超市倒闭了"和"一个农民经营的超市倒闭了"，两者的意思是迥然不同的，如把二者加以混淆，则会导致错置重音的谬误。

（四）合成的谬误

指由部分、元素的性质不恰当地推论整体、集合的性质的谬误。它也被称作合谬。合谬涉及语词意义的不同理解和运用。如希特勒是德国人，而他是好战的。如以此为论据，论证德国人是好战的，则会导致以部分为整体的合谬。推论"一只大象吃的东西比一只老鼠多，所以，大象吃的东西比老鼠多"并不成立，其原因在于前提在元素的意义上使用时成立，而结论在集合意义上使用时不一定成立。

（五）分解的谬误

这种谬误，是指把集合、整体的性质不恰当地推论到元素、部分的性质上的谬误情形。也称分谬。其所以为谬，是因为整体、集合具有的属性，其组成部分、元素并不必然具有。分谬的产生在于混淆了类与集合，类的性质具有可分配性，而集合则没有。如根据美国是富有的，进而论证每个美国人是富有的，即是以整体为部分的分谬。由鲁迅的著作一天读不完，进而推论到鲁迅的《狂人日记》一天读不完，即是以集合为元素的分谬。

（六）断章取义的谬误

这种谬误，是指在引用别人的话语时，使其脱离了原来的语境，被赋予了完全不同的含义。在不正当的学术、政治论争中，断章取义的手法较为常见，其目的只在于"为我所用"，不计其余。

（七）稻草人的谬误

这种谬误，是指在论辩中通过歪曲对方来反驳对方的情形。所反驳的论题并不是对方真正的论题。犹如扎一个稻草人假想为对方，并自欺欺人地以为：打倒了这个稻草人，也就打倒了对方。这种谬误实质在于"偷换论题"，违反了语言交际的关联原则。实际辩论中常见的歪曲手法有：夸张、限制、概括、引申、推广、简化、省略、虚构等。例如：

20世纪50年代初期，斯大林在批判语言学研究中宣扬唯心主义观点的马尔学派时指出，语言是思维的物质外壳，人的思想只有在语言材料的基础上才能产生。马尔的门徒给斯大林写信提出质问：聋哑人不会讲话，他们的思想又怎样在语言材料的基础上产生呢？斯大林复信给他们，指出其所犯的错误，他说："你们的错误是把两种不同的东西混为一谈，……我在那封复信中批判了马尔，因为他谈到语言（有声语言）和思维时，把语言和思维分割开来，因而陷入了唯心主义。……我并且断定说：这种人的思想只有在语言材料的基础上才能产生；在会讲话的人那里，是不存在同语言材料没有联系的赤裸裸的思想。你们没有接受或驳斥这个论点，却举出了不正常的不会讲话的人、聋哑人来，这些人不会讲话，当然他们的思想不能在语言材料的基础上产生。由此可见，……你们用没有讨论过的另一个题目来偷换正在讨论的题目。"

这里，斯大林所指出的马尔学派的谬误就是稻草人的谬误。

（八）复杂问语的谬误

任一问句总包括两个部分：一是该问句已经假定的内容，即该问句的预设；另一是所问的东西。如果一个问句中包含着虚假的预设，这样的问句实际上含有语言陷阱，这样的语句就叫作复杂问语。这种问语的错误在于把两个以上的问题合并为一个问题，诱使对方作为一个简单的问题来回答。如预审中有人问犯罪嫌疑人："你用偷来的钱干什么去了？""你以后还偷吗？"这样的问句都预设了犯罪嫌疑人偷了，对这样的问题简单地回答"是"或"否"，都会陷入语言陷阱之中。如果犯罪嫌疑人根本就没偷过，就应先回答说"我从未偷过东西"，否定了虚假的预设，"以后还偷吗？"之类的问题就会迎刃而解、自行消失。明智的做法在于把复杂问语分析到简单问语，一一作答。

三、论据不足的谬误

一个好的论证，其论据总能充分地支持论题，而一些不能使论题成立的错误论证，往往存在论据不足的谬误。这样的谬误主要在于内容上对论题不支持或不完全支持。

论据不足的谬误主要表现有：虚假原因的谬误、以先后为因果的谬误、因果倒置的谬误、特例的谬误、特例概括的谬误、样本太少的谬误、平均数的谬误、数据不可比的谬误、类推的谬误、预期理由的谬误等。

（一）虚假原因的谬误

这种谬误，是指把不是给定结果原因的东西误认为该结果的真实原因的谬误情形。这种谬误往往是由于缺乏深入、科学的分析造成的。如有人说："在某些国家，无神论传播很广，自杀率也很高，因此，失去对上帝的信仰是导致自杀的原因。"这种讲法，就犯有虚假原因的谬误。

（二）预期理由的谬误

在论证中，论据是论题的根据，人们正是从论据的真实性中推出论题的真实性。因此，论据应当是真实命题，这是逻辑论证的一般要求。预期理由的谬误在于：用本身的真实性尚待证明的命题充当论据，因此它根本起不到证明的作用。例如，有一办案人员证明死者是由于被告人给他扎针不当导致的，证据是死者手上有几处小出血点，办案人员认为这是扎针的针眼，后来，辩护律师指出，这不是针眼，被告人也没有在这个部位扎过针。办案人员犯的这个错误就是预期理由的错误。因为小出血点是针眼并未经过证明，只是办案人员信以为真，就用来作为证据。

（三）以先后为因果的谬误

因果联系虽然在时间上先后相继，但不是凡时间上先后相继的现象都有因果关系。以先后为因果的谬误，是把先后关系误认为因果关系的错误论证情形。这种谬误，往往是迷信和偏见的基础。例如，中国古人遇月食放鞭炮"驱天狗"，而每次放鞭炮后则月亮重现，因此，误以为放鞭炮是月亮重现的原因就是这种谬误的例证。

（四）因果倒置的谬误

这种谬误，即认因为果，或认果为因的谬误情形。如希伯来人观察到健康的人身上有虱子，而有病发烧的人身上没有虱子，便认为：虱子能使人身体健康。其实事实是这样的：当一个人发烧时，虱子就觉得不舒服，于是就会离开病人。因此，应该说身体不健康是虱子离开身体的原因。希伯来人的说法颠倒了因果。

（五）特例的谬误

这种谬误，也叫"以全赅偏"的谬误，它是指把一般原则误用于特殊、例外的场合。这种谬误的实质在于未对一般原则的应用情况和范围详加考察就进行特殊情况下的推广。如在一般情况下，人们都认为"欠债应当还钱"，但是，若有人在赌博场上欠人金钱，从中国法律的角度来说，并不支持这种情形中的"债权人"的主张。

（六）特例概括的谬误

这种谬误，是指由特例不恰当地引申出一般规律的错误论证。它也叫"以偏赅全"。这种谬误的实质在于选取的事例缺乏典型性，不能代表一类对象的一般情况。"守株待兔"的宋国农夫之所以成为千古笑谈，在于他把偶然当成了一般。当他看到兔子碰在树墩上撞死而去弃耕待兔时，他陷入了特例概括的谬误。

（七）样本太少的谬误

这种谬误，也叫"轻率概括"，是指以少数样本为根据，仓促地引申出一般结论的错误论证情形。例如：

　　刑事人类学派的创始人龙勃罗梭，他认为犯罪的人多有在先天上便异于常人的性质，这就是"生来犯人"，而"隔世遗传"实为"生来犯人"的原因。他建立理论的办法是"专用尺度、测量器等来测量犯罪者的身体部位"，只要一经发现某类犯罪的犯罪人在生理上有某些特征便认为这些特征是犯罪的原因。他曾说："盗窃和诈欺犯，头的周围较大；杀人犯比伤害犯的脸长；扒手有很显著的短头型；杀人犯有广鄂、突出的颧骨、黑而短缩的头发、颜色苍白、无须等特征。"

这是十分荒谬的。任何人在生理上总可以发现类似他所讲的特征。把这些个别特征夸大为一般原则而认定为犯罪的原因，那么人人都会成为"生来犯人"，如此轻率地概括只能导致谬误。

（八）平均数谬误

这种谬误，是指以平均数的假象为根据引申出一般结论的错误论证。平均数给人以假象是由于在一系列数据中有几个很大的数掩盖了真相，以此为推当然陷入谬误之中。例如：

某厂长对求职者甲说："我厂报酬不错，职工平均工资每月300元。"甲工作一段时间后，每月所得工资平均仅为100元，他要求厂长给个解释，厂长说："平均工资300元没错呀。你看，我得2400元，我哥得1000元，我6个亲戚每个250元，5个领班每人200元，10个工人每人100元，总共6900元，付给23人，平均每人300元，对吧！"

这位厂长最初并未言明工人每月工资100元，而以平均数的假象使甲误以为可以拿到平均300元的月工资。这一事例中的谬误即是平均数的谬误。

（九）数据不可比的谬误

这种谬误，是指以不可比的两组数据错误相比的论证情形。这种谬误的实质在于只注重数据的表面比较，而忽略了数据获取的不同条件。正是由于两组数据的条件、范围不同，所以"不可比"情形下的比较才得出了逻辑上不可信的结论。如美国海军曾刊登广告鼓励年轻人投入海军，强调的理由之一是"海军的死亡率比纽约市民的死亡率低"，因为，纽约市民的死亡率是16‰，而美国海军的死亡率是9‰。仅从数据来看，的确能使人迷惑，信以为真，但若从数据的来源上看，这样比较并不能令人信服。因为经过体格检查选拔出来的身强力壮的海军士兵的死亡率是不能与不同年龄、不同健康状况的纽约市民的死亡率相比的。

（十）类推的谬误

这种谬误，也叫荒谬类比，它是指把类似性相差较远或不具有类似性的事物加以比较进而推出错误结论的论证情形。它的实质在于违反了"异类不比"的原则。如基督教神学家根据钟表和宇宙表面上有某些类似之处（钟表是由许多部分构成的和谐整体，宇宙也是由许多部分构成的和谐整体），并根据钟表有一个创造者，从而推出宇宙也有一个创造者——上帝，这就犯了类推的谬误。

第三节　谬误的识别与避免

"谬误"是有缺陷的推理和论证，是指那些看似正确、具有某种说服力，但经仔细分析之后却发现其为错误的推理或论证形式。我们列举分析谬误的目的，是为了在我们的思维中避免谬误，反驳诡辩。但要避免，必先要防范，而要防范，就必先研究它，了解它，识别它。有人说过这样一句话："如果每一种花招都有一个简短、明白、恰当的名字，使得在某个人使用这个花招时就会马上因此受到反驳，那么，这将是一件大好事。"谬误就好比一种花招，研究它们，指出其错误实质，并给予适当命名，就能使人们接触其时易于识别，谨慎防范，有效反驳。

一、谬误的识别

谬误，形形色色，是一个复杂的问题。我们不可能提供把一切谬误都包罗无遗的一览表。识别它们，当须理论与实践相结合，内容与形式相结合，先观其表，再探其实，分析其成因，了解其实质，掌握其表现，认知其危害。

1. 正确评估论证，分析谬误成因。谬误与论证相关。正确地评估论证，有助于识别谬误。

论证，简而言之，是为某个观点的确立提出理由。建立论证的目的在于消除人们的疑虑，使其对某一观点从置疑的态度转变为置信的态度。但一组话语或命题是不是一个论证，是不是确实支持着某一观点的真实性或可靠性则需要从预设、语言、逻辑的角度正确评估论证。同时还要考察那些可能影响论证有效性和正确性的因素，诸如论证者的个性特征、心理因素、宗教信仰、立场观点、价值取向、经验阅历、知识结构等。应当仔细地分辨相关论证中的谬误，是立场和世界观的问题还是认识方面的问题，抑或是违反逻辑规律要求的问题。对于一论证的逻辑相关、语言相关、心理相关涉及的问题则是逻辑分析考察的重点，做到这一点，方能明确谬误的成因，对症下药，消除谬误。

2. 循名责实，把握谬误实质。我们虽不能将日常论证中存在的谬误一览无遗地加以列举，但指出其中主要的表现形式并对之加以命名，则能帮助人们方便有效地识别，更加准确地把握谬误的本质。比如，对相关谬误，我们能在每一种对应的谬误形式中，把握谬误产生的实质在于以心理相关代替了逻辑相关。对歧义性谬误，很容易知晓是语言相关出现了问题。如能把谬误之名、谬误的特征与实质及实际论证对照比较，则会更加准确地识别谬误。

3. 掌握广博的知识，提高识辨的能力。谬误所使用的貌似正确的知识可能涉及经验常识，也可能涉及科学理论；既可能是语言的，也可能是逻辑的；既可能有不同的价值观，也可能有不同的道德观；既可能有不同审美情趣的表露，也可能有不同宗教信仰的表现；等等。因此，尽可能地积累各种不同的知识，用丰富的知识武装头脑，才能提高识别的能力。

识别是重要的，但更为重要的在于，学习论证、谬误的理论，分析、探究谬误的实际。目的都只在于一个，那就是在实际论证中尽可能避免谬误发生，杜绝谬误的发生。

二、谬误的避免

完全不犯任何错误是不可能的，但尽可能少犯，尽可能地避免发生则是可能的。要避免谬误的发生，首先要针对不同的谬误采取不同的对策。比如，在理性的推论中，由事实和逻辑出发进行推导，力戒恐惧、无知、爱恨、习俗、尊敬等心理因素的干扰，就能避免相关谬误。用逻辑的原则去把握语言多样性的表达就能避免歧义性谬误的发生。其次，熟练地掌握各种技巧方法，结合自己丰富的知识和经验综合分析，全面论证，则更能有效地驳斥谬误、避免谬误。

总之，学好逻辑和各门具体科学知识，将理论与实践有效结合起来，我们就能在追求真、善、美的人生中避免谬误，达成真理认知。

思考题

1. 什么是谬误？如何对谬误进行分类？

2. 什么是非形式谬误？它有哪几种主要表现形式？

3. 如何看待"诉诸无知"与"无罪推定"之间的关系？

4. 如何识别谬误？

5. 谬误是否可能具有正面的使用价值？请举例说明，并为之辩护。

练习题

一、选择题

1. 在一次校园聚餐中，15 位同学吃了水果色拉，其中 5 位同学出现明显不适，将吃剩的水果色拉送交校医院检测，检测结果不能肯定其中存在超标细菌，因此，食用水果色拉不是造成食用者身体不适的原因。

如果上述检测结果是可信赖的，那么以下哪项对上述论证的评价最为恰当？（　　）

A. 题干的论证有漏洞，因为它把事件的原因当成了事件的结果

B. 题干的论证是成立的

C. 题干的论证有漏洞，因为它没有充分地利用一个有力的证据：为什么有的食用者没有出现身体不适

D. 题干的论证有漏洞，因为它把缺少证据证明某种事物情况的存在，当作有充分证据证明某种事物情况不存在

2. 商家为了推销商品，经常以"买一赠一"的广告招徕顾客。以下哪项最能说明这种推销方式的实质？（　　）

A. 商家最喜欢这种推销方式

B. 顾客最喜欢这种推销方式

C. 这是一种以偷换概念的方法推销商品的手段

D. 这是一种亏本的推销方式

二、判别下列论证中包含的谬误是形式谬误还是非形式谬误

1. 劳动创造财富，音乐家在辛勤劳动，所以，音乐家也在创造物质财富。

2. 韩国人爱吃酸菜，翠花爱吃酸菜，所以，翠花是韩国人。

3. 所有渴望成功的人都必须努力工作，我并不渴望成功，所以我不必努力工作。

4. 研究表明，大学教师中，有90%的重度失眠者工作到凌晨2点，李娜是一名大学教师，而且经常工作到凌晨2点，所以，李娜可能是一个重度失眠者。

5. 东方日出，西方日落，社会是发展的，生物是进化的，都反映了不以人的意志为转移的客观规律。小王对此不以为然。他说，有的规律是可以改造的。人能改造一切，当然也能改造某些客观规律。比如价值规律不是乖乖地为精明的经营者服务了吗？人不是把肆虐的洪水制住而变害为利了吗？

6. 科学不能证伪中医理论，所以中医理论是正确的。

7. 如果你是受害者的父母，你还会认为判处凶手死刑是不对的吗？

8.《××》说神是存在的；由于《××》是神的话语，所以《××》肯定不会错；所以，神是存在的。

三、识别下列议论中的谬误，分别指出它们属于那种谬误，并对你的回答给出简要的解释

1. 每个人天生都有同等的人权，因为这是近代社会的共识。

2. 学生：老师，请给我的课程成绩评个优秀吧！否则，毕业后找工作有困难。

3. 人为什么要吃饭？因为人不吃饭的话种粮食的人就会赚不到钱。

4. 我们班上有 10 个足球爱好者与手球爱好者，所以，我们班上至少有 10 个手球爱好者。

5. 公共汽车的耗油量大于小汽车。因为一辆公共汽车的耗油量大于一辆小汽车。

6. 每一件事情的发生都有一个原因，因为如果某件事情的发生没有原因，那么它就是它本身所引起的，而这是不可能的。

7. 缺乏谦逊的人没有美德意识，因为任何一个具有美德意识的人都是谦逊的。

8. 中国绿茶对你的健康是有好处的，若非如此，饮用绿茶怎么能如此有益呢？

第十二章

逻辑基本规律

各种思维形式有不同的特征和具体规律，但在更高的层面上，也存在着贯穿这些思维形式的规律，即逻辑基本规律，它包括同一律、矛盾律和排中律。这些规律体现了逻辑思维最基本的特征，是人们运用词项、命题进行推理和论证时，必须要遵守的最起码的思维准则。

第一节　逻辑基本规律的地位及条件

逻辑规律有普遍和特殊之分，而逻辑基本规律是普遍性规律，它奠定了逻辑学的学科基础，表现在以下两个方面：

1. 逻辑基本规律对所有的思维形式具有普遍的有效性。在前面的各章中，我们介绍了词项、命题和推理，其中涉及很多逻辑规律，如合取命题推理的合成式与分解式；析取命题推理的引入式和销去式；蕴涵命题推理的肯定前件式和否定后件式及其他许多的逻辑重言式。也介绍了许多逻辑规则，如定义的规则，划分的规则，词项周延性的规则，换质、换位法的规则，性质命题三段论的规则等。这些规律和规则都是特殊的，仅在各自的范围内起作用，而在其他范围不起作用，因而都不具有普遍的意义。而逻辑规律则不同，它是从整体上把那些特殊的规律和规则统一起来的"纲"，对它们具有普遍的有效性，那些特殊的规律和规则都以它为基本的前提与预设，受它的制约，都是它的原则的具体体现。换言之，逻辑基本规律是"一般"，那些特殊的规律是"个别"，它们是"一般"和"个别"的关系。

2. 逻辑基本规律是古典的二值演算系统，即命题演算和谓词演算系统的基础，是构造和检验一个逻辑演算系统根本性的指导原则。逻辑基本规律的基本点是：在一定的条件下，思维是确定的。它体现在三个方面：同一性、无矛盾性和明确性。同一律是反映思维同一性的规律，它提出任何思想与其自身保持同一，有确定性。这一原则体现在逻辑演算系统的整个构成过程中，比如，这两个系统都采用特制单一的人工符号语言，就是为了克服和避免自然语言中语词的多义性或歧义性；而区分对象语言和元语言，基本规则和导出规则，系统的语法和语义等，都是为了严格地贯彻同一律的精神。矛盾律是反映思维不矛盾性的规律，它要求任何思想前后一贯，不自相矛盾。这是指导如何构造形式系统并且检验形式系统是否成立的基本准则，在形式系统的构造过程中，其各个要素，环节和系统之间的融贯、自洽、不自相矛盾是最基本的考量。当一个形式系统构造完毕后，则要对其从语形和语义两个方面进行考量，从语形上看，看其是否能导出 A 和¬ A 这样的一对矛盾命题，如果导出，则该系统不能成立或是有严重缺陷的；从语义方面，看其导出的命题是否都真，若导出的命题全部都真，则该系统无矛盾，因为一对矛盾命题不能同真。显然，无逻辑矛盾是一个逻辑系统最根本的特征，著名的"希尔伯特规划"的主要目标就是要证明逻辑和数学的无矛盾性。排中律是反映思维明确性的规律，它排除两个对立的思想骑墙居中的可能性，要求一个思想或真或假，非真即假，并且非假即真，不存在真值的空白或真值的间隙，这就是所谓的二值原则，经典的命题演算和谓词演算就是在这个原则上构建起来的，它们是最典型的二值逻辑。

逻辑基本规律是有条件限制的规律。事实上，任何规律都是有条件限制的，它（们）取决于所反映的客观事物的条件。逻辑基本规律是反映客观事物稳定性的规律，因此，客观事物稳定性的条件，也是逻辑基本规律起作用的条件。

唯物辩证法告诉我们，客观事物是绝对运动和相对静止的对立统一体。任何事物每时每刻都在运动、发展变化着，这是绝对的，无条件的；但是，客观事物不是变化无常，不可捉摸的，任何事物在它发展的一定阶段上，在它没有变成别的事物之前，总是是什么就是什么，有着质的稳定性或者质的规定性，这个阶段称为客观事物的量变阶段，显然，它是有条件的：①它和客观事物有关，客观事物不同，质的规定性自然不同；②它和客观事物的方面有关，客观事物的方面不同，质的规定性也就不同；③它和时间有关，不同事物质的规定性、持续的时间长短不同，如果超出各自的时间，则会发生质变。这就是说，客观事物质的稳定性或量变阶段总是在一定的时间范围内，针对一定事物的一定方面而言的，是相对有条件的，脱离了这些条件，其稳定性无从谈起。

如上所述，客观事物有质的稳定性，人的思维反映它，就表现为思维的确定性，逻辑基本规律正是从不同的角度上表现了思维的确定性。客观事物质的稳定性是有条件的，反映它的逻辑基本规律也是如此，这个条件就是同一思维过程，即在同一时间，同一关系（或同一方面）针对同一对象的思维过程。

所谓同一时间，是指思维所反映的对象处于相对稳定状态的那个时间，也即思维对象处于量变的阶段，因此，同一时间的长短要由研究的对象来决定。日月经天，江河行地，可以数万年不变，保持相对的稳定性，其同一时间相当漫长；而有些基本粒子瞬息之间就完成了自身的演变过程，改变了质的规定性，超出了同一时间。然而，任何思维对象在其同一时间内，只能是其自身而绝不会是别的什么，也就是说，在同一时间，日月经天就是日月经天，基本粒子就是基本粒子，具有质的稳定性。

所谓同一关系，主要是指思维对象的同一方面，任何对象都有很多方面，是多种质的规定性的统一。如"人"既有社会属性的方面，又具有自然属性的方面，因而，社会科学从社会属性方面研究人，人种学等从自然属性方面来研究人，两者所形成的"人"的概念自然有所不同。因此，在不同的关系下，对同一对象可以有不同的反映，这并不违反逻辑基本规律的要求。

所谓同一对象，是指思维过程中保持不变的那个对象，而不是另外的对象。显然，同一思维过程是指这三个条件同时起作用的过程。如果对象不同，时间不同，关系不同；或者对象虽同，而时间、关系不同；或者对象、时间相同，而关系不同，都不是同一思维过程，逻辑基本规律自然不起作用。

第二节　同　一　律

一、同一律及对正确思维的要求

同一律的基本内容是：在同一思维过程中，一个思想如果反映某一客观对象，那么它就反映这一对象。即任一思想与其自身同一，真值也是同一的。

同一律的内容可用公式表示为：

A 是 A

A→A

公式里的"A"表示任一思想，即任一词项或命题，"A 是 A"的意思是说，在同一思维过程中，每个词项，命题所反映的对象是确定的，一个词项反映什么对象就反映什么对象，反映对象的什么属性就反映什么属性，其内涵和外延是确定的；一个命题断定什么情况就断定什么情况，其范围和含义也是确定的。

如在同一思维过程中，"书"这个词项就是反映、指称具有"装订成册的著作"这种属性的一类对象；"报纸"这个词项就是指称具有"以新闻为主要内容的散页式定期出版物"这种属性的一类对象。它们的内涵和外延都是确定的，不会时而是这，时而是那地变来变去；同样，在同一思维过程中，我们作出"实践是检验真理的唯一标准"、"中国是不发达国家"这些判断时，它们所断定的情况是确定的，所反映的内容和含义也是确定的，绝不会忽而断定这个，忽而断定那个，飘忽不定。词项、命题都具有同一性，而推理、论证是由词项、命题构成的，因而也都具有同一性。

"A→A"是从逻辑真值的角度来说的，真值自然是指命题真值。这个公式的意思是说，在同一思维过程中，如果 A 命题真，那么它就是真的；如果 A 命题假，那么它就是假的，其真值也是确定的。

根据同一律的内容，同一律要求在同一思维过程中所使用的词项和命题必须保持确定性。所谓词项必须保持同一，是说在同一思维过程中，一个词项可能多次重复使用，但它的内涵和外延应当始终如一，不能任意变更。它开始是什么含义，指称什么对象，整个过程都是如此。如果对于同一个词项，开始是一种含义，一个指称对象，而后来又变成了另外的含义，另外的指称对象，就会造成思维混乱。所谓命题必须保持同一，是说在同一思维过程中，一个命题断定什么情况就断定什么情况，是什么真值就是什么真值，应始终保持前后的一致性不能任意变更。如果对于同一思维对象，一会作出这种断定，一会又作出与之不同的另外断定，也会造成思维混乱。

同一律要求词项、命题保持同一，是以同一思维过程为限定条件的，如果时间、对象和方面任一条件改变，都是不同的思维过程，就不能要求词项和命题保持同一，就可以使用不同的词项、命题而不违反同一律。例如，我们根据一个人的年龄变化，作出"这个人是青年"和"这个人不是青年"这两个完全相反的断定，并不违反同一律的要求。因为这两个命题不在同一时间，否则，则是同一律所不允许的。再如，水有它的物理属性和化学属性，因而，从这两个不同的方面来研究水，所形成的"水"的定义就完全不同，这也不违反同一律的要求，因为它是指相同对象的不同方面，如果是相同的方面，也是同一律所不允许的。

二、违反同一律要求的逻辑错误

违反同一律的要求就要犯各种逻辑错误，关于词项方面的，有混淆词项和偷换词项；关于命题方面的，有偷换论题和转移论题。下面分别论述。

（一）混淆词项

它是指在同一思维过程中，把表面上有些联系的几个词项混为一谈。例如：

> 张先生买了块新的手表，他把新手表与家中的挂钟对照，发现手表比挂钟一天慢了 3 分钟。后来他又把家中的挂钟与电台的标准时间对照，发现挂钟比电台标准时间一天快了 3 分钟，张先生因此推断，他新买的表是准确的。

实际上，张先生的推断是错误的，因为挂钟比标准时快 3 分钟，是标准的 3 分钟；手表比挂钟慢 3 分钟，是不标准的 3 分钟，这两个 3 分钟的实际时间是不同的，只是表面上看起来相同而已，张先生的推断违反了同一律，犯了混淆词项的错误。再如：

> 母亲：你和小张谈得怎么样，是否该订婚啦？
>
> 女儿：已经吹了。
>
> 母亲：为什么？
>
> 女儿：因为没有共同语言。
>
> 母亲：咋会没有共同语言？他又不是外国人！

这段话中，女儿的"共同语言"是指价值观相同，志趣相投，而母亲的"共同语言"却指相同语种，它们是相同的语词，但不是相同的词项，这位母亲犯了混淆词项的错误。

混淆词项一般是无意的，是由于思想模糊，认识不清，或者表达不清，把表面联系的不同词项曲解、误解为相同的词项。

（二）偷换词项

它是指在同一思维过程中，把某个词项暗中换成与之不同的词项而不改变表达词项的语词。例如：

> "鲁迅的著作不是一天能读完的，《狂人日记》是鲁迅的著作，所以，《狂人日记》也不是一天能读完的"。

这个三段论推理的结论是错误的，原因是大前提中"鲁迅的著作"为集合词项，小前提中的"鲁迅的著作"为非集合词项。这是用非集合词项暗中替换集合词项，犯了"偷换词项"的逻辑错误。再如：

> 胡适曾对陆游"尝试成功自古无"的诗句有如下的评论："尝试成功自古无，放翁这话未必是，我今为下一转语，自古成功在尝试"。

其实，这两个人所说的"尝试"不是一个词项，陆游所说的"尝试"是浅尝辄止，只试一次就不干了。而胡适所说的"尝试"则是敢于创新，并且反复试验，直至取得最后的成功。实际上，胡适是对"尝试"这个多义词所表达的不同词项未加区别才导致了"偷换词项"的逻辑错误。

"偷换词项"一般是有意的，是出于某种目的，利用词的多义性，歧义性把一个词项换成另一个词项。

需要指出的是，"故意"拟或"无意"，在客观上不好分辨，因而在实际思维中，通常也无法清楚明白地在"偷换词项"与"混淆词项"之间划清界限。

（三）转移论题

它是指在同一思维过程中，把原来的论题抛在一边，用似是而非的论题取代了原论题。人们常说的"离题""跑题""文不对题""答非所问"都是指的这种情况。例如：

> 有个青年犯了罪，他的母亲包庇他，下面是公安人员和其母的一段
> 对话：
> 问："你的儿子犯了罪，你有什么说的？"
> 答："我就希望政府给我恢复名誉。"
> 问："倒卖文物是不是犯法？"
> 答："还有别人倒卖呢。"

这个母亲的答话就转移了论题。她不去正面回答公安人员的问题，予以回避，却用"我就希望政府给我恢复名誉""还有别人倒卖呢"去敷衍、搪塞，转移公安人员的论题，这就是我们常说的"答非所问"。再如：

> 在某工厂召开车间主任汇报产品质量的会上，有个车间主任发言说：
> "产品质量问题是一个很重要的问题。我们村过去有个打铁的老师傅，手艺
> 很高明，但思想保守，不愿把技术传给别人，只教给他的三儿子。后来，
> 他和老三都死了，手艺也就失传了，很可惜……"

会议的中心议题是产品质量，这个车间主任却不谈车间产品的质量如何，将原论题抛在一边，转而论述"打铁师傅手艺高明，思想保守，致使手艺失传"的另一论题上，转移了会议的论题，这就是我们常说的"走题""跑题"。

（四）偷换论题

它是指在同一思维过程中，把所要论证的论题暗中变换成另一个论题，以取代所要论证的论题。例如：

> 在20世纪，达尔文的学生赫胥黎教授和大主教威尔勃福斯曾就"人类
> 是由猿演变而来的"论题进行了一场有名的辩论。大主教拿不出任何有说

服力的证据，却将原论题变成了"人是由猴子变的"加以批驳，质问赫胥黎："有哪个人不是父母所生，是猴子变的？又有哪一只猴子变成了人？"还对赫胥黎进行了人身攻击："请问赫胥黎教授猴子的资格是从祖父那里得到的呢，还是从祖母那里得到的？"

这里，主教的质问看起来来势汹汹，实则不堪一击，赫胥黎教授对此进行了强有力的反击，指出对方提出上述问题并不能否定"人类是由猿演变而来的"，而只能证明"个人不是由猴子变的"。这是两个完全不同的命题，对方犯了"偷换论题"的逻辑错误。

三、正确理解同一律

同一律是一条逻辑规律，要正确地理解、运用它，需注意以下问题：

（一）同一律不是形而上学，也不与辩证法对立

同一律不等于形而上学。同一律 A＝A 的形式，常常被误解，混同于形而上学，"同一"被视为没有任何条件的、抽象的、永远的同一，被解释为客观事物的绝对不变，像欧洲中世纪所认为的：圣经是颠扑不破的真理，上帝是永恒不变的范畴。像中国的董仲舒所说的"天不变，道亦不变"那样，A 永远是 A，每个事物永远和它自身同一，永远是它自身，不可能发生任何质变。显然，这是非常错误的。实际上，同一律只是一条思维规律，它仅在思维领域内起作用，它不是客观事物的规律，也不是世界观，它只要求在同一思维过程中，人们所使用的词项、命题与自身保持同一，不要求词项和命题所反映客观事物永远和它自身同一；只要求词项、命题具有确定性，不要求词项和命题所反映的客观事物绝对不变。

同一律并不与辩证法对立。客观事物都有两种状态，即绝对运动和相对静止，那么，反映这两种状态的词项与命题也是变与不变的对立统一体。而同一律 A 是 A 仅仅反映客观事物的相对静止，并没有反映客观事物的全过程。因此，不涉及词项和命题的发展和变化，但它绝不否认词项和命题的绝对变异性，只是这已超出了它的反映范围。比如"车"这个词项，随着这类事物本身的变化。其内涵和外延也会发生相应的变化。古代的"车"主要包括"人力车""畜力车"。现代的"车"这个词项的外延广泛多了，包括火车、汽车、电车、摩托车、自行车等，同一律并不否认"车"的外延的发展变化，仅仅是强调"车"在发展的某个阶段上，其内涵外延是确定的，因而它不仅不与辩证法对立，而且恰恰是从一个方面体现了辩证法的内容。

（二）同一律要求语义同一，而不是语形同一

思维靠语言来表达，词项、命题总是要以语词、语句的形式而存在。因此，同一律要求词项、命题保持同一，必然要落实到语言上，而语言是语形和语义的结合体，但是，自然语言中存在大量的多义词、同义词，多义句和同义句表明语言的语形和语义并不是一一对应的，与词项、命题相对应的往往不是语词和语句的语形，而是语义。毋庸置疑，同一律的要求是针对后者，而不是前者，即要求语义同一，而不是语形同一。因此，在实际运用过程中，要注意这两个不同的方面：①在同一思维过程中，不能用同一语形表达不同的词项或命题，因为它违反了同一律要求的"同一"，如当有人指责欧谛德漠说谎时，他狡辩说："谁说谎谁就是在说不存在的东西，而不存在的东西是无法说的，所以，没有人说谎。"这段话中两次使用了"不存在的东西"，但是前一个是指"不符合事实的"，后一个却指"世界上不存在的"。它们只是语形同一，而语义不同，不能混用。否则，就是前边所说的"偷换词项"。②在同一思维过程中，不同的语形表达同一关系的词项或命题时，可以交替使用，不违反同一律的要求。比如，为了渲染现场的气氛，增强感染力，那些足球解说员总是要对每个精彩进球倾注极大的热情，说这一个是"单刀赴会"，那一个是"世界波""推射""吊射"等，这些说法的语形完全不同，含义也不尽相同，但所指的对象都是"射门"这一动作，它们都是全同关系，因此，在某些具体的语境中可以替换使用。

第三节 矛盾律

一、矛盾律及对正确思维的要求

矛盾律的基本内容是：在同一思维过程中，一个思想不能既反映某个对象，又不反映这一对象。或者说，一个思想及其否定不能同时为真，至少有一个为假。矛盾律的公式是：

A 不是非 A

¬（A∧¬A）

公式中的"A"表示任意的词项或命题，"非 A"表示对"A"的否定，即和"A"具有矛盾关系或反对关系的词项或命题。"A 不是非 A"的意思是说，在同一思维过程中，A 词项不是非 A 词项，A 命题不是非 A 命题，A 和非 A 不能同真，至少有一个为假。

就词项来说，"A 不是非 A"是指在同一思维过程中，A 不能既指称某类对象，又不指称这类对象，A 和非 A 不能指称同一对象。例如，若用"圆"去指称某类客观对象，就不能说"圆"又不指称这类客观对象，而指称"方"的那类客观对象。同时，既然用"圆"去指称一类客观对象，就不能再用"不圆"去指称它，因为一类客观对象不可能既具有"圆"的属性又具有与此不相容的"不圆"的属性，"圆"和"不圆"不可能属于同一类客观对象。同样地，"圆"的东西也不能再用"方"去指称它，因为"圆"和"方"也不可能属于同一类客观对象。这里，"圆"和"方"是反对关系，"圆"和"不圆"是矛盾关系，它们都是 A 和非 A，不能用来指称同一对象。若出现 A 和非 A 指称同一对象时，不能同时为真，必有一假，所不同的是，矛盾关系有一假，反对关系有两假的可能性。

就命题来说，A 不是非 A 是指在同一思维过程中，某对象若是 A 命题断定的情况，就不能又是¬A 命题断定的情况，A 或¬A 不能同时断定同一对象，即具有矛盾关系和反对关系的命题不能同时断定同一对象。A 和¬A 不能都真，必有一假。例如：

（1）"张三是抢劫犯"与"张三不是抢劫犯"。

（2）"某班所有的学生都是汉族人"与"某班有些学生不是汉族人"。

（3）"李白是唐代人并且杜甫是唐代人"与"或者李白不是唐代人，或者杜甫不是唐代人"。

（4）"所有的反刍动物都是偶蹄动物"与"并非所有的反刍动物都是偶蹄动物"。

（5）"这辆汽车是日本产的"与"这辆汽车是德国产的"。

（6）"所有的命题都是有真值的"与"所有的命题都不是有真值的"。

（7）"莱布尼茨是数学家并且是逻辑学家"与"莱布尼茨不是数学家并且不是逻辑学家"。

以上七对命题，（1）（2）（3）（4）为矛盾命题，其特点是不能同真，不能同假。（5）（6）（7）为反对命题，其特点是不能同真，可以同假。概言之，它们都是不能同真，至少有一假。若用它们断定同一对象的情况，因为客观上没有这种可能性，因此应在思维活动中予以排除。

根据矛盾律的内容，矛盾律对正确思维的要求是对于同一对象，在同一时间、同一方面的条件下，不能用相互矛盾或反对的词项指称它；对于同一对象也不能作出相互矛盾或反对的命题。如果出现相互矛盾或反对的词项或命题，不能都断定为真，而要指出必有一假。至于哪个为假，那是具体科学的任务，矛盾律不能具体断定哪个为假。

矛盾律为什么要求对具有矛盾或反对关系的思想不能都断定为真呢？实际上，矛盾律的"A 不是非 A"是从反面表述同一律的"A 是 A"，它们的客观基础是任何事物在一定的条件下只能是什么就是什么，不能既是又不是。亚里士多德曾以生活中的几个实例来说明：一个人到麦加拉去，他就不是留在家里，而是走向麦加拉。这个去麦加拉的人绝不是既留在家里，又不留在家里，既上路，又不上路。一个人早晨上路，他是径直的走向目的地，他不是既去目的地，又不去目的地等。亚里士多德举的这些例子都在说明，事实上，在同一时间，同一对象不能既具有某种属性又不具有某种属性，事实上不能既是什么又不是什么，事实既然如此，反映它的具有矛盾关系或反对关系的思想就不能同真，必有一假。

矛盾律起作用是在同一思维过程中，如果是在不同的思维过程则不能用矛盾律去要求。对于同一对象在不同的时间给予相反的断定，并不违反矛盾律。比如，我们断定"中国处于新民主主义阶段"，又断定"中国处于社会主义革命阶段"，分别是指 1949 年以前和 1949 年以后，这并不矛盾。同样，对于同一对象在不同方面作出相反的断定，也不违反矛盾律。再如，著名的诗人臧克家在一首诗里写道："有的人死了，他还活着；有的人活着，他已经死了"。前后两句诗中"死了"与"活着"分指对象的生理与精神两个方面，因而是可以并存的，并不矛盾。

二、违反矛盾律要求的逻辑错误

违反矛盾律的要求就会犯"自相矛盾"的逻辑错误。自相矛盾是一种逻辑矛盾，也叫"两可"，它是指在同一思维过程中，对 A 和 ¬ A 同时肯定为真。即用 A 词项和非 ¬ A 词项反映同一对象，或对 A 命题和 ¬ A 命题同时断定为真。通常人们所说的"出尔反尔""前言不搭后语""自打嘴巴""不能自圆其说"都是自相矛盾的具体表现。

自相矛盾通常有三种表现：

1. 自相矛盾的词项。它是指在同一思维过程中，用 A 和非 A 词项去反映同一对象，即允许相互对立的两个属性同时并存。例如：在《反杜林论》中，恩格斯在指出杜林言论中的逻辑矛盾时说，"可以计算的无限序列的概念""本身就包含着矛盾，而且是荒唐的矛盾"，如果是"可以计算的"，就不是"无限序列"；如果是"无限序列"，就不是"可以计算的"，二者不能并存，不能都真。

再如，散布在一些书刊和日常生活中的诸如"五颜六色的红旗""弯弯的圆月""杂乱无章的和谐""唯一的主要对象"等，都是自相矛盾的词项，应注意在日常思维中予以排除。

2. 自相矛盾的命题。它是指在同一思维过程中，断定同一对象具有 A 和 ¬ A 两种相互对立的思想。A 和 ¬ A 可以是两个具有矛盾关系或反对关系的命题，也可以是一个命题中所包含的具有矛盾关系或反对关系的词项。

自相矛盾的错误通常出现在具有矛盾关系或反对关系的两个命题中。例如，《韩非子·难一》中讲到一个寓言故事说：

"楚人有矛与盾者，誉之曰：'吾盾之坚，物莫能陷也'，又誉其矛曰'吾矛之利于物不能陷也'。或曰'以子之矛，陷子之盾，何如？'其人弗能应也。"

这个寓言故事的意思是说，楚国有个卖矛和盾的人，先吹嘘自己的盾非常坚固，没有什么东西能刺穿它；接着又吹嘘自己的矛非常锋利，什么东西都能刺穿。别人反问他，"用你的矛，刺你的盾，怎么样呢？"这个卖矛盾的人自然哑口无言。从逻辑的角度分析，这个楚国人无论就他的矛，还是就他的盾，都是不能自圆其说的。

对于矛，他同时作出两个相互矛盾的命题：

（1）我的矛能刺穿所有的东西。

（2）我的矛不能刺穿所有的东西（因为不能刺穿他的盾）。

对于盾，他也同时作出两个相互矛盾的命题。

（1）我的盾什么东西都刺不破。

（2）我的盾有些东西能刺破（因为他的矛能刺穿所有的东西）。

这两对矛盾命题都是不能同真的，其中必有一假，同时断定两者都真，必然陷入"自相矛盾"的境地。

自相矛盾的错误也存在于包含了相互对立词项的一个命题中。例如：

（1）他是本世纪出生的年过百岁的老人。

（2）参加这次冬季越野赛跑的近两千多人。

（3）她久久地凝望着自己久别重逢的儿子，不住地把他上下打量。

（4）深夜的田野万籁俱寂，只有一两声狗吠声不时地从远处传来。

（5）这个小小的院落中两棵百年老槐遥遥相望。

以上的命题中都包含了相互对立、否定的思想，因而都违反了矛盾律的要求，犯了"自相矛盾"的逻辑错误。

3. 自相矛盾的理论或思想体系。自相矛盾的词项或命题，一般都前后相继，比较容易识别。而一个理论或学术体系的自相矛盾则比较隐蔽。需要一定的洞察力、逻辑训练和相关知识才能够发现。如亚里士多德的落体理论中就包含着"A＋B下落比A快"和"A＋B下落比A慢"这样的逻辑矛盾；牛顿与莱布尼茨微积分理论中"无穷小"中的"零"与"非零"；黑格尔的辩证法认为一切"运动"与自己的学说是"顶锋"；等等。这些矛盾需要对他们庞大的理论体系进行深入分析才能发现。

三、正确理解矛盾律

矛盾律有其特定的含义，要正确地理解和运用它，需注意下面的问题。

（一）分清逻辑矛盾与辩证矛盾

逻辑矛盾是存在于思维中的矛盾，是由于思维过程中违反了矛盾律的要求，同时断定互不相容的思想而造成的矛盾。辩证矛盾是存在于客观现实中的矛盾，它是客观事物内部包含的对立面之间的相互联系和相互斗争，是事物发展过程中既对立又统一的矛盾。

逻辑矛盾与辩证矛盾的主要区别如下：

1. 逻辑矛盾没有客观基础。正如前面所说的矛和盾的故事那样，在客观现实中并不同时存在什么都刺不穿的盾和什么都刺得穿的矛，它是臆造的，人为的。与此相反，辩证矛盾有其客观基础。世界上的一切事物内部都存在矛盾，它是客观世界存在和发展的根源，没有矛盾就没有世界，它的存在是客观的，不可避免的。

2. 构成逻辑矛盾的两个思想是排斥的，对立的，互不相容，也互不以对方为存在的条件，更没有相互转化的可能性。构成辩证矛盾的两个思想是相容的，并存的，是对立统一的关系，因此，它们互以对方为存在条件，并且可以互相转化。

3. 逻辑矛盾是正确思维的障碍，可以依据矛盾律加以解决和排除。辩证矛盾是推动思想发展的动力，对此只能正确地认识，而不能以任何的方式予以否认和排除。

（二）悖论

悖论是一种特殊的自相矛盾。它通常表现为这样的命题，如果断定这个命题为真则可以推出它是假的；如果断定它为假，又可以推出它是真的。即一个命题A，A蕴涵非A，同时非A蕴涵A，A与自身的否定非A等值，用公式表示：A↔¬A。

　　悖论一般分为三大类：语义悖论、集合论悖论和语用悖论。语义悖论与真假、命名、指称等语义学概念相关；集合论悖论则是与类、集合、元素、基数、序数等数学的概念相关；语用悖论与知道、相信、信念、主体、客体、行为等语用概念与理性主体相关。从时间上看，语义悖论的出现早于集合论悖论，它源于古希腊的麦加拉学派，他们最早提出了"说谎者悖论"，若用现代的形式表述就是："我正在说的这句话是谎话"，从这句话引出一个问题，说自己正在说谎的这句话本身是谎话还是真话？如果断定这句话为真，那么说此话的人在说谎，即这句话是假的；如果断定这句话为假，那么说此话的人没有说谎，即这句话是真的。也就是说，我们从断定这句话真推出了它假；从断定它假又推出了它真，而推导的前提看起来是合理的，推导的过程是正确而有效的，却得出了一对相互矛盾的命题构成的等值式：$A \leftrightarrow \neg A$，悖论的震撼力就在于此。到了中世纪后，许多逻辑学家大力研究说谎者悖论，又提出了一些类似的悖论，如"明信片悖论""查理德悖论""拜里悖论""格里灵悖论"等。到了 1901 年，罗素提出了另一类悖论——集合论悖论，也叫"罗素悖论"。罗素构造了这样的一个集合 S，它以所有不以自己为元素的集合作为自己的元素，现在的问题是，它是否以自己为元素？如果 S 以自己为元素，则它不以自己为元素，因为它以所有不以自己为元素的集合作为自己的元素；如果 S 不以自己为元素，则它以自己为元素，同样因为它以所有不以自己为元素的集合作为自己的元素，罗素悖论并不晦涩难懂，但它毕竟要涉及元素、集合等专业知识，为了更通俗和易于理解，罗素后来将它拟化为"理发师悖论"：萨维尔村有个理发师，他本人有刮胡子的习惯，他给自己立了一条规矩："给并且只给村民中不给自己刮胡子的人刮胡子"，这里引出的问题是：理发师给不给自己刮胡子？如果他给自己刮胡子，则根据他自己的规矩，他不给自己刮胡子；如果他不给自己刮胡子，则同样根据他的规矩，他给自己刮胡子，因此，他给自己刮胡子，当且仅当他不给自己刮胡子。语用悖论是从语义悖论中分化出来的，迄今只有几十年的历史，主要有认知悖论及合理行为悖论两大类。认知悖论有"意外考试悖论""知道者悖论"等；合理行为悖论有"盖夫曼悖论""合理行为悖论"等。由于语用悖论在哲学上与知识论的原则密切相关，在社会生活中与对策论、信息经济学、公共选择理论密不可分，激起了许多学者对语用悖论研究的热情。语用悖论现在已经逐步取代了语义悖论成为当代悖论研究的中心。

　　对悖论的成因分析以及解决办法一般有三种观点：①简单地否定或抛弃。如菲斯勒认为，对于说谎者悖论，当断定它真时，它假；当断定它假时，它真；

也就是说它既真又假，是矛盾的，矛盾的命题应予以否定。也有人认为应该否定那些导致悖论的共识。如导致说谎者悖论的共识包括："一切命题可以断定自身"，为了避免悖论，乃约定："一切命题不能断定自身"。再如为避免罗素悖论，乃否定"概括原则"等，但这样做有时代价太大，因为它同时否定，抛弃了一些有价值的东西。②有条件地接受。如克里普克提出"真值空缺"论认为对悖论既不能肯定它真，也不能否定它假，它是不真不假的语句。后来他又提出"不动点""有根性"的概念，认为一个句子有"不动点""有根"就会有确定的真假。而导致悖论的句子是"无根"的，它们有意义，但无真假可言。真值是"空缺"的。普里斯特则认为命题的真值有真、假、悖论三种情况，只有任何解释都为假的语句才为假，真和悖论都是有意义的语句。以上这两种说法实际是在传统二值上又引入了一个值，即"空缺"或"悖论"值。③采用某种办法消除、避免悖论。持这种观点的主要有罗素和塔尔斯基。罗素认为，悖论之所以发生是因为"自我指涉"，即自己谈自己，"我正在说的这句话是谎话"涉及了这句话本身；"理发师悖论"也是因为涉及了理发师本人，而"自我指涉"必然产生"恶性循环"，这就不可避免地要产生悖论。必须制止"恶性循环"才能消除悖论，于是，他在 1903 年提出了"简单类型论"的理论。其主要的思想是：把集合分为不同的层次（类型），每一集合都有一定的层次，集合的层次不同于它的元素的层次，因此，一个集合（高一个层次）不能是它自身的元素（低一个层次），这样就排除了自我指涉，也就排除了集合论悖论。与罗素分层理论的做法类似，塔尔斯基则从语义分析的角度入手，提出了"语言层次理论"。他认为我们平常使用的自然语言实际上是有层次的，而悖论的产生在于混淆了不同的语言层次，因而主张通过语言分层来消除悖论。他把语言分为不同的层次：对象语言，即被研究、被说明的语言；元语言，即用来研究、说明对象语言的语言，元元语言，即用来研究、说明无语言的语言……。对象语言如"雪是白的"，在这个层次上没有真、假等语义概念，为了谈论对象语言的真假，就必须用比它高一层次的元语言来表示，如"'雪是白的'这句话是真的"就是元语言，要说明元语言的真假就必须用元元语言等。可以看出，在这种划分了层次的语言中，任一给定 N 层面上语句的真值，必须通过 N+1 层面语句的谓词来表述，而不能通过 N 层语句的谓词来表述，这样就可以消除语义悖论。拿"我正在说的这句话是谎话"来说，它是对象语言，它的真假必须通过元语言来表述，而不能用对象语言的谓词来表述，这就避免了自我指涉，排除了语义悖论。

第四节　排　中　律

一、排中律的内容及对正确思维的要求

排中律的基本内容是：在同一思维过程中，一个思想或者反映某客观对象，或者不反映某客观对象。或者说，一个思想及否定不能同假，必然有一个为真。排中律的公式是：

A 或者非 A

$A \lor \neg A$

公式中的"A"和"非 A"表示相互矛盾的词项和命题，A 或者非 A 的意思是说，在同一思维过程中，A 和非 A 没有真值间隙，不能都是假的，必定有一个是真实的。因此，这个公式也可以读为 A 真或者非 A 真，二者必居其一。当然，A 和非 A 究竟哪个为真，那是具体科学的任务。

就词项来说，"A 或者非 A"的意思是说，在同一思维过程中，某客观对象或者用 A 词项反映它，或者用非 A 词项反映它。换句话说，对于任一客观对象，不是用 A 去反映它，就是用非 A 去反映它，用 A 和非 A 都不能去反映的对象是不存在的。A 和非 A 必有一真，不可能同假。比如，人的行为不是"合法"，就是"非法"，不用"合法"去反映它，就用"非法"去反映，因此，对于某种具体的行为来说，其指称必定要在"合法"与"非法"之间取舍，二者必有一真，不能既不是"合法"又不是"非法"，这样的行为是不存在的。

就命题来说，"A 或者非 A"的意思是说，在同一思维过程中，某对象或者具有某种属性，是 A 命题所断定的情况；或者不具有某种属性，是非 A 命题所断定的情况，A 和非 A 必有一真，不可能同假。例如：

（1）"张华是北京大学的学生"与"张华不是北京大学的学生"。

（2）"所有的中国人都是黄皮肤"与"有些中国人不是黄皮肤"。

（3）"某人或者犯了贪污罪，或者犯了盗窃罪"与"某人既没有犯贪污罪，也没有犯盗窃罪"。

（4）"如果某人成绩好，那么他认真学习了"与"某人成绩好，但他没有认真学习"。

在以上四对命题中，尽管每对命题的类型和具体内容都不同，但都表达了相互矛盾的思想。对于所反映的对象来说都是不能同假，必有一真的。另外，具有下反对关系的命题，如"有些企业是国有企业"与"有些企业不是国有企

业"也是具有不能同假，必有一真的关系。因此，排中律也适用具下反对关系的命题，对于下反对关系的命题，也不能同时否定，必须确定其中必有一真。

根据排中律的内容，排中律的要求是，在同一思维过程中，对于两个相互对立的思想，包括具有矛盾关系的词项、命题及具有下反对关系的命题，不能同时予以否定，必须承认其中一个是真的。

排中律为什么要求相互对立的思想必须有一个为真呢？依据它的适用范围，我们分两种情况来讨论：①凡是具有矛盾关系的思想必然把一个对象在某方面的全部可能都表述无遗，没有间隙。比如，一张纸，在颜色方面，它或者"是白的"，或者是红、绿、蓝、紫……以及无色透明的等，而这些红、绿、蓝、紫……以及无色透明都是属于"不是白的"一类，这就是说"是白的"与"不是白的"涵盖这张纸在颜色方面的所有可能性，而不能再有第三种情况。因此，对这张纸来说，"是白的"与"不是白的"必有一个与其相符合，即为真。如果两者都予以否定，就等于说这张纸没有颜色，而这是不可能的。②凡是下反对关系的命题也把一个对象在某方面的全部可能性都包括进去，也没有间隙。下反对关系是陈述"有些对象具有或不具有某种属性"的命题，"有些"包括一个论域里的一个、一些或者全部分子，所以，它实际上是陈述某对象在某方面的全部状况，比如，在年龄方面，就某班学生来说，它要么是一个、一些、全部是 18 岁，这些都是"某班有些人是 18 岁"；要么是一个、一些、全部不是 18 岁，这些都是"某班有些人不是 18 岁"。这两个命题涵盖了某班学生年龄方面的全部可能，因此，对某班学生来说，这两个命题不能同假，必有一个陈述为真，否则就会造成在这个问题上的真空，这显然是不行的。

二、违反排中律要求的逻辑错误

违反排中律要求的逻辑错误叫作"两不可"，它是指在同一思维过程中，对两个相互对立的思想都予否定，这种错误在理论分析和日常思维中时有发生。例如：

（1）在一次辩论会上，甲认为张三要么辩输要么辩赢；乙则持这样的态度，张三辩输是不可能的，辩赢也是不可能的。

（2）马赫主义者为了回避对世界是物质的，还是精神的这一问题的回答，杜撰了"要素"这个新术语，说这个"要素"既不是精神的，也不是物质的，而是超越这两者之上的东西，而他们的哲学也是超越唯物主义和唯心主义之上，没有"片面性"的东西。

以上两个例子中，辩"输"与辩"赢"、世界是"物质的"与世界是"精神的"都是相互矛盾的思想，对此均予以否定，犯了"两不可"的逻辑错误。有时候，违反排中律的要求，不是表现为对不能同假的两种思想明确否定，而是不在它们中间作出明确的选择，不明确的肯定其中必有一真，含糊其辞，模棱两可。例如：

（3）甲乙二人的对话如下：

甲：你们的工作计划完成了吗？

乙：不能说是完成了？

甲：那么，是没有完成了。

乙：怎么能说没有完成呢？

在这段话中，乙的回答既没有说"完成了"，又没有说"没完成"，在"完成"与"未完成"之间不作明确的选择，肯定其中一个为真，而是犹豫不定，含糊其词，这也违反了排中律的要求，犯了"模棱两可"的错误。

三、正确理解排中律

排中律是思维明确性的规律，有明确的适用范围和确定的含义，要准确地领会和把握它们，需注意以下的问题。

（一）分清排中律的"中"与唯物辩证法的"中介"

排中律的"中"是虚幻的，没有客观基础。它是指在思维的过程中，当某个论域的问题被归结为"是"与"非"，"矛"与"盾"时虚构出来的"中间状态"，显然，这种中间状态是不存在的。因为当问题归结为相互矛盾的思想时，表示所提供的选言支已经穷尽，两者之外不存在第三种可能，所以，排中律的排"中"是要排除相互矛盾的思想之外这种不存在第三种可能性。与此相反，唯物辩证法的"中介"则是对客观世界普遍存在的、中间环节的反映。它是客观事物的一种存在方式。比如，客观上存在着不大不小的东西，不冷不热的天气，不好不坏的人。因此，反映这些中间环节的命题，诸如"这个人不好不坏""天气不冷不热"也都是合理的，不违背排中律的要求，因而也不能被排除。但是，如果对"这个人不好不坏"与"并非这个人不好不坏"不作明确的取舍；对"天气不冷不热"与"并非天气不冷不热"这些矛盾的命题不认为其中必有一真，则是排中律所要排除的"中"。

当然，人的认识是一个复杂的过程，对于从同一方面反映同一事物的两个相互矛盾的思想，究竟哪个是真，哪个是假，并不是任何人在任何条件下都能认识清楚的。当需要进一步调查才能确定哪个为真的情况下，不具体表态当然不违反排中律的要求。比如，选举程序中允许弃权存在。又如，将未经审讯的疑犯称为"犯罪嫌疑人"就是基于既不肯定，又不否定的思路，因为还没有经过必要的法律程序及充分的证据予以印证。

（二）排中律是二值逻辑的规律

排中律起作用的范围是二值逻辑。即一个命题的真值只能在真假之间取舍的逻辑系统，如果超出了这个范围，排中律就不起作用。比如，有一种多值逻辑叫作预设逻辑，它认为命题的逻辑值有"真""假""无意义"三种，隐含某种错误假定的命题其真值无意义，排中律自然不适用这类命题，比如"所有的上帝都是万能的"和"有些上帝不是万能的"表面上看起来它们相互矛盾，如果用排中律去确定其中任何一个为真都是错误的。因为这两个命题都隐含了"上帝是存在的"这个错误的假定，无论确定哪个为真都等于承认了这个错误的假定，所以，这两个命题的值是"无意义"，对此均予以否定不违反排中律。

"复杂问语"属于预设逻辑中的"无意义"问句。因为复杂问语是隐含某种错误假定的问语，对此无论作肯定的回答，还是否定的回答都等于承认了这个假定。如有人问一位向来不抽烟的女同志："您是否已经戒烟了？"这时她无论回答"是"或者"不是"都会落入圈套。等于承认她过去是抽烟的，或者现在仍然抽烟。因此，对复杂问语必须作认真的分析，指出其中隐含的错误，不作简单肯定或否定的回答，不违反排中律的要求。

第五节　逻辑规律之间的关系

同一律、矛盾律、排中律都是逻辑基本规律，既有联系，又有区别，其联系表现在以下几个方面：

1. 具有相同的逻辑功能。这三条规律的功能都在保证思维的确定性，但其角度和侧面各有不同，同一律"A 是 A"要求同一思维过程中词项和命题保持自身同一，从正面保证思维的确定性；矛盾律则从反面指出"A 不是非 A"，对 A 和非 A 不能同时肯定，从反面保证思维的确定性；排中律则进一步要求在"A 或者非 A"之间取舍，不能断定两者都假，从正反两方面保证思维的确定性。

2. 具有相同的限定条件。这三条规律起作用的范围都是同一思维过程，如果超出了这个范围，即时间、对象和关系三者之中任意一个不同，这三条规律都会失去作用。

3. 具有相同的逻辑真值。因为这三条规律从不同的侧面阐述相同的思想，那么它们的逻辑真值必然相等，即以下三个复合命题是等值的：

A→A

¬（A∧¬A）

A∨¬A

读者可用所学的命题推理知识，或者是真值表的方法去验证。

同一律、矛盾律、排中律虽有密切的联系，但由于它们表述思维确定性的侧面不同，因而具体的逻辑要求、适用范围、逻辑错误、逻辑作用也有所不同。下面主要就矛盾律和排中律的区别进行分析：

1. 适用范围不同。矛盾律适用矛盾关系或反对关系的思想；排中律适用矛盾关系或下反对关系的思想。

2. 逻辑要求及所犯错误不同。矛盾律要求在同一思维过程中，不能同时肯定相互否定的思想，必须指出至少有一假，否则就要犯"自相矛盾"的错误；排中律则要求不能同时否定相互否定的思想，必须肯定必有一真，否则，就要犯"两不可"或"模棱两可"的错误。

3. 作用不同。矛盾律指出相互否定的思想不能同真，至少有一假，因而能够由真推假，揭露自相矛盾思想的虚假性，间接反驳就是依据矛盾律进行的；排中律指出相互否定的思想不能同假，必有一真，因而可以由假推真，排除思想上的含混不清，间接论证就是依据排中律进行的。

第六节　逻辑规律在日常思维中的运用

在日常思维的过程中，逻辑基本规律不仅能从不同的角度上保证人们的思维有确定性，不矛盾性和明确性，而且具有推理和论证作用。这主要是运用矛盾律和排中律的基本内容及相关的知识和方法进行逻辑推导以得出预期的结论。

矛盾律和排中律的推导作用可以在相互对立的命题之间进行。因为矛盾律断定互相对立的命题不能同真，至少有一假，因此，在确定其中一个为真的情况下，推断剩下的必假。对当关系中的上反对关系推理，矛盾关系推理就是依据矛盾律进行的。排中律断定相互对立的思想不能同假，必有一真，因此，可以从确定其中一个假，推出剩下的必真。自然演绎法中的反证法，通过证明反设命题为假而肯定原命题为真，其逻辑根据就是排中律。

矛盾律和排中律的推导作用也可以在相互对立的命题和其他命题之间展开。在日常生活中，我们经常面临着在某些叙述中寻找答案的问题。当其中的一些叙述涉及一真多假、一假多真或多真多假的时候，运用逻辑规律和相关的知识去解答就成为首选。解答这类问题的突破口往往是在这些叙述中找出相互对立的，主要是矛盾关系的命题。从而确定真假的范围及其他命题的真值，逐步推导就能得出结论。例如：

（1）甲、乙、丙、丁是同班同学，一天，他们和外班的学生打趣，让其根据下列的议论猜测谁说假话。

甲："我们班的学生都是团员"。

乙："丁不是团员"。

丙："我们班有人不是团员"。

丁："乙也不是团员"。

已知其中一个人说假话，这个人是谁？

在这四句话中，甲和丙的话构成相互否定的命题，根据矛盾律，相互矛盾的命题中，必有一假，按照题意，只有一句假话，那么它只能在这对矛盾命题中，而乙和丁说的是真话，既然乙和丁说的是真话，那么事实上丁不是团员，乙也不是团员。由他俩不是团员，可知丙的话"我们班有人不是团员"为真。而"我们班的学生都是团员"自然是假话，所以说假话的人就是甲。

运用排中律进行逻辑推导，也是日常思维中经常使用的技巧和方法。例如：

（2）赵、钱、孙、李四个人一起议论本班同学申请建行学生贷款的情况。

赵："我们班所有学生都申请了贷款"。

钱："学习委员没有申请"。

孙："班长申请了贷款"。

李："我们班有人没有申请贷款"。

假定四人中有一个说真话，谁说真话？班长是否申请了贷款？

以上的四句话中，赵和李的话构成相互对立的矛盾关系，根据排中律，相互矛盾的命题中，必有一真，依照题意，四个人中有一个人说真话，这句真话只能在这对矛盾的命题中，而钱和孙说假话，钱说假话说明学习委员申请了贷款，孙说假话说明"班长申请了贷款"为假，即班长没有申请贷款。由班长没有申请贷款，可确定"我们班有人没有申请贷款"为真，因此，李说真话。

有些日常推导，需要逻辑规律和假设反证法并用才能完成。例如：

（3）高考前夕，四个毕业生预测他们的高考前景。其说法如下：

甲："我看我们四人中没有人能考上北大。"

乙："我们中有人能考上北大。"

丙："乙和丁至少有一人考不上北大。"

丁："我考不上北大。"

高考的结果表明，这四个人中有两人的预测为真，另外两人的预测为假。请问谁考上了北大？谁的预测为假？

根据我们掌握的逻辑知识，很容易确定甲和乙的话构成矛盾关系。因此，这两句话必定是一真一假。剩下的丙和丁的话也必然是一真一假。假设丙的话"乙和丁中至少有一人考不上北大"为假，可以推出"丁和乙都考上北大"，由此可进一步推出"丁考上北大"。而"丁考上北大"为真，则丁的话"我考不上北大"为假。即丙和丁的话都假，这与题意矛盾，因此，丙的话只能为真，丁的话必然为假，由丁的话为假，可知丁考上了北大，由丁考上了北大，可知甲的预测虚假，乙的预测自然为真，因此，最终的结果是丁考上北大，甲、丁预测虚假。

思考题

1. 什么是逻辑基本规律？它的客观根据是什么？它和其他逻辑规律和规则的关系怎样？

2. 同一律的基本内容是什么？它对人们有哪些要求？违反同一律的要求会犯哪些逻辑错误？

3. 矛盾律的基本内容及逻辑要求是什么？违反矛盾律的要求会犯怎样的逻辑错误？逻辑矛盾与辩证矛盾有何不同？

4. 排中律的基本内容和逻辑要求是什么？违反排中律要求的逻辑错误是什么？排中律所要求"排中"与唯物辩证法的"中介"有何不同？

5. 同一律、矛盾律、排中律有何联系与区别？

练习题

一、选择题

1. 既不否定 SAP，又不否定 SOP，是（　　）。

A. 违反矛盾律 　　　　　　　　B. 违反排中律

C. 既不违反矛盾律，又不违反排中律

2. 既否认 SIP，又否认 SOP，是（　　）。

A. 违反矛盾律 　　　　　　　　B. 违反排中律

C. 既不违反矛盾律，又不违反排中律

3. 既不肯定 SAP，又不肯定 SEP，是(　　)。

A. 违反矛盾律　　　　　　　　B. 违反排中律

C. 既不违反矛盾律，又不违反排中律

4. 用¬（p→q）替换（p∧¬q），是(　　)。

A. 偷换论题　　　　　　　　　B. 转移论题

C. 既非偷换论题，也非转移论题

5. 既否认 p∨q，又否认¬p∧¬q，是(　　)。

A. 自相矛盾　　　　　　　　　B. 两不可

C. 既不是自相矛盾，又不是两不可

二、下列各组命题中，哪些是反对命题？哪些是矛盾命题？

1. 这个 S 是 P 与这个 S 不是 P。

2. 所有 S 是 P 与有的 S 不是 P。

3. 所有 S 不是 P 与有的 S 是 P。

4. 所有 S 是 P 与所有的 S 不是 P。

5. P 并且 q 与非 P 或非 q。

6. P 并且 q 与非 P 并且非 q。

7. P 或者 q 与非 P 并且非 q。

8. 如果 P 那么 q 与 P 并且非 q。

9. P 并且非 q 与非 P 并且 q。

10. P 与非 P。

11. 有的 S 是 P 与有的 S 不是 P。

三、下列各题是否违反逻辑基本规律的要求？为什么？

1. 个人主义思想任何人都有，因为在现实生活中，谁都有个人利益和个人问题需要考虑。

2. 并不是人人都是自私的，但有人是自私的。

3. 万里长城是我国劳动人民智慧的结晶，也是祖国的天然屏障。

4. 或问文章有体乎？曰："无"。又问文章无体乎？曰："有"。然则果如何？曰："定体则无，大体则有。"

5. 甲："这盘棋你输了？"乙："没有输。"

　　甲："那么你赢了？"乙："也没赢。"

6. 南极沿岸地带鸟的种类很少，但鸟却很多。

7. 被告伤人，既非故意，又非过失，可给予训诫处分。

8. 甲问："你的儿子考上大学了吗？"乙答："我的儿子心灵手巧，可能干了。"

9. 有个青年想到发明家爱迪生的实验室工作，并且雄心勃勃地说："我想发明一种万能溶液，它能溶解一切物质。"

爱迪生笑着反问他："那么你用什么器皿盛放这种溶液呢？"青年无言以对。

10. 对于是否有外星人的问题，在科学未证实之前，我的态度是既不肯定，也不否定。

11. 在一次审讯中，审判员问被告："你行凶后把凶器藏在什么地方了？"被告说："我根本没有行凶。"

12. 邮局里的营业员把信称了称说："小姑娘，你的信超重了，请再贴一张贰角的邮票。"小姑娘惊奇地说："再贴一张贰角的邮票，信不是更重了吗？"

13. 有无鬼神的争论，我不参与，因为我觉得没有多大的意思，对于他们的两种观点，我都不赞成。

14. 老张说这起案件应定抢劫罪，老李说这起案件应定杀人罪，我认为这两种意见都不恰当。我认为应定抢劫杀人罪才合适。

四、运用逻辑规律的有关知识，回答下列问题

1. 猎人老伊和老万一起出去打猎。在森林里，他俩看见一株树上有一只松鼠，而松鼠也在树上盯着他们。这两个猎人围绕着松鼠走了一圈，松鼠在树上也绕了一圈，它一直面朝着这两个猎人，并且盯着他们。

这时候，在旁边观望的另一个猎人问："你们有没有绕着松鼠走一圈？"

"有"，老伊说，"我们已环绕着松鼠走了一条封闭的曲线。"

而老万却说："我们根本没有环绕松鼠走一圈。假如我们环绕它走一圈的话，那么我们就应该从各个方面看到松鼠。但事实上，我们却始终只看见松鼠的面部，而松鼠的其余部位都没有看见。"

他们俩各执己见，得不出结论。

请问：为什么他们的争执得不出结论？你能解决他们的争论吗？

2. 有人说，彻底的无私包含两个含义：①无条件地为他人服务；②拒绝任何他人的服务。

请问：如果这个论述能够成立，必然得出什么结论？

3. 甲说："我明年一定能考上大学。"

乙说："你说这话不对。"

甲说："你竟然认为我明年不可能考上大学？"

乙说："你说这话也不对。"

甲说："你的话不合逻辑。"

乙说："你的话才不合逻辑呢!"

请问：在甲乙二人的对话中，究竟谁的话不合逻辑？为什么？

4. 第二次世界大战时，某国空军曾制定出这样一条军规：如果飞行员被医生断定有精神病，他可以不参加作战飞行，在退出作战以前，他应当提出不参加战斗的理由；而假如他意识到自己有病不能参加战斗，那就证明他头脑健全，没有精神病。

请问：这条军规有什么问题？会导致什么结果？

5. 一座古庙，住着三个和尚，一个师傅带着两个徒弟。佛门规定：念经的时候要闭着眼睛，不许说话。一天，师徒三人坐在一起念经，念了很久，有个徒弟实在闷得难受就偷偷地睁开了眼睛，发现天气阴沉沉的，不由自主地说："快要下雨了!"另一个徒弟赶紧推了他一把，说："不许讲话!"这时，师傅哈哈大笑起来，说："你们俩呀，道行太浅了。你们看，我就没有说话。"

请问：另一个徒弟与师傅的话是否违反佛门规定？

五、运用逻辑规律的有关知识进行推理，并给出正确答案

1. 小英、小红和小燕三个青年女工自学逻辑。一天，她们三人一起讨论如何回答一道逻辑难题，当各人把自己的想法说了以后，小英说："我做错了"。小红说："小英做对了"。小燕说："我做错了"。当逻辑老师了解了她们的想法和上述意见后，对他们说："你们三人中，有一个的答案正确，有一个的意见正确"。

请问：谁的答案正确？谁的意见正确？

2. 某案发生后，涉嫌 A、B、C 三人，甲、乙、丙三个办案人员对此案件作出了如下推测：

甲：我认为："三人中至少有一人是无罪的。"

乙：我认为："如果 A 有罪，那么 B 和 C 二人是无罪的。"

丙：我觉得："A 有罪，并且 B 和 C 至少有一人也有罪。"

后来证实，甲、乙、丙三人的推测只有一人是正确的，请推出本案的罪犯都是谁。

3. 甲、乙、丙、丁四人参加高考后有以下的议论：

甲：我看咱们四人这次都能考取。

乙：我看咱们四人中肯定有人不能考取。

丙：丁肯定能考取。

丁：如果我能考取，那么我们之中不会有人考不上。

考试的结果表明：四人之中有一人预测错误。

请问：谁预测错误？谁考取？依据有关逻辑规律写出逻辑过程。

4. 红星中学的四位老师在高考前对某理科毕业生班学生的前景进行推测，他们特别关注班里的两个尖子生。

张老师说："如果余涌能考上清华，那么方宁也能考上清华。"

李老师说："依我看这个班的方宁考不上清华。"

王老师说："不管方宁能否考上清华，余涌考不上清华。"

赵老师说："我看方宁考不上清华，但余涌能考上清华。"

高考的结果证明，只有一个老师的推测成立，其余皆不成立。

请问：谁的推测成立？

5. 某县领导参加全县的乡计划生育干部会，临时被邀请上台讲话，由于事先没有做调查研究，也不熟悉县里计划生育的具体情况，只能说些无关痛痒、模棱两可的话，他讲道："在我们县的 14 个乡中，有的乡完成了计划生育的指标，有的乡没有完成计划生育的指标，李家集乡就没有完成嘛！"在领导讲话时，县计划生育委员会主任手里捏了一把汗，因为领导讲的三句话中有两句话不符合实际，真后悔临时让领导来讲话。

请问：这个乡完成计划生育指标的实际情况是什么？

6. 桌上有四个杯子，每个杯子上写着一句话，第一个杯子"所有杯子中都有水果糖"；第二个杯子"本杯中有苹果"；第三个杯子"本杯中没有巧克力"；第四个杯子："有些杯子没有水果糖"。

如果其中只有一句真话，请问：第三个杯子里有没有巧克力？

7. 古代有一个皇帝，有一天命令赵、钱、孙、李、周、吴、郑、王八员大将陪同他外出打猎。经过一番追逐，有一员大将的一支箭射中了一只鹿。但是，是哪一员大将射中的，开始谁也不清楚。这时候，皇帝叫大家先不要去看箭上刻写的姓氏，而要大家先猜一猜究竟是谁射中的。于是，八员大将众说纷纭。

赵："或者是王将军射中的，或者是吴将军射中的。"

钱："如果这支箭正好射中鹿的头，那么肯定是我射中的。"

孙："我可以断定是郑将军射中的。"

李："即使这支箭正好射中鹿的头，也不可能是钱将军中的。"

周："赵将军猜错了。"

吴："不会是我射中的，也不是王将军射中的。"

郑："不是孙将军射中的。"

王："赵将军没有猜错。"

猜完之后，皇帝命令赵将军把鹿身上的箭拔出来验看；证实八员大将中有三人猜对了。

请问：鹿是谁射死的？

8. 有五个大学生面对采访说了如下的话：

A：我还没有考试作弊的经历。

B：A 撒谎了。

C：我曾经在网吧包夜。

D：C 在撒谎。

E：C、D 都在撒谎。

请问：这五个人中到底有几个人撒谎？写出分析过程。

附录——公务员考试逻辑试题分析

一、公务员考试与逻辑

我国在 20 世纪 90 年代开始引入公务员考试。中华人民共和国人事部于 1994 年 6 月 7 日颁布了《国家公务员录用暂行规定》，这标志着公务员考试录用工作开始进入法制化、规范化的轨道。1994 年的国家公务员考试中，笔试考查科目为《行政职业能力测验》和《公共基础知识》，各占 50%。从 2002 年开始，国家公务员考试取消了《公共基础知识》，将《行政职业能力测验》分为 A、B 类，同时增加了一个新的考试科目——《申论》。2004 年起《行政职业能力测验》分为甲、乙类。2005 年起根据综合管理类和行政执法类职位的区分，《行政职业能力测验》分为（一）类和（二）类。2007 年开始，取消了以前的分类，统一为"《行政职业能力测验》"。

近几年国家公务员考试的初试公共考试科目基本确定了下来，即《行政职业能力测验》与《申论》两科。《行政职业能力测验》为客观性试题，主要考查与公务员职业密切相关的、适合通过客观化纸笔测验方式进行考查的基本素质和能力要素。考试时间为 120 分钟，满分为 100 分。《申论》考查从事机关工作应当具备的基本能力，为主观性试题，考试时间为 150 分钟，满分 100 分。

逻辑作为一门规范思维的工具性学科，其思想方法、基本知识和理论在《行政职业能力测验》这一科目的考试中有较多的体现，这主要表现在题型设置中的"判断推理"部分。通过考察历年《行政职业能力测验》的题型设置我们不难看出这一点：

2006～2010 年《行政职业能力测验》题型设置及数量分布

题型 ＼ 题量		2006 年	2007 年	2008 年	2009 年	2010 年
常识判断		20	25	25	25	25
数量关系		20	20	20	20	15
资料分析		20	20	20	20	25
言语理解与表达		30	40	40	40	40
判断推理	图形推理	10	5	5	5	5
	定义判断	10	10	10	10	10
	类比推理	10	10	10	10	10
	逻辑判断	15	10	10	10	10
	小计	45	35	35	35	35
总计		135	140	140	140	140

2011～2015 年《行政职业能力测验》题型设置及数量分布

题型 ＼ 题量		2011 年	2012 年	2013 年	2014 年	2015 年
常识判断		25	25	20	20	20
数量关系		15	15	15	15	15
资料分析		15	20	20	20	20
言语理解与表达		40	40	40	40	40
判断推理	图形推理	10	10	10	10	10
	定义判断	10	10	10	10	10
	类比推理	10	5	10	10	10
	逻辑判断	10	10	10	10	10
	小计	40	35	40	40	40
总计		135	135	135	135	135

　　从上面的两个表格，我们可以看出近十年的《行政职业能力测验》题型和题量的一些特点：

　　第一，考查的模块较为稳定。常识判断、数量关系、资料分析、言语理解与表达、判断推理已成为较为固定的题型。集中考察逻辑知识与能力的判断推理这一模块中通常设置的题型有图形推理、定义判断、类比推理、逻辑判断。

第二，考题的数量基本稳定。2011 年以前，题量常常是 140 道，而 2011 年后这五年来题量减至 135 道。尽管如此，考生要在 120 分钟内快速、准确解答 135 道选择题还是相当有挑战性的。这是能力测验的特点。尽管总的题量略有减少，但判断推理部分从以前的 35 道增至 40 道，占总题量的 30%。该模块中，图形推理、定义判断、类比推理、逻辑判断（2007 年以前是演绎推理）各有 10 小题。可见，《行政职业能力测验》近几年更加注重对于考生的逻辑知识和能力的考查。

从《行政职业能力测验》考查的内容上看，常识判断部分主要考查考生的知识面和记忆力，题材涉及政治、经济、法律、历史、文化、地理、环境、自然、科技等方面；言语理解与表达考查的是考生运用语言的能力；资料分析考查的是考生的阅读分析、抽象比较等能力；数量关系和判断推理主要是考查考生的计算、推断能力。特别是判断推理部分，它要求考生具有较强的逻辑思维能力。如果说图形推理更侧重考查考生的观察能力和推理能力的话，那么定义判断、类比推理和逻辑判断则更为明显地应用到了逻辑的知识、方法、思想和理论。定义、逻辑关系类比、演绎推理等逻辑知识点在《行政职业能力测验》中起到了举足轻重的作用。因此，学好逻辑，掌握一些基本的逻辑知识、逻辑方法和技巧，对于公务员考试是大有裨益的。

二、公务员考试逻辑题型及解题技巧

按照近几年国家公务员考试大纲的要求，判断推理部分主要考查考生对各种事物关系的分析推理能力，涉及对图形、语词概念、事物关系和文字材料的理解、比较、组合、演绎和归纳等。常见的题型有：图形推理、定义判断、逻辑判断、类比推理。

图形推理主要考查考生的观察能力和逻辑思维能力；定义判断主要考查的是考生根据标准进行判断的能力，涉及逻辑学中的定义理论；类比推理考查考生的类推能力，涉及逻辑学中的类推理论和概念关系的理论；逻辑判断主要考查考生的逻辑推理能力和分析、评估、论证的能力，涉及逻辑学中的演绎推理理论、归纳推理理论、非形式论证理论。

（一）图形推理

图形推理主要考查考生的观察、抽象、推理能力。需要注意的是，图形推理并不依赖具体的事物和专业知识背景，考生不需要去考虑图形的实际意义，而是要从图形本身的结构来进行观察和推理。

1. 解题步骤和方法、技巧。

（1）仔细观察。观察图形的大小变化、构成要素的增减、位置、旋转、组合或叠加，以及是否存在相同的图形，等等。总体来说，图形中的数量变化和图形的位置变化是主要的两大类图形变化。

（2）发现规律。这是解答图形推理题的关键。在简单的情形下，从给定的第一组图形可能直接就能发现规律；对于复杂的图形，需要结合对比第二套图形的给定部分进行细心考察。

（3）根据规律推导未知图形。

2. 题型及实例分析。图形的变化规律很多，试举几例加以分析，以便了解本类题目的一些常见做法。

（1）数量类：图形中存在着某些要素的数量变化规律。

例题：

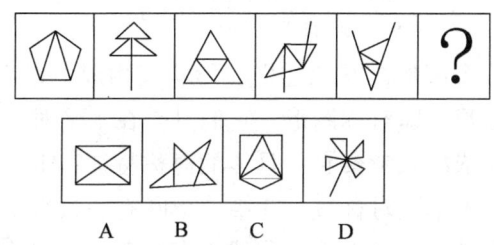

解析：比较前 5 幅图，发现他们都是由直线形成的图形，每个图形中比较明显的局部形状是三角形，且三角形的数量似乎有所不同。据此观察，分别来数一数这 5 幅图中三角形的个数，发现分别为 3 个、4 个、5 个、6 个、7 个，按照三角形个数的等差递增规律，可以推断接下来的图形中应该有 8 个三角形，符合条件的只有 A 项，故选 A。

（2）旋转类：图形中的某些要素通过旋转产生位置的变化规律。

例题：

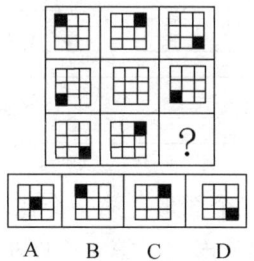

解析：题干给定的这组图形中的每一个都是九宫格，而且除了中间的九宫

格外，其他九宫格中都有一个黑色小方格，这个黑色小方格围绕着九宫格顺时针旋转；另一方面，四周包含黑色小方格的九宫格也围绕着中间那个不包含黑色小方格的九宫格旋转。根据这个旋转的规律，就能判断出问号处的九宫格中的黑色小方格应在左上角，故选 B。

（3）对称类：图形排列的规律在于图形的对称特征。

例题：

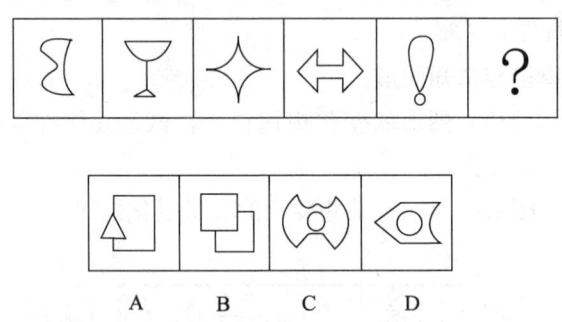

A　　B　　C　　D

解析：比较前五个图形，发现它们在形状及构成上没有什么相同的地方，但都是同一类型的图形，即对称图形。它们只是在水平对称还是垂直对称这一点上有所不同。现在依次来考察它们具体的对称特征：①第一个有一条水平对称线；②第二个有一条垂直对称线；③第三个既有一条水平对称线也有一条垂直对称线；④第四个既有一条水平对称线也有一条垂直对称线；⑤第五个有一条垂直对称线。那么第六个图形应当具有什么样的对称特征呢？再按照前述五个图形的特征规律：③④相同，②⑤相同，由此可推断①⑥也相同，即第六个图形有一条水平对称线，故选 D。

（4）叠加类：通过几个（通常是两个）相邻图形的叠加从而形成图形组中另外的图形。

例题：

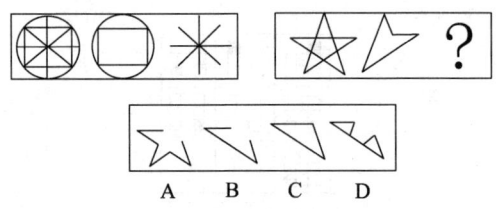

A　　B　　C　　D

解析：第一组图形中有三个图形，第一个比较复杂，第二个与第三个相对简单；后两个图形叠加在一起就形成了第一个图形。以此规律，第二组图形中，要想通过将后两个图形叠加形成第一个五角星，就必须使用选项 C 这个三角形，故选 C。

（5）拆拼类：图形排列的规律在于图形拆分或合并前后的一致性特征。

例题：

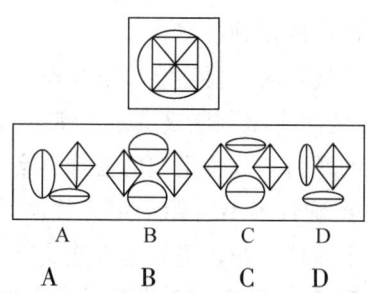

解析：本题给定的是一个而不是一组图形，因而也就不存在什么变化规律。考虑到给定的每个选项的图形和原来的图形都有着局部形状上的相同，而且是几个小图形的堆积，于是我们从拆拼的角度来解答本题。左边的图形中，矩形的外接圆在拆拼的时候，上下拆拼成小椭圆，左右拆拼出大椭圆。也就是说选项中必须包括两个椭圆，一大一小，据此可排除 B 项和 D 项。此外，A 项的三角形数量不够，故选 C。

（二）定义判断

定义判断是考查考生运用某一标准作出恰当判断的能力。在每一个题目中，先给应试者一个概念的定义，然后再给出一组事件或行为的例子作为备选项，要求考生根据题干中给出的定义，从备选项中选出一个最为符合或最不符合该定义的典型事物或行为。

从一定意义上看，定义判断考查的是考生逻辑思维能力，因此，这类题涉及包括定义和判断两大部分的逻辑基本知识（见本教材）。其中定义部分涉及定义的概念、特征、方法、规则及概念之间的关系等知识，判断部分涉及判断的概念、特征、类型及判断之间的关系等知识。了解和掌握这些逻辑知识对于解题有很大的帮助。

1. 解题步骤和方法、技巧。由于定义判断考查的是考生的领悟能力、严格理解和规范理解的能力，因而，我们在解答此类题目的时候，可以按照一个规范的步骤去操作。具体的解题方法、技巧有：

（1）对题干中所给出的定义进行快速扫读，注意细节以达到对定义的初步了解。

（2）找准、找全定义的属性，确定潜在解题点，结合选项确定最具价值的属性（可能有的定义属性很多，但真正有用的很少）。

（3）带着选项回到定义对潜在解题点进行二次阅读，确定核心解题点，分析各选项中的案例，找到各选项的重心，并与定义属性对比，对不符合的选项进行排除，而符合题意的选项即正确答案。

在使用这些解题方法、技巧时，要注意以下几点：

（1）仔细审题。分清是肯定型判断还是否定型判断，否则容易找错选项，尤其注意不要误将否定型的题目当成肯定型的去选答案。

（2）不要怀疑定义的正确性。不管题干定义片面、准确与否，以题干定义为判断标准，否则就会剑走偏锋，与正确答案失之交臂。

（3）切记要将所有选项全部看完，有些题目会设置迷惑选项，如不对各选项进行对比，很可能误选。

（4）合理利用背景知识。背景知识是考生对给出定义的原有印象，如果给出定义属于考生较为熟悉的领域，这种印象会更为明显，也更为准确。

2. 题型及实例分析。定义判断题从题干所给定义的多少可分为单定义型和多定义型，从选项要求是肯定还是否定的角度可分为正向肯定型和反向否定型。

（1）单定义型。题干只涉及一个定义，要求选出符合或不符合定义的选项。这是最常见的题型。

例题：晕轮效应指人们对他人的认知判断首先是根据个人的好恶得出的，然后再从这个判断推论出认知对象的其他品质的现象。我们在观察某个人时，对于他的某种品质或特征有清晰明显的知觉，由于这一特征或品质从观察者的角度来看非常突出，从而掩盖了对这个人其他特征和品质的知觉。

根据上述定义，下列属于晕轮效应的是（　　　　）。

A. 我们通常认为，世界上任何一位杰出的科学家之所以取得令人瞩目的成就，均来自其1%的灵感及99%的努力

B. 老师在面对学生时容易产生这样的心理，即学习成绩好的学生往往会被认为是智商高、聪明、热情、有创造性的学生；成绩不好的学生或调皮捣蛋的学生往往就被认为是什么事都做不好、一无是处的学生

C. 中国有一句老话，叫"情人眼里出西施"，意思是说如果男女双方产生了爱慕之情，即使一方的容貌不是那么美丽漂亮，在另一方眼里也会被认为美丽得如同西施一般；或者尽管一方有诸多缺点，也会被另一方看作是无与伦比的优点

D. 王某因涉嫌盗窃机动车辆被公安机关逮捕，但王某的同村人都认为他平

时很热心，独自出钱帮助村里修筑公路，并经常出钱帮助孤寡老人看病买药，是村里有名的"大善人"，因而不可能是盗窃机动车辆的盗贼

解析：对"晕轮效应"的定义进行快速扫读，以达到对该定义的初步了解，并且找全、找准定义的属性，确定潜在解题点，带着选项进行二次阅读确定核心解题点，分析各选项中的案例，找到各选项的重心，并与定义属性对比。通过对该题快速阅读，过滤掉多余信息。该题中"晕论效应"这一定义的属性有三点，即"对于他的某种品质或特征有清晰明显的知觉""这一特征或品质从观察者的角度来看非常突出""掩盖了对这个人其他特征和品质的知觉"。因此，只有选项中的现象同时具备三种属性时才符合定义属性，对比选项会发现选项A、C、D均缺少"掩盖"属性，B项学习成绩好作为一种特性，在老师看来是好学生的非常突出的特征和品质，它足以掩盖其他特征和品质，因而，在老师评价其他方面时也认为非常好；反之亦然，符合定义概念的三个属性，故选B。

（2）多定义型。题干涉及两个或两个以上定义，要求选出符合其中某一个定义的选项。

例题：借口就是承认活动本身是错的，但是当事人否认他应当承担责任。辩解则是承认应当对活动承担责任，但是当事人否认这项活动是错的。面对失败的事件时，人们使用借口以尽可能地减轻自己应当承担的责任；而人们使用辩解的目的是试图重新界定有争议的行动，使之看起来不至于太差。

根据上述定义，下列属于辩解的是（　　　）。

A. 小李失去了一笔业务，给公司造成了一定损失。他说，这是由于他腿伤发作迟到了半个小时造成的

B. 某部门工作出现失误，其负责人说："他们做决定时根本就没有征求我的意见，我对此一无所知。"

C. 某国消费者对在包装中加入一氧化碳使肉类看起来红润新鲜的做法表示质疑，但该国食品管理局称这种做法"总体上"是安全的

D. 某公司产品出现质量问题，声明说这是由于他们使用了其他公司生产的不合格部件造成的

解析：该题题干中涉及借口和辩解两个定义，而且两个定义关系密切，题目考查考生对相近定义的辨别和区分能力。通过快速阅读，把握该题两定义都涉及活动本身的对错、承担责任及使用目的三方面的属性，然后通过比较发现，两定义的前两个方面却是相反的，目的是有差别的。再与所给选项比较，会发现选项A、D都承认活动有过错，B既没有明确承认活动的过错，也推卸了责

任，选项 C 确属争议，且包含了承担一定责任的意思，故选 C。

（3）肯定——属于型。题干给出定义，要求从选项中选出一个最符合该定义的选项，即找出符合定义属性的选项。

例题："社会人"假设是组织行为学家提出的一种与管理有关的人性假设。"社会人"假设认为，人们在工作中得到的物质利益对于调动其生产积极性是次要的，人们最重视在工作中与周围的人友好相处，良好的人际关系对于调动人的工作积极性起决定作用。

根据上述定义，下列哪项是基于"社会人"假设的管理方式？（　　　）

A. 员工的奖金与绩效挂钩，并且实行秘薪制

B. 鼓励、支持员工利用业余时间参加职业培训

C. 对不同年龄层的员工实行不同的管理措施

D. 上级和下级不同程度地参与企业决策的研究和讨论

解析：这是一道正向——肯定型题目，即选项要具有定义的属性。首先通过快速阅读，知道该定义的本质属性在于"良好的人际关系对于调动人的工作积极性起决定作用"，核心概念是"良好的人际关系"，这就过滤了多余属性，然后把选项与题干中的核心概念对比，会发现选项 A、B、C 多不涉及"良好的人际关系"，更与"调动人的工作积极性"没多大关联，只有选项 D 与题干的人际关系相关联，故选 D。

（4）否定——排除型。题干给出定义，要求从备选项中选出一个不符合该定义的选项，即不具有该定义某种或全部属性的选项。

例题：行政指令是指行政主体依靠行政组织的权威，运用行政手段，包括行政命令、指示、规定、条例及规章制度等措施，按照行政组织的系统和层次进行行政管理活动的方法。

根据上述定义，下列描述不属于行政指令的是（　　　）。

A. 体育局局长签发嘉奖令，表彰在全运会上取得优异成绩的运动员和教练员

B. 消费者协会同中国家用电器协会正式发布《太阳能热水器选购指南》

C. 市教育局紧急电话通知，要求全市中小学、幼儿园加强校园安全管理

D. 市消防大队对未经消防设计备案擅自施工的违法工程下发《责令改正通知书》

解析：这是一道反向——否定型题目，即要求选出的答案应是不符合定义的。通过快速阅读，知道题干定义有"行政主体""依靠行政组织的权威、行政

手段"、"按照行政组织的系统和层次进行行政管理活动"三个属性，如果是正向选择，那么选项应同时具有三个属性，而该题是反向选择题，所以，只要选项中不具有三个属性之一，则不符合定义，然后对比选项与题干定义具有的属性，就会发现选项 B 的"主体"与定义不符，故选 B。

（三）逻辑判断

该类题考查考生的逻辑推理能力。题目通常由题干、提问和四个选项组成，题干或者给出前提，要求选出符合题意的结论；或者给出结论，要求选出符合题意的前提。要求选出符合题意的结论的题目，题干的陈述被假设是正确的，结论要求不附加任何条件即可直接推出，且不超出前提所断定的范围。要求选出符合题意的前提的题目，所给前提不足以推出题干中的结论，需要再补充选项中的命题作为前提与已给前提结合起来才能必然推出结论。

这类题涉及的逻辑基本知识主要包括演绎推理的概念、类型、有效性和规则等逻辑基础知识（见本教材），掌握和熟悉这些逻辑基础知识对解题来说很有必要。

1. 解题步骤和方法、技巧。

（1）仔细阅读题干。迅速理解题干信息，特别是对题干某些细节信息的准确理解是解题的关键所在。

（2）在准确理解题干信息的基础上，对比选项与题干信息的差异：主要从是否与题干信息点相矛盾、是或然性还是必然性地推出结论、是否偷换概念、条件的适用范围是否改变、是否超出题干信息的范围等几个方面对选项进行分析判断。

（3）对需要归纳论点的题目，要对整个语段所要表达的主旨进行概括，类似于阅读理解，解题时要首先弄清题干的论证结构，找出中心句、关键词和论据；如果是单纯的说明性文段，也要找出关键词和重要信息点。

2. 题型及实例分析。逻辑判断题根据题目的特点和要求，可分为直接推断型、加强论证型、削弱论证型等六大类。

（1）直接推断型。以题干陈述为前提，要求在选项中选出合乎逻辑（推理规则）或不可能推出的结论。

例题：从世界经济的发展历程来看，如果一国或者地区的经济保持着稳定的增长速度，大多数商品和服务的价格必然会随之上涨，只要这种涨幅始终在一个较小的区间内就不会对经济造成负面影响。

由此可以推出，在一定时期内（　　　）。

A. 如果大多数商品价格上涨，说明该国经济在稳定增长

B. 如果大多数商品价格涨幅过大，对该国经济必然有负面影响

C. 如果大多数商品价格不上涨，说明该国经济没有保持稳定增长

D. 如果经济发展水平下降，该国的大多数商品价格也会下降

解析：该题题干由两个蕴含命题"如果一国或者地区的经济保持着稳定的增长速度，大多数商品和服务的价格必然会随之上涨"和"只要这种涨幅始终在一个较小的区间内就不会对经济造成负面影响"组成，我们知道，蕴含命题的两个有效推理式是肯定前件式和否定后件式，结合题干仔细审查所给选项会发现只有选项 C 是由否定后件"大多数商品和服务的价格必然会随之上涨"到否定前件"一国或者地区的经济保持着稳定的增长速度"的有效推理形式，且能够必然得出结论，其他的都不是，也不能必然推出结论，故选 C。

（2）加强论证型。以题干陈述为结论，要求选出能够支持该结论的选项，以形成对前提的补充。

例题：一项最新研究发现，经常喝酸奶可以降低儿童蛀牙的风险。在此之前，也有研究人员提出酸奶可预防儿童蛀牙，还有研究显示，黄油、奶酪和牛奶对预防蛀牙并没有明显效果。虽然多喝酸奶对儿童的牙齿有保护作用，但酸奶是否能降低蛀牙的风险仍不明确。目前一种说法是酸奶中所含的蛋白质会附着在牙齿表面，从而预防有害酸侵蚀牙齿。

以下哪项如果为真，最能支持这项研究发现？（　　　）

A. 黄油、奶酪和牛奶的蛋白质成分没有酸奶丰富，对儿童牙齿的防蛀效果不明显

B. 儿童牙龈的牙釉质处于未成熟阶段，对抗酸腐蚀的能力低，人工加糖的酸奶会增加蛀牙的风险

C. 有研究表明，儿童每周至少食用 4 次酸奶可将蛀牙发生率降低 15%

D. 世界上许多国家的科学家都在研究酸奶对预防儿童蛀牙的作用

解析：加强论证型一般是在题干中直接或间接给出了推理的结论（论题），选项中给出了前提（论据），要求考生找出一个选项作为前提能够必然推出题干中的结论。考生首先要通过阅读题干找到或概括出结论，然后在选项中找到一个联系最紧密且能推出该结论的陈述。该题实际上直接给出了结论——"经常喝酸奶可以降低儿童蛀牙的风险"，选项 C 中"儿童每周至少食用 4 次酸奶"就属于"经常喝酸奶"，如果以"儿童每周至少食用 4 次酸奶可将蛀牙发生率降低15%"作为前提，那么就能必然推出"经常喝酸奶可以降低儿童蛀牙的风险"

的结论。其他选项如果作为题干的前提，都不能必然推出题干中的结论，故选 C。

（3）削弱（质疑）论证型。题干已经构成了某种形式的推理，且由前提能够得出某结论。题目要求从选项中选出能够反驳该推理即使题干中的推理不成立的选项。

例题：2008 年上半年原油期货价格一度上涨到每桶 147 美元，是 2000 年同期价格的 4.2 倍，年均增长 20%，而同期世界经济年均增长率在 5% 左右，世界石油消费需求并没有出现跳跃式的、急剧的增长。这说明原油价格的迅速攀升并不是由世界石油供求关系的变化引起的，而是国际投机资本在石油期货市场进行疯狂投机的结果。

如果以下各项为真，哪项不能质疑上述推论？（   ）

A. 2000～2008 年，各国政府普遍加大了石油的战略储备量

B. 较小的经济增长率总带来较大的石油需求增长率

C. 石油需求变化率和石油价格变化率并不对称

D. 即便对于国际投机资本，投资石油期货也是风险巨大

解析：本题为削弱论证型题目。A 选项中，由于有政府介入，石油需求量巨大。B 选项中石油需求增长大，A 选项和 B 选项都说明供求关系影响石油价格，削弱了观点。C 选项中不能由"石油需求变化率低"推出"不是由供求关系变化引起"，从而削弱了论点，故选 D。

（4）前提假设型。题干给出了推理的结论，但没有给出得出有效结论的前提或只给出了部分前提，要求从选项中找出或补充能得出结论的前提。

例题：据某知名房产中介机构统计，2010 年 9 月份第二周全国十大城市的商品房成交量总体呈上涨趋势，并且与 8 月份第二周相比上涨幅度更明显。如果没有其他因素抑制，按照这种趋势发展，9 月份或将创新政以来成交量最高水平，虽然现在还不能明确楼市完全回暖，但未来楼价调控的压力还是很大的。

下列最有可能是上述论证前提假设的是（   ）。

A. 炒房者将大量资金投入楼市

B. 国家对楼价的调控手段不足

C. 消费者对房子的购买热情没有减退

D. 楼市成交量的增长会带动楼价的上涨

解析：通过阅读，把握题干主要信息是"楼市成交量上涨（高水平）""未来楼价调控的压力还是很大的"，然后归纳得出题干的结论是"楼市成交量上涨

（高水平）导致未来楼价调控的压力还是很大的"，与选项对比，就会发现选项
A、B、C在题干中没有出现，而且与结论的关联在题干中也没有陈述，而选项
D属于题干中给出的真实信息，且能推出题干中归纳出的结论，故选D。

（5）逻辑推演型。题干给出若干个陈述，其有真有假，要求从陈述内容及
其真假关联中推演出正确选项。

例题：有人问甲、乙、丙三人的年龄。甲说："我22岁，比乙小2岁，比
丙大1岁。"乙说："我不是年龄最小的，丙和我差3岁，丙25岁。"丙说："我
比甲年岁小，甲23岁，乙比甲大3岁。"

以上每人所说的3句话中，都有一句是故意说错的，你知道3个人的年龄到
底是多大吗？（　　）

A. 甲22岁，乙25岁，丙21岁　　　　B. 甲23岁，乙22岁，丙25岁

C. 甲22岁，乙23岁，丙21岁　　　　D. 甲23岁，乙25岁，丙22岁

解析：此题属于典型的逻辑推演型题目，具体做法是根据四个人陈述的内
容及其真假关系和逻辑规律进行推演以确定某个或几个陈述的真假，然后逐步
推出结论。该题中"我22岁"与"甲23岁"两命题是矛盾关系（结合备选
项），依矛盾律其中必有一假，依排中律其中必有一真，然后假设甲23岁为假，
那么"我比甲年岁小"和"乙比甲大3岁"则为真。另据选项可知甲22岁为
真。由此可以推出乙为25岁，丙21岁，这就使得乙有两句假话，与题设矛盾。
因此甲23岁为真，那么"比乙小2岁"和"比丙大1岁"为真，即乙25岁，
丙22岁，故选D。

（6）因果关系型。题干给出一段有关现象或事实的陈述，要求解释该现象
或事实存在或发生的合理原因。

例题：由于近期的干旱和高温导致海湾的盐度增加，引起许多鱼的死亡。
虾虽然可适应高盐度，但盐度高也给养虾场带来了不幸。

以下哪项如果为真，能够给出解释以上现象的原因？（　　）

A. 持续的干旱会使海湾的水位下降，这已经引起了有关机构的注意

B. 幼虾吃的有机物在盐度高的环境下几乎难以存活

C. 水温升高会使虾更快地繁殖

D. 鱼多的海湾往往虾也多，虾少的海湾鱼也不多

解析：该题属于因果关系型题目。首先通过阅读题干，找出题干中叙述的
结果，该题中就是"虾虽然可适应高盐度，但盐度高也给养虾场带来了不幸"。
然后在所给选项中寻找必然导致该结果发生的直接或间接原因，题干中要考察

的是盐度高和养虾场的不幸之间的因果联系。选项 A、D 没有解释盐度高和养虾场的不幸之间的直接关联，选项 C 是对因果关系的否证，只有选项 B 最能解释题干中的结果，故选 B。

（四）类比推理

题干给出一组词或短语，这一组词或短语具有某种逻辑关系。而在后面的四个选项中，有一组词语与题干给出的这一组词语在逻辑关系上最为贴近或相似，要求选出来，即类推这两组对象的共同属性。类比推理主要考查应试者的类推能力。

这类题涉及的逻辑基本知识主要包括类比推理的概念、类型、有效性、规则和概念之间的关系等基础知识（见本教材），掌握和熟悉这些逻辑基础知识对解题来说很有必要。

1. 解题步骤和方法、技巧。

（1）通过阅读题干，仔细分析并归纳出所给概念之间的逻辑关系。

（2）结合题干中的所给词和选项中的词项进行分析，寻找两组对象在类与类的关系中最接近的属性关系，即类推出的结论应符合题干要考查的逻辑关系。

（3）要比较多种或多层关系，既要横向比较也要纵向比较，要注意一些细微差别。尤其是备选答案均极其相似时，要比较概念的高阶关系，即概念的属性的属性。

（4）避免"机械类比"，即仅依据对象间表面相似或偶然相似进行类比，从而得出结论的推理方式。

（5）要注意每组概念前后顺序，切记要有对应关系，不可前后颠倒。

（6）适当扩大知识面，合理利用专业背景知识解题。有些题目通过题干直接就可以大略判断可能需要的逻辑关系，这种题目比较简单，但也有一些题目的解析可能需要较多的基础知识。

2. 题型及实例分析。从历年的试题看，涉及类比推理的题型就其所给概念的关系看，包括全同关系、属种关系、整体与部分关系等五大类。

（1）全同关系型。题干所给一组概念的内涵和外延具有完全相同的逻辑关系，要求从备选项中选出与题干中一组概念关系一致的选项。

例题：麦克风 ：话筒

A. 巧克力：糖果　　　　　　　　　B. 炒鱿鱼：解雇

C. 引擎：发动机　　　　　　　　　D. 买单：结账

解析：简单观察后发现，题干中两个词之间好像是一种全同关系，即"麦克风"就是"话筒","话筒"也就是"麦克风",但四个选项按照这个思路来看有三个都说得通,显然只这样理解是不能选出正确答案的,还要仔细分析。"麦克风"实际上是英文 microphone 的音译,而"引擎"也是英文 engine 的音译。而且在意义范围上两个词也是有差别的,"麦克风"实际上是"话筒"的一种,"话筒"的范围要更广一点,比如用白纸卷一下,放在嘴前喊话可以称为简易话筒,也是"话筒"的一种,但不能称之为"麦克风"。"引擎"也特指将热能转化为动能的"发动机",它的意义范围也要比"发动机"小。经过分析,尤其是对题干两个词组间细微差别的分析,我们会发现 C 项更符合题意,故选 C。

(2) 属种关系型。题干所给的一组概念,其外延上具有属种(或种属)关系,要求从备选项中选出与题干中概念关系一致的选项。

例题:蔬菜:西红柿

A. 苹果:香蕉   B. 树:树根

C. 草原:羊群   D. 山:高山

解析:题干中西红柿是蔬菜的一种,两概念属于种属关系。选项 A 和 C 中两概念是并列关系,选项 B 中两概念属于整体与部分的关系,选项 D 中高山和山是种属关系,故选 D。

(3) 整体与部分关系型。题干所给出的两个概念与从备选答案中选出的与题干中的概念相对应的概念之间构成整体与部分的关系。

例题:( ) 对于钟表相当于发动机对于( )。

A. 表盘 齿轮   B. 时针 汽车

C. 时间 路程   D. 房间 汽车

解析:此题的选项 A、B 的概念代入括号后都形成部分与整体关系,但选项 A 前后并不一致,C 项则是物品与功能的关系,D 房间与钟表、汽车与发动机都是场所与物品关系。只有 B 是部分与整体准确的对应关系,故选 B。

(4) 因果关系型。题干所给的两个概念之间构成因果关系,要求从备选项中选出与题干中一组概念关系一致的选项。

例题:努力:成功

A. 被告:原告   B. 耕耘:收获

C. 城市:福利   D. 扩招:失业

解析:题干给出的两个概念具有因果关系,即努力是成功的原因,成功是努力的结果,而选项中,A 项的两个词项是对立关系,C、D 两选项中的概念没有直接的关系，只有 B 项中的两个概念之间具有因果关系，故选 B。

（5）工具与作用的关系型。题干所给的两个或三个概念之间是主体、工具、作用（或对象）等关系，要求从备选项中选出与题干中一组概念关系一致的选项。

例题：刀∶屠夫∶肉

A. 剪刀∶裁缝∶布料

B. 粉笔∶老师∶黑板

C. 法律∶法官∶犯人

D. 相机∶记者∶摄影

解析：题干所给的概念之间为"工具——使用主体——作用对象"的关系，选项中所给的概念似乎也具有对应的关系，但与题干概念之间的逻辑关系联系起来比对，就会发现选项 B、C、D 中各组概念之间的关系与题干中的关系意义上的细微差别，例如作用于对象形成的结果与题干不同，而只有选项 A 中的概念的各层关系与题干概念之间的关系在逻辑上一致，故选 A。

三、2015 年国家公务员考试《行政职业能力测验》省级以上（含副省级）综合管理类真题及参考答案之判断推理部分。本部分共 40 题，参考时限 35 分钟

（一）图形推理。请按每道题的答题要求作答。

76. 从所给四个选项中，选择最合适的一个填入问号处，使之呈现一定规律性。（　　）

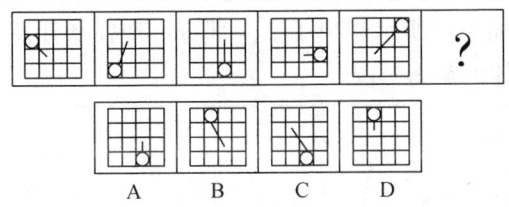

77. 从所给四个选项中，选择最合适的一个填入问号处。使之呈现一定规律性。（　　）

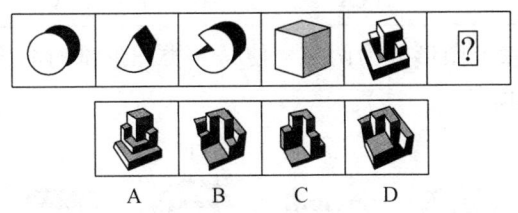

78. 从所给四个选项中，选择最合适的一个填入问号处，使之呈现一定规律性。（ ）

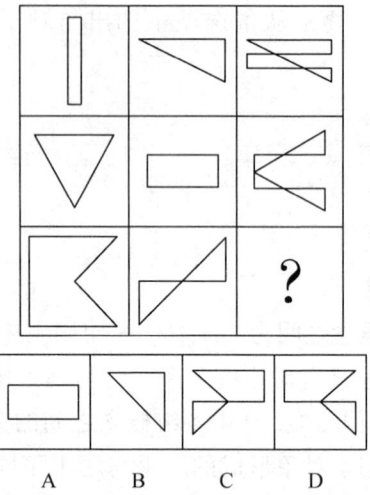

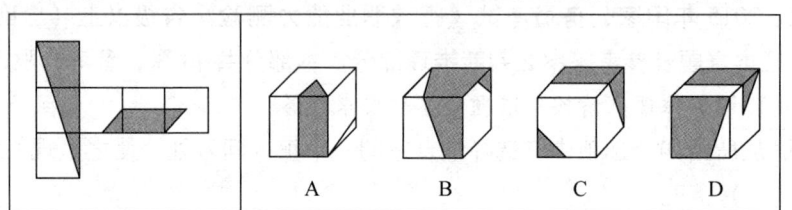

79. 左边给定的是纸盒的外表面，下列哪一项能由它折叠而成？（   ）

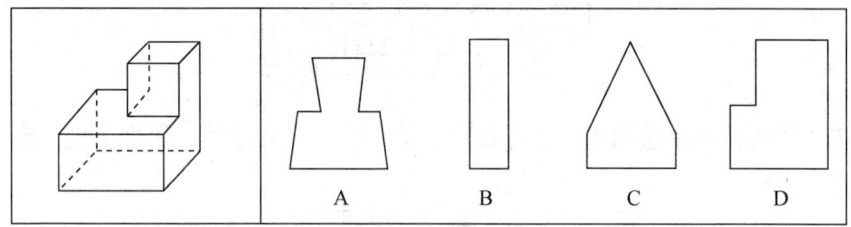

80. 一正方体如下图所示切掉了上半部分。现在从任意面剖开，下面哪一项不可能是该多面体的截面？（   ）

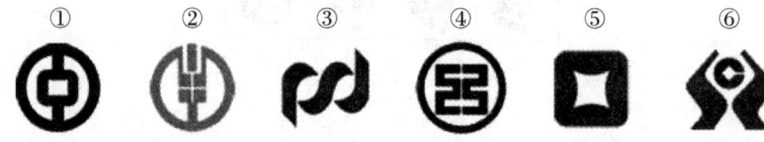

81. 把下面的六个图形分为两类，使每一类图形都有各自的共同特征或规律，分类正确的一项是（   ）。

① ② ③ ④ ⑤ ⑥

A.①③④，②⑤⑥　　　　　　B.①②⑥，③④⑤

C.①③⑤，②④⑥　　　　　　D.①⑤⑥，②③④

82. 把下面的六个图形分为两类，使每一类图形都有各自的共同特征或规律，分类正确的一项是（　　　）。

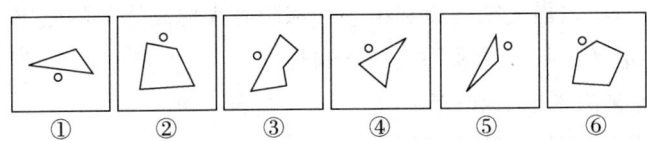

A.①③④，②⑤⑥　　　　　　B.①②⑥，③④⑤

C.①③⑤，②④⑥　　　　　　D.①⑤⑥，②③④

83. 把下面的六个图形分为两类，使每一类图形都有各自的共同特征或规律，分类正确的一项是（　　　）。

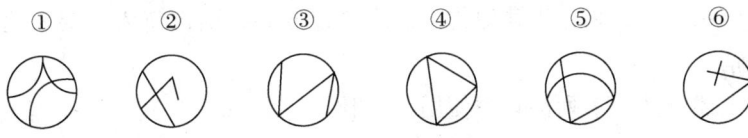

A.①②③，④⑤⑥　　　　　　B.①③⑤，②④⑥

C.①②⑥，③④⑤　　　　　　D.①④⑥，②③⑤

84. 把下面的六个图形分为两类，使每一类图形都有各自的共同特征或规律，分类正确的一项是（　　　）。

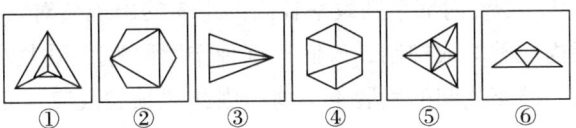

A.①⑤⑥，②③④　　　　　　B.①③⑤，②④⑥

C.①②③，④⑤⑥　　　　　　D.①②⑤，③④⑥

85. 把下面的六个图形分为两类，使每一类图形都有各自的共同特征或规律，分类正确的一项是（　　　）。

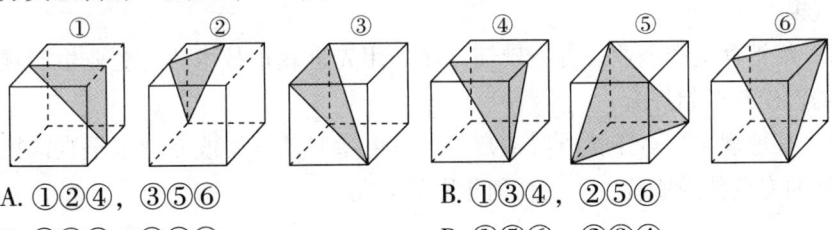

A.①②④，③⑤⑥　　　　　　B.①③④，②⑤⑥

C.①④⑥，②③⑤　　　　　　D.①⑤⑥，②③④

（二）定义判断。每道题先给出定义，然后列出四种情况，要求你严格依据定义，从中选出一个最符合或最不符合该定义的答案。注意：假设这个定义是正确的，不容置疑的。

86. 垂直绿化指的是利用攀援植物向空中生长进行纵向绿化的一种方式，以期达到在有限面积内最大限度地利用空气和阳光来提高绿化的效率。

根据上述定义，下列涉及垂直绿化的是（   ）。

A. 爬山虎爬满了墙头和屋顶

B. 松树林从山脚一直延伸到山顶

C. 利用巴根草匍匐攀援的特性，人们在沙漠中逐渐开拓出一片绿洲

D. 在丘陵地区，人们常使用飞机从空中播种的方式对山地进行绿化

87. 赋、比、兴指的是诗歌的三种表现手法。赋：铺陈直叙，把思想感情及其有关的事物平铺直叙地表达出来；比：类比，以彼物比此物，使此物更加生动具体、鲜明浅近；兴：先言他物，然后借以联想，引出诗人所要表达的事物、思想、感情。

根据上述定义，下列诗句中使用了"比"的是（   ）。

A. 死生契阔，与子成说。执子之手，与子偕老

B. 七月流火，九月授衣。春日载阳，有鸣仓庚

C. 我心匪石，不可转也。我心匪席，不可卷也

D. 手如柔荑，肤如凝脂。领如蝤蛴，齿如瓠犀

88. 经济学中，系统内部个别效率较高的组织的出现会对其他效率较低的组织的存在和发展构成破坏或抑制，人们把这种作用称为"顶尖效应"。由于个人之间、地区之间、国家之间的发展不平衡，因此"顶尖效应"是普遍存在的。

根据上述定义，下列有助于避免出现"顶尖效应"的是（   ）。

A. 发达国家甲与经济落后国家乙之间的贸易交易费用下降，导致乙国的资金外流

B. 某地制定新政，加大对中小企业的扶持力度，同时对垄断行业进行调控，限制规模

C. 某粮食生产企业一直不景气，在采用先进栽培技术后，企业生产规模扩大，销售份额开始提升

D. 某地规定，对于优秀留学归国人员可参照其学历或专业水平直接授予相应等级的专业技术职称，不受任何年限等限制

89. 正惩罚是指当个体作出某种行为后，引发外部对其行为的某种反应，导致令该个体不愉快的后果，使个体今后作出此行为的可能性降低。负惩罚是指当个体作出某种行为后，撤销令个体愉快的后果，使个体今后作出此行为的可能性降低。

根据上述定义，下列属于正惩罚的是（　　）。

A. 禁烟标识贴出后，在办公室吸烟的人明显减少

B. 母亲要求小明不写作业就不得出去玩

C. 某人因酒驾被处罚后，再没有酒驾

D. 冰棍解暑，所以夏天冰棍很畅销

90. 疑罪是指司法机关对被告人是否犯罪或罪行轻重难以确证的情况。疑罪从无原则是现代刑法"有利被告"思想的体现，是无罪推定原则的具体内容之一，即在既不能证明被告人有罪又不能证明被告人无罪的情况下，推定被告人无罪。

根据上述定义，下列采用了疑罪从无原则的是（　　）。

A. 赵六因盗窃他人网络密码被起诉，但由于赵六被证明从来不使用网络，法院判其无罪

B. 史某和汤某打架，两人都受了伤，因无法确定谁先动手，法庭建议庭外和解

C. 钱某因涉嫌投毒被起诉，后因证据不足，法院判决钱某无罪

D. 张三起诉李四侵权，但因拿不出任何证据，结果败诉

91. 隐域性是指自然地理现象在受到局部的地形、水文、土壤、气流、洋流、季风等因素的影响下，在地球表面不按或偏离纬向地带性规律分布的特性，它使地带性分布规律变得不鲜明，使自然环境变得更具复杂性与多样性。

以下属于隐域性分布的是（　　）。

A. 关汉卿《窦娥冤》中描写的"六月飞雪"

B. 余秋雨所描写的丝绸之路上的"月牙泉"

C. 岑参在诗中所描述的"北风卷地白草折"

D. 电影《木乃伊归来》中所出现的大沙漠

92. 瓿是古代的一种盛酒器和盛水器，亦可用于盛酱。流行于商代至战国。圆体，敛口无颈，广肩，大腹，圈足，带盖，亦有方形瓿。

根据上述描述下列器具中哪一个是瓿（　　）。

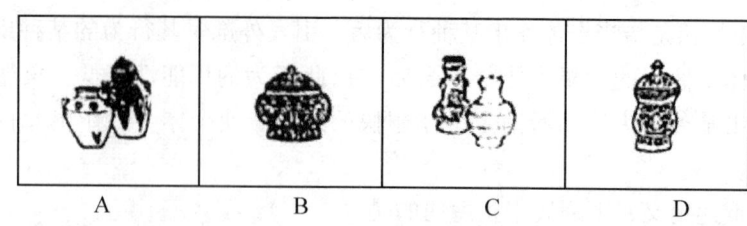

A   B   C   D

93. 垂直搜索引擎是针对某一个行业的专业搜索引擎，是对网页资源中的某类专门的信息进行一次整合，定向分字段抽取出需要的数据进行处理后再以某种形式返回给用户。

根据上述定义，下列应用与垂直搜索引擎关系最为密切的是（   ）。

A. 在某个购物网站上在线购买鞋子

B. 登录央视网站查询某个城市天气

C. 用百度音乐搜索自己爱听的歌曲

D. 在图书馆网站上查询该馆的藏书

94. 概念的内涵是指概念所反映的事物具有的本质属性（或特有属性），它是从质的方面反映概念的，概念的外延是指具有概念所反映的本质属性（或特有属性）的那些事物，它是从量的方面反映概念的。内涵和外延的反变关系是指具有属种关系的概念之间所具有的一种相互联系、相互制约的关系，一个概念的外延越大，它的内涵就越少；一个概念的外延越小，它的内涵就越多。反之，一个概念的内涵越多，它的外延就越小；一个概念的内涵越少，它的外延就越大。

根据上述定义，下列哪组概念体现了概念的内涵与外延的反变关系（   ）。

A. 司法机关，最高审判机关，最高人民法院

B. 水杯，热水杯，大号热水杯

C. 中国，新疆，乌鲁木齐

D. 中国人，文学家，鲁迅

95. 时间知觉是对客观现象延续性和顺序性的感知，时间知觉的信息，既来自于外部，也来自内部。外部信息包括计时工具，也包括宇宙环境的周期性变化。内部信息是机体内部的一些有节奏的生理过程和心理活动。

根据上述定义，下列没有包含时间知觉信息的是（   ）。

A. 东边日出西边雨，道是无晴却有晴

B. 三更灯火五更鸡，正是男儿读书时

C. 人有悲欢离合，月有阴晴圆缺

D. 月出惊山鸟，时鸣春涧中

（三）类比推理。每道题先给出一组相关的词，要求你在备选答案中找出一组与之在逻辑关系上最为贴近、相似或匹配的词。

96. 小麦：馒头
A. 麋鹿：麝香　　　　　　　　B. 叶绿体：细胞
C. 乌贼：墨汁　　　　　　　　D. 棉花：布鞋

97. 八卦：乾坤
A. 九族：师生　　　　　　　　B. 七情：情志
C. 五音：宫商　　　　　　　　D. 四书：五经

98. 春夏秋冬：四季
A. 喜怒哀乐：情绪　　　　　　B. 赤橙黄绿：颜色
C. 早中晚：一天　　　　　　　D. 东南西北：四方

99. 深入：浅尝辄止
A. 疏远：形影不离　　　　　　B. 细致：事无巨细
C. 安定：水深火热　　　　　　D. 独立：自食其力

100. 音符：乐谱：五线谱
A. 笔画：汉字：金文　　　　　B. 树木：森林：自然
C. 稻穗：稻谷：香米　　　　　D. 卫星：星云：宇宙

101. 经济赤字：收入：开支
A. 债务纠纷：还钱：借钱　　　B. 优胜劣汰：适应：淘汰
C. 销售利润：进价：售价　　　D. 背信弃义：诺言：谎言

102. 鸳鸯：凤凰：雄雌
A. 翡翠：珊瑚：红绿　　　　　B. 经纬：阡陌：纵横
C. 满月：弦月：盈缺　　　　　D. 锱铢：分毫：长短

103. 铁匠：火炉：镰刀
A. 医学家：试管：药剂　　　　B. 记者：摄像机：新闻稿
C. 科学家：科技文献：新产品　D. 网民：互联网：营销

104. 存折对于（　　）相当于栅栏对于（　　）。
A. 储户　牛羊　　　　　　　　B. 存款　绿地
C. 虚拟　实物　　　　　　　　D. 银行卡　围墙

105. 七寸对于（　　）相当于（　　）对于头绪。
A. 尺度　线索　　　　　　　　B. 要害　眉目

C. 七步　头脑　　　　　　　　D. 关键　脉络

（四）逻辑判断。每道题给出一段陈述，这段陈述被假设是正确的，不容置疑的。要求你根据这段陈述，选择一个答案。注意：正确的答案应与所给的陈述相符合，不需要任何附加说明即可以从陈述中直接推出。

106. 在防治癌症方面，橙汁有多种潜在的积极作用，尤其由于它富含橙皮素和柚苷素等类黄酮抗氧化剂。研究证据已经表明，橙汁可以减少儿童患白血病的风险，并有助于预防乳腺癌、肝癌和结肠癌。根据研究结果，橙汁的生物效应在很大程度上受到其成分的影响，而其成分的变化又依赖于气候、土壤、水果成熟度以及采摘后的存储方法等条件。

由此可以推出（　　）。

A. 并非所有的橙汁都有相同的防癌功效

B. 过度饮用橙汁会给身体健康造成不良影响

C. 相对于健康儿童而言，白血病患儿的橙汁饮用量较小

D. 生长于良好的气候土壤条件下，成熟并避光保存的橙子最有功效

107. 某国际小组对从已灭绝的一种恐鸟骨骼化石中提取的 DNA 进行遗传物质衰变速率分析发现，虽然短 DNA 片段可能存在 100 万年，但 30 个或者更多碱基对序列在确定条件下的半衰期只有大约 15.8 万年。某位科学家据此认为，利用古代 DNA 再造恐龙等类似于电影《侏罗纪公园》中的故事不可能发生。

以下哪项如果为真，最能反驳该科学家的观点？（　　）

A. 《侏罗纪公园》虽然是一部科幻电影，但也要有事实依据

B. 上述研究的化石样本可能受到人类 DNA 的"污染"

C. 环境因素会影响 DNA 等遗传物质的衰变速率

D. 恐鸟与恐龙的碱基对序列排列顺序不同

108. 碎片化时代人们的注意力很难持久。让用户在邮件页面停留更长时间已经成了营销者不断努力的方向。随着富媒体化的逐步流行，邮件逐步从单一静态向动态转变，个性化邮件的特性也逐步凸显。GIF 制作简单，兼容性强，在邮件中可以增加视觉冲击力。因此，在邮件中插入 GIF 动态图片，更能吸引用户的目光，增加用户的点击率。

以下哪项如果为真，最能支持上述结论？（　　）

A. 如果针对特定用户群而制定个性化营销邮件，那么销售机会会增加 20%

B. 过去没有插入 GIF 动态图片的个性化营销邮件也为很多企业带来了成功

C. 20 世纪 70 年代出生的人习惯于电子邮件的静态界面，不喜欢花里胡哨的

东西

　　D. 插入 GIF 动态图片的个性化营销邮件，比普通发送的邮件给企业带来的收入多 18 倍

　　109. 一个旅行者要去火车站，早上从旅馆出发，到达一个十字路口。十字路口分别通向东南西北四个方向，四个方向上分别有饭店、旅馆、书店和火车站。书店在饭店的东北方，饭店在火车站的西北方。

　　该旅行者要去火车站，应当往哪个方向走？（　　）

　　A. 东　　　　　　　　　　B. 南

　　C. 西　　　　　　　　　　D. 北

　　110. 由于一种新的电池技术装置的出现，手机在几分钟内充满电很快就会变成现实。这种新装置是一种超级电容器，它储存电流的方式是通过让带电离子聚集到多孔材料表面，而非像传统电池那样通过化学反应储存这些离子。因此这种超级电容器能在几分钟内储满电。研究人员认为这种技术装置将会替代传统电池。

　　以下哪项如果为真，不能支持上述结论？（　　）

　　A. 超级电容器能够储存大量电能，保证长时间正常运行

　　B. 超级电容器能循环使用数百万次，相比之下传统电池只能使用数千次

　　C. 超级电容器可嵌入汽车底盘为汽车提供动力，可更方便地进行无线充电

　　D. 超级电容器充电时所耗电能比传统电池少 90%，但供电时间比后者长 10 倍

　　111. 台风是大自然最具破坏性的灾害之一。有研究表明：通过向空中喷洒海水水滴，增加台风形成区域上空云层对日光的反射，那么台风将不能聚集足够的能量，这一做法将有效阻止台风的前进，从而避免更大程度的破坏。

　　上述结论的成立需要补充以下哪项作为前提？（　　）

　　A. 喷洒到空中的水滴能够在云层之上重新聚集

　　B. 人工制造的云层将会对邻近区域的降雨产生影响

　　C. 台风经过时常伴随着大风和暴雨等强对流天气

　　D. 台风前进的动力来源于海水表面日光照射所产生的热量

　　112. 有一段时间，电视机生产行业竞争激烈。由于电视机品牌众多，产品质量成为消费者考虑的首要因素。某电视机生产厂家为了扩大市场份额，一方面加大研发力度，进一步提高了电视机产品的质量；另一方面在价格上作调整，适当降低了产品的价格。然而，调整之后的头 3 个月，其电视机产品的市场份

额不但没有提高反而有所下降。

以下哪项如果为真，最能解释上述现象？（　　）

A. 消费者通常会考虑不同产品的价格差异，而非同一产品在不同时期的价格差异

B. 一个家庭再次购买电视机产品时会首先考虑原来的品牌

C. 消费者通常是通过价格来衡量电视机产品质量的

D. 其他电视机生产厂家也调整了产品价格

113. 城市病指的是人口涌入大城市，导致其公共服务功能被过度消费，最终造成交通拥挤、住房紧张、空气污染等问题。有专家认为，当城市病严重到一定程度时，大城市的吸引力就会下降，人们不会再像从前一样向大城市集聚，城市病将会减轻，从而焕发新的活力。

如果以下各项为真，能够削弱上述观点的是（　　）。

A. 我国已经进入城市病的爆发期，居民生活已受到影响

B. 大城市能够提供的公共服务是中小城市所无法替代的

C. 政府应该将更多财力用于发展中小城市、乡镇、农村

D. 中小城市活力足，发展潜力大，对人们的吸引力很强

114. "有好消息，也有坏消息。"无论是谈起什么主题，这样的开场白都顿时让人觉得一丝寒意传遍全身。接着这句话，后边往往是这样一个问题：你想先听好消息还是坏消息？一项新的研究表明，你可能想先听坏消息。

如果以下各项为真，最能削弱上述论证的是（　　）。

A. 若消息是来自一个你信任的人，那么你想先听好坏消息的顺序会不同

B. 研究发现，若由发布消息的人来决定，那么结果往往总是先说好消息

C. 心理学家发现，发布好坏消息的先后顺序很可能改变人们对消息的感觉

D. 心理评估结果证明先听到坏消息的学生比先听到好消息的学生焦虑要小

115. 今年联赛决赛的最后 4 支队伍是甲、乙、丙和丁。其中 N 与 T 分别为甲队和丁队的主教练。有人指出，甲队此前每次夺取该项桂冠的赛季都曾战胜过 T 教练所在的球队；过去 4 年间，丁队在 N 教练的指导下，每隔 1 年都能夺得该项桂冠，而去年丁队没有夺冠。

以下哪项如果为真，与上述表述相矛盾？（　　）

A. T 教练可能执教过丁队　　　　　B. N 教练去年曾执教丁队

C. 甲队曾 4 次夺得该项冠军　　　　D. 丁队前年未获得该项冠军

参考答案

76. D　77. B　78. D　79. A　80. C　81. B　82. A　83. C　84. D　85. B

86. A　87. D　88. B　89. C　90. C　91. B　92. B　93. C　94. B　95. A

96. D　97. C　98. D　99. A　100. A　101. C　102. B　103. A　104. D

105. B　106. A　107. C　108. D　109. B　110. C　111. D　112. C

113. B　114. A　115. D

主要参考书目

1. 金岳霖主编:《形式逻辑》,人民出版社 1979 年修订版。

2.《普通逻辑》编写组:《普通逻辑(增订本)》,上海人民出版社 1993 年修订版。

3. 周礼全主编:《逻辑——正确思维和成功交际的理论》,人民出版社 1994 年版。

4. 江天骥:《归纳逻辑导论》,湖南人民出版社 1987 年版。

5. 赵总宽、陈慕泽、杨武金编著:《现代逻辑方法论》,中国人民大学出版社 1998 年版。

6. 宋文坚主编:《逻辑学》,人民出版社 1998 年版。

7. 中国人民大学哲学院逻辑学教研室编:《逻辑学》,中国人民大学出版社 2002 年版。

8. 陈波:《逻辑学导论》,中国人民大学出版社 2006 年版。

9. 黄菊丽、王洪主编:《逻辑引论》,华文出版社 2002 年版。

10. 陈波:《逻辑哲学导论》,中国人民大学出版社 2000 年版。

11. 雍琦主编:《逻辑》,中国政法大学出版社 1999 年版。

12. 柴生秦:《逻辑学导论》,陕西人民教育出版社 1993 年版。

13. 陈慕泽:《数理逻辑教程》,上海人民出版社 2001 年版。

14. 王路:《逻辑基础》,人民出版社 2004 年版。

15. 魏凤琴主编:《法律专业逻辑教程》,陕西师范大学出版社 1997 年版。

16. 楚明锟主编:《逻辑学——正确思维与言语交际的基本工具》,河南大学出版社 2000 年版。

17. 顾永忠主编:《法律论辩》,中国政法大学出版社 2002 年版。

18. 张霭珠:《谋略之战——辩论赛的理论、筹划与运作》,复旦大学出版社 1997 年版。

19. 郭谷新、陈立明:《法庭论辩艺术》,中国检察出版社 1992 年版。

20. 杨武金、沈玉梅编著：《MPA 联考高分突破逻辑分册》，中国人民大学出版社 2001 年版。

21. 朱煜华、尹田编著：《2003 年 MBA 联考辅导语文与逻辑分册》，中国人民大学出版社 2002 年版。

22. 索振羽编著：《语用学教程》，北京大学出版社 2000 年版。

23. 王甫银主编：《行政职业能力测验历年试题分类强化训练与解析》，中国人民大学出版社 2010 年版。

24. 李如海主编：《行政职业能力测验真题及答题套路剖析》，高等教育出版社 2009 年版。

25. 人事考试系列专用教材编委会编：《职业能力倾向测验》，中国方正出版社 2009 年版。

26. ［美］I. M. 科庇著，宋文坚、宋文淦等译：《符号逻辑》，北京大学出版社 1988 年版。

27. ［美］P. 苏佩斯著，宋文淦等译：《逻辑导论》，中国社会科学出版社 1984 年版。